La destruction de Berlin

À Emmanuelle Jéhanno

Stéphane Füzesséry

La destruction de Berlin

De l'explosion urbaine à Germania (1860-1945)

La Découverte

Composé par Facompo à Montrouge
Création graphique de la couverture : Valérie Gautier
Dépôt légal : août 2025

Si vous désirez être tenu régulièrement informé de nos parutions, il vous suffit de vous abonner à notre lettre d'information sur notre site

www.editionsladecouverte.fr.

ISBN 978-2-348-08799-8

« Le mérite indiscutable des écrivains juifs dans la littérature allemande consiste en la découverte et l'utilisation littéraire de l'urbanisation. Les Juifs ont découvert et dépeint le paysage de la ville et le paysage psychique du citadin. Ils ont dévoilé toute la complexité de la civilisation urbaine. Ils ont révélé le café et la fabrique, le bar et l'hôtel, la banque et la petite bourgeoisie de la capitale, les centres de rassemblement des riches et les quartiers miséreux, le péché et le vice, le jour citadin et la nuit citadine, le caractère de l'habitant des grandes villes. Cette direction était indiquée d'avance aux talents juifs par le milieu urbain où la plupart d'entre eux étaient nés, où leurs parents avaient été poussés pour des raisons sociales, et aussi par leur sens plus développé et par leur aptitude au cosmopolitisme. »

Joseph Roth, *Cahiers juifs*,
septembre-novembre 1933.

Vue intérieure de la Grande Halle de Germania.

Source : Léon Krier, *Albert Speer : Architecture 1932-1942*, The Monacelli Press, New York, 1985, p. 74.

Avant-propos

L'image choisie pour la couverture de ce livre mérite une explication liminaire, qui servira de point d'entrée dans la réflexion. Il s'agit d'une vue intérieure de la Grande Halle de Germania. L'image a été réalisée par Albert Speer, alors Inspecteur général pour la construction de la capitale du Reich (*Generalbauinspektor für die Reichshauptstadt*) et à ce titre chargé par Hitler de reconstruire Berlin dès 1938 afin d'en faire la « capitale éternelle [1] » du Troisième Empire allemand. Cette halle, « plus grande salle de réunion au monde imaginée jusqu'alors [2] », est de forme circulaire : elle se compose d'une fosse entourée de tribunes – trois gradins de trente mètres de haut au total – rehaussées d'une « couronne » de cent piliers en marbre couverts par une voûte parabolique en pierre qui doit culminer à plus de trois cents mètres – la hauteur de la Tour Eiffel à Paris. Dans la niche du fond, haute de cinquante mètres et recouverte de mosaïque d'or, un aigle impérial domine la tribune d'où le Führer doit adresser ses messages aux membres rassemblés de la « communauté du peuple » (*Volksgemeinschaft*). Avec un volume seize fois supérieur à celui de

1. Discours de Hitler à l'opéra Kroll, 10 février 1939, reproduit dans Jost Dülfer, Jochen Thies, Josef Henke, *Hitler's Städte : Baupolitik im Dritten Reich. Eine Dokumentation*, Böhlau, Cologne, 1978, p. 310.

2. Hans Reichhardt, Wolfgang Schäche, *Von Berlin nach Germania : über die Zerstörung der "Reichshauptstadt" durch Albert Speer Neugestaltungsplanungen*, Transit, Berlin, 2008, p. 111.

la basilique Saint-Pierre à Rome et une superficie au sol de 250 m^2, l'édifice peut accueillir 150 000, peut-être 180 000 personnes.

Cette image est un *collage*. Elle juxtapose deux photographies : une prise de vue de l'intérieur de la maquette en bois de la Grande Halle d'une part, et une photographie de foule métropolitaine d'autre part. La foule métropolitaine, la masse urbaine, est en effet le référent qu'utilise Speer pour indiquer la fonction de l'édifice : rassembler et mobiliser le *Volk*, conformément à la conception à la fois plébiscitaire et disciplinaire de l'espace public mise en œuvre par le pouvoir nazi à Berlin depuis le milieu des années 1930. Associant, fusionnant même l'« expressivité de la pierre taillée » et l'« agitation de la métropole[3] », la Grande Halle de Germania tient ainsi autant du Panthéon romain que du stade métropolitain, de la ville ancienne que de la mégalopole moderne.

Cette alliance paradoxale d'ancien et de moderne est au cœur de la « révolution culturelle nazie[4] ». Une révolution où, comme l'a compris le philologue Viktor Klemperer, deux tendances sont à l'œuvre : le « besoin d'une tradition qui légitime », d'une part, la « volonté d'aller vers quelque chose de complètement nouveau[5] », d'autre part. Appliqué à déchiffrer la sémiotique nazie, Klemperer remarque ainsi que les initiales stylisées de la « SS » doivent autant aux runes nordiques qu'au symbole de l'éclair électrique. Il existe en effet « dans les casses de lettres d'imprimerie et sur les claviers des machines à écrire officielles, un caractère spécial à angles aigus pour écrire *SS* ». Ce caractère correspond à la « rune germanique de la victoire (*Siegrune*) ». Or, poursuit le philologue, « longtemps avant que n'existe le *SS* nazi », le même signe apparaît sur « les boîtes des transformateurs » électriques, « avec, au-dessus, cet avertissement : "Attention, haute tension !" Ici, le *S* "anguleux" [est] de toute évidence l'image stylisée de l'éclair. L'éclair qui, dans son accumulation d'énergie et sa rapidité, est un symbole si cher au nazisme ! Ainsi, on peut supposer que le caractère SS [est] également une incarnation directe, une expression picturale de l'éclair[6]. »

3. Herbert Hoffmann, « Das Reichs-Luftfahrt-Ministerium », *Moderne Bauformen* 35, 1936, p. 425-426.

4. Johann Chapoutot, *La Révolution culturelle nazie*, Gallimard, Paris, 2017.

5. Victor Klemperer, *LTI. La langue du IIIe Reich. Carnets d'un philologue*, Albin Michel, Paris, 2023, p. 146.

6. *Ibid.*, p. 136-137.

Germania réalise le même alliage de tradition et de modernité que le sigle « SS ». Mélange de retour aux origines et d'anticipation prétendument visionnaire, d'archaïsme et de technicisme, la capitale impériale rêvée par le pouvoir nazi revêt le même « anachronisme monstrueux » que son antisémitisme : un anachronisme qui ne réfléchit pas seulement l'« apparence du passé », mais apparaît aussi d'une « extrême modernité[7] ».

Cette ambivalence est au cœur du présent ouvrage : elle permet de comprendre pourquoi les nazis, qui héritent en 1933 de la *révolution urbaine* qu'a connue l'Allemagne à partir de 1860, une révolution marquée notamment par l'explosivité et l'expansivité de la croissance de Berlin, décident à la fois d'en rejeter certains aspects – l'anonymat protecteur, les interactions vivantes et libres dans l'espace public, la culture transgressive de la nuit – pour en exacerber d'autres – le gigantisme, la concentration usinière, l'automatisation et la réification des comportements.

Comprendre cette révolution urbaine et le rôle qu'elle a joué dans l'acclimatation du nazisme en Allemagne est l'objet de ce livre. Il s'intéresse en effet au surgissement brutal, en plein cœur de la Prusse, d'une forme de peuplement alors inédite en Allemagne : la *ville géante*. Il tente d'évaluer ce qu'a été la force de déstabilisation de ce bouleversement sur la société allemande de la première moitié du XXe siècle. Il essaie enfin d'analyser la manière dont les dirigeants nazis ont mis celle-ci au service de leur utopie biopolitique et géopolitique – précipitant en retour la destruction de Berlin sous les bombes alliées.

7. *Ibid.*, p. 248-249.

Introduction

La croissance explosive de Berlin entre 1860 et 1910 a-t-elle favorisé la réception du nazisme en Allemagne ? La « décivilisation » qu'ont connue les Allemands après 1933 est-elle née en réaction à la nouvelle civilisation urbaine apparue en plein cœur du Brandebourg au début du XXe siècle ? Pourquoi les nazis, qui n'ont pourtant eu de cesse de clamer leur rejet de la vie métropolitaine, ont-ils voulu transformer la capitale allemande en une mégalopole de huit, peut-être dix millions d'habitants ? Et dans quelle mesure ce projet connu sous le nom de Germania a-t-il préfiguré – par la démolition de milliers de logements à partir de 1938 – voire précipité – par la guerre de conquête d'un Hinterland élargi pour les plus grandes villes du Reich – la dévastation de Berlin par les bombes alliées ?

Le présent ouvrage tente de répondre à ces questions. Il étudie la surrection en Allemagne, l'acclimatation par les Allemands, et la destruction par les nazis d'une forme de peuplement totalement étrangère à la tradition urbaine allemande : la *très grande ville*.

Celle-ci est une réalité aussi ancienne, ou presque, que le phénomène urbain lui-même. Rome sous le Bas-Empire, Paris à la fin du Moyen Âge, Londres au XIXe siècle, New York au début du XXe siècle, ont tour à tour offert l'exemple de villes de très grande dimension. Des villes qui ont posé, par leur gigantisme même, des problèmes à ce point spécifiques qu'ils ont interrogé – à chaque grande période de l'histoire – les *limites* inhérentes à l'urbanisation. Limites en termes de *population maximale des villes* d'abord, c'est-à-dire de seuil critique au-delà duquel les systèmes de transport et de production agricole ne permettent plus d'assurer la « sécurité alimentaire » des citadins, le fonctionnement d'une ville devenant alors « parasitaire ». Limites en termes d'*étendue maximale des villes* ensuite, c'est-à-dire de seuil critique au-delà duquel les relations fonctionnelles entre habitat, travail et loisir posent des difficultés insurmontables.

Avant 1860, de tels phénomènes d'hypertrophie urbaine sont restés totalement étrangers à l'histoire allemande. Patrie des petites, voire des très petites villes, l'Allemagne accuse encore un singulier retard au milieu du XIXe siècle. Quinze pour cent des Allemands – tout au plus – vivent alors dans des villes de plus de 5 000 habitants, et à peine plus de 3 % dans des villes de plus de 100 000 habitants. Avec respectivement 412 000, 175 000, 111 000 et 107 000 habitants, Berlin, Hambourg, Breslau et Munich, les quatre plus grandes villes des États de la future Allemagne unifiée, demeurent des villes moyennes de l'espace européen. Pays à dominante agro-rurale, l'Allemagne semble restée à l'écart des révolutions matérielles qui, à cette période, commencent à toucher le monde occidental.

Or, un demi-siècle plus tard, ces équilibres ont basculé. Vers 1910, un Allemand sur deux habite dans une ville de plus de 5 000 habitants, et près d'un sur cinq dans une ville de plus de 100 000 habitants. Avec pas moins de quarante-huit grandes villes, l'Allemagne s'est imposée comme l'un des pays les plus urbanisés de la planète. Ce gain, faramineux dans un laps de temps aussi court, en cache pourtant un autre, que masque l'usage un peu trop générique dans l'historiographie du terme « grande ville » (*Großstadt*). Au moment où le territoire allemand se couvre de métropoles, Berlin connaît en effet un cycle de croissance et de transformation à ce point spécifique qu'il mérite d'être considéré comme un phénomène à part entière, en partie irréductible aux formes empruntées ailleurs par l'urbanisation allemande. Entre le début des années 1860 et le début des années 1910, tandis que la population berlinoise est multipliée par huit, passant d'un peu plus de 500 000 à un peu moins de 4 000 000 habitants, la superficie nécessaire au fonctionnement résidentiel, productif et récréatif de la ville est multipliée par cinquante au moins, passant d'un peu moins de 20 à un peu plus de 1 000 km^2. Appliqué à traduire en courbes et en cartes les données de l'Office statistique de la Ville de Berlin, le géographe allemand Friedrich Leyden donne une représentation saisissante

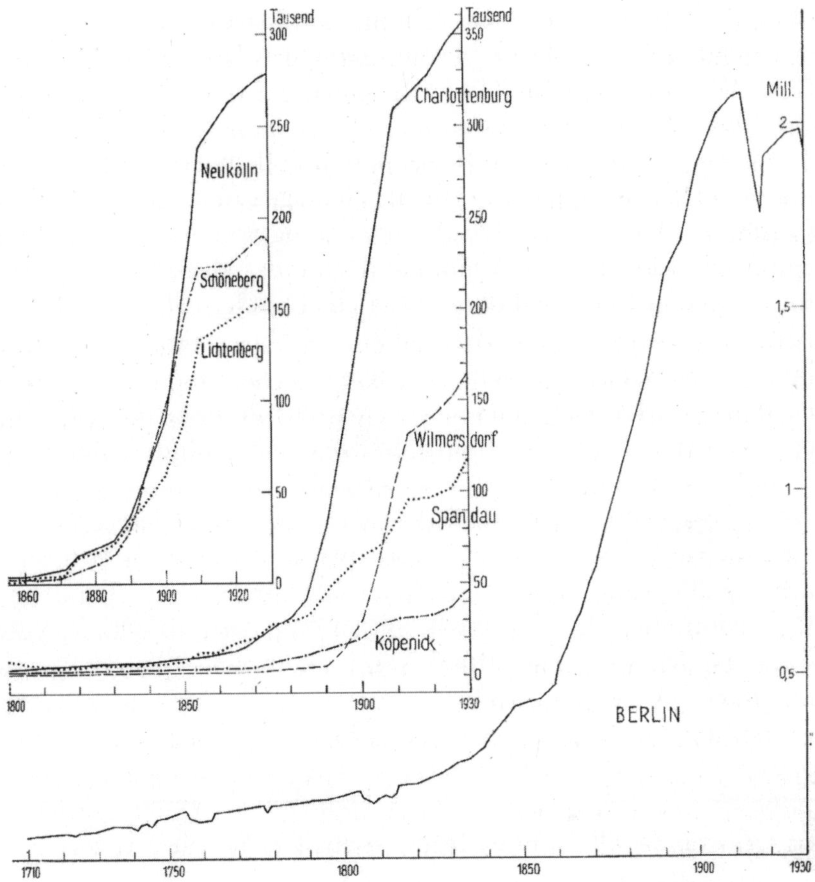

Fig. 1. L'explosion démographique berlinoise.

Source : Friedrich Leyden, *Gross-Berlin. Geographie der Weltstadt*, Ferdinand Hirt, Breslau, 1933, p. 86.

de cette violente poussée urbaine (Fig. 1) [1] : après une longue phase de hausse régulière mais modérée dans la première moitié du XIXe siècle, les courbes de croissance de la population de Berlin explosent au tournant des années 1860, devançant de peu celles de ses « villes voisines » Köpenick, Neukölln, Schöneberg, Lichtenberg, Wilmersdorf, Charlottenbourg ou encore Spandau. Celle qui, vers le milieu du XIXe siècle, n'était encore qu'une « petite cité au caractère

1. Friedrich LEYDEN, *Gross-Berlin. Geographie der Weltstadt*, Ferdinand Hirt, Breslau, 1933, p. 86.

provincial[2] » devient non une grande ville, mais une *très grande ville* – la quatrième ou la cinquième au monde par la population derrière New York, Tokyo, Londres et (peut-être) Paris, la deuxième par l'étendue derrière Los Angeles[3].

Ce gigantesque saut d'échelle est non seulement sans précédent, mais il n'a aucun équivalent : ni en Allemagne ni ailleurs en Europe. Certes, à première vue, l'explosion démographique berlinoise est comparable à celle de bon nombre de grandes villes du Reich : à la fin du XIXe siècle, Hambourg, Munich, Dresde, Leipzig, Cologne, Breslau, Francfort-sur-le-Main ou encore Nuremberg affichent des taux de croissance équivalents – parfois même supérieurs – à celui de Berlin[4]. Mais ces grandes villes partent de beaucoup plus bas, et à l'exception de Hambourg et dans une moindre mesure de Leipzig, leur population ne dépasse pas 600 000 habitants au début des années 1920, soit le seuil d'ores et déjà atteint par la capitale du Reich un demi-siècle plus tôt, quand s'accélère la croissance urbaine allemande. Certes, au début des années 1920, Londres et Paris continuent de devancer Berlin au rang des plus grandes villes d'Europe. Mais leur gigantisme est un fait ancien, et leur croissance un processus beaucoup plus graduel : il s'est étiré sur plusieurs siècles, non sur une ou deux générations.

La très grande ville comme forme spatiale et sociale à la fois

Embarqué à bord d'un Zeppelin, le photographe allemand Robert Petschow – le premier et à notre connaissance le seul à avoir tenté de donner une « vue d'ensemble[5] » de la capitale allemande dans

2. Carl Sternheim, *Berlin ou le juste milieu*, Les Éditions du Sagittaire, Paris, 1926 [1920], p. 7.

3. Comme le souligne l'essayiste Eugen Diesel au début des années 1930, « Berlin est, après Los Angeles, peut-être, la ville du monde la plus étendue ». Eugen Diesel, *Secrets de l'Allemagne*, Rieder, Paris, 1931, p. 157.

4. Entre 1850 et 1910, la population de Hambourg passe de 175 000 à 931 000 habitants, celle de Munich de 107 000 à 596 000, celle de Dresde de 97 000 à 548 000, celle de Cologne de 97 000 à 517 000, celle de Breslau de 111 000 à 512 000, celle de Francfort-sur-le-Main de 65 000 à 415 000, celle de Nuremberg de 54 000 à 333 000, tandis que celle de Leipzig bondit de 63 000 à 679 000 habitants, soit un facteur multiplicatif supérieur à dix. Jürgen Reulecke, *Geschichte der Urbanisierung in Deutschland*, Suhrkamp, Francfort-sur-le-Main, 1985, p. 203.

5. Eugen Diesel, *Das Land der Deutschen*, Bibliographisches Institut AG., Volksausgabe, Leipzig, 1933, p. 254.

Fig. 2. La dissolution de la très grande ville dans son territoire environnant.

Source : Eugen Diesel, *Das Land der Deutschen*, Bibliographisches Institut AG., Volksausgabe, Leipzig, 1933, p. 254.

l'entre-deux-guerres – échoue à rendre compte de ce saut d'échelle. Pris à 37 mètres d'altitude – la hauteur maximale pour conserver à l'image une résolution acceptable –, son cliché ne donne qu'un aperçu très partiel de la dissolution de la très grande ville dans son territoire environnant (Fig. 2).

Impuissant à en saisir l'échelle, le photographe peine également à en rendre intelligible la forme. La très grande ville – pour paraphraser le plus célèbre des flâneurs berlinois de l'entre-deux-guerres[6] – est en effet une « ville faite de villes », née autant de la croissance radioconcentrique d'une grande ville que de la coalescence, avec cette même grande ville, de villages et de villes eux-mêmes en expansion. « Le Gross Berlin de 1920, analyse Maurice Halbwachs en 1934, est comme une constellation […] d'établissements humains différents de grandeur, d'aspect et d'origine. » Ainsi s'explique que le « Gross

6. Franz Hessel, *Promenades dans Berlin*, L'Herne, Paris, 2012 [1929].

Berlin manque d'unité, qu'il y subsiste bien des lacunes, qu'en certains endroits la campagne pénètre dans la ville, qu'ailleurs la ville envoie de longues antennes, à la lisière des forêts, le long des cours d'eau et des canaux, et que les courants d'influence urbaine se propagent inégalement suivant telle ou telle direction »[7]. Même s'il demeure fermement « hiérarchisé[8] », cet archipel urbain ne renvoie à aucune forme connue dans les années 1920. En plein cœur de la Prusse, une forme de peuplement entièrement nouvelle est bel et bien apparue. Une forme à la fois massive et extensive, dense et immense, hyperconcentrée à l'échelle régionale et hyperdilatée à l'échelle locale.

Mais la très grande ville n'est pas seulement une forme spatiale, aussi difficile à déchiffrer soit-elle : elle est aussi une forme *sociale.* L'explosion berlinoise n'a pas que des effets sur la manière dont se répartissent les populations dans l'espace : elle nourrit également une transformation radicale du type d'expériences que ces populations font dans la ville. Particulièrement attentifs à la vie quotidienne des Berlinois, les cinéastes allemands des années 1920 nous ont légué quantité d'images, souvent prises sur le vif, de ces cadres d'expériences, voire de ces expériences elles-mêmes (Fig. 3). Sous leur regard, on découvre ainsi le surpeuplement dans le logement ouvrier, les affluences de masse dans les loisirs, les attroupements dans les rues. On observe la progression spectaculaire des « migrations pendulaires » – celles que matérialisent le va-et-vient quotidien des « navetteurs », la congestion dans les transports en commun, l'intensification du « trafic de surface » ou encore le désordre circulatoire qui s'installe sur les grandes places berlinoises, où les véhicules automobiles – dont le nombre ne cesse d'augmenter – peinent à se coordonner avec les véhicules hippomobiles – qui n'ont paradoxalement jamais été si nombreux sur la chaussée. On assiste ainsi – spectateur impuissant – aux nombreuses « chutes de trottoir », « erreurs de franchissement de la chaussée » et autres « collisions de véhicules »[9]

---

7. Maurice HALBWACHS, « "Gross Berlin" : grande agglomération ou grande ville ? », *Annales d'histoire économique et sociale*, tome 6, n° 30, 1934, p. 547-570, reproduit dans Thierry PAQUOT, Marcel RONCAYOLO (dir.), *Villes et civilisation urbaine, XVIIIe-XXe siècle*, Larousse, Paris, p. 472-473.

8. Gerhard BRUNN, Detlef BRIESEN, « Un archipel hiérarchisé », *in* Lionel RICHARD (dir.), *Berlin, 1919-1933. Gigantisme, crise sociale et avant-garde : l'incarnation extrême de la modernité*, Autrement, Paris, 1995, p. 48-60.

9. Erich GIESE, Heinrich PAETSCH, *Polizei und Verkehr*, Gersbach & Sohn Verlag, Berlin, 1926, p. 195-196.

Fig. 3. La très grande ville comme paysage d'expériences.

Sources : *Berlin, die Sinfonie der Großstadt*, Walther Ruttmann, 1927 (1, 2, 3, 4 et 6), *Im Strudel des Verkehrs*, Leo Peukert, 1925 (5), *Asphalt*, Joe May, 1929 (7), *Nuits électriques*, Eugen Deslaw, 1925 (8).

– découvrant au passage à quel point les usagers de la rue sont au départ inadaptés à ces nouvelles conditions de circulation. On ressent également les nouvelles scansions de la vie métropolitaine : les heures de pointe, l'importance du dimanche comme jour chômé, l'élargissement nocturne des plages de temps disponibles à la consommation et aux loisirs. On perçoit enfin les nouvelles ambiances urbaines engendrées par la généralisation de l'asphalte bitumée, la diffusion de l'éclairage électrique et la multiplication des néons publicitaires sur les plus grandes places berlinoises. Autant d'expériences, en somme, qui nous sont aujourd'hui devenues familières, si familières qu'elles nous semblent « naturelles » et nous empêchent d'en mesurer la nouveauté pour ceux qui en ont vécu le surgissement il y a maintenant plus d'un siècle – privant au passage l'historien de ce qui, souvent, oriente son regard : la force de dépaysement du passé.

Le choc allemand de la métropolisation

En effet, comme le suggèrent ces témoignages et ces images, la métropolisation n'est pas seulement une révolution de la forme urbaine : elle est aussi un bouleversement d'ordre anthropologique. Or ce bouleversement est vécu comme un véritable choc en Allemagne. Dans un essai d'une quarantaine de pages paru en mars 1930 dans les *Süddeutsche Monatshefte* intitulé « Berlin, la nouvelle ville-monde [10] », Richard Korherr, alors jeune docteur en économie politique (*Staatswissenschaft*) et auteur en 1927 d'une brochure remarquée sur le « déclin des naissances » en Allemagne, affirme que « le problème de Berlin » (*Das problem Berlin*) est tout simplement « l'une des questions vitales du peuple allemand ». Pour ce grand admirateur de Spengler, dont il ambitionne de fonder par la statistique les thèses sur le déclin de l'Occident, il convient en effet d'examiner, pour s'en alarmer, « ce que Berlin signifie en soi et pour l'avenir de l'Allemagne ».

Comparant Berlin à Babel avant la chute et à Rome avant le déclin, Korherr s'inquiète pour commencer du stupéfiant changement d'échelle de la capitale allemande. « Avec un territoire de 878 km^2, constate-t-il, Berlin est plus grand que New York (846 km^2) » – pourtant la plus grande ville du monde par la population à cette

10. Richard KORHERR, « Berlin, die neue Weltstadt », *Süddeutsche Monatshefte*, Heft 6, mars 1930, p. 366-412.

date. « Loin derrière, on trouve (non seulement) Londres avec 302, Chicago avec 531, Paris avec 86 km^2 de superficie », mais aussi la totalité des grandes villes allemandes : « Cologne avec 257, Hambourg avec 136, Francfort avec 135, Munich avec 126 km^2 ». Devenue une « ville géante » (*Riesenstadt*), Berlin dépasse certains États de l'Allemagne unifiée. « Le Land entier de Schaumburg-Lippe, note Korherr, ne fait même pas la moitié de la taille de Berlin [...] Imaginez une ville seize fois plus grande que le lac de Starnberg [...], une seule ville à peine plus petite que l'île de Rügen ! ». Ce sont des chiffres « qui nous auraient paru fantastiques il y a encore quelques décennies. Un bon marcheur mettrait cinq jours pour faire le tour de Berlin, un train rapide trois heures ».

Berlin n'est pas seulement l'une des plus grandes villes du monde par la taille, poursuit le statisticien, elle est également l'une des plus grandes villes du monde par le nombre d'habitants : « En termes de population, en effet, Berlin n'est dépassée que par Londres et New York. [...] Sa population actuelle avoisine 4,4 millions. 4,4 millions de personnes : c'est la population de *Länder* entiers comme le Wurtemberg ou le Bade. [...] Près d'un Allemand sur quatorze est un Berlinois. [...] Il y a dix-neuf pays européens qui comptent moins d'habitants que Berlin, dont la Suisse, le Danemark, la Norvège, la Finlande, l'Estonie, la Lettonie, la Lituanie... ! » Ces « masses infinies de personnes » entraînent un « énorme trafic » : « Le 28 juillet 1928, on a compté 33 037 véhicules (dont 18 678 automobiles) sur la Potsdamer Platz entre 8 et 20 heures, ce qui représente 46 véhicules par minute ; [...] et il n'est certainement pas exagéré de prétendre que c'est environ la population de l'ensemble de la ville de Nuremberg ou bien celle de la totalité de *Länder* allemands tels Lippe, Mecklenburg-Strelitz et Schaumburg-Lippe qui se rendent quotidiennement sur la Potsdamer Platz. »

Pourvoir aux besoins primaires de ces millions d'individus est un immense défi. La ville-monde a d'énormes besoins énergétiques et alimentaires. « En 1927, compte Korherr, les importations berlinoises se sont élevées à 22 millions de tonnes. [...] La consommation totale de viande a été de 311 millions de kilos. [...] La consommation de lait entier d'environ 415 millions de litres. [...] La consommation de pommes de terre d'environ 500 000 tonnes. En charbon, on a consommé 7,4 millions de tonnes [...]. L'électricité a été consommée à hauteur de 1,2 milliard de kWh, le gaz à hauteur de 618,2 millions de m^3 [...]. » Monstrueux, ces besoins sont à l'origine d'une véritable dépendance : « Berlin s'approvisionne principalement à l'extérieur pour nourrir ses innombrables masses humaines [...] », elle « vit majoritairement de la province ». Dépendante du dehors pour son approvisionnement énergétique, matériel, alimentaire, la ville géante est également tributaire de ses campagnes pour son dynamisme démographique : tel un « parasite du corps économique allemand », elle aspire et engloutit les populations rurales.

Entraînant la dépendance, le gigantisme urbain commande aussi la misère du surpeuplement dans les sinistres « casernes locatives » (*Mietskasernen*). « Derrière ces chiffres se cache une misère indescriptible » dénonce Korherr : « Il faut les voir, ces quartiers, ces maisons, ces appartements où les gens doivent vivre, où les enfants ne voient pas la lumière mais l'obscurité du monde, ces arrière-cours où grandit aussi une jeunesse, entre des murs arides, entourés de saleté et de vice. » Symptôme s'il en est du surpeuplement : l'ampleur du nomadisme résidentiel et de la cohabitation. Parents, enfants, locataires, « tous souvent réunis dans une même pièce ». Faut-il s'étonner, dès lors, si, privés de toit, les habitants de la ville-monde sont dépourvus de racines ? « Sans patrie sont les loueurs de sommeil (*Schlafgäste*), affirme le statisticien. Sans patrie sont les habitants de l'Est miséreux, sans patrie sont aussi les riches berlinois de l'Ouest. Tous sont sans patrie, sans racines, comme la ville mondiale elle-même, qui a perdu tout lien avec la campagne. » L'avènement de la ville-monde marque ainsi le retour inattendu du nomade, exactement comme l'avait prophétisé Oswald Spengler : « Avant le paysan, était le nomade, et maintenant, dans la ville géante, il revient. » Plus grave encore : le déracinement conduit tout droit à l'infertilité. S'appuyant sur d'innombrables études démographiques, Korherr rappelle ainsi que la capitale allemande est devenue la ville la plus inféconde au monde. « Berlin est aujourd'hui à la pointe en matière de limitation des naissances, non seulement en Allemagne mais dans le monde entier » : elle « est une ville stérile. » Le « devenir-Berlin » de l'Allemagne, se demande pour finir le statisticien, ne ferait-il pas peser une menace terrible sur les Allemands, celle d'un déclin irrémédiable ?

Non pas une, mais deux crises superposées

Sous la plume d'un épigone de Spengler qui signe un essai dans une revue de débats où s'expriment des points de vue souvent très critiques à l'égard de la modernisation, ces inquiétudes ne surprennent guère. Elles ont du reste été repérées, inventoriées et analysées de longue date : depuis les travaux fondateurs de Hans-Paul Bahrdt, Fritz Stern ou encore Klaus Bergman, quantité d'études historiques et historico-littéraires ont en effet souligné la virulence des réactions *kulturkritisch* qu'une part non négligeable de la « bourgeoisie de culture » (*Bildungsbürgertum*) allemande aurait développées à l'égard de la modernité métropolitaine, prétendant par là même expliquer la profondeur de l'« hostilité à la grande ville » (*Großstadtfeindschaft*) qu'auraient nourrie de larges pans de la société allemande au début du XXe siècle [11]. Mais si ces critiques sont plus ou moins connues, ont-elles été vraiment comprises ?

En les rabattant sur le terrain émotionnel du ressentiment ou de la haine, les grands concepts forgés par les historiens depuis cinquante ans – « hostilité à la grande ville », « urbaphobie », « détestation de la ville » [12] – dénient plus ou moins explicitement à la « critique de la grande ville » (*Großstadtkritik*) tout véritable fondement rationnel. Jugées le plus souvent ineptes, les critiques de la métropolisation ne retiennent l'attention qu'en raison de leurs effets délétères sur le climat intellectuel et politique qui se développe en Allemagne dans la première moitié du XXe siècle. Le procès de la très grande ville n'est pourtant pas seulement un thème phare du « pessimisme culturel », un *topos* idéologique de la droite conservatrice ou une rengaine des

11. Hans-Paul Bahrdt, *Die moderne Großstadt. Soziologische Überlegungen zum Städtebau*, VS Verlag für Sozialwissenschaften, 1961 ; Fritz Stern, *Politique et désespoir. Les ressentiments contre la Modernité dans l'Allemagne préhitlérienne*, Armand Colin, Paris, 1990 [1960] ; Klaus Bergman, *Agrarromantik und Großstadtfeindschaft*, A. Hain, Meisenheim, 1970 ; Andrew Lees, *Cities Perceived. Urban Society in European and American Thought, 1820-1940*, Manchester University Press, Manchester, 1985 ; Andrew Lees, « Critics of Urban Society in Germany 1854-1914 », *Journal of the History of Ideas*, vol. 40, n° 1, 1979, p. 61-83 ; Andrew Lees, « Perceptions of Cities in Britain and Germany 1820-1914 », *in* Derek Fraser, Anthony Sutcliffe (dir.), *The Pursuit of Urban History*, Hodder Arnold H&S, Londres, 1983, p. 151-166 ; Andrew Lees, « Das Denken über die Großstadt um 1900 », *Berichte zur Wissenschafigeschichte*, vol. 15, 1992, p. 139-150 ; voir aussi Christian Engeli, « Die Großstadt um 1900. Wahrnehmungen und Wirkungen in Literatur, Kunst, Wissenschaft und Politik », *in* Jürgen Reulecke, Clemens Zimmermann (dir.), *Die Stadt als Moloch ? Das Land als Kraftquell ? Wahrnehmungen und Wirkungen der Großstädte um 1900*, Leske + Budrich, Bâle, 1999, p. 21-51 ; ou encore : Isabelle Mity, *Le Gouffre de l'espèce humaine. Discours sur la dégénérescence dans les villes allemandes à l'ère de l'urbanisation (1850-1914)*, Lille, Atelier national de reproduction des thèses, 2005.

12. Arnaud Baubérot, Florence Bourillon (dir.), *Urbaphobie. La détestation de la ville aux XIXe et XXe siècles*, Éditions Bière, Bordeaux, 2009.

mouvements « ethno-nationalistes » (*völkisch*) et de la vision du monde nazie. L'indignité du logement ouvrier est unanimement attaquée en Allemagne et mobilise autant – sinon plus – l'extrême gauche que l'extrême droite. L'impact écologique exorbitant de la très grande ville, avant d'être relayé par la nébuleuse agrarienne et les nombreuses associations de protection de la nature, est souligné par une géographie allemande à la pointe internationale de la conceptualisation de la notion de « paysage » (*Landschaft*). La dénonciation des risques démographiques inhérents à la métropolisation n'est pas davantage l'apanage de l'extrême droite allemande : on doit la première analyse systématique – et la première occurrence lexicale de Berlin « ville stérile » – à Felix Aaron Teilhaber, démographe allemand, juif sioniste proche des cercles progressistes [13].

À droite comme à gauche, le procès de la très grande ville est en outre souvent instruit par des hommes de science, l'urbanisation suscitant d'innombrables activités d'expertise savante. Il est le fait de géographes, de démographes, d'anthropologues, de médecins parfois très en vue dans leur propre champ disciplinaire. Ces derniers fondent leurs analyses sur des théories crédibles et mobilisent des méthodes parfois à la pointe des savoirs. S'il est souvent discutable, le « diagnostic » qu'ils proposent est cohérent, argumenté, scientifiquement plausible. En bref, davantage qu'à une hostilité viscérale, l'ampleur des critiques adressées en Allemagne à l'égard de la très grande ville renvoie à ce qu'il conviendrait d'appeler une *crise d'intelligibilité*. Parce qu'elles bouleversent la manière d'organiser la répartition des individus dans l'espace, la croissance et la transformation de Berlin au tournant des XIXᵉ et XXᵉ siècles contraignent deux générations d'Allemands à en comprendre la signification et à en évaluer la portée pour l'avenir de leur pays. Est-il raisonnable, se demandent-ils, de répartir les populations dans l'espace de manière aussi déséquilibrée ? À défaut d'être enviable, la très grande ville est-elle une forme de peuplement tout simplement « viable » (*Lebensfähig*) ? L'avenir de l'Allemagne peut-il – doit-il – être métropolitain ?

Non seulement la *Großstadtkritik* n'est pas vraiment prise au sérieux, mais elle n'est jamais réellement contextualisée, c'est-à-dire rapportée aux expériences concrètes de la vie métropolitaine. Peu de travaux se sont ainsi intéressés aux dimensions observables

---

13. Felix Aaron Teilhaber, *Das sterile Berlin*, Eugen Marquardt Verlag, Berlin, 1913.

de l'expérience urbaine, et aucun, à notre connaissance, ne s'est sérieusement penché sur la manière dont les citadins avaient eux-mêmes réagi à la métropolisation et à ses effets déstabilisants, voire traumatisants. Or l'ampleur des critiques de la très grande ville renvoie à l'évidence à une autre crise, que masque pour ainsi dire la première, y compris sous le regard des historiens. Une crise non d'intelligibilité, mais d'*adaptabilité*. Parce qu'elle est aussi un bouleversement des cadres de l'expérience quotidienne, la métropolisation berlinoise impose en effet à des millions de citadins et de néocitadins un effort d'accommodation à leur nouvel environnement. Ceux-ci – en particulier les migrants ruraux, qui représentent 60 % de la population berlinoise, tout de même, au tournant du siècle – doivent en effet composer avec la surdensité résidentielle, avec l'extrême promiscuité dans les transports en commun, avec les risques d'accident de la rue, avec les exigences de ponctualité à l'usine ou au bureau, avec les nouvelles sensations provoquées par l'accélération des vitesses de déplacement et l'artificialisation des ambiances urbaines. Autant de phénomènes – et de problèmes – entièrement nouveaux pour eux.

L'autre modernité berlinoise

L'on aurait tort d'envisager ces deux crises séparément : elles représentent en effet les deux faces d'une même crise, lovée au cœur de la modernisation accélérée de l'Allemagne, et dont l'enjeu est ni plus ni moins la capacité d'une société avancée – une société de haute culture, d'expertise scientifique et de compétence technique – à encaisser, pour les surmonter, deux défis majeurs : une soudaine accélération du changement social d'une part, un passage à la massification et au gigantisme d'autre part.

L'historiographie a tardé à explorer cette dimension de la modernisation. Dans la plupart des travaux d'histoire culturelle, y compris les meilleurs, Berlin est avant tout dépeinte comme un « laboratoire de la modernité » : « modernité » des savoirs, « modernité » des arts, « modernité » des mœurs. Sous la plume d'auteurs tels que Peter Gay, Walter Laqueur ou encore Jean-Michel Palmier, Berlin est la ville de Fritz Haber et d'Albert Einstein, de Walter Gropius et d'Alfred Döblin, de Marlene Dietrich et d'Anita Berber : un haut-lieu de la vie scientifique internationale, un foyer majeur des avant-gardes européennes, un avant-poste de la libération des mœurs[14]. Berlin est « moderne » car elle est tournée vers l'avenir, américaine autant qu'européenne. Tout cela, du reste, est parfaitement exact : dans les années 1920, Berlin est l'une des villes où l'on rencontre le plus grand nombre de prix Nobel, d'artistes d'avant-garde ou encore de clubs homosexuels au monde. Et tout cela participe, aujourd'hui encore, d'une certaine fascination pour la métropole des « années folles allemandes » (*Goldene Zwanziger*), y compris chez l'auteur de ces lignes. Mais tout cela ne nous aide pas vraiment à examiner les problèmes de l'Allemagne et des Allemands au tournant des XIXe et XXe siècle, ni à comprendre comment le pays le plus alphabétisé d'Europe a pu « enfanter » le nazisme. Or, observée à travers le prisme de l'explosivité et de l'expansivité de la croissance urbaine, la « modernité berlinoise » se définit moins comme ce qui est « tourné vers l'avenir » que comme ce qui – faisant rupture dans les deux catégories du temps et de l'espace – « contraint à s'adapter ». Comme une « question de rythme » et comme une « question de taille[15] ».

Ce constat est essentiel. Il permet non seulement de comprendre la profondeur du doute, de l'inquiétude même qui saisit l'Allemagne face à l'hypothèse d'un « devenir-Berlin » de la société allemande tout entière, mais aussi, par là même, de tenter d'expliquer à nouveaux frais la facilité relative avec laquelle le nazisme s'est acclimaté dans le pays apparemment le plus « moderne » d'Europe, voire – risquons l'hypothèse – d'en comprendre un peu mieux sa part moderne – cette part moderne du nazisme qui nous dérange et nous effraie.

Même s'ils ont interprété cette révolution urbaine dans les termes que leur dictait leur vision biologique des races et de l'histoire, les nazis ont en effet pleinement partagé les doutes et les inquiétudes des hommes de leur génération face à la « menace » présumée que les agglomérations géantes semblaient faire peser sur le destin de l'Allemagne. Ils n'ont pas seulement su exploiter ces doutes pour séduire une paysannerie sensible aux slogans du retour à la terre et à un « État agraire », mais aussi pour attirer des classes moyennes durement éprouvées par l'effondrement périodique de la civilisation urbaine pendant les crises à répétition qui ont touché la république

14. Peter GAY, *Weimar Culture. The Outsider as Insider*, Harper and Raw, New York, 1968 ; Walter LAQUEUR, *Weimar. A cultural History*, Routledge, Londres, 1974 ; Jean-Michel PALMIER, *Retour à Berlin*, Payot, Paris, 1989.

15. Olivier REY, *Une question de taille*, Stock, Paris, 2014.

de Weimar. À tel point qu'une fois parvenus au pouvoir, ils ont délibérément cherché à annihiler ce que l'écrivain Joseph Roth a nommé, en 1933, le « paysage psychique du citadin [16] ». Alors que sous Weimar, la très grande ville avait *volens nolens* favorisé l'ancrage d'une certaine vie démocratique, le pouvoir national-socialiste a en effet exploité la résorption du chômage pour imposer, sous les apparences d'un « retour à la normale » à Berlin, un nouvel ordre urbain. Un ordre fondé non seulement sur la ségrégation raciale, mais aussi sur l'annihilation des formes de sociabilité propres à la très grande ville – lieu de brassage social, de côtoiements anonymes et d'interactions certes potentiellement conflictuelles, mais vivantes et libres.

Pourtant, et contre toute attente, le pouvoir nazi n'a pas remis en question la rupture d'échelle métropolitaine intervenue au tournant du siècle, mais a au contraire décidé de l'*amplifier*. Bien loin des objectifs de rééquilibrage entre villes et campagnes, tels que les formulait l'aile agrarienne du parti, les nazis ont en effet souhaité transformer Berlin en une mégalopole. Refusant d'« adapter le nombre de personnes à l'espace vital » – c'est-à-dire de limiter la taille de leurs villes aux capacités nourricières de leur Hinterland – ils ont voulu « adapter le *Lebensraum* au nombre de personnes [17] » – c'est-à-dire faire de l'Est européen le second Hinterland dont ses plus grandes villes auraient besoin pour faire de l'Allemagne une puissance sinon mondiale, du moins continentale. À leurs yeux, Berlin devait en effet devenir la « capitale éternelle [18] » du Troisième Empire allemand. Esquissée dès la seconde moitié des années 1920, préparée dès 1936, mise en œuvre à partir de 1938, interrompue une première fois en septembre 1939, reprise à l'été 1940, puis définitivement laissée inachevée en 1943, Germania est la concrétisation de cette ambition utopique. Élargissant la plus grande ville allemande aux dimensions d'une région urbaine organisée pour la voiture, reconfigurant les places et les rues de la capitale du Reich selon une conception à la fois plébiscitaire et disciplinaire de l'espace public expérimentée dans toutes les villes allemandes depuis la montée au pouvoir, dotant Berlin enfin d'une nouvelle « couronne urbaine » (*Stadtkrone*) à même de symboliser et

16. Joseph ROTH, *Cahiers juifs*, septembre-novembre 1933.

17. Toutes ces citations sont tirées du discours tenu par Hitler à l'Opéra Kroll le 10 février 1939 et reproduit dans Jost DÜFLER, Jochen, THIES, Josef HENKE, *Hitler's Städte, op. cit.*, p. 285-288.

18. *Ibid.*

de mobiliser sa « communauté du peuple » rassemblée, elle apparaît autant comme un *ornement* que comme un *instrument* du projet nazi de refondation sociobiologique de la race. Or, par ses besoins en matériaux de construction et en main-d'œuvre, Germania a contribué – à l'instar de tous les chantiers titanesques ouverts par le pouvoir national-socialiste – à radicaliser les politiques nazies et à précipiter la guerre de conquête à l'Est. Une guerre qui a provoqué en retour l'une des plus grandes campagnes de bombardements jamais entreprise contre une ville, soumettant ses habitants – ainsi que les travailleurs forcés, les prisonniers de guerre et les réfugiés présents en masse dans la capitale allemande pendant la guerre – à une épreuve terrible, réduisant Berlin à l'état de ruines et mettant brutalement fin à une expérience urbaine unique dans l'histoire allemande.

Retraçant la formation et la ruine de la très grande ville en Allemagne entre 1860 et 1945, ce livre montre ainsi comment Berlin a été placée au cœur de la crise allemande de la modernité, jusqu'à en devenir l'épitomé.

Partie I

Surrection

Entre 1860 et 1910, la croissance explosive de Berlin déséquilibre le peuplement de l'Allemagne tout entière. Alors que vers 1860, la population berlinoise ne rassemblait guère plus de 20 % de la population du Brandebourg, 10 % de celle de la Prusse et 3 % de celle des États de la future Allemagne unifiée, vers 1910, quand s'amorce la décélération de la croissance urbaine allemande, la capitale du Reich en concentre respectivement 60, 20 et 7 %. À cette date, un Allemand sur quatorze est Berlinois – un *ratio* totalement inédit dans un pays de structure aussi décentralisée que l'Allemagne. Dans *Le Déclin de l'Occident*, Oswald Spengler résume ce bouleversement d'une formule frappante : « Au lieu d'un univers, une ville, un point, où se concentre la vie entière de vastes régions, pendant que le reste se fane [1]. » Manière inédite de distribuer les populations dans l'espace, la très grande ville se distingue alors moins de la grande ville par sa densité que par sa combinaison de densité et d'immensité. Comme l'écrit le journaliste français Henri Béraud à son retour de voyage dans la capitale allemande en 1926, Berlin est devenue une « puissante juxtaposition de villes provinciales [2] » : elle rassemble alors pas moins de vingt métropoles de 250 000 habitants chacune – l'équivalent, au milieu des années 1920, de villes de la taille de Stettin, Königsberg ou encore Brême.

1. Oswald SPENGLER, *Le Déclin de l'Occident. Esquisse d'une morphologie de l'histoire universelle*, tome II : *Perspectives de l'histoire universelle*, Gallimard, Paris, 1976 [1922], p. 44.
2. Henri BÉRAUD, *Ce que j'ai vu à Berlin*, Les Éditions de France, Paris, 1926, p. 14.

Survenue avec une brutalité qui n'a aucun équivalent ailleurs en Europe, cette explosion urbaine ne fait pas seulement éclater les cadres de la ville préindustrielle : elle est aussi à l'origine de graves difficultés pour des millions de citadins et de néocitadins, profondément désorientés par les formes inédites empruntées par la vie quotidienne dans une ville d'aussi grande dimension. Pour des millions d'individus, il s'agit en effet de composer avec des phénomènes – et des problèmes – totalement nouveaux. Le choc est tel en Allemagne que la très grande ville, en tant qu'environnement à la fois écologique et socio-anthropologique nouveau, paraît absurde à de nombreux observateurs. Au début du siècle, en effet, il est difficile pour un Allemand de ne pas condamner l'indignité des casernes locatives, de nier la pression phénoménale qu'exerce la ville géante sur sa campagne environnante, de contester les dangers nouveaux auxquels elle expose ses habitants ou encore de ne pas s'alarmer de la chute brutale des taux de natalité berlinois. Et comme le confirment quantité d'expertises plus ou moins savantes venues de champs aussi différents que l'étude statistique des populations, la géographie, la sociologie, la psychologie, la physiologie ou encore la médecine, il n'est pas illogique, encore au début des années 1930, de douter de la « viabilité » à long terme d'une forme urbaine frappée du sceau du gigantisme et de la démesure.

Observant cette *surrection* de la très grande ville en Allemagne, la première partie de ce livre a ainsi pour objet de mieux en comprendre la force de déstabilisation pour deux générations d'Allemands – ceux-là mêmes qui, nés au tournant du siècle, en ont vécu les effets les plus directs et ont tenté d'en comprendre la portée pour l'avenir de leur pays.

Elle donne tout d'abord à voir les métamorphoses d'un tissu urbain qui, à Berlin, entre en convulsion dans le dernier tiers du XIXe siècle pour se dilater à une échelle inconnue. Elle observe ensuite l'avènement d'un sujet urbain nouveau : l'habitant des métropoles, qui est aussi le sujet anthropologique moderne. Elle en explore les expériences quotidiennes, du surpeuplement dans les logements au rassemblement dans les loisirs, de l'allongement des déplacements à la promiscuité dans les transports, du bouleversement des rythmes circadiens à l'abrasement des sensibilités, le tout dans un univers urbain de plus en plus artificialisé. Elle met enfin en évidence la manière dont cette « expérience de la très grande ville » a nourri de vives inquiétudes en Allemagne face à l'hypothèse d'un « devenir-Berlin » de la société allemande tout entière.

1

La rupture d'échelle métropolitaine

Dans une étude parue en 1917, le géographe Emil Stützer dresse une carte des « grandes villes allemandes d'hier et d'aujourd'hui[1] » (Fig. 4). Celle-ci fait apparaître deux concentrations urbaines d'un genre nouveau. La première est la *conurbation* de la Ruhr – constellation de villes de 100 000 à 350 000 habitants si proches les unes des autres qu'elles semblent déjà constituer, à cette date, un seul et même système urbain. La seconde est l'*agglomération* berlinoise, ensemble formé par la ville de Berlin et ses communes environnantes : Charlottenbourg, Wilmersdorf, Schöneberg et Neukölln, toutes devenues – à la faveur de l'explosion urbaine – des « grandes villes » au sens statistique.

À cette date, Berlin n'est plus une grande ville comme les autres en Allemagne. Élargie aux dimensions d'une agglomération, elle est devenue une « ville géante ». Dans *Le Déclin de l'Occident*, Spengler mobilise cette image à plusieurs reprises, évoquant la « ville mondiale géante » ou encore « ces villes gigantesques et très peu nombreuses [qui] bannissent et tuent dans toutes les civilisations, par le concept de province, le paysage entier qui fut la mère de leur culture »[2]. Elle est une « ville mondiale » ou une « ville-monde » (*Weltstadt*). L'expression, d'usage courant en Allemagne dès la fin du XIXe siècle,

1. Emil Stützer, *Die deutschen Großstädte einst und jetzt*, Verlag von Georg Westermann, Berlin Braunschweig Hamburg, 1917.
2. Oswald Spengler, *Le Déclin de l'Occident*, *op. cit.*, p. 84, 88 et 91.

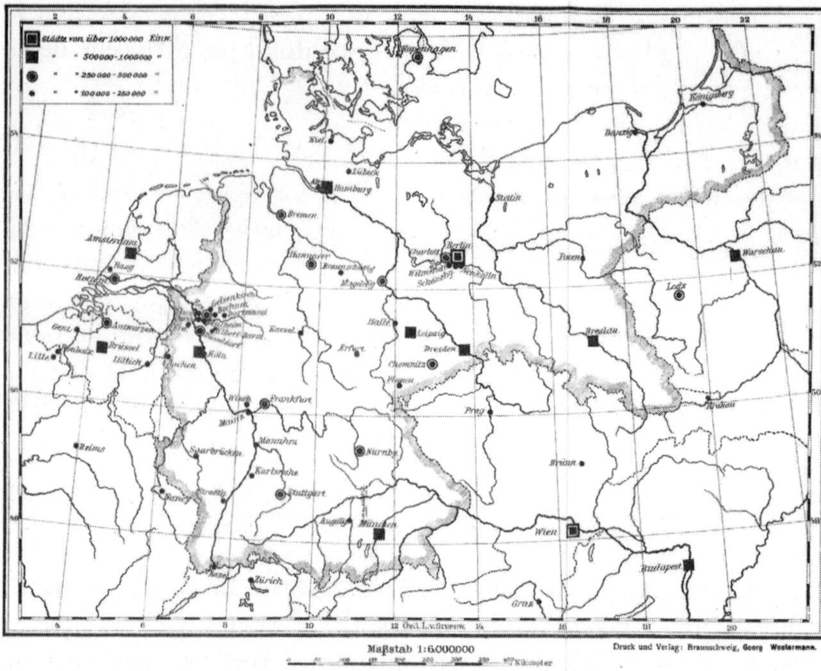

Fig. 4. L'armature des grandes villes allemandes au début du xxe siècle.

Source: Emil Stützer, *Die deutschen Großstädte einst und jetzt*, Verlag von Georg Westermann, Berlin Braunschweig Hamburg, 1917, p. 86.

inspire au statisticien Richard Korherr le titre de son étude sur Berlin parue en 1930[3]. On la qualifie aussi de « ville millionnaire ». La formule, choisie en 1925 pour le plus important *Kulturfilm* didactique consacré à la capitale allemande[4], apparaît dans les annuaires statistiques de la Ville de Berlin en 1934[5]. Un million est alors le seuil retenu pour établir le classement des plus grandes villes du monde. Avec plus de quatre millions d'habitants, Berlin figure alors, on l'a dit, au quatrième rang mondial derrière New York (alors la plus grande ville du monde), Tokyo et Londres – au cinquième si l'on intègre à Paris sa périphérie suburbaine. Loin, très loin devant les autres grandes villes allemandes.

3. Richard Korherr, « Berlin, die neue Weltstadt », *loc. cit.*
4. *Die Stadt der Millionen. Ein Lebensbild Berlins*, Adolf Trotz, 1925.
5. *Statistisches Jahrbuch der Stadt Berlin*, 10. Jahrgang, 1934, p. 319-320.

Ce constat est essentiel. En dépit de traits généraux communs, l'expérience de la très grande ville ne se confond pas avec celle de la grande ville. Berlin n'est ni Kassel (153 000 habitants en 1910), ni Brême (247 000 habitants à la même date), ni Munich (596 000), ni même Hambourg (931 000) : les espaces y sont plus dilatés, les populations plus disséminées, les fonctions plus sectorisées, les déplacements plus longs, les besoins énergétiques plus importants, les approvisionnements plus volumineux, les rejets plus massifs. En concentrant plusieurs millions de femmes et d'hommes sur quelques centaines de milliers d'hectares, la capitale allemande franchit un seuil à la fois décisif et inédit. Un seuil au-delà duquel la proximité spatiale entre habitation, production et récréation se rompt. Un seuil au-delà duquel la marche à pied et le cheval se révèlent impuissants à assurer seuls les mobilités quotidiennes. Un seuil au-delà duquel l'approvisionnement des citadins et l'assainissement de la ville requièrent des systèmes beaucoup plus complexes.

Avant d'en évaluer les effets sur les expériences quotidiennes de millions d'individus, il convient de prendre la mesure de cette *rupture d'échelle*. Celle-ci n'est pas un saut quantique. Berlin ne passe pas en un instant d'un état *a* à un état *b*. Elle consiste plutôt en une soudaine accélération de la croissance urbaine, l'équivalent d'une « poussée violente[6] ». Une accélération de cinquante ans – une ou deux générations, à peine – au terme de laquelle une capitale d'allure encore très provinciale se hisse au rang des plus grandes villes du monde.

Anatomie d'une explosion urbaine

Vers 1860 – à la veille de ce grand bouleversement –, Berlin est, avec Hambourg, Munich et Breslau, l'une des quatre grandes villes que comptent les États de la future Allemagne unifiée. Appartenant à cette moitié nord/nord-est de l'Allemagne où les villes, de création plus récente, sont longtemps demeurées de taille restreinte et mal reliées entre elles, la capitale du royaume de Prusse a su profiter de la promotion des États territoriaux à l'époque moderne[7]. Mais avec

6. Eugen Diesel, *Secrets de l'Allemagne*, *op. cit.*, p. 107.

7. Étienne François, « The German Urban Network between the Sixteenth and Eighteenth Centuries », *in* Ad van der Woude, Akira Hayami, Jan de Vries (dir.), *Urbanization in History. A Process of Dynamic Interactions*, Clarendon Press, Oxford, 1990, p. 84-100.

une population d'environ 484 000 habitants et une superficie *intra-muros* qui ne dépasse pas 13,5 km^2, elle demeure une ville moyenne de l'espace européen.

Sa physionomie n'est alors guère différente de celle qu'en avait donné le peintre Johann Heinrich Hintze trente ans plus tôt[8]. Même si la pression démographique qui accompagne les balbutiements de l'industrialisation a d'ores et déjà entraîné la croissance de certains faubourgs au nord-ouest et au sud-ouest de la capitale, la coupure séculaire entre la ville et sa campagne environnante demeure parfaitement visible, indice parmi d'autres qu'à cette date, le corset de la ville ancienne n'a pas encore éclaté. À la manière d'un gigantesque artefact, Berlin, enserrée dans son « mur d'octroi », demeure *inscrite* dans son paysage.

Façonné à la fin du dernier âge glaciaire, ce paysage appartient à la grande plaine germano-polonaise. À l'instar du Brandebourg ou du Mecklembourg voisin, il doit aux grands glaciers scandinaves qui l'occupaient des sols sablonneux et pauvres, de belles forêts de résineux et un réseau plus ou moins dense de rivières et de lacs. Lovée au cœur d'un système lacustre dans lequel Franz Hessel voit son « âme secrète », son « au-delà terrestre »[9], la ville sur la Spree est bordée par deux plateaux aux terrains argileux et marneux. Leur altitude est cependant très modeste : le Teltow au sud-ouest et le Barnim au nord-est ne dépassent pas une cinquantaine de mètres. Les plus hautes montagnes berlinoises – les *Müggelberge*, sur lesquelles les enfants font de la luge l'hiver – culminent à 115 mètres. « Si j'excepte le Kreuzberg qui forme à l'est une montagne d'une dizaine de mètres, observe Jean Giraudoux au début des années 1930, Berlin ne compte ni descente ni montée[10]. »

À peine perceptible, la topographie berlinoise permet pourtant dans une large mesure de comprendre l'implantation de l'habitat et ses formes. Analysant la relation entre « colonisation » et « relief » dans la formation de la plus grande ville allemande, l'économiste et urbaniste Roman Heiligenthal souligne ainsi avec force la dualité constitutive du peuplement berlinois (Fig. 5) : tandis que les *villes* se sont développées en chapelet au fond des vallées primaires de la

8. Johann Heinrich Hintze, *Blick vom Kreuzberg*, huile sur toile, 48 x 66 cm, Alte Nationalgalerie, Berlin, 1829.

9. Franz Hessel, *Promenades dans Berlin*, *op. cit.*, p. 91-92.

10. Jean Giraudoux, *Berlin*, Émile-Paul frères, Paris, 1932, p. 11.

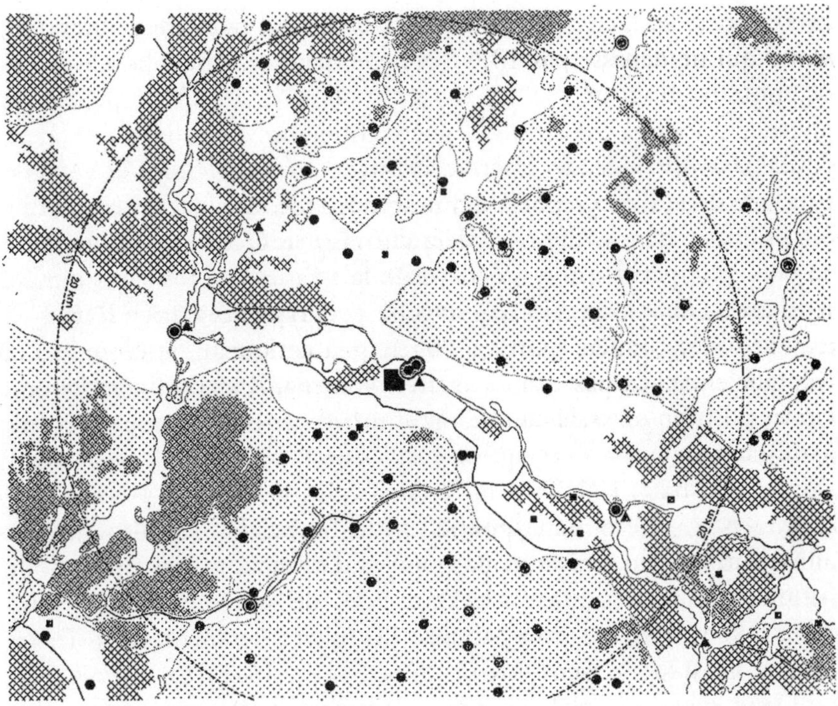

Fig. 5. La dualité du peuplement berlinois.

Source : Roman Heiligenthal, « Freiflächen und Freiflächenpolitik », *Berliner Städtebaustudien*, Berlin-Halensee, 1926, p. 62.

Spree et de la Havel, les *villages*, fondés aux XIIe et XIIIe siècles par les colons flamands ou hollandais venus défricher les landes et les forêts du Barnim et du Teltow, ont quadrillé les plateaux[11]. Vers 1860, cette opposition compose une figure que vient à peine perturber le développement centrifuge de la capitale prussienne, et la variété typologique des « noyaux originels de peuplement[12] » du Grand Berlin, tels que les recense le géographe Friedrich Leyden en 1933, est encore parfaitement lisible.

À cette date, Berlin est moins une « immense petite ville », comme l'écrira Henri Béraud à son retour d'Allemagne en 1926, qu'une petite grande ville[13]. Celle-ci conserve en effet la plupart des

11. Roman HEILIGENTHAL, « Freiflächen und Freiflächenpolitik », *Berliner Städtebaustudien*, Berlin-Halensee, 1926, p. 62.

12. Friedrich LEYDEN, *Gross-Berlin*, *op. cit.*, p. 32.

13. Henri BÉRAUD, *Ce que j'ai vu à Berlin*, *op. cit.*, p. 14.

caractères d'une cité préindustrielle : elle est faiblement étendue, son développement est entravé par le mur d'octroi, et son système de mobilité dominé par les modes lents – la marche à pied et le cheval.

Auparavant ville de caserne, de cour et d'académie, la capitale prussienne est d'ores et déjà devenue une ville manufacturière [14]. Elle est pourtant dépourvue de ressources minières. Mais elle compense ce handicap par d'autres atouts, ceux-là mêmes qui font sa « qualité d'espace » (*Raumqualität*) aux yeux du géographe Friedrich Ratzel [15] : un site ouvert et peu contraignant, une situation de carrefour – à la fois gué et confluence – au cœur des voies navigables du Brandebourg, et une position centrale dans le semis urbain de l'Allemagne du Nord, à mi-chemin entre l'est agricole et l'ouest en voie d'industrialisation d'une part, la Silésie et les ports de la façade septentrionale d'autre part. Nœud de communication ferroviaire, la ville s'impose ainsi comme l'un des principaux pôles d'attraction industriels de la future Allemagne unifiée. Devenue à la fois une destination et un relais, elle se met à croître par absorption de migrants ruraux dès les années 1850.

Deux décisions plus ou moins concomitantes anticipent alors l'entrée de la ville dans un nouveau cycle d'expansion. En janvier 1861, sept ans avant la destruction du vieux mur d'octroi, une ordonnance ministérielle décide de l'incorporation à Berlin des faubourgs de Moabit, Wedding, Schöneberg et Tempelhof. La « nouvelle limite communale » enserre un territoire dont la superficie augmente d'un coup de 40 %, passant de 3 510 à 5 820 hectares. C'est *grosso modo* à l'intérieur de ce nouveau périmètre qu'entre 1858 et 1862, l'ingénieur James Friedrich Hobrecht met au point le vaste plan d'extension qui portera son nom [16]. S'inspirant d'un projet du paysagiste Joseph Peter Lenné élaboré dans les années 1840, ce plan est conçu pour organiser une ville future de deux millions d'habitants. Généralisant

14. Sur Berlin au XVIIIe siècle, voir par exemple : Étienne FRANÇOIS, « Berlin au XVIIIe siècle : naissance d'une capitale », *in* Étienne FRANÇOIS, Egon Graf WESTERHOLT (dir.), *Berlin. Capitale, mythe, enjeu*, Actes du colloque organisé par le Goethe-Institut de Nancy, Presses Universitaires de Nancy, 1988, p. 33-41.

15. Friedrich RATZEL, *Die geographische Lage der grossen Städte*, Berlin, 1903.

16. Sur le plan HOBRECHT, voir : Klaus STROHMEYER, *James Hobrecht (1825-1902) und die Modernisierung der Stadt*, Verlag für Berlin-Brandenburg, Potsdam, 2000 ; Claus BERNET, « The "Hobrecht Plan" (1862) and Berlin's urban structure », *Urban History*, vol. 31, 2004, p. 400-419.

un « dispositif d'îlots profonds et denses[17] » en périphérie de la ville ancienne, il entoure la ville existante d'une gigantesque ceinture de quartiers d'habitation. Se limitant au tracé des voies, il ne prévoit aucune réserve foncière pour de futurs équipements, défaut aussitôt souligné par tous ses détracteurs. Peu importe, répond Hobrecht : il fallait un cadre à la future extension urbaine, et celui-ci est désormais tracé. Il ne va pourtant pas tarder à éclater.

Tout bascule en effet au tournant des années 1850-1860, quand les taux de croissance de la population berlinoise bondissent de 1 à 5 % par an en moyenne. Passée une longue phase de hausse régulière mais modérée dans la première moitié du XIXe siècle, les courbes de croissance de la population de Berlin explosent en effet au tournant des années 1860, devançant de peu celles de ses villes voisines.

Explosive, cette croissance n'est cependant pas uniforme. À l'échelle des plus vieux quartiers (Alt-Berlin, Cölln, Friedrichswerder, Dorotheenstadt, Friedrichstadt), contenus à l'intérieur de l'ancien mur d'octroi (13,5 km^{2}/1 350 ha), la population berlinoise diminue : elle passe de 153 419 habitants en 1875 à 56 346 en 1925. À l'échelle des quartiers d'extension compris dans les limites communales de 1861 (59 km^{2}/5 923 ha), voire un peu au-delà, dans celles que dessine le plan Hobrecht (ces dernières ne coïncidant pas avec la limite communale de 1861 mais la débordant ou la recoupant), la tendance est exactement inverse : de 547 200 habitants en 1861, la population berlinoise passe à 2 083 392 habitants en 1912, son maximum historique, avant de décroître à 1 697 132 en 1925. À l'échelle de l'agglomération, enfin, c'est-à-dire dans les limites qui seront assignées au Grand Berlin en 1920 (800 km^{2}/80 000 ha), les taux de croissance sont non seulement comparables, mais se maintiennent à un niveau élevé après la Première Guerre mondiale : de 931 984 habitants en 1871, la population berlinoise passe à 4 093 428 en 1925[18].

17. Jean-Louis COHEN, « Les réformes urbaines à Berlin : deux siècles de chantier », *Critique*, août-septembre 1991, p. 583.

18. *Statistisches Jahrbuch der Stadt Berlin*, 34. Jahrgang, 1920, p. 5 ; *Statistisches Taschenbuch der Stadt Berlin*, 2. Aufgabe, 1926, p. 5 et p. 12 ; *Statistisches Taschenbuch der Stadt Berlin*, 2. Aufgabe, 1926, p. 12-13 ; *Statistisches Jahrbuch der Stadt Berlin*, 3. Jahrgang, 1927, p. 15 ; 5. Jahrgang, 1929, p. 22 ; 6. Jahrgang, 1930, p. 26 ; 7. Jahrgang, 1931, p. 14 ; 8. Jahrgang, 1932, p. 15 ; 9. Jahrgang, 1933, p. 8-10 ; 10. Jahrgang, 1934, p. 28 ; 12. Jahrgang, 1936, p. 40 ; 13. Jahrgang, 1937, p. 12 ; 14. Jahrgang, 1938, p. 20 ; *Statistisches Jahrbuch der Reichshauptstadt Berlin*, 15. Jahrgang, 1939, p. 8.

Dès la fin du siècle, dépassant les projections du plan d'extension, l'urbanisation déborde donc les nouvelles limites communales et s'opère en grande partie *de l'extérieur.* Berlin ne se développe pas seulement concentriquement à partir de son double noyau médiéval et baroque, mais aussi polycentriquement, c'est-à-dire par coalescence avec ses villes et villages environnants. Si certains d'entre eux semblent plus précocement touchés que d'autres par la spéculation foncière et immobilière, tel Schöneberg et ses « fermiers millionnaires [19] », la pression démographique aboutit un peu partout au même résultat : dans ces villages devenus en très peu de temps des villes, voire, pour certains d'entre eux, des grandes villes (Rixdorf, Schöneberg, Lichtenberg et Wilmersdorf avant-guerre, Pankow et Reinickendorf après-guerre), plus rien ne subsiste des structures originelles, si ce n'est une église ou un pré communal. Ici comme ailleurs, la modernisation se manifeste comme un puissant agent d'érosion.

Le moteur de cette violente poussée urbaine est bien connu. L'explosion démographique berlinoise s'inscrit dans le mouvement plus général des grandes transformations qui touchent alors l'Allemagne. Commandées par la pauvreté rurale, le développement accéléré de l'industrie et la libéralisation de la circulation des individus, les migrations intérieures et extérieures s'intensifient dans des proportions inédites entre 1860 et 1914 [20] : en moins d'un demi-siècle, elles concernent pas moins de 45 millions d'individus. Manifestant une spectaculaire inversion du sens historique des migrations germaniques, ces déplacements de populations s'opèrent principalement d'est en ouest et s'orientent vers quatre grands pôles : la Westphalie, la Rhénanie, la Saxe et Berlin. En 1907, 29 millions d'Allemands ne résident plus dans leur commune d'origine : c'est près d'un habitant sur deux. Commandées par des facteurs aussi bien répulsifs (le « *Push-Effekt* » de la misère et du sous-emploi rural) qu'attractifs (le « *Pull-Effekt* » des emplois urbains) [21], ces migrations mènent quasi exclusivement des campagnes vers les grandes

19. « On spécule ardemment sur la terre et les bâtisses, observe Jules Huret en 1909 ; beaucoup de paysans sont devenus millionnaires en dix ans. En 1890, ils cultivaient la betterave et la pomme de terre sur l'emplacement où s'élève aujourd'hui Schöneberg. » Jules HURET, *Berlin*, Eugène Fasquelle, Paris, 1909, p. 29.

20. Michel HUBERT, *L'Allemagne en mutation. Histoire de la population allemande depuis 1815*, Presses de la Fondation nationale des sciences politiques, Paris, 1995.

21. Thomas NIPPERDEY, *Deutsche Geschichte, 1866-1918*, vol. 1, *Bürgerwelt und starker Staat*, C.H. Beck, Munich, 1983, p. 114.

villes, les migrations de retour ou de sens contraire demeurant exceptionnelles.

À Berlin, l'apport de ces migrations à la croissance urbaine est d'emblée écrasant, modifiant les équilibres entre *Altberliner* et *Neuberliner* : « Le vrai Berlinois, observe le reporter français Jules Huret, est noyé dans le flux des immigrations provinciales[22]. » Berlin, ajoute Jean Giraudoux, est une ville d'« une population mêlée. On dit encore que tous les Berlinois viennent de Breslau[23] ». Le recensement de 1907 le confirme : à cette date, 60 % des Berlinois ne sont pas nés sur place – c'est 17 points de plus que la moyenne nationale[24]. 40 % d'entre eux proviennent du Brandebourg, 12 % de Silésie, 11 % de Poméranie, 8 % de Posnanie et 8 % de Prusse orientale – confirmant au passage à quel point Berlin demeure une métropole essentiellement allemande, voire prussienne, infiniment moins cosmopolite que d'autres villes en forte croissance du début du siècle.

Habiter et travailler

Cette manière inédite de répartir les populations dans l'espace est aussi une nouvelle façon d'organiser les grandes fonctions urbaines, la rupture d'échelle métropolitaine produisant une réorganisation générale de l'espace berlinois qui n'a été ni vraiment anticipée, ni vraiment souhaitée, ni vraiment planifiée. À Berlin, trois séries de transformations s'observent en effet à partir des années 1860, qui bouleversent la géographie à la fois résidentielle, productive et récréative de la capitale prussienne.

La première est la métamorphose du vieux noyau médiéval et baroque en un centre d'administrations, de loisirs, de commerces et de petites industries sur le modèle de la City londonienne. Berlin n'est pas seulement la plus grande ville industrielle d'Allemagne : elle affirme en effet aussi sa position dominante dans les secteurs de l'administration, de la banque, des assurances, de la presse et du commerce. Exploitant les données du grand recensement professionnel de 1925, le sociologue allemand Harmut Häussermann rappelle que parmi les

22. Jules HURET, *Berlin*, *op. cit.*, p. 41.
23. Jean GIRAUDOUX, *Berlin*, *op. cit.*, p. 7.
24. Wolfgang KÖLLMANN, *Bevölkerung in der industriellen Revolution*, Vandenhoeck & Ruprecht, Göttingen, 1974, tableau 2, p. 117.

2,3 millions d'actifs travaillant à Berlin au milieu des années 1920, 665 000 sont des employés ou des fonctionnaires[25]. Précipitant le « dépeuplement » de la vieille ville, la tertiarisation des emplois de la capitale donne naissance à de véritables « quartiers d'affaires[26] » : les administrations et les ambassades s'établissent sur les lisières du Tiergarten, les banques et les assurances au nord de la Friedrichstadt, la confection le long de la Leipziger Strasse et au sud du château, le commerce alimentaire de gros derrière l'Alexanderplatz et les médias au sud de la Friedrichstadt. Tandis que les cinémas et autres salles de spectacle se multiplient, de grands magasins aux façades imposantes se dressent sur les plus grandes places de la City berlinoise : Wertheim sur la Leipziger Platz en 1896, Tietz sur l'Alexanderplatz en 1904, ou encore Kaufhaus des Westens (KaDeWe) sur la Wittenbergplatz en 1907. À proximité de ces artères et de ces places les plus commerçantes subsistent également quantité de petites entreprises de confection et de petites industries alimentaires ou de biens de consommation courants employant parfois jusqu'à 500, voire 1 000 ouvriers. Dans une petite étude parue en 1926, Roman Heiligenthal constate en effet un « lien géographique étroit entre les ateliers de confection (contrairement à d'autres entreprises) et le commerce de gros et de détail à Berlin[27] ».

La City accueille également deux petites enclaves paupérisées en voie de taudification. *Intra-muros*, l'ancien cœur médiéval de Berlin s'étend sur près de quatre hectares derrière le château, entre l'hôtel de ville, la Spree et le Mühlendamm : « Tout autour du marché au Petit-Lait, observe Franz Hessel à la fin des années 1920, se trouvait le lieu de peuplement le plus ancien de la rive berlinoise de la Spree et nous y trouvons également l'unique ruelle médiévale entièrement intacte, le *Krögel*[28]. » Avec ses maisons à colombage, cette venelle – la plus étroite de Berlin d'après le photographe Sasha Stone – est l'une des rues les plus photographiées et filmées de Berlin dans les années 1920. *Extra-muros*, derrière l'Alexanderplatz, le Scheunenviertel abrite quant à lui une population d'immigrants pauvres venus chercher du travail dans la capitale. Sa proximité avec les hauts lieux de la circulation et

25. Harmut HÄUSSERMANN, « Transformations socio-spatiales à Berlin : une évolution entre permanence et mutation », *in* Gilles DUHEM, Boris GRÉSILLON, Dorothée KOHLER (dir.), *Paris-Berlin. Regards croisés*, Anthropos, Paris, 2000, p. 143.

26. Friedrich LEYDEN, *Gross-Berlin*, *op. cit.*, p. 156-157.

27. Roman HEILIGENTHAL, « New York und Berlin », *Berliner Städtebaustudien*, *op. cit.*, p. 36-46.

28. Franz HESSEL, *Promenades dans Berlin*, *op. cit.*, p. 102.

de la consommation est propice au développement de tout un marché interlope dont le célèbre roman d'Alfred Döblin [29] – adapté au cinéma par Piel Jutzi en 1931 [30] – a fixé la mémoire vivante.

Nouveau cœur battant de la métropole, la City berlinoise accueille chaque jour des centaines de milliers d'employés, de fonctionnaires, de consommateurs, de spectateurs, de marchands de rue, de badauds ou encore de prostituées. « Tandis que la vie commerciale et financière anime durant le jour les quartiers centraux, observe le reporter français Marc Henry, chaque soir voit grossir la foule des citadins en quête de distractions [31]. » Pendant que ses principales artères – en particulier la Friedrichstrasse – se couvrent de néons et d'enseignes lumineuses, ses grandes places – la Potsdamer Platz, l'Alexanderplatz ou encore le Spittelmarkt – sont en proie à des problèmes d'encombrement croissant. Envahie par le « flot des passants [32] », le « tohu-bohu utilitaire des adultes [33] » et l'« imbroglio des événements [34] » du quotidien, la City berlinoise, à l'instar de son homologue londonienne ou du quartier de Wall Street à New York, est particulièrement animée la semaine. Le dimanche, en revanche, ses rues sont « absolument désertes [35] », confirmant un trait désormais typique des grands quartiers d'affaires.

Contrairement à la ville ancienne, qui se vide de ses habitants, les anciens faubourgs berlinois voient leur population résidentielle augmenter dans des proportions proprement ahurissantes. Autour de la City berlinoise, une couronne résidentielle particulièrement dense prend forme, portée par l'afflux massif des populations venues du vieux centre en cours de dépeuplement et/ou des campagnes prussiennes environnantes.

Encadrée à défaut d'être maîtrisée par le plan Hobrecht, l'extension berlinoise est dominée par un modèle quasi unique : la « caserne d'habitation locative [36] ». Sa structure se compose en général d'un bâtiment de cinq étages à l'alignement sur rue, flanqué d'ailes latérales

29. Alfred Döblin, *Berlin Alexanderplatz*, 1929.

30. *Berlin Alexanderplatz*, Piel Jutzi, 1931.

31. Marc Henry, *Trois Villes : Vienne – Munich – Berlin*, Payot et Cie, Paris, 1917, p. 263.

32. Joseph Roth, « Adieu à un mort » [*Frankfurter Zeitung*, 5 mars 1925], *in* Joseph Roth, *À Berlin*, Éditions du Rocher, Monaco, 2003, p. 187.

33. Joseph Roth, « Promenade » [*Berliner Börsen-Courier*, 24 mai 1921], *in ibid.*, p. 9.

34. *Ibid.*

35. Charles Huard, *Berlin comme je l'ai vu*, Eugène Rey, Paris, 1907, p. 34.

36. Werner Hegemann, *Das Steinerne Berlin. Geschichte der grössten Mietskasernenstadt der Welt*, Kiepenheuer, Berlin, 1930.

et de plusieurs corps de bâtiment parallèles groupés autour d'arrière-cours aux dimensions extrêmement réduites : 5,34 m sur 5,34 – soit l'emprise minimale requise pour l'accès d'une voiture de pompiers à cheval et le maniement des lances à incendie. Uniques en Europe par leur cynisme spéculatif, les *Mietskasernen* berlinoises sont unanimement dénoncées dès le tournant du siècle, que ce soit par les satiristes les plus en vue – Heinrich Zille, Käthe Kollwitz – ou par les enquêtes d'hygiène urbaine – statistiques et photographies à l'appui. Dépourvus du plus élémentaire des conforts, ces appartements exigus – sur un million de logements en 1900, 400 000 ne comportent qu'une pièce, 300 000 deux pièces – sont en effet le plus souvent privés d'air et de lumière, comme à l'intersection des ailes où prend place la sinistre « pièce berlinoise[37] » (*Berliner Zimmer*).

L'analyse socio-spatiale montre pourtant que la ville des *Mietskasernen* est plus segmentée qu'il n'y paraît : soit parce qu'il existe des quartiers d'habitations aux structures sociales très diverses, comme Kreuzberg, soit parce que certains peuvent avoir été construits pour la bourgeoisie. Le Berlin des *Mietskasernen* recouvre *de facto* plusieurs oppositions : à l'intérieur de la limite communale de 1861 entre quartiers fortement ségrégués (Neukölln au caractère ouvrier très marqué, Schöneberg au caractère plus bourgeois) et quartiers plus mixtes (Kreuzberg) d'une part ; à l'intérieur de chaque quartier entre bâtiments sur rue et bâtiments sur cour d'autre part. Il résulte de ces constats une structure sociale de l'espace passablement complexe : autour de la vieille ville transformée en City, une bande allant du nord-ouest (Wedding) au sud-est (Neukölln) dans laquelle la population ouvrière domine forme une sorte de couronne d'habitat populaire tronquée dans son quart sud-ouest, tandis que dans la bande restante, de Neukölln à Moabit, la population ouvrière est moins nombreuse.

Dans les deux premières décennies du XXe siècle enfin, débordant les limites communales, l'explosion urbaine berlinoise donne naissance à un territoire suburbain totalement inédit. Celui-ci se caractérise par la juxtaposition de l'ensemble des fonctions urbaines qui ne peuvent trouver place ni dans la City ni dans la ville dense des *Mietskasernen* :

37. La « pièce berlinoise », du fait de sa localisation à l'intersection des ailes des immeubles d'habitation, est très faiblement éclairée. On trouvera un exemple de plan courant d'étage où figurent de telles pièces dans Christine MENGIN, *Guerre du toit et modernité architecturale. Loger l'employé sous la république de Weimar*, Publications de la Sorbonne, Paris, 2007, p. 279.

« faubourgs de villas », « cités d'habitation » (*Siedlungen*), infrastructures dédiées au déchargement, à l'acheminement et au stockage des biens matériels, grands équipements de loisir et industries géantes.

Alors que les premières industries berlinoises s'étaient implantées sur les rives de la Panke au nord de la porte d'Orianenbourg ainsi que sur les rives de la Spree entre Berlin et Charlottenbourg, au nord du Schafgraben canalisé, la métropolisation s'accompagne en effet d'un mouvement centrifuge d'essaimage des industries vers les zones suburbaines. Ce mouvement n'est pas aléatoire : les industries électriques, chimiques et textiles, qui dominent l'économie berlinoise, s'implantent préférentiellement le long des cours d'eau ou des lignes de chemin de fer. À l'image des « industries colossales de Spandau[38] » évoquées par Eugen Diesel dans ses *Secrets de l'Allemagne* en 1931, de gigantesques zones industrielles telles que la Siemenstadt, la « cité AEG » sur l'Oberspree et Oberschöneweide an der Spree, aussi grandes parfois que des petites villes, s'implantent ainsi à la périphérie de la ville dense, accompagnant un véritable mouvement de délocalisation industrielle.

La périphérie suburbaine inclut également de nombreux espaces naturels. En 1924, avec respectivement 27 420 ha sur 81 176, les cours d'eau, lacs, parcs, forêts, champs et autres prairies couvrent 34 % de la superficie des quatorze arrondissements qui constituent la zone suburbaine du Grand Berlin (31 % de la superficie totale de l'agglomération) : c'est moins que les terrains bâtis ou à bâtir (38 638 ha représentant 47,6 % de la superficie des quatorze arrondissements suburbains et 44 % de la superficie totale du Grand Berlin), mais beaucoup plus que le réseau viaire (5 870 ha, soit 7,2 et 6,7 %) ou le réseau ferroviaire (1 628 ha, soit 2 et 1,9 %)[39]. Comme le montre l'évolution de la tache urbaine de Berlin entre 1860 et 1930 (Fig. 6), un « paysage urbain[40] » (*Stadtlandschaft*) original prend ainsi forme, qui se caractérise par une certaine intrication d'espaces construits et non construits, une certaine interpénétration de l'urbain et du rural.

---

38. Eugen Diesel, *Secrets de l'Allemagne*, *op. cit.*, p. 80.

39. *Statistisches Jahrbuch der Stadt Berlin*, 3. Jahrgang, 1927, p. 3.

40. Manfred Kühn, « Die Stadtlandschaft zwischen Berlin und Potsdam. Historische Schichten eines suburbanen Raumes », *in* Winfried Schenk, Manfred Kühn, Markus Leibenath, Sabine Tzschaschel (dir.), *Suburbane Räume als Kulturlandschaften*, Forschungs- und Sitzungsberichte der ARL 236, Hannover, 2012, p. 303-324.

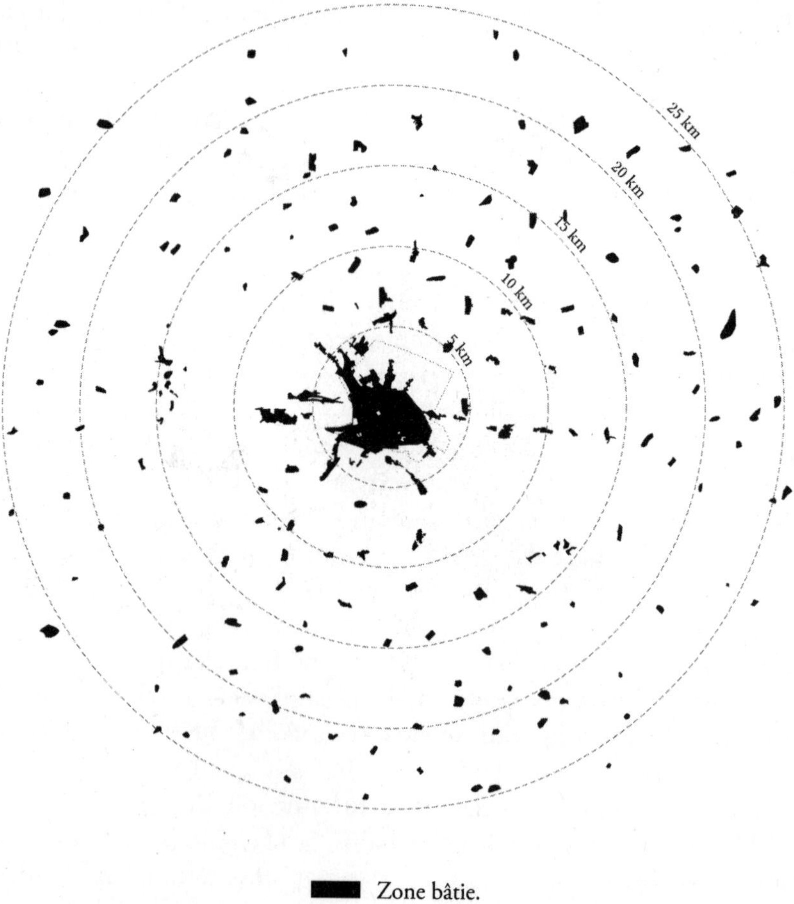

Fig. 6. La tache urbaine berlinoise en 1860.

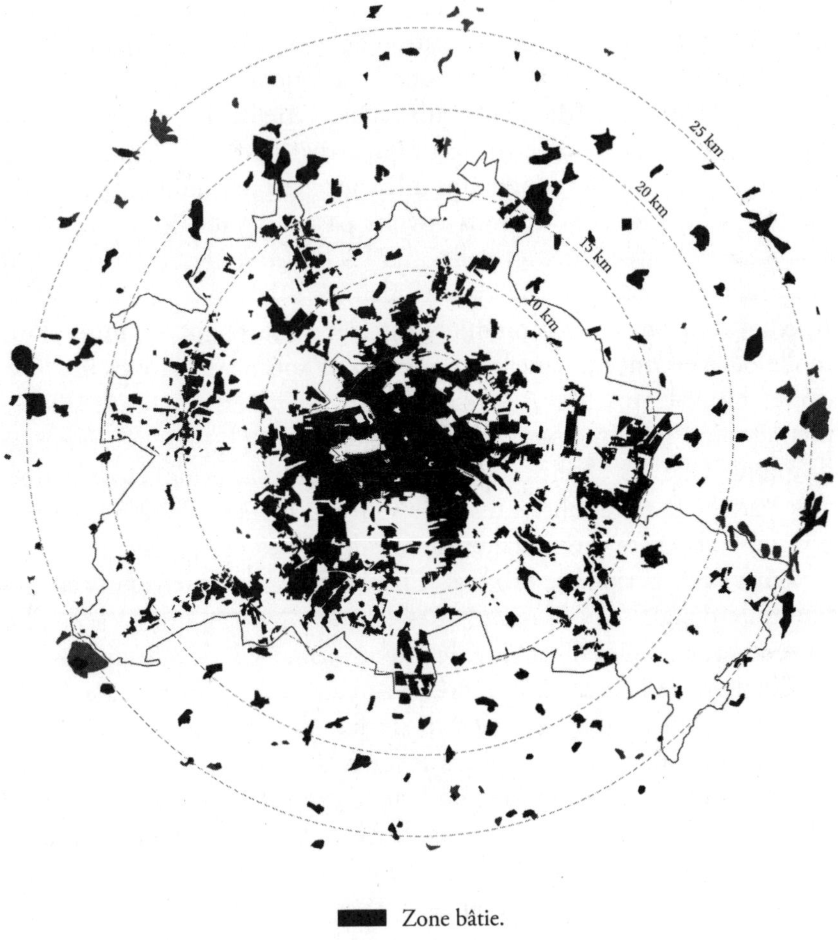

Fig. 6. La tache urbaine berlinoise en 1930.

Ce nouveau paysage urbain oppose, sous la forme de trois aires concentriques, l'hypercentre tertiarisé, la ville des *Mietskasernen* et les zones mixtes de périphérie. Entre ces trois « Villes », la ceinture de boulevards qui remplace depuis 1868 le mur d'octroi d'une part, et la *Ringbahn* d'autre part, marquent deux frontières d'épaisseurs variables : entre la City et la ville des *Mietskasernen* pour la première ; entre le cœur dense de l'agglomération et le « Berlin vert » des colonies résidentielles et des *Siedlungen* pour la seconde.

Bien décrite par Maurice Halbwachs, cette structure urbaine est parfaitement lisible pour le voyageur qui arrive en train[41]. La très grande ville se signale en effet longtemps à l'avance par son influence : « Très loin en dehors de la ville, nous voyons passer devant nous les jardins des brasseries, avec leurs tonnelles. Ici les foules se déversent. Il y a là des milliers de tables et de chaises pliantes à la mode allemande[42]. » Apparaissent ensuite les premiers espaces suburbains, témoins d'un mode de croissance faisant la part belle à la spéculation foncière : « Se dresse, horrible, par-dessus la surface vaguement herbeuse de l'argile, le premier mur, nu comme une ruine incendiée. C'est la première demeure de grande ville. [...] Cette maison symbolise l'époque où la spéculation s'est partagé la terre, où les maisons se sont entassées l'une sur l'autre, pour engraisser les propriétaires de terrains et les entrepreneurs[43]. »

Entre cette périphérie urbaine et le cœur dense, s'intercale « comme une toile d'araignée » le monde des jardins ouvriers, qui « s'accroche entre le mur dernier de la ville, le rail et l'usine »[44]. Surgissent ensuite la ville dense et l'océan des *Mietskasernen* : « Tout autour s'étale, large, la ceinture du remblai de chemin de fer, des entrepôts, des usines, des maisons ouvrières : au milieu jusqu'à la vieille ville, la mer de ces casernes à trois étages, au long de l'angle droit des rues, entassée, sans visage, sans charme, sans amour. Ici, la masse habite anonyme, sans joie, sans romantisme, lancinée par la petite bataille quotidienne [...][45]. » Après avoir traversé cette « mer », le voyage prend fin dans l'une des gares en terminus de la métropole : « Quelque part, au-delà d'une frontière difficile à délimiter, entre cette colonisation bâtarde, socialiste

41. Maurice Halbwachs, « "Gross Berlin" : grande agglomération ou grande ville ? », *loc. cit.*, p. 547-570.

42. Eugen Diesel, *Secrets d'Allemagne*, *op. cit.*, p. 106.

43. *Ibid.*, p. 107.

44. *Ibid.*

45. *Ibid.*, p. 109.

et capitaliste à la fois, et les quartiers d'une époque passée, se dresse la gare[46]. » Comme souvent, cette dernière polarise un certain nombre d'activités : « C'est le quartier des cinémas qui tintent, des réclames lumineuses clignotantes, du carillonnement sur l'asphalte des tramways, qui, parmi le tumulte citadin, coupent avec des grincements acérés les courbes, comme des instruments à archet géant[47]. »

Parvenu à ce point, le voyageur n'a toutefois pas encore pénétré jusqu'au cœur de l'agglomération. Les grandes gares ayant été installées *extra-muros*, il lui faut franchir les boulevards construits à l'emplacement des anciennes fortifications : « Il y a là des promenades, des parterres, des étangs allongés où glissent des barques et des cygnes. C'est la transition entre le quartier de la gare et l'ancienne ville[48]. » Il peut alors découvrir le noyau urbain – vieille ville transformée en City : « Vers l'intérieur, [...] la cité s'est développée d'une tout autre façon. Ici, elle n'a pu que s'entasser verticalement, couche par couche, et au besoin, comme d'une détermination subite, crever un chemin à travers le vieux bric-à-brac. Plus la ville vieillit et s'agrandit, plus elle abolit, parmi les couches compliquées des siècles, la vie habitante, et la remplace par ce qu'on peut appeler la City[49]. »

Ce qui frappe en dernier ressort dans cette réorganisation générale de l'espace berlinois, c'est la nouvelle division fonctionnelle de l'espace et son corollaire : l'apparente rupture de l'association entre logement et travail. Avant l'explosion urbaine, il existait en effet une forme de proximité entre habitation et production : en l'absence de moyens de transport à la fois publics, bon marché et rapides, l'ouvrier se rendait à pied à la manufacture, tandis que l'artisan continuait de travailler à domicile. Les quartiers ouvriers – en particulier les faubourgs – présentaient une mixité de fonctions et d'activités. Or, sous l'effet du desserrement de l'espace urbain, celle-ci se délite.

Même s'il ne faut pas en surestimer l'ampleur, ce processus est capital. Certes, certains arrondissements de Berlin conservent une mixité fonctionnelle apparemment très forte : c'est le cas de quartiers tels que Moabit, Wedding, Treptow ou encore Spandau – quatre exemples de secteurs caractérisés par une très forte concentration d'industries mais dont le *taux de résidence* demeure important (il oscille générale-

46. *Ibid.*
47. *Ibid.*, p. 110-111.
48. *Ibid.*, p. 111.
49. *Ibid.*, p. 112.

ment entre 50 et 57 %) et où la proportion d'ouvriers est nettement supérieure à la moyenne de l'agglomération. Mais il existe à l'inverse des quartiers à dominante ouvrière où ne se trouve aucune usine ou presque : Friedrichshain, situé dans le quart sud-est de l'*Innenstadt*, parfait exemple de secteur de « casernes locatives » inclus dans le plan Hobrecht mais qui demeure éloigné des nouvelles zones industrielles situées à l'est dans le secteur de Treptow, ainsi que Rixdorf-Neukölln et Weissensee, quartiers nés du débordement de la croissance urbaine au-delà des limites théoriques du plan Hobrecht et qui, à l'instar de Friedrichshain, demeurent passablement distants des industries géantes d'Oberschöneweide. La plupart de ces quartiers à dominante ouvrière ont en commun d'avoir été construits à usage exclusif d'habitation : fruits de l'intense spéculation immobilière, ce sont des quartiers-dortoirs.

Faut-il en conclure à une rupture complète, dans la très grande ville, de l'association entre habitation et production ? Les témoignages existent, qui montrent au contraire que la métropolisation s'accompagne paradoxalement d'une certaine recrudescence du « travail à domicile ». On doit notamment à la sphère réformatrice qui se cristallise au tout début du siècle d'avoir rassemblé une abondante documentation sur le sujet à l'occasion de trois expositions berlinoises successives – en 1906, 1908 et 1925. Exceptionnel, ce matériau documentaire autorise trois constats majeurs. Le premier est que les travailleurs à domicile de la très grande ville ne doivent pas être confondus avec les travailleurs des faubourgs de la ville préindustrielle : ouvriers salariés, ils ne sont en général ni indépendants ni propriétaires de leurs outils ni libres de fabriquer ce que bon leur semble. Le second renvoie aux segmentations internes à ce phénomène : segmentation par le genre tout d'abord, le travail à domicile étant plus féminin que masculin ; segmentation par le métier ensuite, la confection sous toutes ses formes – de la couture au tissage en passant par le reprisage, le repassage ou encore la retouche – se taillant la part du lion au milieu d'une foule d'autres petites activités productives telles que la charronnerie, la chocolaterie, la fabrication de pétards et de feux d'artifice, la bimbeloterie ou encore la cordonnerie. Le troisième constat est d'ordre spatial : le travail à domicile est d'autant plus développé que l'on se rapproche de la City – là où se déploie la vie commerçante, que ce soit sous la forme des grands magasins ou sous la forme du « commerce de rue ambulant », si important à Berlin au début du XXe siècle[50]. Surtout,

50. Pour une étude récente, voir Molly Loberg, *The Struggle for the Streets of Berlin. Politics, Consumption, and Urban Space, 1914-1945*, Cambridge University Press, Cambridge, 2018.

il ne prend pas simplement place dans les arrière-cours des casernes locatives, mais bien souvent directement dans les logements. C'est ainsi *littéralement* que ce travail peut être dit « à domicile » : à défaut d'ateliers où produire, façonner, réparer, entreposer, stocker, les classes laborieuses berlinoises se servent de leur logis pour non seulement habiter, mais aussi travailler.

Circuler et transporter

Une telle redistribution des populations et des fonctions urbaines est impensable sans un relâchement de la contrainte de la distance qui obérait depuis toujours l'extension de la ville. Certes, au milieu du XIXe siècle, Berlin compte déjà cinq lignes de chemins de fer radiales et se trouve au centre d'un vaste réseau ferroviaire. Depuis 1840, la ville est reliée à Madgebourg et à Leipzig, depuis 1841 à Dessau et aux centres industriels de la Saxe, depuis 1842 à Francfort-sur-l'Oder, depuis 1843 aux villes du nord, depuis 1846 à Hambourg et depuis 1848 à Dresde. Installées *extra-muros*, les premières gares drainent les premiers migrants ruraux et assurent l'approvisionnement de la ville – le mur d'octroi imposant une rupture de charge à la circulation des hommes comme des marchandises. Mais vers 1860, les lignes ferroviaires ne participent d'aucune façon aux mobilités quotidiennes et à la gestion des relations fonctionnelles entre travail, habitat et loisir.

Comme Londres et Paris, Berlin a développé un premier système de transports collectifs. Treize lignes d'omnibus équestres irriguent ainsi la ville dès 1864[51]. Fonctionnant de 7 à 22 heures, ces omnibus passent toutes les dix minutes et roulent à une vitesse moyenne de 8 km/h, ce qui n'est guère plus rapide que la marche à pied. Mais d'après Arne Hengsbach, seuls 250 000 Berlinois empruntent ces lignes en 1858 – révélant combien l'écart entre Berlin et Londres demeure important à cette date[52]. Si une liaison avec Potsdam est assurée par train depuis 1838, aucun omnibus ne dessert les villages périphériques : le « transport

51. *Berliner-Omnibus Fahrplan*, Julius STRAUBE, 1864, 1/15.000, lithographie en couleurs (Landesarchiv Berlin, Acc. 2096, Nr. 1, Bd. 3, Nr. 634).

52. Arne HENGSBACH, « Das Berliner Pferdeomnibuswesen », *Jahrbuch für brandenburgische Landesgeschichte*, Bd. 14, 1963, p. 87, cité par Wolfgang RIBBE (dir.), *Geschichte Berlins*, Bd. 2, *Von der Märzrevolution bis zur Gegenwart*, Berliner Wissenschafts-Verlag, Berlin, 2002, p. 668.

suburbain » n'existe pas encore[53]. Enfin, avec quelque 7 000 chevaux et 1 000 véhicules circulant en 1841, le parc berlinois de voitures lui-même demeure modeste : les voitures individuelles restent un luxe et les voitures de location peu nombreuses[54]. Bref, à Berlin, la marche à pied et ses dérivées continuent de prédominer dans les mobilités quotidiennes.

Celles-ci ne cessent pourtant d'augmenter, accompagnant le rythme plus ou moins continu de la croissance de la population elle-même. Comme dans la plupart des villes de la première moitié du XIXe siècle, Berlin souffre par conséquent de problèmes d'encombrement chroniques. Mais vers 1860, peu de réponses techniques y ont encore été apportées par les édiles berlinois. Alors qu'à Paris la « macadamisation des rues » concerne près de 100 hectares de voies publiques sur un total de 643 en 1857, apportant un début de réponse aux exigences de confort (réduire le cahotage et le bruit), de sécurité (ne pas faire glisser les chevaux), de salubrité (favoriser une meilleure circulation de l'eau ainsi que son rejet vers les réseaux souterrains) et d'économie (limiter l'entretien des équipages et des voitures), à Berlin, la plupart des rues demeurent pavées. Comme dans beaucoup de villes anciennes, c'est en fait le mur d'octroi qui permet d'organiser, à la fois spatialement et temporellement, les circulations de la ville : plus ou moins perméable le jour, la ville préindustrielle vit repliée sur elle-même la nuit.

Si l'aire d'approvisionnement de la capitale prussienne est d'ores et déjà d'échelle locale et régionale à la fois, son aire de fonctionnement au quotidien ne dépasse guère un rayon de quatre ou cinq kilomètres. À l'intérieur du mur d'octroi, huit kilomètres séparent la porte de Brandebourg de la porte de Francfort : depuis l'hôtel de ville ou le château, l'enceinte n'est donc jamais plus éloignée que de quatre kilomètres, distance que l'on parcourt à pied en une heure environ. Au-delà, ce sont les villages les plus proches qui servent de destination aux excursions dominicales. Schöneberg (situé à trois kilomètres et demi de la porte de Potsdam), Rixdorf (situé à trois kilomètres environ de la porte de Kottbuss), Pankow (situé à cinq kilomètres de la porte de Schönhaus) et Charlottenbourg (situé à cinq kilomètres par un chemin qui traverse le Tiergarten), circonscrivent ainsi une aire récréative d'un rayon de quatre ou cinq kilomètres autour de la ville – soit la distance maximale permettant d'assurer les relations fonctionnelles entre habitat, travail et loisir dans un système de mobilités lentes.

53. Cyril Buffet, *Berlin*, Fayard, Paris, 1993, p. 185.
54. *Ibid.*, p. 180.

À la veille de l'explosion urbaine, les cercles locaux d'existence n'ont donc pas encore été vraiment brisés par l'accélération des vitesses de déplacement : la cadence du pas dicte les rythmes urbains, organise les contraintes sociales, ordonne le quotidien des citadins. Berlin demeure une ville où l'on marche à pied.

Tout change à partir des années 1870 : le desserrement de l'espace berlinois est alors permis par le déploiement de quatre grands réseaux de transport public – omnibus, chemin de fer urbain, tramway et métro – dont l'armature se stabilise dans les années 1920.

Alors que le plan Hobrecht ne comportait aucune réserve foncière pour les futures infrastructures ferroviaires, cinq nouveaux faisceaux et quatre nouvelles gares trouvent place dans les quartiers d'extension tandis que les vieilles gares d'Anhalt, de Potsdam et de Stettin sont reconstruites. Originalité du réseau berlinois, un « chemin de fer circulaire » en forme de tête de chien relie depuis la fin des années 1870 Moabit, Stralau, Schöneberg et Charlottenbourg. Comportant huit points d'intersection avec le réseau radial, cette « petite ceinture » berlinoise passe au-delà des grandes gares terminus et englobe plusieurs communes suburbaines telles que Wilmersdorf, Schöneberg ou encore Rixdorf. À partir des années 1880, Berlin développe également un important réseau de tramways électriques. Circulant deux fois plus vite que les omnibus équestres, ces derniers permettent de multiplier le nombre de rotations d'un même véhicule, d'augmenter le nombre des passagers et de réduire les tarifs de l'ordre de 30 à 40 %. Enfin, au tout début des années 1900, la municipalité berlinoise débute la mise en chantier de son premier métro souterrain.

Certes, l'ensemble du réseau berlinois est plus lâche que celui d'autres très grandes villes, comme Paris et son célèbre métro. Gaston Cadoux, chef de service à la préfecture de la Seine, le souligne à son retour d'un voyage d'étude à Berlin en 1908 : sur le réseau de chemin de fer électrique municipal, note l'ingénieur, « l'intervalle moyen est plus grand que celui qui sépare nos stations du métropolitain à Paris : 800 au lieu de 500 mètres[55] ». Mais s'il est plus lâche, le réseau berlinois est beaucoup plus étendu que son homologue parisien : cent ans avant le lancement du « Grand Paris Express » dans une métropole francilienne qui tarde encore à réaliser son unité, le Grand Berlin existe grâce à son réseau ferroviaire (Fig. 7).

---

55. Gaston Cadoux, *La Vie des grandes capitales. Études comparatives sur Londres – Paris – Berlin*, Berger-Levrault, Paris/Nancy, 1908, p. 173-174.

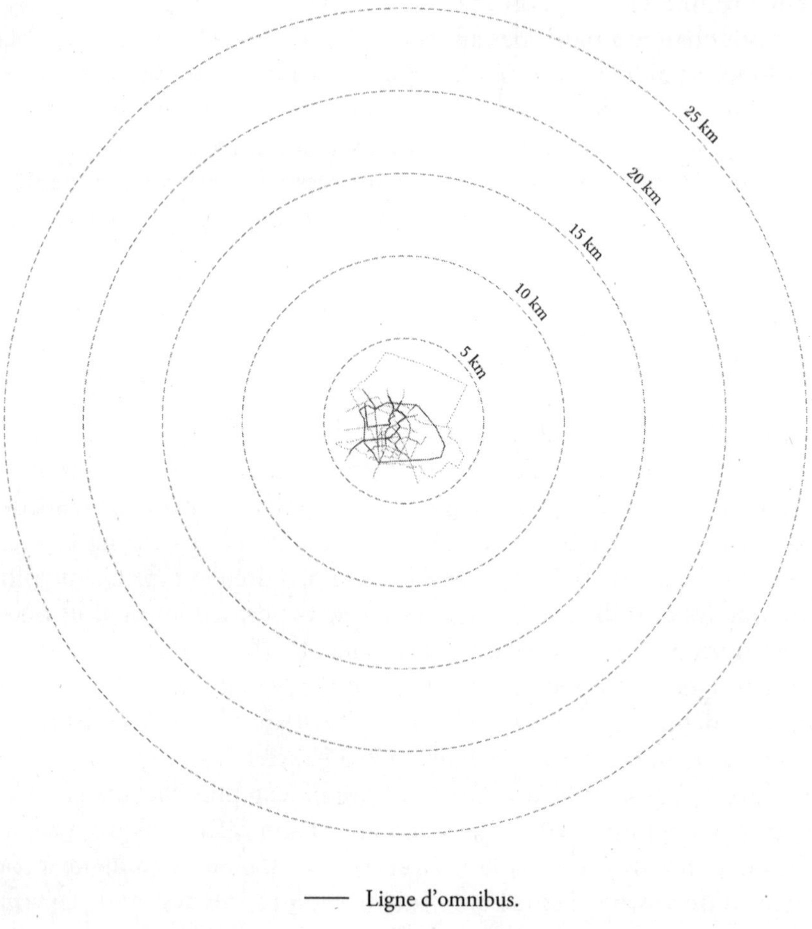

Fig. 7. Le réseau de transports publics de proximité berlinois en 1860.

---- Ligne d'omnibus (*Omnibus*).
— Ligne de chemin de fer urbain (*Stadt- Ring- und Vorortbahn*).
— Ligne de tramway (*Strassenbahn*).
----- Ligne de métro (*Hoch- und Untergrundbahn*).

Fig. 7. Le réseau de transports publics de proximité berlinois en 1930.

La domination berlinoise du rail n'est toutefois pas sans partage. Mode rigide – c'est-à-dire lié à une infrastructure, avec ses contraintes en termes de rayon de giration ou de pente –, le chemin de fer et ses dérivés ne peuvent à eux seuls assurer l'ensemble des déplacements de l'agglomération. Si la marche à pied demeure, pour l'ouvrier ou l'employé de la très grande ville, la manière la plus commode de se déplacer sur de courtes distances sitôt descendu de la plateforme de son tramway, celle-ci n'est que de peu d'utilité pour le transport des marchandises. Une fois déchargées sur les appontements des gares ou des ports, ces dernières doivent être acheminées sur de courtes distances, qui requièrent des moyens de transport beaucoup plus souples. Or, avant le développement de l'automobile, seules les « vieilles » technologies équines sont en mesure d'offrir cette souplesse.

La plupart des films tournés à Berlin dans les années 1920 en témoignent, qui continuent de faire une large place aux chevaux dans l'espace urbain. À cette date, il s'agit moins d'un stéréotype attaché à la nostalgie du « bon vieux temps » qu'un constat froid et lucide : la métropolisation berlinoise, dans sa phase active, correspond bien à l'âge d'or de la traction équine, c'est-à-dire à la période d'utilisation maximale des chevaux dans la capitale allemande. Les statistiques rassemblées par la ville le confirment : alors que le nombre de chevaux utilisés dans les transports publics berlinois ne dépassait pas 7 000 à la veille de l'explosion urbaine, il augmente rapidement et continûment jusqu'au début du XXe siècle. De 9 984 en 1876, il passe à 16 940 en 1891, 23 976 en 1898 – son maximum historique – avant d'amorcer une lente décrue. En 1910, au moment où prend fin la phase explosive de la croissance urbaine, 15 802 chevaux sont encore utilisés dans les transports berlinois : c'est deux fois plus qu'en 1860.

Ce constat confirme la thèse de l'historien britannique David Edgerton : le *boom* du cheval à Berlin offre un magnifique exemple de coexistence entre une « technologie traditionnelle » dont on n'avait pas anticipé l'utilisation accrue et une « technologie moderne » dont le déploiement est beaucoup moins linéaire que prévu [56]. Plus encore : le pullulement des chevaux au cœur de la City n'est pas le signe d'un retard de développement, mais au contraire l'indice d'une poussée de modernisation. Amorcée en douceur avant la Première Guerre mondiale, la décrue des transports équins dans les transports urbains

56. David EDGERTON, *Quoi de neuf ? Du rôle des techniques dans l'histoire globale*, Seuil, Paris, 2013.

n'est irrésistible qu'après la guerre [57]. Et encore faut-il souligner que le constat ne vaut qu'au niveau local : au niveau national, le nombre de chevaux n'atteint son apogée en Allemagne qu'au milieu des années 1920. Si 2 151 calèches circulent encore sur l'asphalte berlinois en 1923, elles ne sont plus que 1 578 en 1925, 336 en 1927, 146 en 1929, 106 en 1931 et 62 en 1933. À cette date, la traction motorisée l'emporte.

En dépit de la vogue de l'automobilisme, dont témoignent le succès des grands salons et des courses organisées sur l'AVUS (*Automobil Verkehrs- und Übungsstrasse*) [58] aménagée entre Berlin et Potsdam entre 1912 et 1921, la capitale allemande aborde pourtant le cycle de l'automobile avec lenteur.

En la matière, il est vrai, Berlin est tributaire du singulier retard allemand en termes d'infrastructures routières et de parc automobile. Au lendemain de la Grande Guerre, la république de Weimar hérite en effet d'un réseau très médiocre : en 1924, date de l'introduction de la bétonneuse à route américaine et de la publication du premier plan d'ensemble pour le développement d'un réseau routier national de 30 000 km par le Deutscher Strassenbauverband, la part des routes allemandes bitumées ne dépasse par 1 %. Dans ce domaine comme dans d'autres, c'est la stabilisation monétaire et le retour de la prospérité à partir de 1924 qui changent la donne. En effet, en dépit de la priorité donnée au fret ferroviaire, un effort significatif est alors fait pour tout à la fois remettre en état les routes principales, en construire de nouvelles, en normaliser le profil, substituer le bitume aux graviers et introduire une signalisation. Mais avec seulement 37 % de routes bitumées à la veille de la Grande Dépression, le réseau routier allemand ne refait qu'une partie de son retard par rapport aux grands réseaux français, britannique et américain. Le parc automobile allemand lui-même est à la traîne. Les raisons en sont essentiellement économiques : en l'absence de révolution par la consommation, le coût d'entretien des voitures et le prix du carburant font de l'automobile un produit de luxe. À la fin des années 1920, le nombre de véhicules par habitant reste ainsi deux à trois fois inférieur à celui de

57. Gijs Mom, « Compétition et coexistence : la motorisation des transports terrestres et le lent processus de substitution de la traction équine », *Le Mouvement Social*, 2009/4, p. 20.

58. L'AVUS est une chaussée à quatre voies séparées par un terre-plein central sur 10 km. En dehors des jours de courses automobiles, le circuit redevient une autoroute urbaine reliée au reste du réseau berlinois.

la France et de l'Angleterre – un retard plus ou moins compensé par le développement incomparable du parc de motocyclettes, exemptées d'immatriculation et de permis de conduire depuis la loi sur les véhicules à moteur de 1923.

Non seulement le contexte national est peu porteur, mais la capitale du Reich ne se démarque pas particulièrement dans le classement des villes allemandes en matière de parc automobile. D'après les statistiques municipales, le nombre de « véhicules individuels à moteur » immatriculés à Berlin passe de 620 en 1905 à 2 037 en 1910, 5 494 en 1914, 23 813 en 1923 et 104 464 en 1929. Sur ce total, 42 844 sont des automobiles privées (41 % du total), 35 676 des motocyclettes (34 %), 14 766 des camions, 9 001 des taxis motorisés, 1 731 des tracteurs, 278 des camions-poubelles et 168 des véhicules de pompiers[59]. Dérisoire avant la guerre, le parc automobile berlinois ne prend donc son essor qu'à partir de la seconde moitié des années 1920. Mais avec une automobile privée pour 116 habitants en 1929, Berlin n'atteint que le treizième rang national, juste au-dessous de la moyenne des villes allemandes[60].

Associant un mode « rigide » (le chemin de fer urbain et ses dérivés) à un mode « souple » (le cheval d'abord, la voiture ensuite, mais pas avant le milieu des années 1920), le nouveau système de transports berlinois est à l'origine d'une contraction spatiotemporelle inédite, apportant au passage une contribution inattendue au renouvellement du cadre conceptuel de la physique moderne impulsé au même moment par Albert Einstein. Pour bon nombre de Berlinois, ce sont en effet désormais moins les distances réelles qui comptent que les temps de parcours.

Ce nouvel espace-temps urbain a ses physiciens : parce que la distance est désormais un obstacle qui se mesure en temps, économistes, géographes et autres cartographes tentent de rendre compte des déformations de l'espace générées par l'accroissement des vitesses de déplacement en élaborant de nouvelles représentations. On doit notamment à Roman Heiligenthal et Friedrich Leyden, respectivement

---

59. *Statistisches Taschenbuch der Stadt Berlin*, 1924, p. 504, 505, 509 et 510 ; *Statistisches Jahrbuch der Stadt Berlin*, 3. Jahrgang, 1927, p. 133, 140 et 141 ; 5. Jahrgang, 1929, p. 138, 139 et 140 ; 6. Jahrgang, 1930, p. 148, 150, 158 et 159.

60. Corinne JAQUAND, *Le Grand Berlin et l'anticipation américaine. Infrastructures, paysage et forme urbaine du IIe au IIIe Reich*, thèse de doctorat en histoire de l'art de l'EHESS, 2003, p. 300.

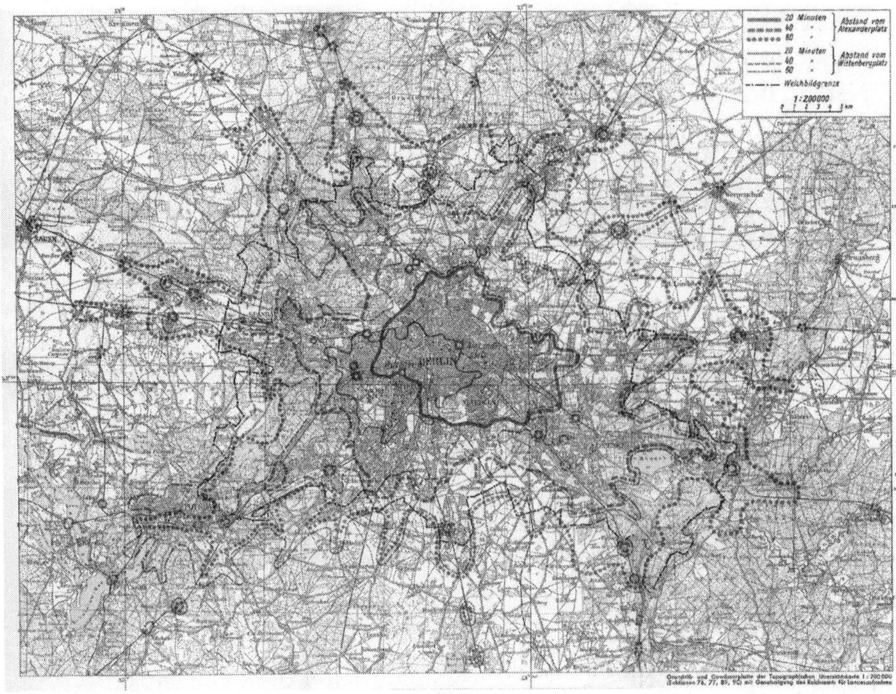

Fig. 8. Isochrones et budget-temps.

Source : Friedrich Leyden, *Gross-Berlin. Geographie der Weltstadt*, Ferdinand Hirt, Breslau, 1933, carte fournie sur le rabat de la quatrième de couverture.

en 1926 et 1933, les deux premières cartes en isochrones de l'agglomération berlinoise[61]. Superposées à la carte du Grand Berlin, ces isolignes (Fig. 8)[62] qui relient les points distants de vingt, quarante et soixante minutes de l'Alexanderplatz ou de la Wittenbergplatz, circonscrivent trois aires d'accessibilité distinctes : une aire d'hyper-proximité, avec des temps de parcours inférieurs à vingt minutes, qui correspond *grosso modo* au cœur urbain dense ; une aire d'accessibilité moyenne, avec des temps de parcours compris entre vingt et quarante minutes, qui couvre une part importante de la périphérie suburbaine ; et une aire

61. Roman Heiligenthal, « Dezentralisation Berlins », *Berliner Städtebaustudien*, *op. cit.*, p. 16 ; Friedrich Leyden, *Gross Berlin*, *op. cit.*, carte pliable agrafée à la fin de l'ouvrage.

62. À la différence des cartes à métriques temporelles, dont l'échelle exprime les durées de déplacement au départ d'un lieu par anamorphose, les cartes à isolignes sont construites en reliant tous les points situés à égale distance-temps d'un point d'origine.

d'accessibilité d'une heure, qui épouse, voire déborde les limites de l'agglomération, certaines localités extérieures au Grand Berlin comme Nauen, Bernau ou Rangsdorf étant d'ores et déjà reliées en moins d'une heure au centre de la plus grande ville allemande. En reposant implicitement sur une approche fondée sur le « budget-temps » dont disposent ceux qui, quotidiennement, se déplacent sur de longues distances pour se rendre sur leur lieu de travail, ces représentations suggèrent ni plus ni moins une nouvelle définition de ce qu'est une ville : moins une entité administrative qu'un territoire que l'on peut parcourir en moins d'une heure pour accéder à un centre et ses aménités.

Approvisionner et assainir

Conséquence de la mise en place d'un système de transports mécanisés à grande échelle, le relâchement de la contrainte de la distance ne permet pas seulement la concentration sur quelques milliers d'hectares de plusieurs millions d'individus. Il impose également une redéfinition complète du « métabolisme urbain[63] », c'est-à-dire de la manière de gérer les flux entrants et sortants de matières et d'énergies.

Envisagée sous cet angle, la rupture d'échelle métropolitaine est un défi sans précédent. Comme l'observe Gaston Cadoux au retour de son voyage d'étude à Berlin en 1908, « l'approvisionnement des gigantesques agglomérations qui constituent les grandes métropoles modernes devient chaque année plus difficile[64] ».

La rupture d'échelle entraîne en effet une véritable explosion des volumes de marchandises acheminées dans l'agglomération. Sur le long terme, la hausse est vertigineuse : de 9 778 000 tonnes en 1895 (date à laquelle prend fin la Grande Dépression et où s'amorce, en Allemagne, la période dite de « haute industrialisation »), le volume total des marchandises importées à Berlin passe à 18 167 000 tonnes en 1909 (date à laquelle s'amorce la décélération de la croissance urbaine), 20 646 000 tonnes en 1913 (« année assez médiocre d'avant-guerre[65] ») et 24 767 000 tonnes en 1929 (année « intermédiaire entre

63. Sabine Barles, « Comprendre et maîtriser le métabolisme urbain et l'empreinte environnementale des villes », *Responsabilités et environnement*, n° 52, octobre 2008, p. 21.

64. Gaston Cadoux, *La Vie des grandes capitales*, *op. cit.*, p. 1.

65. Louis Morchipont, « Le port de Berlin », *Annales de Géographie*, t. 41, n° 231, 1932, p. 267.

l'essor factice de 1926-1927 et la grande crise de 1930[66] »). Rapporté à l'évolution de la population du Grand Berlin, cela donne en moyenne 4,2 tonnes annuelles de marchandises acheminées par habitant en 1895, contre 5,7 à la fin des années 1920. Entre 1895 et 1930, le volume global a donc été multiplié par 2,5, et le volume moyen *per capita* par 1,3.

Si le *trend* est globalement exponentiel, la hausse n'est pas pour autant continue, la courbe des volumes de marchandises drainées vers la capitale épousant celle de la conjoncture économique et s'inversant à plusieurs reprises – révélant au passage l'impact potentiellement délétère des crises économiques sur des citadins dont le nombre ne cesse de croître dans le même intervalle. Vulnérables aux crises, les approvisionnements se répartissent en outre très inégalement selon le type de marchandise. Les chiffres reproduits par l'urbaniste Werner Hegemann à l'occasion de l'exposition générale d'urbanisme de 1910 indiquent ainsi la part écrasante des « matériaux de construction » et des « charbons » dans les approvisionnements de la capitale allemande : atteignant respectivement 6 800 000 et 5 400 000 tonnes, ces derniers représentent plus de deux tiers des volumes d'entrée, loin devant les « produits alimentaires et biens de consommation courants » (2 400 000 tonnes représentant 13 % des volumes totaux) ou les « produits manufacturés » (700 000 tonnes représentant 4 % seulement des volumes de marchandises acheminées à Berlin)[67].

Les 18 167 000 tonnes de marchandises importées à Berlin en 1909 contrastent également avec les 3 280 000 tonnes exportées à la même date par la plus grande métropole industrielle allemande : ce rapport *input/output* de 6 à 1 montre à quel point la très grande ville, fonctionnant tel un « trou noir », engloutit des quantités phénoménales de biens matériels afin de pourvoir aux besoins primaires de ses millions d'habitants – donnant au passage quelque argument à tous ceux qui commencent alors à s'inquiéter des effets potentiellement nocifs des phénomènes de massification sur l'environnement.

La rupture d'échelle métropolitaine entraîne également une explosion des quantités d'énergies primaires et secondaires consommées pour assurer le fonctionnement quotidien de la ville, c'est-à-dire

66. *Ibid.*

67. Werner HEGEMANN, *Der Städtebau nach den Ergebnissen der allgemeinen Städtebau-Austellung in Berlin nebst einem Anhang : Die internationale Städtebau-Austelllung in Düsseldorf*, vol. 2, Ernst Wasmuth, Berlin, 1911-1913, p. 316.

pour tout à la fois propulser, éclairer ou encore chauffer. Participant davantage du second que du premier cycle industriel, et elle-même pauvre en ressources minières, Berlin n'est pas Manchester : elle n'a pas grand-chose de la *Coketown* maintes fois décrite ou dépeinte au XIXe siècle. Il n'en demeure pas moins que le charbon conserve une place centrale dans le mix énergétique berlinois – et ce jusqu'à une date tardive. Les industries chimiques en sont de grandes consommatrices, tout comme les industries électromécaniques ou encore l'éclairage urbain avec ses usines de distillation pour le gaz. Les chiffres colligés par Rainer Fremdling le confirment : à Berlin, les « arrivages de charbon » augmentent continûment pendant la phase active de l'urbanisation : de 354 200 tonnes en 1860, ils passent à 1 545 700 en 1881, 4 328 400 en 1904 et 7 010 800 en 1911 – année-record d'avant-guerre [68].

Après le charbon, le gaz manufacturé est la seconde grande énergie de la métropolisation berlinoise. Grâce au travail des *Städtestatistiker*, on dispose de séries quasi complètes pour en mesurer la production locale à partir du début des années 1870 [69]. À cette date, la production gazière de la ville – calculée dans les limites de l'« annexion » (*Eingemeindung*) de 1861 – est de 128 277 000 m^3. Sa hausse est quasiment continue jusqu'en 1915, où elle atteint 303 808 000 m^3. Hormis un court infléchissement en 1877-1878, les courbes signalent une croissance régulière, avec une nette accélération au tournant du siècle. Ni la longue dépression de la fin du XIXe siècle ni la courte récession de 1906-1907 n'ont d'impact sur les volumes de gaz produits et distribués. On dispose à nouveau de séries statistiques complètes à partir de 1922. À cette date, la production gazière, désormais calculée à l'échelle du Grand Berlin, franchit un nouveau seuil avec 580 540 000 m^3. Mais contrairement à la période antérieure, elle paraît désormais vulnérable aux aléas de la conjoncture écono-

68. Rainer FREMDLING, « Les frets et le transport du charbon dans l'Allemagne du Nord, 1850-1913 », *Histoire, économie & société*, année 1992, 11-1, p. 58 et p. 60.

69. *Statistisches Jahrbuch der Stadt Berlin*, 21. Jahrgang, 1894, p. 180 ; 24. Jahrgang, 1897, p. 192 ; 25. Jahrgang, 1898, p. 215 ; 26. Jahrgang, 1899, p. 257 ; 27. Jahrgang, 1900-1902, p. 244 ; 29. Jahrgang, 1904, p. 132 ; 30. Jahrgang, 1905, p. 125 ; 31. Jahrgang, 1906-1907, p. 177 ; 33. Jahrgang, 1908-1911, p. 336-337 ; 32. Jahrgang, 1912-1914, p. 332-333 ; 33. Jahrgang, 1915-1919, p. 339-340. *Statistisches Taschenbuch der Stadt Berlin*, 1924, p. 102 ; *Statistisches Jahrbuch der Stadt Berlin*, 3. Jahrgang, 1927, p. 266 ; 5. Jahrgang, 1929, p. 266 ; 7. Jahrgang, 1931, p. 277 ; 9. Jahrgang, 1933, p. 231 ; 11. Jahrgang, 1935, p. 244.

mique. Elle connaît ainsi deux phases de baisse : la première au moment de la crise hyperinflationniste (la production gazière de la plus grande ville allemande chute à 481 997 000 m^3 en 1923), la seconde quand survient la crise de 1929 (la baisse est alors continue jusqu'en 1934, avec des niveaux inférieurs à ceux de 1922 dès 1931 mais qui ne descendent jamais en dessous de 515 000 000 m^3). À Berlin comme dans la plupart des grandes villes du monde occidental, le *trend* gazier est donc globalement exponentiel – et ce en dépit des baisses qu'occasionnent les grandes crises qui frappent la république de Weimar. Énergie secondaire dont l'image est volontiers associée au XIXe siècle, le gaz manufacturé non seulement tire son épingle du jeu, mais connaît son âge d'or dans la première moitié du XXe siècle, et ce en dépit de la progression fulgurante de l'électricité.

Celle-ci est la troisième grande énergie de la métropolisation (et chronologiquement, la deuxième grande énergie secondaire)[70]. Comme pour le gaz, on dispose de séries presque complètes pour la production et la fourniture d'électricité à Berlin entre les années 1890 et les années 1930[71]. Avec 7 466 124 kW/h distribués en 1894-1895, la part de l'électricité dans le mix énergétique berlinois part logiquement d'assez bas. Mais à partir de cette date, sa hausse paraît irrésistible. De 50 014 280 kW/h en 1899-1900, elle passe en effet à 267 589 125 kW/h en 1913-1914 pour atteindre 462 178 757 kW/h en 1917-1918. Les données statistiques manquent pour les années 1917-1923, mais l'on devine que la conjonction de crises qui éclatent alors perturbent assez fortement l'offre et la demande d'électricité. Quand l'Allemagne retrouve stabilité et prospérité en 1924, la fourniture d'électricité de la Bewag retrouve le niveau qui était le sien en 1917. Passé ce seuil, les courbes s'envolent : de 1924 à 1929, la fourniture d'électricité de la Bewag est multipliée par trois, passant de 422 459 277 kW/h à 1 324 006 150 kW/h – son premier maximum historique. La baisse consécutive à la crise de 1929

70. Pour une étude récente, voir Timothy Moss, Siddhart SAREEN, « Demanding Demand: Political Configurations of Energy Flexibility in Berlin, 1920-2020 », *Journal of Energy History*, n° 5, octobre 2020.

71. *Statistisches Jahrbuch der Stadt Berlin*, 27. Jahrgang, 1900-1902, p. 245 ; 28. Jahrgang, 1903, p. 175 ; 33. Jahrgang, 1908-1911, p. 338 ; 34. Jahrgang, 1915-1919, p. 343. *Statistisches Taschenbuch der Stadt Berlin*, 1924, p. 103 ; *Statistisches Jahrbuch der Stadt Berlin*, 3. Jahrgang, 1927, p. 268 ; 5. Jahrgang, 1929, p. 270 ; 5. Jahrgang, 1929, p. 270 ; 7. Jahrgang, 1931, p. 280-281 ; 8. Jahrgang, 1932, p. 222 ; 9. Jahrgang, 1933, p. 234 ; 11. Jahrgang, 1935, p. 247.

est moins brutale pour l'électricité que pour le gaz puisque, avant le rebond de 1933-1934, les quantités d'électricité consommées à Berlin ne repassent jamais sous le seuil de 1 000 000 000 kW/h – un niveau qui n'avait été atteint qu'en 1928.

Par rapport au charbon, au gaz et à l'électricité, la part du bois et de la tourbe dans le mix énergétique berlinois ne tarde donc pas à devenir très secondaire, tandis que celle du pétrole demeure longtemps très modeste : à l'heure de son accession au rang des plus grandes villes du monde, Berlin est une ville du charbon, du gaz et de l'électricité.

Cette intensification sans précédent des flux de matières et d'énergies acheminées en ville a pour corollaire un élargissement considérable de ses aires d'approvisionnement qui, d'essentiellement locale et régionale, deviennent locale, régionale, nationale et internationale à la fois. Elle requiert aussi la construction de réseaux et d'infrastructures d'une échelle sans précédent pour tout à la fois acheminer, décharger et stocker.

Avec près de deux tiers de ses approvisionnements réalisés par voie ferrée, Berlin est d'abord dessinée par et pour le rail. « De la ville et vers la ville, de toutes les directions et dans toutes les directions, observe Alfred Döblin, les rails se croisent et s'entrecroisent[72]. » Autour du cœur urbain dense délimité par la *Ringbahn*, de gigantesques emprises ferroviaires se développent, à l'image du dépôt ferroviaire de Grünewald, de la gare de formation des trains de Rummelsburg, de la gare de Gesundbrunnen ou encore des faisceaux des gares de Potsdam et d'Anhalt qui enjambent le boulevard circulaire de la Yorckstrasse. Ces infrastructures engendrent des effets de coupure très importants dans le tissu urbain et nécessitent la construction d'ouvrages d'art d'une échelle inédite, à l'image du double pont de l'Oberbaum qui enjambe la Spree, du pont Swinemünder, ou encore de la célèbre station de correspondance de Gleisdreieck qui doit son nom au triangle formé par le métro aérien et la ligne de la *Ringbahn* se croisant en hauteur. Autant d'exemples qui témoignent du fait que le chemin de fer, à l'instar des ouvrages militaires des siècles précédents, aplanit, creuse et nivelle la topographie urbaine.

Avec le tiers restant des approvisionnements réalisés par voie d'eau, Berlin s'impose également comme un grand « port batelier », « le

72. Alfred DÖBLIN, *in* Mario von BUVOVIC, *Berlin 1928. Das Gesicht der Stadt*, Hazan, Paris, 1992 [1928], Préface, p. 5.

second plus grand [en Allemagne] derrière Duisbourg-Ruhrort[73] ». Inscrite au cœur des voies d'eau du Brandebourg, l'agglomération est en effet reliée à plusieurs grands bassins de production : tandis que le canal Oder-Spree creusé en 1890 assure la liaison avec le haut Oder, le canal Berlin-Stettin achevé en 1912 assure la liaison avec le bas Oder et le canal Sakrow-Paretz avec l'Elbe. À l'intérieur de l'agglomération, la Spree, resserrée et encombrée à l'intérieur de Berlin, est doublée par le canal de la Landwehr (10,5 km), par le canal Berlin-Spandau (12 km) et par le canal de Teltow (38 km), dont le creusement en 1900 vise à polariser des activités industrielles sur le plateau éponyme. C'est le long de ces trois canaux que s'établissent les principaux ports bateliers de Berlin : le vieux port de Schöneberg (0,4 ha), aux quais de débarquement étroits et sans liaison avec le rail ; l'*Urbanhafen* (2 ha), équipé à la toute fin du XIXe siècle d'une jetée de déchargement, de grues hydrauliques et d'entrepôts, mais lui-même dépourvu de liaison avec le rail ; le *Humbolthafen* (1,5 ha) et le *Nordhafen* (1 ha), tous deux creusés en 1848 mais encore très actifs jusqu'en 1927 ; le gigantesque *Westhafen* (32,5 ha, 3,5 km de quais), dont le développement s'échelonne de part et d'autre de la Première Guerre mondiale, et qui s'impose comme le plus grand port de Berlin à la fin des années 1920 ; les infrastructures portuaires de Tegel (1,7 ha), Spandau (35 ha) et Neukölln (2 ha), qui accompagnent l'essaimage des industries berlinoises dans sa couronne suburbaine ; ou encore la dizaine de petits ports et/ou chantiers de déchargement sans entrepôt qui autorisent le « transbordement immédiat, de la péniche au camion, de matières à demi fabriquées, pour une usine voisine, et plus encore par le déchargement, pour un quartier, de charbon et de matériaux de construction », et qui assurent « presque tout le trafic intérieur de Berlin[74] ».

Colossale, l'augmentation des flux de matières et d'énergies acheminées en ville entraîne en retour une véritable explosion des quantités de rejets et pollutions. L'usage massif du charbon entraîne tout d'abord l'émission de fumées, poussières, suies et autres fuliginosités dans le ciel de Berlin. Si le réseau du tramway est intégralement

73. Friedrich LEYDEN, *Gross Berlin*, *op. cit.*, p. 160.

74. Louis MORCHIPONT, « Le port de Berlin », *loc. cit.*, p. 262. Dans sa monographie du début des années 1930, Friedrich Leyden dresse la liste de ces *Ladestrassen*, sans pour autant en proposer une cartographie précise. Voir Friedrich LEYDEN, *Gross Berlin. op. cit.*, p. 162-163.

Fig. 9. Le smog berlinois.

Source : Eugen Diesel, *Das Land der Deutschen*, Volksausagbe, Bibliographisches Institut, Leipzig, 1933, p. 159.

électrifié dès le début du XXe siècle, le chemin de fer urbain (*Stadtbahn*) ne l'est pas avant le milieu des années 1920 et au cœur de l'agglomération, les locomotives à vapeur continuent de cracher de grands panaches noirs. De même, dans la périphérie suburbaine, où se concentrent les usines et leurs hautes cheminées, la fumée devient un élément constitutif de l'ambiance urbaine (Fig. 9), à tel point que par rapport à sa campagne environnante, Berlin apparaît bientôt comme un « îlot » ou une « poche » de pollution. Les habitants de la très grande ville, note Joseph Roth, « sont ensevelis sous des millions de particules fuligineuses. Jamais, jamais leur résurrection ne s'accomplira. Jamais plus un rayon de soleil pur et nu ne viendra les dorer. Jamais une pluie propre ne les lavera[75] ». Par rapport au charbon, les rejets atmosphériques du pétrole ne jouent encore qu'un rôle minime,

75. Joseph Roth, « La fumée relie les villes » [*Frankfurter Zeitung*, 18 mars 1926], *in* Joseph Roth, *Automne à Berlin*, La Quinzaine Littéraire/Louis Vuitton, Paris, 2000, p. 157 et p. 159.

même si les effluves d'essence et la mauvaise odeur du pétrole frappent d'emblée les esprits.

La très grande ville produit également une quantité proprement phénoménale de déchets qu'il faut incinérer et/ou enfouir, c'est-à-dire retourner à la terre : déchets organiques, déchets de la vie quotidienne, déchets de l'artisanat et de l'industrie. Ville du cheval autant que du train, Berlin doit notamment intégrer d'importants rejets animaux dans son métabolisme : avec l'augmentation continue de la population équine de Berlin jusqu'en 1910, la quantité de fumier à gérer ne cesse de croître, à tel point que la motorisation est perçue comme un moyen de réduire les risques sanitaires liés à cette omniprésence des animaux au cœur de l'agglomération.

D'une manière générale, la métropolisation berlinoise est à l'origine d'une tension inédite sur les espaces naturels environnant Berlin. Les usages de la Spree le montrent bien, qui se démultiplient et entrent en concurrence les uns avec les autres. La rivière berlinoise ne sert pas seulement de voie commerciale pour le transport de matériaux de construction, de combustibles et de denrées alimentaires. Elle est également – et de longue date – un important cours d'eau piscicole. En dépit des fréquentes et récurrentes hécatombes de poisson provoquées par l'augmentation considérable des rejets industriels et domestiques[76], les espèces comestibles continuent d'être élevées dans des casiers ou cages à poissons, comme en témoignent les photographies de F. Albert Schwartz. La Spree est aussi une source d'approvisionnement en eau potable et en glace pour la consommation courante[77], et un lieu de baignade très prisé des Berlinois : construites sur le modèle de la *Studentenbad* sur la rive droite du Landwehrkanal, les piscines fluviales ou piscines-péniches voient leur nombre augmenter continûment au cours de la période[78]. *Last but not least*, la Spree sert aussi de réceptacle des eaux usées, c'est-à-dire d'égout à la fois résidentiel et industriel.

---

76. Sur les hécatombes de poissons, voir notamment Karin WINKLHÖFER, « Berlin et la Spree : la promotion politique d'un cycle vertueux », *in* Laurence LESTEL, Catherine CARRÉ (dir.), *Les Rivières urbaines et leur pollution*, Quae, Versailles, 2017, p. 79-121.

77. Berlin compte deux fabriques de glace : l'une sur la Dahme, l'autre sur le Rummelsburger See.

78. Berlin compte douze piscines fluviales en 1890, vingt-neuf en 1902. Karin WINKLHÖFER, « Berlin et la Spree : la promotion politique d'un cycle vertueux », *loc. cit.*, p. 104 ; voir aussi, de la même autrice, *Die Wasserqualität der Berliner Spree zwischen Reichsgründung und Ersten Weltkrieg*, thèse de géographie de l'université libre de Berlin, 2015.

Avec l'approvisionnement, l'assainissement de Berlin est en effet l'autre grande face du métabolisme urbain, et avec elle, l'autre grande affaire de la période. À la veille de l'explosion urbaine, il est vrai, Berlin se distingue par l'archaïsme de son système d'assainissement. Ni l'accélération du pavage des rues sous l'action du Belge Yvedonne Ernotte dans les années 1820, ni l'introduction des premiers trottoirs dans les années 1840, ni les mesures prises dans les années 1850 par le préfet Hinckeldey, n'ont permis de faire disparaître les immondices de l'espace urbain. Le système de nettoyage des rues et d'enlèvement des ordures demeure archaïque : avant d'être rejetées dans la Spree, les eaux usées continuent d'être déversées dans des caniveaux que l'on doit souvent enjamber au moyen de petites passerelles. Urines et excréments, quant à eux, sont recueillis dans des fosses d'aisances situées dans les cours. Après avoir été longtemps assurée chaque nuit par une douzaine de femmes équipées de seaux et de lanternes (les *Nachtemmas*), leur vidange périodique est réalisée par un établissement de nettoyage des latrines créé en 1842. Jusqu'aux années 1870, l'ensemble de ces excreta urbains est transformé en « poudrette », c'est-à-dire en engrais commercialisable auprès des agriculteurs, les matières liquides restantes étant quant à elles rejetées dans la Spree. Si vidanges et boues de rue ont une valeur fertilisante et rentrent dans le métabolisme des rapports ville-campagne, confirmant la thèse de l'historienne et urbaniste française Sabine Barles selon laquelle la ville préindustrielle ne connaît (presque) pas de déchets, ce système d'évacuation ne tarde pas à être très fortement critiqué – et à juste titre. Les fosses d'aisances sont rarement étanches et menacent en permanence de contaminer les puits. Une odeur pestilentielle règne dans la ville l'été, tandis qu'un nuage de poussière sature l'air de la ville par temps sec.

Conçu par un ingénieur (James Friedrich Hobrecht) et par un médecin (Rudolph Wirchow) et mis en œuvre à partir de 1872, le nouveau système d'assainissement berlinois repose sur un principe simple : collecter les eaux usées dans la ville basse pour les traiter en épandage sur les plateaux sablonneux du Barnim et du Teltow[79]. Cette « méthode flamande » d'irrigation fertilisante des champs par les eaux d'égout permet non seulement de supprimer les fosses d'aisance, véritables foyers d'infection, mais aussi d'éviter de surcharger la Spree.

---

79. James Hobrecht, *Die Canalisation von Berlin*, Verlag von Ernst & Korn, 1884.

L'on perçoit en effet bien que la possibilité d'utiliser l'eau de cette dernière pour les besoins domestiques et industriels dépend de sa capacité de dilution de la pollution, capacité elle-même indexée sur le débit du fleuve. Or, contrairement à la Seine à Paris, la Spree affiche un débit très lent à Berlin (36 m^3/s contre 250 m^3/s). Tout se passe néanmoins comme si le nouveau système d'assainissement de la ville n'atteignait jamais son point d'équilibre. Non seulement le pouvoir fertilisant des eaux usées n'est pas manifeste [80], mais les gestionnaires berlinois ne peuvent que constater l'amenuisement tendanciel, mais inéluctable, du potentiel d'épuration des champs, ce qui contraint la municipalité à repousser toujours plus loin les zones d'épandage (Fig. 10). En 1920, les 27 514 hectares de champs dont dispose l'agglomération débordent sur la marche du Brandebourg. Seule la mise au point des stations d'épuration « biologiques », en lieu et place des stations d'épurations « mécaniques », permet d'assurer, en procédant à une préépuration, le délestage tant attendu des champs d'épandage de l'agglomération [81].

Née d'un débordement de la ville sur elle-même, la très grande ville requiert bien un territoire d'une profondeur inédite. Tandis que la population berlinoise a été multipliée par huit et la superficie nécessaire au fonctionnement résidentiel, productif et récréatif par cinquante, l'aire requise pour son assainissement a été multipliée par soixante-dix. Si quarante mètres carrés par habitant suffisaient pour assurer le fonctionnement de la ville préindustrielle, au prix il est vrai de conditions sanitaires délétères, deux cent cinquante sont désormais nécessaires.

80. Marion W. Gray, « Urban Sewage and Green Meadows: Berlin's Expansion to the South (1870-1920) », *Central European History*, vol. 47, n° 2, 2014, p. 275-306.

81. En 1919, une première station d'épuration moderne est inaugurée à Wansdorf au nord-ouest de Berlin ; en 1931, la station d'épuration à percolation de Stahsdorf est modernisée ; et en 1935, une nouvelle station est inaugurée à Wassmannsdorf.

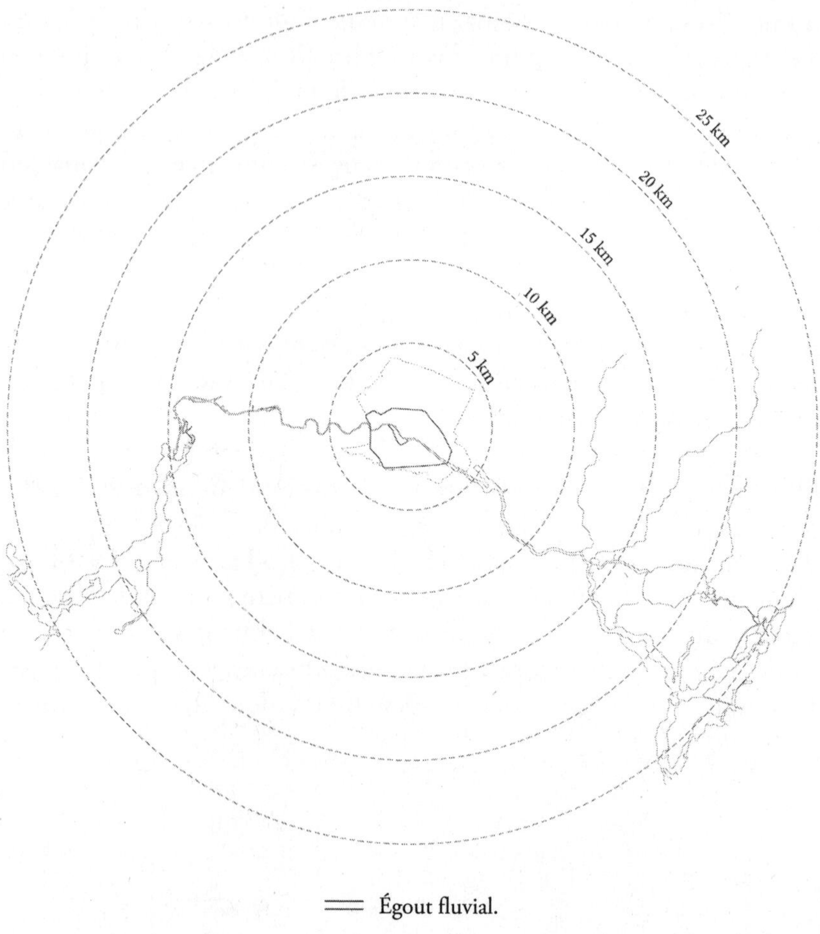

Fig. 10. Le système d'assainissement urbain de Berlin en 1860.

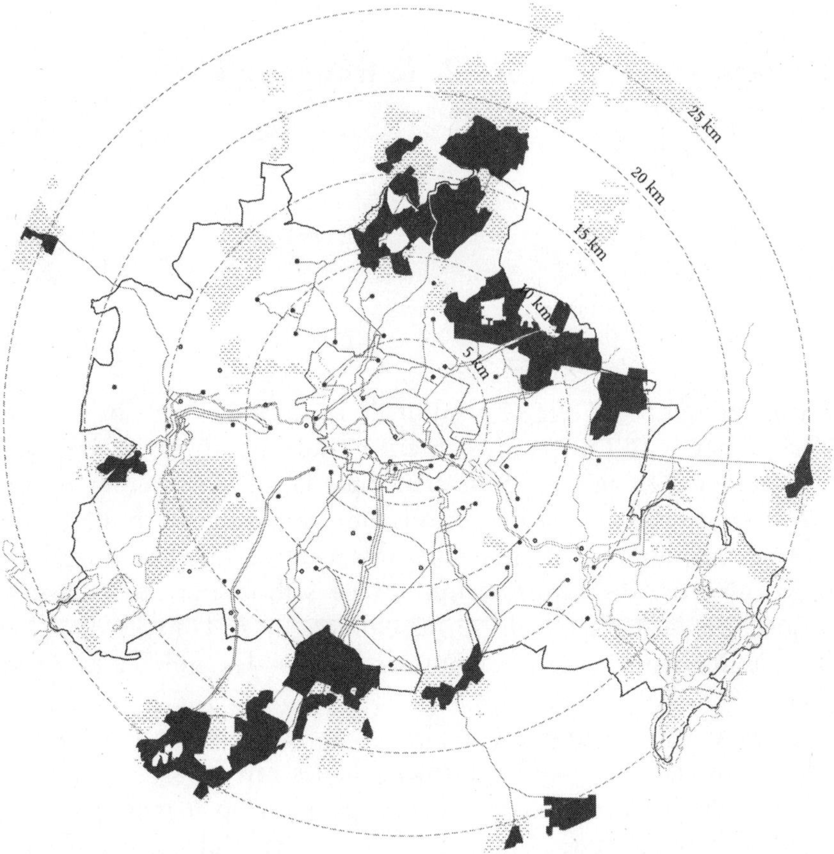

• Station de pompage (*Pumpwerk*). — Canalisation (*Druckrohr*). ■ Champ d'épandage (*Riesenfeld*).

Fig. 10. Le système d'assainissement urbain de Berlin en 1930.

2

Le paysage d'expérience de la très grande ville

En même temps qu'elle se produit, la rupture d'échelle berlinoise s'accompagne d'une transformation radicale du type d'expériences que l'on fait au quotidien dans la ville. Le temps d'une ou deux générations, la métropolisation impose à des millions de femmes et d'hommes de nouvelles façons de se loger, de travailler, de se divertir, de s'approvisionner, de s'alimenter, de communiquer, de se déplacer, de se rassembler, de se côtoyer dans les lieux publics ou encore de s'immerger dans les ambiances de la ville.

Flânant dans les rues de Berlin, Franz Hessel est frappé par les « foules humaines [1] ». « L'agglutinement des gens [2] » s'y observe un peu partout : dans les logements surpeuplés, où il n'est pas rare « que des ménages sous-louent à un ouvrier célibataire l'une de leurs chambres [...] [3] » ; dans les nouvelles infrastructures du loisir de masse, où les Berlinois se retrouvent par « centaines de milles – certains dimanches d'été, un million [4] » ; dans les transports en commun, le plus souvent « bondés [5] » ; dans les rues, enfin, « animées

1. Franz Hessel, *Promenades dans Berlin*, *op. cit.*, p. 273.
2. Eugen Diesel, *Das Land der Deutschen*, *op. cit.*, p. 190.
3. Joseph Roth, « Adieu à un mort » [*Frankfurter Zeitung*, 5 mars 1925], *in* Joseph Roth, *À Berlin*, *op. cit.*, p. 185.
4. Henri Béraud, *Ce que j'ai vu à Berlin*, *op. cit.*, p. 45.
5. *Ibid.*, p. 126.

par la foule des passants[6] » et souvent « noire[s] de monde[7] ». Berlin est également une ville dans laquelle on se déplace beaucoup – et sur de très grandes distances : « Les Berlinois, note Alfred Döblin, prennent le métro aérien, souterrain, le tramway, l'omnibus pour le travail, les courses, le plein air[8]. » Le trafic de surface, observe Marc Henry, y est « incessant » et « fébrile »[9]. Là où il se concentre – sur les grands carrefours de la City –, il entraîne souvent immobilisations et collisions : « Sur l'asphalte, observe Joseph Roth, parallèlement aux rails du tramway incrustés dans le gazon, les autobus et les automobiles roulent à grand fracas pour provoquer des bouchons[10]. » Les journaux, ajoute-t-il, « relatent pour ainsi dire tous les deux jours des collisions entre tramways[11] ». La très grande ville n'expose pas seulement ses habitants à de nouveaux dangers : elle leur impose également de nouvelles cadences et de nouvelles ambiances olfactives, auditives et visuelles. Berlin, constate Joseph Roth, est à la fois « ennuyeuse et agitée[12] ». Les nouveaux rythmes urbains, ajoute Paul Gurk, y sont très « saccadés[13] ». Dans la capitale, enfin, les migrants ruraux découvrent le « vacarme du trafic circulaire[14] » et « l'éblouissant tourbillon horaire des arcs électriques[15] ».

Comme le suggèrent ces témoignages, la métropolisation donne naissance à la plupart des traits caractéristiques de la vie urbaine moderne : la crise du logement de masse, qui prend à Berlin – plus grande ville à « casernes locatives » du monde – un tour particulièrement aigu ; les affluences de masse au stade, au Lunapark, dans les parcs ou sur les plages, dont les infrastructures du loisir berlinois offrent des exemples paradigmatiques ; l'éloignement croissant entre habitat, travail et loisir et son corollaire : la banalisation des dépla-

6. Joseph ROTH, « Automne à Berlin » [*Prager Tagblatt*, 26 septembre 1920], *in* Joseph ROTH, *Automne à Berlin*, *op. cit.*, p. 61.

7. Joseph ROTH, « Adieu à un mort », *loc. cit.*, p. 185.

8. Cité dans Mario von BUVOVIC, *Berlin 1928*, *op. cit.*, p. 6.

9. Marc HENRY, *Trois Villes*, *op. cit.*, p. 255.

10. Joseph ROTH, « Le Kurfürstendamm » [*Münchner Neueste Nachtrichten*, 29 septembre 1929], *in* Joseph ROTH, *Automne à Berlin*, *op. cit.*, p. 206.

11. Joseph ROTH, « Considérations sur la circulation » [*Frankfurter Zeitung*, 15 février 1924], *in* Joseph ROTH, *À Berlin*, *op. cit.*, p. 84.

12. *Ibid.*

13. Paul GURK, *Berlin*, Berlin, Holle & Co, 1934, cité dans David SANSON (dir.), *Berlin. Histoire, promenades, anthologie & dictionnaire*, Robert Laffont, Paris, 2014, p. 584.

14. Franz HESSEL, *Promenades dans Berlin*, *op. cit.*, p. 154.

15. Paul GURK, *Berlin*, *op. cit.*, p. 584.

cements pendulaires ; l'intensification du trafic et la mécanisation des accidents de la rue – préoccupation grandissante sur les grands carrefours de la City berlinoise dans les années 1920 en dépit du retard relatif avec lequel la capitale allemande aborde le cycle de l'automobile ; la synchronisation du temps urbain, l'accélération des rythmes de vie et les exigences croissantes de ponctualité au bureau ou à l'usine ; ou encore l'intensification des sensations visuelles et sonores que l'on éprouve dans la ville sous l'effet de la technicisation des systèmes urbains.

Ce bouleversement, peut-on l'objectiver, le quantifier, le spatialiser ? Jusqu'à quel point la rupture d'échelle métropolitaine a-t-elle reconfiguré les densités, les mobilités, les temporalités, ou encore les sensorialités de la ville ?

Surpeuplement, affluences de masse, congestion

Le surpeuplement dans les *Mietskasernen*, les affluences de masse dans les nouvelles infrastructures du loisir berlinois, la congestion dans les transports publics aux heures de pointe, la cohue des passants dans les rues de la City : tous ces phénomènes suggèrent que l'explosion urbaine s'accompagne tout d'abord de manifestations plus ou moins inédites de *surdensité*.

Celle-ci se repère tout d'abord aux taux de densité résidentielle, qui atteignent des niveaux exceptionnellement élevés à Berlin. Dans une étude fameuse parue en 1930, l'urbaniste Werner Hegemann reproduit un histogramme figurant les densités comparées des plus grandes villes du monde : avec 75,9 habitants par « terrain habité », Berlin y apparaît comme la ville la plus dense, loin devant Vienne (50,74), Paris (38), New York (20,4) ou encore Londres (7,89) [16]. Les statistiques municipales confirment-elles ce constat pour le moins frappant ?

Depuis 1862, sous la direction de Richard Boeckh puis d'Heinrich Silbergleit, l'office de statistique de la Ville de Berlin mesure la densité résidentielle à partir de deux indicateurs. Le premier est le nombre d'habitants par « terrain habité », c'est-à-dire par unité foncière. Calculé à l'intérieur des limites communales de 1861, celui-ci passe

16. Werner HEGEMANN, *Das steinerne Berlin*, *op. cit.*, p. 333.

de 48,3 en 1861 à 77,9 en 1905 – date à laquelle ce premier *ratio* atteint son maximum historique – avant de redescendre à 75,9 en 1910 (on retrouve là le chiffre avancé par Werner Hegemann) et à moins de 68 à la fin des années 1920. Ces chiffres sont des moyennes : dans les quartiers où se concentre la population ouvrière berlinoise, tels que Wedding, le *ratio* dépasse fréquemment 100. Le second est le nombre de logements, à partir duquel il est possible, lorsqu'on le rapporte au nombre d'habitants, de calculer leur taux moyen d'occupation. Celui-ci atteignait déjà 4,5 en 1871. Il se maintient à ce niveau très élevé jusqu'à la fin du siècle avant de redescendre à 3,7 en 1910, puis à 3,3 en 1925 et à 2,9 en 1933. Malgré l'absence prolongée de définition normalisée du « surpeuplement résidentiel », ces indicateurs statistiques montrent à l'évidence qu'une proportion considérable de la population berlinoise est mal logée – les conditions du logement ouvrier berlinois se rapprochant de ce que l'on observe à d'autres époques dans certains pays pourtant beaucoup plus pauvres que l'Allemagne wilhelminienne.

Les vues intérieures des appartements surpeuplés existent dès le début du XXe siècle grâce aux enquêtes sociales et au travail des photographes de la firme Heinrich Lichte [17]. Accompagnant les inspecteurs de la caisse d'assurance maladie de Berlin à l'occasion de leurs visites aux malades, ces photographes anonymes suivent un protocole extrêmement précis. Utilisant un appareil pliant à soufflet posé sur un trépied, ils placent leur objectif à environ un mètre cinquante du sol et privilégient un cadrage horizontal et une courte focale de manière à embrasser l'espace le plus large. Tandis que le faible éclairement naturel des logements les contraint à recourir fréquemment au flash au magnésium, l'exiguïté des espaces les conduit à réaliser leurs prises de vues depuis la porte d'entrée laissée ouverte, de manière à obtenir le maximum de recul. Fait marquant, les photographies d'intérieurs font presque systématiquement apparaître leurs occupants. Ceux-ci ne sont donc pas « pris sur le vif » : la présence des inspecteurs de la caisse d'assurance et des photographes les conduit à opérer une sorte de mise en scène de leur propre quotidien. Si certains habitants, feignant de rester indifférents à la présence d'un opérateur de prise de vue, miment leurs activités quotidiennes, d'autres acceptent de poser, tournant leur regard soit vers l'appareil photographique, soit vers le flash au magnésium.

17. Philippe Bonnin, Margaret Manale, *Habiter Berlin. Wie Berlin wohnt. 1900-1920*, Créaphis, Saint-Étienne, 2016.

Ces photographies et leurs légendes documentent ainsi les principales caractéristiques du logement populaire berlinois après quarante années d'explosion urbaine : l'exiguïté et l'insalubrité des espaces habités ; la taille dérisoire des pièces et son corollaire : l'encombrement ; le très faible éclairage naturel dans les logements, notamment ceux qui ne disposent que de fenêtres en soupirail ou qui font face à un haut mur ; l'extrême promiscuité familiale, elle-même « aggravée » par la fréquence de la cohabitation et du nomadisme résidentiel ; ou encore l'absence de spécialisation fonctionnelle et la polyvalence des petits espaces, notamment lorsqu'ils servent à la fois de lieu d'habitation et de production. Ces photographies font sentir « ce qui ne peut être rendu[18] » par les chiffres, ce que la « raison statistique » – qui demeure pourtant la base de l'enquête sociale – ne saurait exprimer : l'expérience vécue, la souffrance des habitants.

Mais la surdensité ne renvoie pas exclusivement à l'expérience souvent dramatique du logement de masse. Portée par la diffusion de nouvelles cultures festives et récréatives, une nouvelle *géographie des affluences*, caractéristique de la vie métropolitaine, voit également le jour. Dans la très grande ville, les « foules » du XIXe siècle font place à de nouvelles formes de concentration humaine : sur le champ d'exercice de Tempelhof, dans les parcs publics aménagés et au sein des grandes « infrastructures » de loisir, ce sont désormais par dizaines de milliers que les Berlinois se retrouvent, se rassemblent et s'amassent, confrontant les citadins à des expériences inédites de côtoiement dans l'espace public.

L'engouement des Berlinois pour les parades et autres revues militaires constitue, à partir des années 1870, une première étape dans cette évolution. Certes, parades et revues appartenaient au quotidien de la capitale princière depuis le XVIIIe siècle, mais comme en témoigne le cinéma allemand d'avant-guerre, elles connaissent une reconfiguration radicale sous le double impact de l'unification nationale et de la métropolisation. Les films qui, à partir du milieu des années 1890, montrent la relève de la garde[19], la grande parade d'automne[20], ou encore la visite en grande pompe des chefs d'État étrangers[21], révèlent l'ampleur inédite de ces festivités militaires. Alors

18. *Ibid.*, p. 13.

19. *Die neue Wache in Berlin*, Max et Emil SKLADANOWSKY, 1896.

20. *Momentbilder aus dem Leben Kaiser Wilhelm II.*, 1907 ; *Kaiser Wilhelm II.*, 1909 ; *Zum Geburtstag seiner Majestät*, 1913.

21. *Der deutsche Kronprinz bei den Pfadfindern*, 1912 ; *Pathé Journal n° 1*, 1913.

qu'originellement celles-ci étaient organisées au bénéfice exclusif de la Cour et de l'armée, dès les années 1870, un important public se forme spontanément. Répondant à cette très forte participation de la population berlinoise, les parades impériales s'institutionnalisent annuellement, à date fixe, sur des sites pouvant accueillir plusieurs milliers de « spectateurs » : à partir de 1874, les fêtes militaires sont ainsi organisées sur le champ de Tempelhof – un site qui offre de très bonnes conditions pour assister au « spectacle[22] ». Par-delà leur importance dans l'émergence durable d'une conscience nationale, bien mise en évidence par l'historien américain George Mosse[23], ces rituels patriotiques de masse témoignent donc d'une mutation inédite des formes empruntées par les rassemblements collectifs.

La massification a en effet pour corollaire la construction d'infrastructures de divertissement capables d'accueillir des dizaines de milliers de personnes à la fois. Après le champ d'exercice de Tempelhof, première « esplanade » berlinoise ayant reçu des mobilisations de masse, d'autres « hippodromes de verdure » sont réalisés dans les grands parcs publics, offrant aux Berlinois autant de lieux où se rassembler après le travail ou les jours de congé. En 1907, le Schiller Park dessiné par Ludwig Bauer s'étend sur « deux hectares de plus que [le] parc des Buttes-Chaumont[24] » à Paris. Dans les années 1920, Erwin Barth réalise deux nouveaux grands parcs publics – Jungfernheide à Charlottenbourg (160 ha) et Rehberge à Wedding (89 ha) – qui offrent l'accès à de vastes pelouses. Au tournant des années 1920-1930, le réagencement de la plage de Wannsee, déjà pratiquée à l'état naturel, parachève ce cycle d'aménagement de grands lieux de rassemblement et de détente pour les foules métropolitaines. « Trente mille baigneurs, les jours de fête, témoigne Jean Giraudoux, s'installent pour la journée sur la plage, toute découpée à la lisière même des flots par les broderies que creusent dans le sable les innom-

22. Jakob VOGEL, « Paris et Berlin sous les armes. Fêtes militaires et festivités dans les capitales allemande et française (1871-1914) », *in* Christophe CHARLE, Daniel ROCHE (dir.), *Capitales culturelles, capitales symboliques. Paris et les expériences européennes*, Publications de la Sorbonne, Paris, 2002.

23. George L. MOSSE, *The Nationalization of the Masses. Political Symbolism and Mass Movements in Germany from the Napoleonic Wars through the Third Reich*, Howard Fertig, New York, 1975.

24. Préfecture du Département de la Seine, Commission d'Extension de Paris (Louis Bonnier, Marcel Poëte), *Considérations techniques préliminaires (la circulation, les espaces libres)*, Imprimerie Chaix, Paris, 1913, p. 69.

brables enfants nus, dentelle à la fois d'eau, de rivage, et d'enfance. Ce n'est pas seulement le bain qui les attire, l'heure du bain, comme à la Baule ou à Long Island, c'est la vie étendue. Toutes les innombrables façons dont l'être humain cache sa figure dans la terre, ouvre ses jambes, livre ses aisselles, lance du ras du sol ses regards vers l'intrus qui l'enjambe, tous les croisements chastes opérés entre les membres humains, tous les contacts les plus forcés des couleurs humaines rehaussées des plus hardies couleurs de l'aniline, s'offrent là [...] [25]. »

Un même changement d'échelle – et une même « volupté grégaire [26] » – s'observent dans les parcs d'attractions berlinois. Die Neue Welt (1880-1884, 1910-1014) et Zum Sternecker am Weissen See (1885-1893) peuvent accueillir jusqu'à 30 000 visiteurs un jour de septembre ensoleillé [27]. Le succès de Lunapark (1910-1914) est tel que le parc qui emprunte son nom à la célèbre attraction A trip to the Moon ouverte quelques années plus tôt à Coney Island dans la banlieue de New York [28], atteint son millionième visiteur dès 1910. Avant-guerre, sa fréquentation quotidienne dépasse 50 000 visiteurs et ses restaurants offrent à eux seuls une capacité d'accueil de 16 000 personnes [29]. En 1909 a également lieu la première édition des Six Jours de Berlin dans la salle d'exposition du zoo : celle-ci peut accueillir jusqu'à « sept mille personnes [30] ». Et en juin 1913 est inauguré le Deutsches Stadium : construit en prévision des Jeux Olympiques de 1916, il peut contenir jusqu'à 64 000 places selon les configurations. Dans ces « établissements géants » et ces « salles immenses » [31], les citadins consentent à des formes de promiscuité inédites.

Les Berlinois, note Charles Huard, se groupent également « en masse aux Haltestellen des Strassenbahn » et « envahissent les

25. Jean Giraudoux, *Berlin, op. cit.*, p. 57-58.

26. Henri Béraud, *Ce que j'ai vu à Berlin, op. cit.*, p. 45.

27. Johanna Niedbalski, *Die ganze Welt des Vergnügens. Berliner Vergnügungsparks der 1880er bis 1930er Jahre*, be.bra Wissenschaft Verlag, Berlin-Brandenburg, 2018, p. 60.

28. Pour une interprétation suggestive, quoique fort peu scientifique, des liens entre parc d'attractions et métropole, voir Rem Koolhaas, *New York Délire. Un manifeste rétroactif pour Manhattan*, Parenthèse, Marseille, 2002 [1978].

29. Claudia Puttkammer, Sacha Szabo, *Gruß aus dem Luna-Park. Eine Archäologie des Vergnügens. Freizeit- und Vergnügungsparks Anfang des zwanzigsten Jahrhunderts*, WVB, Berlin, 2007.

30. Egon Erwin Kisch, « Train-train frénétique » [reportage extrait de *Der rasende Reporter*, 1924], *in* Egon Erwin Kisch, *Prises de vue*, Les Fondeurs de Briques, Saint-Sulpice-La-Pointe, 2010, p. 77.

31. Marc Henry, *Trois Villes, op. cit.*, p. 263-264.

tramways à trolleys et les trains électriques »[32]. Il est très rare, observe Siegfried Kracauer, que le métro ne soit « pas plein[33] ». Les trains sont « bondés[34] », les omnibus « bourrés à craquer[35] » et les autobus « remplis de gens aux traits las[36] ». La hausse de la fréquentation rend les conditions du voyage de plus en plus difficiles (Fig. 11) : « La manière dont les gens sont placés dans ces trains, observe le chroniqueur de la *Frankfurter Zeitung*, évoque plutôt l'acheminement des marchandises que le transport des personnes [...][37]. » Aux heures de pointe, dans les wagons de la *Stadtbahn*, le nombre et la disposition des bancs en bois ne permettent en effet pas à tous les passagers d'être assis, contraignant une majorité d'entre eux à voyager debout, serrés les uns contre les autres. Dans les tramways, il n'est pas rare d'observer jusqu'à six passagers par mètre carré et « le nombre de gens qui passent devant vous ou vous écrasent les pieds (...) sans s'excuser est incalculable[38]. »

« Animée par la foule des passants[39] », la rue métropolitaine est elle-même souvent « noire de monde[40] » observe Joseph Roth, grand chroniqueur de la vie berlinoise dans les années 1920. « Compacte et sans distinction[41] », la foule « grouille [...] le long des rues principales[42] », remarquent également les voyageurs français à Berlin. Elle est si dense, observe Franz Hessel, qu'on y est « fréquemment bousculé[43] ». C'est que, contrairement à l'affirmation du préfet de Berlin en 1910, « la rue [ne] sert [pas] uniquement à circuler[44] » : elle est aussi un espace de consommation, de communication, de manifestation. Les rues et les places les plus commerçantes de la City

32. Charles HUARD, *Berlin comme je l'ai vu*, *op. cit.*, p. 38.

33. Siegfried KRACAUER, « Figures berlinoises » [*Frankfurter Zeitung*, 17 février 1931], *Rues de Berlin et d'ailleurs*, Gallimard, Paris, 1995, p. 160.

34. Henri BÉRAUD, *Ce que j'ai vu à Berlin*, *op. cit.*, p. 126.

35. Egon Erwin KISCH, « Petite expérience avec un gros pourboire », [*Frankfurter Zeitung*, 19 février 1925], *in* Egon Erwin KISCH, *Prises de vue*, *op. cit.*, p. 103.

36. Henri BÉRAUD, *Ce que j'ai vu à Berlin*, *op. cit.*, p. 99.

37. Siegfried KRACAUER, « Figures berlinoises », *loc. cit.*

38. Jules HURET, *Berlin*, *op. cit.*, p. 38.

39. Joseph ROTH, « Automne à Berlin », *loc. cit.*, p. 61.

40. Joseph ROTH, « Adieu à un mort », *loc. cit.*, p. 185.

41. Charles HUARD, *Berlin comme je l'ai vu*, *op. cit.*, p. 12.

42. Édouard HELSEY, *Au pays de la monnaie de singe. Voyages en Allemagne 1913-1923*, Albin Michel, Paris, 1924, p. 84.

43. Franz HESSEL, *Promenades dans Berlin*, *op. cit.*, p. 271.

44. Cité par Thomas LINDENBERGER, Diane MEUR, « Politique de rue et action de classe à Berlin avant la Première Guerre mondiale », *Genèses*, vol. 12, 1993, p. 47.

Fig. 11. Le corps-à-corps dans les transports en commun aux « heures de pointe ».

Source : *Berlin, die Sinfonie der Großstadt*, Walther Ruttmann, 1927.

accueillent quantité d'échoppes ambulantes et de marchés hebdomadaires. Les « colporteurs de rue » y vendent à la criée : « À la sortie des gares souterraines de l'Untergrundbahn (métropolitain), observe Marc Henry, se tiennent des marchandes de fleurs au panier, des vendeurs de journaux qui ne peuvent crier leur journal, des Hausierer, sorte de camelots silencieux, avec un éventail rempli de bretelles, de boutons de chemises, de lacets, d'anneaux à clés, de bimbeloterie populaire[45]. » Rue-marché, la rue métropolitaine est aussi une rue-média : des hommes-réclames y déambulent dans les rues tandis que des panneaux-réclames y pendent aux murs « pour vanter des denrées coloniales, les bouillons Aschinger, des bottes, des vêtements de confection, ou la bière de Patzenhofer[46] ». Les informations y circulent par l'intermédiaire des vendeurs de journaux ou des manchettes des quotidiens qui s'étalent dans les kiosques. « La vérité est dans la rue : la vérité des journalistes[47]. » Les rues de la capitale allemande, qui est aussi le principal bastion de la social-démocratie, accueillent également toutes les nouvelles formes de rassemblements politiques qui se développent en Allemagne avant et après la Grande Guerre : défilés, manifestations, attroupements – soit autant de types de mobilisations « par le bas » que l'historien allemand Thomas Lindenberger a proposé de ramasser sous le concept de « politique de la rue[48] » (*Strassenpolitik*). Grouillante de monde, la rue métropolitaine s'impose ainsi comme l'espace par excellence de la rencontre et du brassage social. Mettant en présence les individus et les autorités, mais aussi les individus entre eux, la rue métropolitaine met en jeu les normes sociales et leurs transgressions éventuelles. Lieu de trouvailles inattendues, elle est le terrain de chasse favori du flâneur et du feuilletonniste. Réceptacle d'une myriade d'« événements microscopiques[49] », elle favorise les attroupements et attire les badauds.

Envisagée en termes d'expérience, la promiscuité inhérente à la surdensité métropolitaine renvoie finalement à une très large gamme d'émotions : la souffrance de la famille ouvrière contrainte de cohabi-

45. Marc Henry, *Trois Villes*, *op. cit.*, p. 258.

46. Eugen Diesel, *Secrets de l'Allemagne*, *op. cit.*, p. 149.

47. Henri Béraud, *Ce que j'ai vu à Berlin*, *op. cit.*, p. 9.

48. Thomas Lindenberger, Diane Meur, « Politique de rue et action de classe à Berlin avant la Première Guerre mondiale », *loc. cit.*

49. Joseph Roth, « Promenade », *loc. cit.*, p. 90.

ter avec un loueur de sommeil, le plaisir partagé de la foule devenue public, l'embarras du *Pendler* contraint à un éprouvant corps-à-corps à l'heure de pointe, l'excitation du passant dans la rue nocturne. Autant d'expériences qui mettent en jeu un problème spécifiquement métropolitain : la construction physique de la distance sociale dans un environnement très dense.

Mobilités pendulaires, intensification du trafic, désordre circulatoire, accidents

Conjuguée à l'accroissement des distances, la dissociation croissante entre habitat et travail donne également naissance à des mobilités nouvelles, à la fois quotidiennes et alternantes. S'opérant sur des distances toujours plus grandes, ces déplacements quotidiens domicile/travail sont non seulement de plus en plus mécanisés et rapides, mais aussi de plus en plus dictés par des exigences de ponctualité, bouleversant le rapport que les citadins entretiennent avec l'espace-temps urbain.

Comme le suggèrent les courbes reproduites par Werner Hegemann à l'occasion de l'Exposition générale d'urbanisme de 1910, l'indice le plus clair de l'apparition de ces « migrations pendulaires » est l'explosion du « trafic de proximité ». Les données des *Städtestatistiker* permettent d'en mesurer l'évolution avec une grande précision. De 10 400 000 en 1870, le nombre de « personnes acheminées » par les transports publics de l'agglomération en voie de formation explose pour atteindre 1 929 834 000 en 1929 – son maximum historique avant la Seconde Guerre mondiale. Rapportés à la population de l'agglomération berlinoise, ces chiffres indiquent que chaque Berlinois effectue en moyenne 444 déplacements annuels en 1929 contre 11 soixante ans plus tôt. Dès le début du XXe siècle, Berlin se classe donc au rang des plus grandes métropoles mondiales par le nombre moyen de déplacements par habitant, certes derrière New York ou Londres, mais au même niveau que Paris, et loin devant les autres grandes villes allemandes.

Les statistiques municipales permettent également de connaître avec précision l'évolution de la part modale de chacun des réseaux de transport public. Jusqu'en 1881, omnibus et tramways assurent la totalité des déplacements mécanisés de courte distance. Avec 9 000 000 de personnes transportées en 1870 (86,5 % du total), le réseau d'omnibus demeure le principal moyen de transport collectif utilisé par les Berlinois jusqu'au milieu des années 1870. Mais sa progression est beaucoup plus lente que celle du tramway, dont la fréquentation est multipliée par dix en une décennie à peine : avec 59 297 000 passagers annuels en 1879 (85,6 % du total des usagers), il acquiert très vite une position dominante dans le système de transport collectif métropolitain. L'inauguration de la *Stadtbahn* en 1882, puis celle du métro en 1902, non seulement stimulent et accompagnent la hausse irrésistible de la fréquentation, mais entraînent également une diversification des modes de transport. Dès les années 1900, quatre réseaux, dont les parts de marché se stabilisent avant-guerre, se partagent les mobilités quotidiennes des Berlinois : le tramway assure à lui seul plus de 50 % des déplacements de courte distance de l'agglomération, loin voire très loin devant le chemin de fer municipal (30 % de la fréquentation), le réseau d'omnibus (13 %) et le métro à la fois aérien et souterrain (7 %).

Les « tables horaires » indiquent, sur les lignes les plus fréquentées, un tramway toutes les deux minutes aux heures de grand trafic. Cette fréquence est établie « de façon à ce que la succession des voitures soit incessante sur les voies du centre. Dans la Leipzigerstrasse, la rue la plus commerçante, il passe dix-neuf lignes, ce qui y fait circuler en moyenne un tramway toutes les secondes. Le trafic est, il est vrai, moins intense dans les quartiers de la périphérie où les voitures ne se succèdent guère que toutes les cinq minutes ; il faut attendre le tramway de dix à douze minutes dans la banlieue[50] ». Cette organisation dote « Berlin et sa banlieue d'un réseau étendu de tramways à vive allure, à tarif très bas et offrant généralement un nombre suffisant de places au public[51] ».

Les « comptages de circulation » effectués à intervalles réguliers aux lieux drainant le plus de circulation le confirment : il existe deux, peut-être trois « pics de trafic » à Berlin. Un premier entre 7 et 9 heures, un second (plus modéré) entre 11 et 12 heures, un troisième (plus étalé) entre 15 et 18 heures. Ces « heures de pointe » accompagnent une formidable intensification du « trafic de surface » sur les chaussées berlinoises : tandis que les « tramways électriques, les lourds chariots, les automobiles ronflantes et les fiacres par centaines »

50. Gaston Cadoux, *La Vie des grandes capitales*, *op. cit.*, p. 168.
51. *Ibid.*, p. 172.

roulent « sans trêve »[52] avant-guerre, les « automobilistes se multiplient[53] » après-guerre.

Contrairement à la fréquentation des réseaux de transport public de l'agglomération, le trafic de surface n'a pas fait l'objet d'études permettant d'en mesurer l'évolution globale. Il faut extrapoler à partir d'autres données, en particulier l'évolution du « parc » berlinois de véhicules de surface (omnibus, tramways, taxis, automobiles, camions, vélos et autres tracteurs). D'après les données de l'office statistique de la Ville, leur nombre passe de 10 000 environ au tournant du siècle à plus de 120 000 à la fin des années 1920 – soit une multiplication par douze[54]. Dans la mesure où ils portent sur un stock et non sur un flux, ces chiffres ne permettent toutefois pas de connaître le nombre de véhicules qui circulent *effectivement* sur la chaussée berlinoise. La circulation est en outre répartie de manière très inégale dans l'espace urbain. Sous l'effet de la tertiarisation du vieux centre, c'est le quadrilatère compris entre la Potsdamer Platz à l'ouest, la gare de Friedrichstrasse au nord, l'Alexanderplatz à l'est et la Belle-Alliance Platz au sud qui voit converger la plupart des flux. À l'est, les voies radiales du plan Hobrecht drainent en effet l'ensemble du trafic vers l'Alexanderplatz qui bute ensuite sur la ville médiévale. À l'ouest, trois grandes artères parallèles à la Spree concentrent la circulation : l'Invalidenstrasse au nord du Tiergarten, qui dessert trois gares à forte affluence ; l'avenue Unter den Linden au centre, dont l'accès est commandé par la porte de Brandebourg – goulet d'étranglement bien connu des Berlinois ; et la Leipzigerstrasse au sud, qui relie la Potsdamer Platz et l'Alexanderplatz et supporte un trafic croissant qui « bouchonne » dans le quartier du Spittelmarkt, au passage de la Spree et du Mühlendammbrücke.

Situées de part et d'autre de la vieille ville, la Potsdamer Platz et l'Alexanderplatz s'imposent notamment comme deux hauts-lieux du trafic berlinois dans les années 1920. Véritable « point névralgique », la Potsdamer Platz est, de l'avis unanime des voyageurs étrangers, l'un des lieux les plus traversés de Berlin : « [Si l']on veut se faire une idée

52. Charles Huard, *Berlin comme je l'ai vu. op. cit.*, p. 22.

53. Joseph Roth, « Considérations sur la circulation », *loc. cit.*, p. 846.

54. *Statistisches Taschenbuch der Stadt Berlin*, 1924, p. 504, 505, 509 et 510 ; *Statistisches Jahrbuch der Stadt Berlin*, 3. Jahrgang, 1927, p. 133, 140 et 141 ; 5. Jahrgang, 1929, p. 138, 139 et 140 ; 6. Jahrgang, 1930, p. 148, 150, 158 et 159 ; 8. Jahrgang, 1932, p. 105, 109, 118 et 119.

de l'animation de Berlin à certaines heures, témoigne Jules Huret, c'est à la Potsdamer Platz qu'il faut aller. Un centre nouveau s'y est formé, relié au précédent par la Leipzigerstrasse, la rue la plus commerçante de la capitale. Le trafic de cette place est remarquable. Je crois que la moitié des tramways électriques de la ville y passent, débouchant par quatre larges voies. J'en ai compté une centaine en quelques minutes[55]. » La Potsdamer Platz, confirme Marc Henry, « est le carrefour le plus animé de Berlin. On y sent battre le pouls fiévreux de la capitale. Le trafic incessant qui relie le centre des affaires aux quartiers élégants de l'Ouest vient s'y embrouiller. C'est un enchevêtrement inextricable d'artères : la Potsdamerstrasse, la Königgrätzerstrasse, la Leipzigerstrasse, la Bellevuestrasse y déversent, du matin au soir, un flot incessant de véhicules et de piétons[56]. »

Sur ces lieux de trafic intense, les comptages de circulation sont rares, mais ils existent. Le « franchissement » de la porte de Brandebourg fait ainsi l'objet de deux campagnes de comptage par la police berlinoise à vingt ans d'écart. Le premier, réalisé le 14 décembre 1907, indique que 17 682 véhicules ont franchi la porte en seize heures. Le second, réalisé le 6 septembre 1927, en recense 34 702, soit près du double. Le même jour, 45 037 véhicules (dont 25 902 automobiles) passent sur la « place située devant la porte de Brandebourg », 25 585 traversent le « carrefour » entre la rue Stresemann et la rue Prinz Albrecht, 15 979 passent sur la Potsdamer Strasse à la hauteur de la Bülowstrasse, et 11 253 traversent la Bülowstrasse au croisement de la Potsdamer Strasse[57].

Ces comptages ne permettent pas seulement de mesurer l'intensification du trafic. Ils offrent également une photographie très précise de la diversification sans précédent des modes de transports dans les rues de Berlin, ainsi que leurs parts respectives dans le trafic. Les histogrammes reproduits par Werner Hegemann distinguent ainsi pas moins de douze modes distincts pour le trafic des personnes et des marchandises : tandis que piétons et poussettes se disputent les trottoirs, sur la chaussée circulent aussi bien des tramways et des omnibus que des « voitures hippomobiles et des voitures privées à chevaux », des « deux-roues ordinaires », des « taxis automobiles », des « automobiles privées », des « tricycles motorisés », des « charrettes à

55. Jules HURET, *Berlin*, *op. cit.*, p. 13.
56. Marc HENRY, *Trois Villes*, *op. cit.*, p. 215.
57. Friedrich LEYDEN, *Gross-Berlin*, *op. cit.*, p. 211.

bras », des « véhicules de transport légers », des « véhicules de transport lourds », des « tricycles à pédales » et des « chariots de magasin légers à deux, trois ou quatre roues ».

Fait marquant : les modes lents demeurent majoritaires sur deux axes particulièrement passants et coexistent jusqu'à une date tardive avec les modes rapides. Or cette coexistence est une concurrence : alors que l'encombrement de la ville préindustrielle était principalement le produit de la rencontre entre un tissu urbain traditionnel (c'est-à-dire des rues étroites au dessin irrégulier) et une cohorte de véhicules lents et peu maniables, la congestion moderne est liée à l'irruption, dans un tissu urbain à peine recomposé et où continuent de circuler des véhicules lents et peu maniables, de nouveaux modes de transport : les uns rapides mais assujettis à des supports rigides (tramways), les autres rapides mais souples (automobiles et motocyclettes). C'est dès lors moins le nombre de véhicules circulant sur la chaussée qui pose problème que leurs vitesses différentielles et leurs mouvements désordonnés. Joseph Roth se lamente, au milieu des années 1920, de l'état « déplorable » de la circulation dans le centre de Berlin. « Il me semble, écrit-il en 1924, que les tramways rendent impossible toute circulation digne d'une métropole. À l'époque du trafic aérien, ils font l'effet de diligences. Ils roulent le plus souvent au milieu de la chaussée. Ils ne peuvent pas contourner un véhicule qui s'est fourvoyé par hasard sur les rails. Ils bouchent la vue du piéton et l'empêchent d'apercevoir à temps ceux qui s'approchent, venant de l'autre côté de la rue. Ils restent là, immobilisés pendant de longues et angoissantes minutes, formant une muraille par les étroites trouées de laquelle on pourrait se faufiler si l'on ne redoutait d'être tué par une auto arrivant à couvert[58]. » Certes, ce *désordre circulatoire* est un problème très localisé : il s'observe surtout sur les principaux carrefours ou les grandes rues de la City, là où se concentre le trafic et où se produisent des conflits entre les différents courants de circulation. Mais partout où il s'observe, il confronte les citadins – qu'ils soient piétons ou conducteurs – à des enjeux de coordination inédits. À tel point que dans les rues à forte fréquentation, collisions et immobilisations sont quotidiennes : « Les journaux, note Joseph Roth, relatent pour ainsi dire tous les deux jours des collisions entre tramways[59] » et « les ralentissements sont très fréquents car les

58. Joseph Roth, « Considérations sur la circulation », *loc. cit.*, p. 89.
59. *Ibid.*, p. 85.

véhicules hippomobiles et les véhicules à moteur traversent la route à des vitesses différentes[60]. »

Conjugué à la mécanisation des flux, ce désordre circulatoire a principalement pour effet de renouveler les types de dangers auxquels s'exposent les citadins[61]. Modérée au départ, la multiplication des accidents de la rue recensés par la police berlinoise est exponentielle après-guerre (Fig. 12) : de 4 468 en 1910, leur nombre bondit à 33 204 en 1925, 82 487 en 1928, 81 064 en 1929, 79 372 en 1930, avant de décroître lentement pour retomber à 63 537 en 1936[62]. Même si la courbe des décès pour cause d'accident est stable au cours de la même période – les statistiques municipales ne font jamais état de plus d'une centaine d'accidents mortels, avec un maximum de 143 en 1925 contre 136 déjà en 1910[63] –, cette explosion est suffisamment inquiétante pour susciter un effort visant tout à la fois à en expliquer les causes et à en localiser les occurrences.

Les facteurs accidentogènes font ainsi l'objet d'études par les services de la police berlinoise dès le début des années 1920. D'après la Schutzpolizei, la majorité des accidents sont dus à des erreurs de conduite : « mauvais franchissement de la chaussée », « chute de trottoir », usage intempestif de la chaussée pour « jouer » ou « travailler », ou encore « collisions de véhicules ». Les travaux de l'administration en charge de la sécurité montrent qu'en 1923, 50 % des accidents sont liés à la présence de piétons sur la chaussée et/ou à des

---

60. Ernst Giese, Heinrich Paetsch, *Polizei und Verkehr*, *op. cit.*, p. 41.

61. Même s'ils demeurent exceptionnels, les accidents ferroviaires, les premiers, frappent vivement les esprits. À Berlin, le plus important survient le 26 septembre 1908, lorsque deux rames de métro, convergeant vers Gleisdreieck, entrent en collision. Le premier wagon de la rame renversée tombe du viaduc et s'écrase huit mètres plus bas. Dix-sept personnes trouvent la mort dans l'accident et le conducteur fautif est condamné à une peine de neuf mois de prison. Spectaculaire, l'accident fait l'objet d'une importante « couverture médiatique ». Photographié et relayé sous forme de cartes postales, qui évoquent « l'effroyable catastrophe du métro aérien de Berlin », il est également filmé puis montré au public berlinois par la plupart des firmes qui produisent alors des « actualités » : la Deutsche Mutoskop et la Deutsche Bioscop le présentent sous le même titre, ainsi que Duskes ou encore Messter avec deux versions différentes. Mais comme le confirment les statistiques d'accidents (*Unfallstatistik*) de la Ville de Berlin, ce type d'événement demeure exceptionnel.

62. *Statistisches Jahrbuch der Stadt Berlin*, 5. Jahrgang, 1929, p. 135-136 ; 6. Jahrgang, 1930, p. 161-162 ; 8. Jahrgang, 1932, p. 120-123 ; 9. Jahrgang, 1933, p. 116, 128 et 129 ; 10. Jahrgang, 1934, p. 133, 146 et 147 ; 12. Jahrgang, 1936, p. 111-112. Ces chiffres doivent toutefois être maniés avec prudence, leur hausse brutale pouvant traduire une modification dans les techniques de recensement.

63. *Ibid.*

Fig. 12. Les accidents de la rue à Berlin.

Source : *Im Strudel des Verkehrs. Ein Film für Jedersmann*, Leo Peukert, 1925.

erreurs de comportement de ces mêmes piétons, les autorités fustigeant la « négligence » des usagers de la rue. Exploitant les statistiques de la police berlinoise pour la période comprise entre le 1er octobre 1927 et

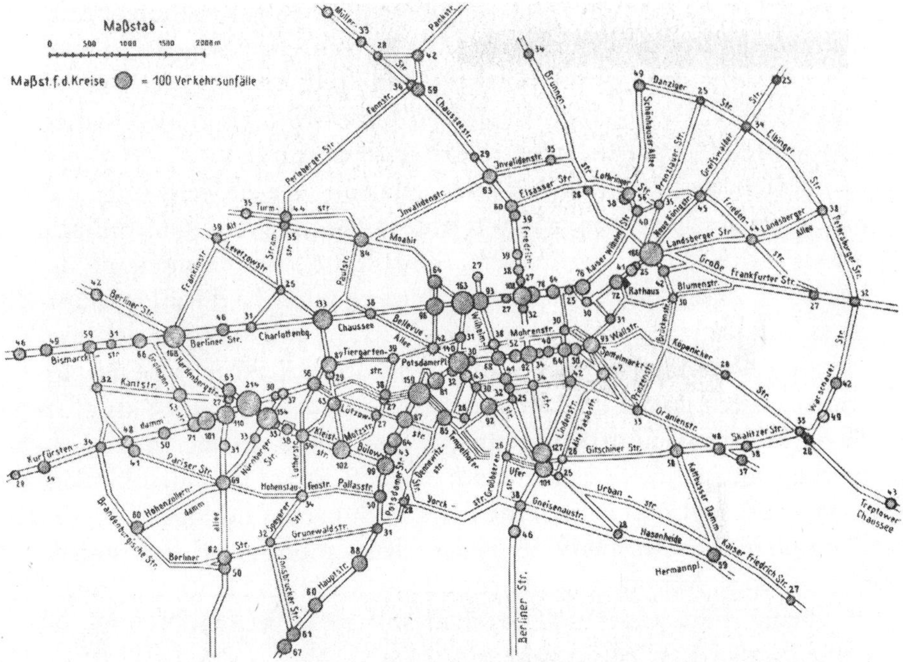

Fig. 13. La localisation des accidents de la rue à Berlin.

Source : Friedrich Leyden, *Gross-Berlin. Geographie der Weltstadt*, Ferdinand Hirt, Breslau, 1933, p. 140.

le 30 septembre 1928, Friedrich Leyden montre que les accidents de la rue se concentrent, pour l'essentiel, sur les « nœuds de circulation », c'est-à-dire aux croisements des rues et sur les places (Fig. 13). La Potsdamer Platz totalise à elle seule 214 accidents et l'Alexanderplatz 186[64].

Synchronisation, accélération, différenciation

Système à la fois plus technique et plus complexe que la ville traditionnelle, la très grande ville ne modifie pas seulement les formes de la vulnérabilité citadine : elle impose plus généralement à ses habitants de nouveaux rythmes – c'est-à-dire de nouvelles manières d'organiser

64. Friedrich Leyden, *Gross-Berlin*, *op. cit.*, p. 140.

et percevoir leur propre temps quotidien. Une organisation spécifiquement métropolitaine du temps se met en effet en place, qui est à la fois de plus en plus synchronisée, de plus en plus accélérée, de plus en plus diversifiée et de plus en plus ouverte à l'individuation des pratiques – qu'elles soient diurnes ou nocturnes.

La métropolisation constitue en effet une étape décisive dans la mise en place d'un système de référence temporel unique, commun à tous les Berlinois. Certes, vers 1860, le « décompte moderne des heures[65] » s'est d'ores et déjà imposé aux citadins. La diffusion d'horloges indiquant les minutes permet de fixer rendez-vous et délais en fonction de n'importe quel point de départ et il existe, à Berlin, un temps conventionnel déjà plus ou moins émancipé du lieu : jusqu'en 1870, la capitale prussienne possède une heure de référence sur le portail principal de l'Académie des Sciences situé Unter den Linden. Celle-ci est réglée tous les dimanches midi par un horloger avec son chronomètre, et les Berlinois règlent leurs montres en fonction de cette horloge. Mais non seulement l'heure de Berlin demeure distincte de l'heure des autres villes allemandes, mais ce référentiel temporel demeure rivé à un emplacement unique.

Par rapport à ce système hybride, les années 1870-1880 marquent une inflexion décisive : la ville de Potsdam construit sur le Brauhausberg un observatoire astrophysique qui permet non seulement de perfectionner la mesure du temps, mais aussi d'envisager une synchronisation des horloges par un réseau de câbles électriques. Celle-ci s'opère à l'initiative de Wilhelm Foerster, qui fait installer sur plusieurs places berlinoises des horloges synchronisées reliées par des câbles souterrains à l'observatoire astronomique de Potsdam[66]. Associée à la généralisation de l'usage de la montre individuelle, cette synchronisation des horloges publiques de Berlin ouvre la voie à de nouveaux modes de régulation – et par là même de planification – du temps quotidien. Permises par la mise en place d'un système

65. Gerhard Dohrn-van Rossum, *L'Histoire de l'heure. L'horlogerie et l'organisation moderne du temps*, Éditions de la MSH, Paris, 1997, p. 225 et p. XIII de la préface. Voir aussi : David S. Landes, *L'Heure qu'il est. Les horloges, la mesure du temps et la formation du monde moderne*, Paris, Gallimard, 1987 ; Ottheim Rammstedt, « Alltagsbewusstsein von Zeit », *Köllner Zeitschrift für Soziologie und Sozialpsychologie*, 1975, p. 47-63 ; Stephen Kern, *The Culture of Time and Space 1880-1918*, Harvard University Press, Cambridge, 1983 ; Norbert Elias, *Du temps*, Fayard, Paris, 1996.

66. Annemarie Lange, *Berlin zur Zeit Bebels und Bismarcks. Zwischen Reichsgründung und Jahrhundertwende*, Dietz Verlag, Berlin, 1984, p. 575.

mécanisé de transports publics rapides et son corollaire – la banalisation des mobilités pendulaires –, les exigences de ponctualité au travail se généralisent, soumettant les ouvriers et les employés à des formes inédites de pression temporelle. À la fois symboles et outils de cette discipline, des horloges et des pointeuses accueillent désormais les travailleurs aux portes des usines et/ou des bureaux, tandis que des « tables horaires » fournies par les réseaux de transport public permettent aux Berlinois de calculer leurs temps de trajet pour se rendre de leur domicile à leur lieu de travail, accompagnant la mise en place de cette discipline nouvelle. Ces outils de planification servent également à fixer et respecter les rendez-vous en dehors du travail, lors des temps de loisirs. Photographiées par Friedrich Seidenstücker comme des éléments emblématiques de la vie berlinoise, certaines horloges synchronisées telles que la *Normaluhr* de la station de train du zoo (*Bahnhof Zoo*), deviennent des points de rendez-vous prisés, notamment pour les excursions dominicales des employés. C'est là que se retrouvent les héros anonymes des *Hommes le dimanche* des cinéastes Robert Siodmack, Billy Wilder et Edgar Ulmer[67].

Parce qu'il « ordonne tout » désormais, aussi bien « le travail, le sommeil » que « les phases de repos et les distractions de l'homme »[68], le temps mécanique de l'horloge apparaît ainsi à de nombreux observateurs comme l'une des grandes formes de l'aliénation moderne. « Le temps des horloges, affirme Friedrich Georg Jünger, est un temps mort, *tempus mortuum*, dans lequel chaque seconde répète la précédente de façon uniforme. [...] Il s'écoule avec et en parallèle du temps vital de l'homme, sans s'en préoccuper, sans prendre part aux hauts et aux bas du temps de la vie, où aucune seconde n'est égale à une autre[69]. » Plus encore : « De même que la technique a modifié notre conscience de l'espace en nous faisant accroire que l'espace est devenu plus exigu, la Terre plus petite, elle a aussi modifié la conscience du temps. Elle a créé une situation dans laquelle l'homme ne dispose plus de temps, où il est pauvre en temps, où il a faim de temps[70]. »

Cette « faim de temps » renvoie à un autre aspect de la réorganisation métropolitaine du temps : l'accélération sinon du rythme de vie des citadins, du moins de la manière dont ces derniers le ressentent. Avec

67. *Menschen am Sonntag*, Billie Wilder, Edgar Ulmer, Robert Siodmack, 1929.
68. Friedrich Georg Jünger, *La Perfection de la technique*, Allia, Paris, 1988 [1944], p. 71.
69. *Ibid.*
70. *Ibid.*, p. 74

son agitation permanente et ses « rythmes inexplicables et saccadés[71] », Berlin a en effet une cadence spécifique que ressent le migrant rural ou le voyageur étranger. À l'image du va-et-vient continuel des trains, des tramways et des automobiles filmé par Adolf Trotz dans *Die Stadt der Millionen*[72], la pulsation de la très grande ville ne s'interrompt jamais.

Sous la plume des auteurs ou des caricaturistes allemands, cette pulsation a un nom : c'est le « tempo berlinois ». Sujet d'un nombre incalculable de chansons de cabaret, de poèmes et d'œuvres graphiques[73], le *Berliner Tempo* est la matière même du film que László Moholy-Nagy et Karl Koch projettent de réaliser sur la « dynamique de la grande ville[74] ». Les Berlinois il est vrai sont volontiers décrits comme des gens pressés : « Il existe à Berlin, témoigne Jules Huret, une institution extrêmement pratique pour les gens pressés [...] : les restaurants Aschinger, boutiques plus ou moins grandes habillées de faïence bleue et blanche, qui se trouvent dans tous les quartiers, et où l'on sert pour deux ou trois sous des sandwiches au jambon, au poisson fumé, aux œufs, à la viande, au fromage, etc., des saucisses brûlantes avec des pommes de terre au vinaigre, et de la bière. Les clients, pour la plupart, mangent debout[75]. » Manger debout, « au pied levé, entre deux courses[76] », devient un trait typiquement métropolitain. Le style de vie berlinois, dit-on, est fait de précipitation, de hâte, de rapidité. Plongée dans le rythme frénétique de la métropole, Ulrike – jeune provinciale originaire d'un petit village non loin de Leipzig et héroïne de la nouvelle éponyme de Carl Sternheim – est « rouge à force de courir du matin au soir[77] ».

Sous l'effet de la mécanisation des transports, les vitesses moyennes augmentent. Alors que les vitesses pédestres et équestres ne dépassent pas respectivement 4 et 8 km/h, les vitesses mécanisées franchissent des seuils inédits en ville : la vitesse des tramways est en moyenne de 11,5 km/h sur la voie publique et de 17 km/h sur le terre-plein central du Kufürstendamm. Les rames de métro, quant à elles, montent à

71. Paul Gurk, *Berlin*, *op. cit.*, p. 584.

72. *Die Stadt der Millionen. Ein Lebensbild Berlins*, Adolf Trotz, 1925.

73. Elizabeth Otto, *Tempo, tempo ! Bauhaus Photomontagen von Marianne Brandt*, Jovis, Berlin, 2005.

74. László Moholy-Nagy, « Dynamik der Großstadt. Skizze zu einem Film », *Malerei, Fotografie, Film*, München, 1925, p. 115.

75. Jules Huret, *Berlin*, *op. cit.*, p. 59.

76. Marc Henry, *Trois Villes*, *op. cit.*, p. 229.

77. Carl Sternheim, « Ulrike », *in Napoléon et autres récits*, Mercure de France, Paris, 1978, p. 149.

20 km/h, et les automobiles à 60. Si cette accélération des vitesses de déplacement peut renvoyer au paradigme explicatif de l'accélération technique et sociale défendu par le sociologue allemand Harmut Rosa[78], elle doit avant tout s'appréhender comme une gamme d'expériences nouvelles : comme l'a bien montré l'historien et urbaniste Marc Desportes dans son ouvrage pionnier sur les « paysages en mouvement[79] », quiconque effectue pour la première fois un simple trajet en automobile, en tramway ou en métro, éprouve souvent pour la première fois des sensations telles que l'accélération et le ralentissement.

Le temps métropolitain n'est cependant pas un temps unique et homogène : si la synchronisation de la mesure du temps et l'accélération relative des rythmes urbains constituent des processus communs à l'ensemble des Berlinois, la métropolisation a également pour effet d'accentuer la différenciation des temps vécus. Différenciation selon les groupes sociaux : le temps de l'ouvrier n'est pas le temps de l'employé, ni celui du bourgeois. Différenciation selon les âges de la vie : le temps de l'écolier n'est pas celui du retraité. Différenciation selon les jours de la semaine : la structure temporelle des jours chômés (le dimanche, puis le week-end) diffère radicalement de celle des jours travaillés. Différenciation, enfin, selon le jour et la nuit, voire selon les heures du jour et de la nuit.

Art de l'espace et du temps, le cinéma en offre de précieux indices. Plusieurs films font en effet de la structure temporelle de la très grande ville à la fois le sujet et le cadre de leur synopsis. Dans *Berlin, die Sinfonie des Großstadt*, voici comment Walther Ruttmann narre une matinée-type de la très grande ville (Fig. 14) : l'horloge affiche 5 heures du matin (1) ; les rues sont désertes (2), les immeubles de bureau vides et les rideaux des vitrines baissés (3). La ville entière dort encore, ou presque : le veilleur de nuit termine sa ronde (4) et les derniers fêtards et autres noctambules rentrent chez eux (5) ; commence alors le cycle journalier des activités : les colleurs d'affiches, les premiers, se mettent au travail (6). Ils sont suivis par les ouvriers : quittant leur domicile, seuls ou en groupes, isolés ou en « files indiennes », à pied ou à vélo, ils rejoignent les stations de tramways ou les gares les plus proches (7-10) ; les portes des usines ouvrent (11) ; abandonnant leur train (12), la masse des

78. Harmut Rosa, *Accélération. Une critique sociale du temps*, La Découverte, Paris, 2013.

79. Marc Desportes, *Paysages en mouvement. Transports et perception de l'espace (XVIIIe-XXe siècle)*, Gallimard, Paris, 2005.

Fig. 14. La différenciation des rythmes urbains.

Source : *Berlin, die Sinfonie der Großstadt*, Walther Ruttmann, 1927.

19

20

21

22

23

24

25

26

27

28

29

30

31

32

33

34

35

36

ouvriers (13) gagnent l'usine (14) où les attend un rituel désormais immuable : ils sont accueillis par le contremaître (15), ils « pointent » puis se changent au vestiaire (16). La machinerie industrielle de la très grande ville peut alors se mettre en marche (17). La rue métropolitaine s'anime à son tour : les marchands ambulants sortent leurs chariots (18), les pavés sont nettoyés et les déchets collectés (19), les vendeurs de journaux à la criée se dispersent (20) et les enfants se rendent à l'école (21) : l'horloge affiche 8 heures (22). Les rideaux de vitrine se lèvent les uns après les autres, signe que l'activité commerçante s'apprête à débuter (23). Les enfants partis à l'école, le cycle des activités domestiques peut lui aussi reprendre son cours : les femmes étendent le linge et sortent battre les tapis (24). C'est au tour des employés de bureau de se rendre au travail : les stations de S-Bahn (trains express régionaux) des quartiers périphériques accueillent la foule des *Pendler* (25) ; après un trajet occupé à lire le journal ou à ne rien faire (26), la masse des employés se retrouve plongée au cœur de la City ; ils franchissent à pied les derniers mètres les séparant des bureaux (27), en profitent pour faire un peu de « lèche-vitrine » (28), pressent finalement le pas pour ne pas arriver en retard au bureau (29) ; le travail administratif peut commencer à l'aide de mobiliers et autres dispositifs techniques – meubles verticaux à volets roulants munis de trieurs, classeurs de la marque Leitz (30), écritoires (31), machines à écrire de la marque Torpedo (32), permettant aux dactylographes de classer, archiver ou correspondre (33) ; dans la rue, le trafic et la vie urbaine (34-35) battent désormais leur plein. Comme l'observe un voyageur français à la même date, « Berlin, aux approches de midi, accélère lourdement son activité[80] ».

Un film tel que *Berlin, die Sinfonie des Großstadt* permet non seulement de sentir ces rythmes, mais aussi de repérer les nouvelles scansions de la vie métropolitaine. Outre l'opposition très forte entre jours ouvrés et jours chômés, il met notamment en évidence l'élargissement temporel que constitue la solution de continuité inédite entre vie diurne et vie nocturne.

Cet élargissement est tout d'abord permis par le développement de l'éclairage public des rues au gaz et à l'électricité : ce dernier modifie en effet considérablement l'« intensité lumineuse globale » des rues la nuit et, avec elle, en transforme les usages. Les statistiques

80. Henri Béraud, *Ce que j'ai vu à Berlin*, *op. cit.*, p. 11.

municipales l'attestent *a minima* pour la période 1924-1938. De 7 259 633 candelas en 1924, l'intensité lumineuse globale passe en effet à 30 000 444 en 1929 – son maximum historique avant très longtemps. Au cours des cinq années qui correspondent à la phase de stabilisation de la république de Weimar, l'intensité lumineuse dans les rues de la plus grande ville allemande est donc multipliée par trois. Cette progression doit autant à l'augmentation du nombre de becs à gaz (38 500 en 1924, 110 939 en 1929) qu'à la multiplication des « lampes électriques à incandescence » et des « lampes électriques à arc » (respectivement 7 861 et 658 en 1924, 19 554 et 955 en 1929) – les parts de marché du gaz et de l'électricité dans l'éclairage public berlinois se stabilisant respectivement autour de deux tiers et un tiers[81]. Minoritaire, l'éclairage électrique présente pourtant deux avantages sur le gaz : il éclaire mieux et instantanément. Là où se concentrent les lampes à arc, le passage du jour à la nuit urbaine s'opère sans transition : « Les globes laiteux des lampes à arc, suspendus au beau milieu de la rue à intervalles égaux, s'alignent irréprochablement. Dès que la nuit tombe, ils s'allument d'un seul coup[82]. »

L'élargissement nocturne des usages métropolitains est également permis par la mise en place de services de nuit dans les transports publics berlinois. « Dehors, constate Jules Huret avant-guerre, toute la nuit, des omnibus à deux sous circulent[83]. » Comme le confirme la carte des transports publics de la BVG (Berliner-Verkehrs-A.G.) de 1931[84], plusieurs « lignes de tramways de nuit » permettent aux Berlinois de rejoindre le centre de l'agglomération à n'importe quelle heure. Neuf d'entre elles fonctionnent toute la nuit, avec une fréquence qui varie entre quinze et trente minutes – ce qui donne entre deux et quatre rames par heure. La diffusion de l'éclairage public et le va-et-vient des tramways la nuit accompagnent l'extension du travail, du commerce et des loisirs nocturnes. Avec leurs devantures illuminées propices au « lèche-vitrine nocturne[85] », certaines artères de la City telles que la Friedrichstrasse et la Leipzigerstrasse, sont particulièrement fréquentées tard le soir : « Toute droite, note Marc

81. *Statistisches Jahrbuch der Stadt Berlin*, 3. Jahrgang, 1927, p. 271 ; 5. Jahrgang, 1929, p. 272 ; 6. Jahrgang, 1930, p. 316 ; 8. Jahrgang, 1932, p. 225 ; 9. Jahrgang, 1933, p. 237.
82. Marc Henry, *Trois Villes*, *op. cit.*, p. 216.
83. Jules Huret, *Berlin*, *op. cit.*, p. 84.
84. Berliner-Verkehrs-A.G., *Liniennetz*, 1931.
85. Heinrich Hoeffke, *Abendliche Einkaufsgedränge in der Leipziger Strasse*, 1928.

Henry, sous la lumière crue des globes électriques, au scintillement des réclames lumineuses qui surchargent les façades, la Friedrichstrasse fourmille de promeneurs bruyants et vulgaires jusqu'à trois heures du matin[86]. » La Friedrichsstrasse ne draine pas seulement les ouvriers ou les employés de l'agglomération, mais aussi des jeunes gens venus de province : « C'est là que tous les provinciaux, avides de plaisirs, viennent chercher des aventures faciles, observe le reporter français. Les villes des environs de Berlin, Stettin, Halle, Frankfurt-an-der-Oder, Posen, Hannover, y déversent, chaque samedi soir, des bandes de commis voyageurs qui parlent haut, se bousculent à plaisir, interpellent les femmes en termes orduriers, se conduisent en goujats[87]. » La City et le Kurfürstendamm polarisent également la plupart des loisirs nocturnes, l'augmentation fulgurante du nombre de cinémas, théâtres, revues et autres music-halls accompagnant l'émergence d'une véritable « culture de la nuit ». Berlin est « très fier de sa vie nocturne » note Jules Huret en 1909 : « Sur les Linden, dans la Friedrichstrasse, autour de la Leipzigerstrasse et de la Potsdamerplatz, l'animation ne cesse pas de toute la nuit. Beaucoup d'établissements ne ferment pas du tout[88]. »

Toutes ces évolutions entraînent une reconfiguration du dispositif municipal de surveillance des rues la nuit, l'heure légale de fermeture des établissements étant repoussée graduellement. En 1921, Édouard Helsey indique qu'« officiellement, la vie de Berlin s'arrête le soir à onze heures et demie. Tout doit fermer, mais les agents de police eux-mêmes vous indiqueront les endroits où l'on danse, où l'on boit, où l'on joue jusqu'au jour[89] ». En 1926, Henri Béraud observe que c'est désormais « à une heure [que l'on] éteint tout, et les soupeurs, qui peut-être enfin allaient se démonocler, s'en vont bien sagement se coucher [...][90] ». Même retardé de deux heures, l'« horaire légal de fermeture » (*Polizeistunde*) des établissements ne marque pas pour autant la fin complète des activités nocturnes : « Il se trouve pourtant, dans une capitale de trois millions d'habitants, quelques individus assez originaux pour veiller une demi-heure après le couvre-feu. Où vont-ils ? La plupart se dirigent vers ces caves dont j'ai parlé, qui se

86. Marc Henry, *Trois Villes*, *op. cit.*, p. 271.
87. *Ibid.*, p. 270-271.
88. Jules Huret, *Berlin*, *op. cit.*, p. 67.
89. Édouard Helsey, *Au pays de la monnaie de singe*, *op. cit.*, p. 144.
90. Henri Béraud, *Ce que j'ai vu à Berlin*, *op. cit.*, p. 27-28.

trouvent au nord de la ville[91]. » C'est dans ces « caves » berlinoises que Joseph Kessel mène l'enquête sur les « bas-fonds[92] » (*Unterwelt*) de Berlin en 1932.

Cette multiplication des pratiques nocturnes s'apparente à un élargissement considérable de l'espace-temps urbain. Elle correspond à une forme d'« urbanisation intérieure[93] » : en rompant avec le rythme imposé par le soleil, la lumière artificielle permet à des millions d'individus de s'arracher à ce que l'historienne française Simone Delattre avait proposé d'appeler, à partir d'une étude des mutations de la nuit parisienne au XIXe siècle, l'« ancien régime nocturne[94] ».

Les nouveaux paysages sensoriels de la métropole

Astreint à une nouvelle organisation de son propre temps quotidien, le migrant rural est également projeté dans un environnement sensoriel radicalement différent de la campagne. Comme toutes les villes, Berlin a en effet une « identité sensorielle » particulière qui tient d'abord à son climat et au caractère de ses saisons. Avec des températures minimales de janvier/février qui oscillent *grosso modo* entre moins 25 et moins 5 degrés Celsius entre 1830 et 1930, et un taux d'enneigement moyen compris entre 10 et 80 jours par an[95], l'hiver berlinois est long, neigeux et froid, au point que la ville paraît maussade aux yeux des voyageurs français. Sous son « ciel blafard », raconte Henri Béraud, « voici la pluie, une pluie froide et morne, qui chasse les gens vers leurs demeures[96] ». À l'inverse, l'été berlinois est court mais chaud, ce qui fait que les saisons sont très marquées. « Ce qui surprend le plus à Berlin, observe Jean Giraudoux, c'est la joie avec laquelle sont accueillis les saisons et leurs phénomènes. En France, on redoute l'hiver à cause du froid, l'été à cause de la chaleur,

91. *Ibid.*

92. Joseph KESSEL, *Les Bas-Fonds de Berlin*, Les Éditions de France, Paris, 1932, p. 222.

93. Joachim SCHLÖR, *Nachts in der großen Stadt : Paris, Berlin, London, 1840-1930*, Artemis & Winckler, Munich-Zürich, 1991. Voir également Wolfgang SCHIVELBUSCH, *Licht, Schein und Wahn : Auftritte der elektrischen Beleuchtung im 20. Jahrhundert*, Ernst und Sohn, Berlin, 1992.

94. Simone DELATTRE, *Les Douze Heures noires. La nuit à Paris au XIXe siècle*, Albin Michel, Paris, 2000.

95. Friedrich LEYDEN, *Gross-Berlin*, *op. cit.*, p. 13-15.

96. Henri BÉRAUD, *Ce que j'ai vu à Berlin*, *op. cit.*, p. 9-10.

et tout ce qu'il peut y avoir d'extrême dans le climat est considéré comme une calamité. La population de Berlin, au contraire, se rue sur le gel et la canicule comme sur le plus rare des plaisirs, car l'hiver amène la neige, le gel et leurs sports, l'été le bain en plein air, et toute saison le soleil[97]. »

La « grisaille » hivernale est à l'unisson d'une ville jugée sinon laide, du moins très monotone. On ne peut qu'être frappé par la récurrence et la convergence des témoignages à ce sujet, notamment sous la plume des voyageurs français : « Les rues, les avenues, les carrefours se suivent et se ressemblent au point qu'il est impossible de garder le souvenir précis de l'un d'eux[98] » observe Charles Huard en 1907. « Mon regard, qui cherche à s'accrocher, glisse sur l'uniformité désespérante des choses. Les maisons et les rues sont toutes pareilles[99] » confirme Marc Henry en 1917. « Le caractère prédominant des rues de Berlin, ajoute-t-il, est la monotonie. Le terrain uniformément plat n'offre à l'œil aucun accident pittoresque. Les rues ne dévalent point, ne montent point ; elles s'étalent à perte de vue, toujours droites. Leur perspective n'est jamais interrompue par les motifs architecturaux d'une vieille église ou d'un palais curieux[100]. » Pour nous, écrit Henri Béraud en 1926, cette ville « maussade et plombée », que « l'énormité dans la monotonie développe à l'infini », est des plus « mornes ». « C'est un océan de bâtisses, c'est une débauche de maçonnerie »[101].

Le gris est aussi la tonalité dominante de l'asphalte, matériau métropolitain par excellence, et célébré en tant que tel par les artistes d'avant-garde, au point de donner son nom à l'un des plus grands succès cinématographiques allemands des années 1920[102]. Quel que soit le procédé utilisé[103], la tendance à la substitution des revêtements

97. Jean Giraudoux, *Berlin. op. cit.*, p. 52-53.
98. Charles Huard, *Berlin comme je l'ai vu, op. cit.*, p. 34.
99. Marc Henry, *Trois Villes, op. cit.*, p. 214.
100. *Ibid.*, p. 227.
101. Henri Béraud, *Ce que j'ai vu à Berlin, op. cit.*, p. 13.
102. *Asphalt*, Joe May, 1929.
103. Alors que le terme « asphalte » est indistinctement utilisé avant-guerre pour désigner (et mesurer) les revêtements bitumeux, les catégorisations s'affinent à partir des années vingt dans les statistiques municipales. En 1934, ces dernières distinguent pas moins de quatre types différents d'asphaltes selon la composition et/ou selon les méthodes de mise en œuvre : « asphalte damé » (*Stampfasphalt*), « asphalte durci » (*Rauhasphalt*), « asphalte coulé » (*Gußasphalt*) et « asphalte enrobé » (*Walzasphalt*). Si l'on ajoute à cela les autres revêtements bitumeux – « béton goudronné » (*Teerbeton*), « macadame » (*Teermakadam*) « pavés

bitumés aux empierrements est manifeste. Si le pavé – majoritairement en pierre, plus rarement en bois – continue de se tailler la part du lion dans les quartiers d'extension et dans les zones suburbaines, l'asphalte règne sans partage dans la City, là où se concentrent les flux automobiles. En 1934, il recouvre près d'un tiers des chaussées de l'ensemble de l'agglomération.

Matériau lisse, l'asphalte favorise le roulage en réduisant le bruit et en atténuant les chocs : « Mon auto roule sur un asphalte uni, note Marc Henry ; pas une secousse[104]. » Matériau imperméable, il favorise également l'écoulement de l'eau et la propreté de la chaussée. L'été, il débarrasse la ville de la poussière. Matériau uni et poli, enfin, il réfléchit la lumière tel un miroir. Il s'agit d'un matériau particulièrement photogénique – de jour, mais aussi et surtout de nuit. « Il faut prendre les photos au crépuscule, rappelle Alexander Niklitschek, quand la lumière a encore assez de force pour suggérer les détails dans les ombres, mais qu'elle est aussi déjà assez faible pour que la lumière des sources artificielles puisse vraiment ressortir. […] La circulation dans les grandes villes, en particulier, associée à l'éclairage des enseignes, donne naissance à des effets visuels extraordinairement séduisants, qui sont encore plus beaux et plus gratifiants lorsqu'un reflet dans l'asphalte mouillé les rehausse[105]. »

Avec l'asphalte, c'est en effet l'électricité qui participe alors le plus à transfigurer les ambiances urbaines. Certes, les infrastructures électriques sont souvent cachées : les usines sont repoussées en périphérie, les halles à turbine transformées en « monuments », les transformateurs cachés dans de fausses colonnes Morris, participant à une forme d'invisibilisation des réseaux[106]. Mais à Berlin, les câbles d'alimentation des tramways ne sont presque jamais enterrés : les « sections sans fils aériens, isolées, ne dépassent pas, au total, une longueur de trois kilomètres », et la « prise de courant par trolley est presque universellement appliquée, ce qui ne serait pas admis à Paris[107] ». À chaque ligne de tramway correspond donc un réseau de caténaires et de câbles qui, vus depuis le sol, strient le ciel urbain en

de goudron » (*Teerpflaster*) ou encore « pavés de béton » (*Betonpflaster*) –, ce sont une dizaine de revêtements bitumés ou goudronnés distincts qui se disputent la chaussée berlinoise.

104. Marc Henry, *Trois Villes*, *op. cit.*, p. 214.

105. Cité dans *Das Deutsche Lichtbild, 1928/29*, Berlin, 1929, sans pagination.

106. Fanny Lopez, *L'Ordre électrique. Infrastructures énergétiques et territoires*, MetisPresses, Genève, 2019.

107. Gaston Cadoux, *La Vie dans les grandes capitales*, *op. cit.*, p. 171.

un « enchevêtrement [...] d'étain et de fils de fer[108] ». Ces câbles, note Marc Henry, « tissent au-dessus de l'asphalte uniforme et lisse une immense toile d'araignée[109] ».

Mais le nouveau paysage électrique berlinois est surtout nocturne : au cœur de l'agglomération, la multiplication des enseignes et des publicités lumineuses donne en effet naissance à un paysage vespéral totalement inédit[110]. Deux ans après l'installation de la première publicité lumineuse berlinoise sur le Spittelmarkt en 1896, la firme de tabac Manoli installe une « roue de lumière » sur les toits de la City. Le principe de cette publicité lumineuse est nouveau : les lampes à incandescence s'y allument les unes après les autres, donnant l'impression d'une roue tournante. La société Bahlsen reprend ce procédé illusionniste pour ses produits Leibnitz Cakes, tandis qu'en 1902, la firme Rudolf Herzog installe son nom en lettres géantes fabriquées à partir de profilés en tôle sur lesquels sont fixés des bulbes électriques. Vers la fin des années 1910, une nouvelle étape est franchie, quand la mise au point d'enseignes lumineuses avec des représentations scéniques en étend les possibilités formelles. L'exemple le plus connu de cette innovation est l'enseigne réalisée pour la marque de champagne Kupferberg Gold sur la Friedrichstrasse en 1912 : imposante par sa taille (60 m^2), cette enseigne de 1 600 bulbes électriques met en scène une coupe de champagne que l'on remplit lentement à partir d'une bouteille.

Si la guerre, puis la crise inflationniste marquent un coup d'arrêt dans cette évolution, la stabilisation économique de l'Allemagne à partir de 1924, conjuguée à la baisse des coûts de l'électricité partout en Europe, permet de relancer la production d'enseignes lumineuses dans la seconde moitié des années 1920. Entre 1924 et 1929, la situation économique des fabricants de produits de marque permet la réalisation de nouvelles et grandes installations, telle que l'enseigne lumineuse de la firme Odol sur la Potsdamer Platz à Berlin. En 1929, la maison Scharlachberg réalise le plus grand panneau lumineux d'Europe pour la boisson alcoolisée Scharlachberg Meisterbrand : pas moins de 6 000 ampoules sont installées sur une superficie de 360 m^2,

108. Franz HESSEL, *Promenades dans Berlin*, *op. cit.*, p. 87.

109. Marc HENRY, *Trois Villes*, *op. cit.*, p. 216.

110. Janet WARD, *Weimar Surfaces. Urban Visual Culture in 1920s Germany*, University of California Press, Berkeley, 2001, p. 92-141.

l'ensemble pesant dix tonnes environ. Point d'orgue de cette véritable inflation lumineuse : l'organisation par la principale association de commerçants berlinois (la Verein der Kaufleute und Industriellen) de l'événement « Berlin im Licht [111] ». Pendant quatre nuits, du 13 au 16 octobre 1928, la totalité des monuments de la ville ainsi que la plupart de ses immeubles commerciaux sont illuminés. Parades, concerts de plein air, compétition de vitrines, organisation de vols nocturnes au-dessus de la ville et autres « attractions » telles que l'habillage électrique de la colonne de la Victoire (*Siegessaüle*) par la société Osram, ou encore la « sculpture de lumière » du Bauhaus devant la porte de Brandebourg, contribuent à l'immense succès public de cette manifestation [112]. À la veille de la Grande Dépression, Berlin compte pas moins de 3 000 enseignes lumineuses pour un coût global estimé à 9 millions de Reichsmarks et une consommation de 109,5 millions de KW par an [113].

Totalement inédit, ce paysage vespéral est très concentré (Fig. 15). Comme à Londres ou à New York, la publicité lumineuse doit captiver l'œil [114] : elle n'investit par conséquent que certains lieux névralgiques de la City comme la Potsdamer Platz, l'Alexanderplatz, le Spittelmarkt ou encore la Friedrichstrasse, dont l'éclat lumineux doit faire la réputation, à l'instar de Piccadilly Circus à Londres ou de Times Square à New York. Véritable « noyau scintillant de lumières comme un faux diamant dans la pénombre mesquine de la ville [115] », la City berlinoise dégage, vers la fin des années 1920, une intensité lumineuse qui n'a pas de précédent dans l'histoire des nuits urbaines. Son pouvoir d'émerveillement est d'autant plus fort que la lumière électrique est encore assez rare dans les autres rues, et davantage encore chez les particuliers. Par contraste, le reste de l'agglomération géante paraît bien sombre : « Il vaudrait encore mieux naturellement que la ville soit éclairée correctement, remarque Joseph Roth au milieu des années 1920. Il y a dans Berlin des coins animés et en aucune façon perdus, où l'on croirait, le soir, être dans la plus lointaine et profonde province [116]. »

---

111. Franziska NENTWIG (dir.), *Berlin im Licht*, G&H Verlag, Berlin, 2008.

112. Kurt Weill en tirera un véritable « hit » musical : « Berlin in Light ».

113. Janet WARD, *Weimar Surfaces. op. cit.*, p. 102.

114. Bruno TAUT, « Die Reklame als Schmuck des Strassenbildes », *Freie Presse*, février 1922, cité par Janet WARD *in ibid.*, p. 95.

115. Christopher ISHERWOOD, *Adieu à Berlin*, Fayard, Paris, 2013 [1939], p. 272.

116. Joseph ROTH, « Considérations sur la circulation », *loc. cit.*, p. 87.

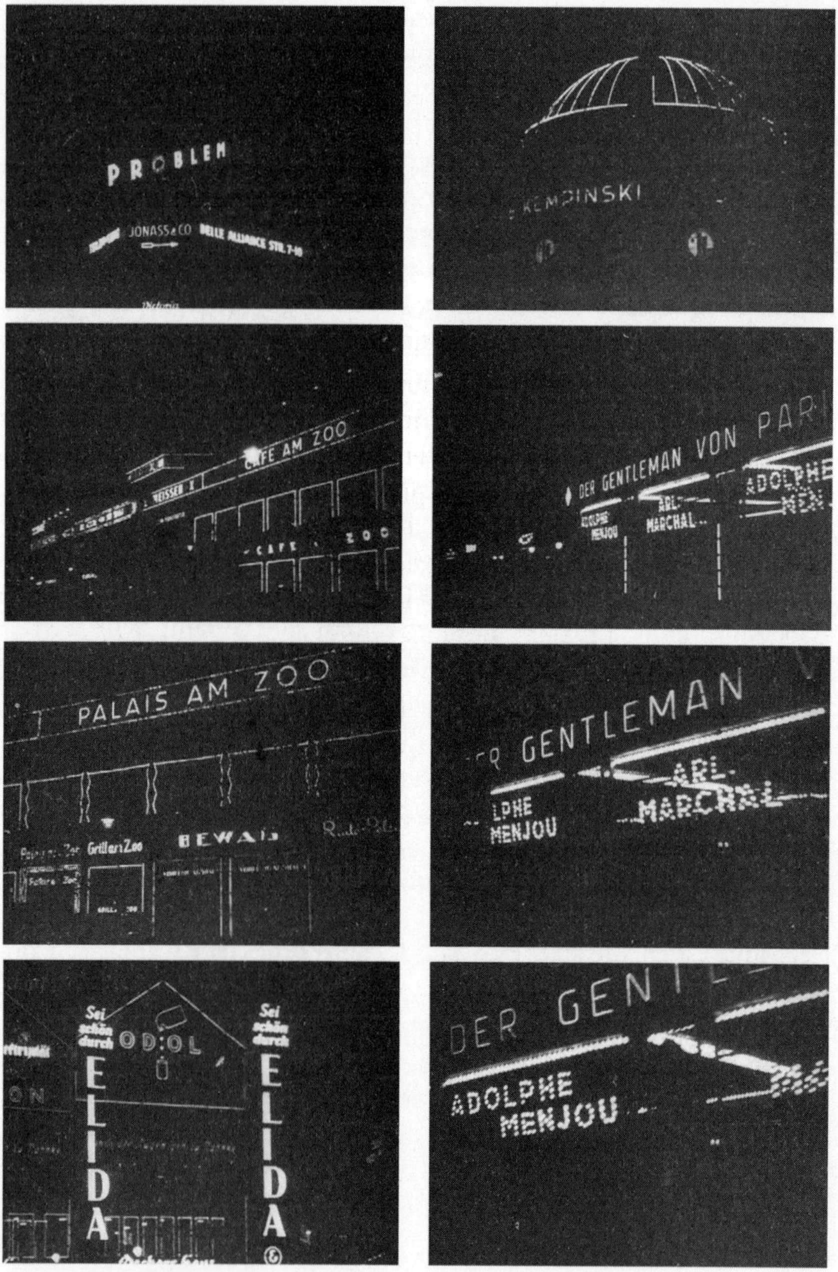

Fig. 15. Le nouveau paysage vespéral de la City berlinoise.

Source : *Nuits électriques*, Eugen Deslaw, 1925.

À cette métamorphose des paysages visuels de la métropole s'ajoute pour finir une modification profonde de ses ambiances sonores et olfactives[117]. Alors qu'à la veille de l'explosion urbaine, les « bruits » de la grande ville demeurent pour l'essentiel des sons d'origine animale ou humaine (hennissement des chevaux, bruit des attelages sur les pavés, interpellations des marchands de rue, tintement des cloches), la métropolisation s'accompagne d'une véritable inflation de sons d'origine mécanique – ceux que produisent les chemins de fer et la motorisation du trafic. À défaut de mesures acoustiques précises, ces nouveaux sons peuvent être identifiés et nommés. Les témoignages sont innombrables, qui évoquent « le bruit des klaxons[118] », « le meuglement des cornes d'automobiles[119] » ou encore « l'éternel et crispant tintement des cloches de tramways[120] ». C'est le quartier « des cinémas qui tintent, note Eugen Diesel, [...] du carillonnement sur l'asphalte des tramways, qui, parmi le tumulte citadin, coupent avec des grincements acérés les courbes, comme des instruments à archet géant[121]. » En plein cœur de l'agglomération, le « train siffle[122] », les « autobus grondent[123] », « les moteurs [...] pétaradent[124] ». Au milieu du « vacarme du trafic circulaire[125] », le sergent de ville « met de l'ordre dans la circulation. [...] Sa trompette laisse échapper un son plaintif qui, à peine né, est déjà écrasé par le fracas des omnibus[126] ». Sur la Potsdamer Platz, « ce n'était plus la fin, mais le centre de quelque chose. Un son plaintif, jailli de la trompette d'un agent de police, commandait arrêts et démarrages, et c'était un tohu-bohu de tramways, de voitures, dont les cages thoraciques s'écrasent les unes sur les autres, un scintillement de sons, un

117. Sur la notion d'ambiance sonore et ses usages en histoire, voir : Olivier BALAŸ, « L'ambiance comme objet historique », *in* Robert BECK, Ulrike KRAMPL, Emmanuelle RETAILLAUD-BAJAC (dir.), *Les Cinq Sens de la ville, du Moyen Âge à nos jours*, PUFR, Tours, 2013, p. 29-51 ; Emily THOMPSON, *The Soundscape of Modernity. Architectural Acoustics and the Culture of Listening in America 1900-1933*, MIT Press, Cambridge, 2004.

118. Franz HESSEL, *Promenades dans Berlin*, *op. cit.*, p. 163.

119. Charles HUARD, *Berlin comme je l'ai vu*, *op. cit.*, p. 22-23.

120. *Ibid.*

121. Eugen DIESEL, *Secrets de l'Allemagne*, *op. cit.*, p. 110-111.

122. Henri BÉRAUD, *Ce que j'ai vu à Berlin*, *op. cit.*, p. 29.

123. *Ibid.*

124. Eugen DIESEL, *Secrets de l'Allemagne*, *op. cit.*, p. 80.

125. Franz HESSEL, *Promenades dans Berlin*, *op. cit.*, p. 154.

126. Joseph ROTH, « Pluie » [*Berliner Börsen-Courier*, 10 janvier 1922], *in* Joseph ROTH, *Automne à Berlin*, *op. cit.*, p. 101.

bariolage de bruits, de mugissements et de grondements, et de cris rouges, jaunes, violets... [127] ». Envisagée comme un environnement sonore, la très grande ville apparaît moins comme une symphonie que comme une cacophonie. Par contraste avec le « vacarme » des grandes places et des artères commerçantes, le calme des autres rues frappe les promeneurs : « Les bruits de la ville se font doux et recueillis, ils ôtent leurs chaussures et entrent en chaussettes dans l'étroite et merveilleuse ruelle "Am Krögel" comme des croyants dans la mosquée [128]. »

Si l'environnement métropolitain est plus bruyant, il paraît à l'inverse moins malodorant. « Le paysage a des senteurs nouvelles, observe Eugen Diesel au début des années 1930. Dans la capitale du Reich, nous sommes baignés d'un étrange parfum, mou et fade, de houille brûlée [129]. » Ce parfum n'a semble-t-il plus rien à voir avec la puanteur qui régnait en ville l'été et dont se faisaient l'écho de nombreux voyageurs de la seconde moitié du XIXe siècle. Cette « désodorisation » doit beaucoup aux efforts considérables déployés par la municipalité berlinoise pour nettoyer les rues. Dès le début du XXe siècle, la propreté de Berlin est célébrée par les voyageurs français : « À Berlin, témoigne Jules Huret en 1909, [...] vous rencontrez, du matin au soir, des ouvriers municipaux chargés de ramasser le crottin et le papier, sans préjudice du balayage et de l'enlèvement quotidien des immondices [130]. » « C'est plaisir, ajoute Charles Huard, de voir ces armées de cantonniers occupés à de méticuleux nettoyages, à des grattages savants, à des courses éperdues après le chiffon de papier qui s'envole. Jamais le moindre détritus, la moindre immondice ne souille pour un instant les trottoirs et les chaussées impeccables, aussi bien dans les rues ouvrières du vieux Koelln que dans les avenues aristocratiques du Tiergarten Viertel ou du Charlottenburg voisins. Par comparaison, Paris est une écurie, Londres un cloaque et New York une bauge [131]. » La ville « fait pompeusement toilette confirme Marc Henry ; les arrosoirs et les balayeuses automobiles nettoient l'asphalte luisant des rues, sur lequel glisse, sans à-coups, la raclette

127. Joseph ROTH, « Le ressuscité » [*Berliner Börsen-Courier*, 4 mars 1923], *in* Joseph ROTH, *À Berlin*, *op. cit.*, p. 73-74.

128. Joseph ROTH, « Promenade du soir dans le vieux Berlin » [*Neue Berliner Zeitung – 12 Uhr Blatt*, 29 septembre 1920], *in* Joseph ROTH, *Automne à Berlin*, *op. cit.*, p. 61.

129. Eugen DIESEL, *Secrets de l'Allemagne*, *op. cit.* p. 77.

130. Charles HUARD, *Berlin comme je l'ai vu*, *op. cit.*, p. 119.

131. *Ibid.*, p. 29-30.

Fig. 16. Le nettoyage des rues et la désodorisation de l'espace urbain.

Source : *Die Stadt der Millionen. Ein Lebensbild Berlins,* Adolf Trotz, 1925.

en caoutchouc des gamins en blouse bleue qu'emploie la municipalité. Berlin est propre à nouveau[132] ».

Comme l'indiquent les statistiques municipales, au 31 mars 1923, 3 503 hectares de voies sont nettoyés à l'eau quasi quotidiennement à l'aide de 436 « voitures arroseuses ». À cette date, le nettoyage des rues mobilise pas moins de 3 320 employés municipaux[133]. Tout comme les voitures arroseuses à moteur qui aspergent l'asphalte, ces armées de balayeurs sont systématiquement filmées dans les séquences documentaires des années 1920, participant à la nouvelle réputation de propreté de Berlin dans la première moitié du XXe siècle (Fig. 16). Cinquante ans après qu'Edwin Chadwick a déclaré que Berlin était « la ville la plus pestilentielle d'Europe », le retournement est spectaculaire.

132. Marc Henry, *Trois Villes*, *op. cit.*, p. 272.
133. *Statistisches Taschenbuch der Stadt Berlin*, 1924, p. 106.

3

La crise berlinoise de la modernité allemande

Modifiant radicalement les équilibres du peuplement allemand, bouleversant les expériences quotidiennes de millions d'individus, la métropolisation berlinoise est vécue comme un choc en Allemagne. Un choc tel qu'il est possible de parler d'une *crise berlinoise de la modernité allemande*.

Le surpeuplement et le nomadisme résidentiel dans les casernes locatives, l'ampleur sans précédent des rassemblements collectifs et des phénomènes de foule dans les nouvelles infrastructures de loisir, l'allongement des temps de parcours et l'extrême promiscuité des *Pendler* dans les transports publics aux heures de pointe, la multiplication dramatique des accidents et la mécanisation des risques auxquels s'exposent les piétons dans les rues de la City, l'accélération des rythmes de vie et les formes inédites de pression temporelle que ressentent les ouvriers et les employés lorsqu'ils se rendent au travail, ou encore le vertige éprouvé par les migrants ruraux face à l'extraordinaire intensité lumineuse des grandes places berlinoises la nuit : toutes ces dimensions constitutives de l'expérience de la très grande ville précipitent la prise de conscience qu'un monde radicalement nouveau vient de naître.

Des années 1890 aux années 1930 – soit pendant près de quarante ans –, la métropolisation suscite ainsi une intense polémique intellectuelle, dans un débat souvent très polarisé sur les enjeux de la modernisation et de la modernité. Inséparable d'une interrogation plus générale sur l'avenir de l'Allemagne et des Allemands, cette polémique a d'emblée une forte dimension prospective : l'avenir de l'Allemagne peut-il – doit-il – être métropolitain ?

Posée pour la première fois avec une certaine acuité à la toute fin du XIXe siècle, la question est toujours d'actualité quarante ans plus tard, quand l'Allemagne est frappée de plein fouet par la crise économique mondiale. En dépit du très net ralentissement de la croissance urbaine, la crainte demeure en effet très vive que les plus grandes villes continuent à se multiplier et à croître. Oswald Spengler – ce maître à penser réactionnaire de toute une génération – ne l'avait-il pas prophétisé dans le *Déclin de l'Occident* ? « Les villes mondiales de la civilisation européo-américaine, annonçait-il en 1922, sont loin d'avoir atteint le sommet de leur évolution. Je vois venir le temps où – après 2000 – on construira des cités urbaines pour dix ou vingt millions d'âmes, distribuées sur d'immenses paysages [1]. » « Les édiles, confirme l'essayiste Eugen Diesel en 1931, prédisent que Berlin, dans cinquante ans, sera la capitale de l'Europe centrale, et aura dix millions d'habitants [2]. » Faudrait-il pour autant s'y résigner ? Amorçant un cycle brutal de décroissance, la Grande Dépression n'est-elle pas l'occasion rêvée pour revenir en arrière et opérer un « retour à un État agraire [3] » ? Dans un ouvrage éponyme retentissant, Friedrich Burgdörfer – alors directeur du « département de statistique de la population, de l'entreprise, de l'agriculture et de la culture » et à ce titre chargé d'organiser le grand recensement de 1933 – tente de répondre, chiffres à l'appui. Selon le démographe, l'agriculture n'offrira pas d'emplois à tous les Allemands, mais un rééquilibrage entre population urbaine et population rurale est possible, et même nécessaire.

Qu'une telle hypothèse ait pu être discutée plus de vingt ans après l'essoufflement de la croissance urbaine montre à quel point un *doute* subsiste alors en Allemagne, quant à la « viabilité [4] » à plus ou moins long terme des plus grandes villes. L'on aurait tort de ne pas prendre ce doute au sérieux. Même s'ils se trompent souvent, ceux qui l'expriment mobilisent quantité d'expertises à caractère

---

1. Oswald SPENGLER, *Le Déclin de l'Occident*, *op. cit.*, p. 94.
2. Eugen DIESEL, *Secrets de l'Allemagne*, *op. cit.*, p. 157.
3. Friedrich BURGDÖRFER, *Zurück zum Agrarstaat ? Bevölkerungsdynamische Grundlinien künftiger deutscher Agrar-, Siedlungs-, Wohnungs-, und Wirtschaftspolitik*, deuxième édition, Wowinckel, Berlin-Grünewald, 1935.
4. Carl BALLOD, *Die Lebensfähihkeit der städtischen und ländlichen Bevölkerung*, 1897.

scientifique ou pseudo-scientifique pour défendre leur point de vue. Et ils ne manquent pas d'arguments à faire valoir dans le débat public.

Berlin, une ville étrangère à la « terre des Allemands » ?

La croissance explosive de Berlin manifesterait d'abord, par son gigantisme même, une érosion du « paysage culturel » allemand. En altérant aussi bien la lisibilité que la beauté des paysages, la très grande ville n'aurait pas seulement pour effet d'enlaidir le monde, mais aussi de saper les fondements des identités à la fois locales, régionales et nationales – c'est-à-dire la capacité, pour chaque Allemand, de s'enraciner, de s'identifier, de se projeter dans un avenir commun. Berlin, écrit Eugen Diesel, gît « dans la plaine basse « allemande » comme un énorme *corps étranger*[5] ».

S'appuyant sur une géographie allemande à la pointe de la conceptualisation de la notion de « paysage » et mobilisant les possibilités offertes par la photographie aérienne dans un atlas intitulé *La Terre des Allemands*, Eugen Diesel s'efforce en effet de comprendre l'Allemagne « par le grand drame qui s'exprime dans la métamorphose de son paysage[6] ». Si « le visage d'une nation, écrit-il, est la curieuse résultante de toutes les actions et réactions qui mettent aux prises un terroir et sur ce terroir, les individus ou les peuples[7] », ce visage n'est pas figé dans la tradition : « toile de fond du devenir », son « paysage en évolution »[8] est moins une juxtaposition qu'une sédimentation dont il faudrait, à la manière d'un géologue, identifier les couches à la fois superposées ou imbriquées en étudiant leur forme, leur composition, leur structure, tel un *palimpseste*. Sa première strate est formée par le « paysage naturel », c'est-à-dire le milieu naturel et ses « grandes formes » : le domaine de « la grande plaine » avec ses forêts, landes et tourbières, le domaine de la « moyenne montagne » avec ses nombreux massifs, le « domaine alpin avec son piémont ».

5. Eugen Diesel, *Secrets de l'Allemagne. op. cit.*, p. 157 (c'est nous qui soulignons).
6. Eugen Diesel, *Das Land der Deutschen*, *op. cit.*, p. 5, cité et traduit par Olivier Lugon, *La photographie en Allemagne. Anthologie de textes (1919-1939)*, Jacqueline Chambon, Nîmes, 1997, p. 131.
7. *Ibid.*, p. 79.
8. Eugen Diesel, *Secrets de l'Allemagne. op. cit.*, p. 63.

C'est cette « multiplicité ternaire[9] » allemande qui constitue le socle du « paysage culturel », c'est-à-dire du « paysage naturel » tel qu'il a été transformé par la culture, remodelé par l'agriculture et l'élevage, quadrillé par le réseau des chemins, jalonné par les noyaux de peuplement – villages, d'abord, villes ensuite. Des noyaux de peuplement dont l'implantation, dont la forme même épouse le milieu : « Ainsi vivent les petites villes, semées sur la plaine, serrées dans le vallon, ramassées au bord d'un plateau, d'une rive de fleuve, d'un golfe sur la mer, d'un estuaire, et lançant dans l'espace leur haute tour[10]. »

Or la métropolisation a brutalement rompu avec ce patient remodelage, donnant naissance à un « paysage du machinisme » qui « ne peut être comparé avec aucun état des âges précédents »[11]. Une image illustre cette rupture : une vue aérienne oblique de la zone industrielle d'Oberschöneweide, à Berlin (Fig. 17). Réalisé par Robert Petschow depuis un ballon, le cliché illustre non seulement le gigantisme métropolitain (à elle seule, la zone industrielle « est aussi peuplée que la plus grande ville allemande du Moyen Âge, Cologne[12] »), mais aussi « la possibilité moderne de rassembler des forces productives[13] ». « Qu'est-ce qui s'est passé ? se demande Diesel. Pourquoi le monde a-t-il soudain pris ce visage[14] ? »

Deux processus fondamentaux sont à l'œuvre, répond l'essayiste : le développement d'« énergies artificielles » et le « règne de l'organisation »[15]. Les grandes villes, auxquelles Diesel consacre les toutes dernières pages de son album, sont le produit de ces forces. Elles en concentrent toutes les caractéristiques : « La nouvelle grande ville est aussi la preuve de la capacité des peuples modernes à nourrir et à maîtriser de telles masses de personnes dans un espace restreint, grâce aux machines de transport, au stockage et à la conservation des denrées alimentaires, à l'organisation, à l'hygiène, à la police et à la construction[16]. »

Lorsqu'il s'agit de les décrire, photos à l'appui, Diesel part à la recherche de formes urbaines reconnaissables. Au cœur des agglomérations

9. *Ibid.*, p. 33.
10. *Ibid.*, p. 98.
11. *Ibid.*, p. 159.
12. *Ibid.*
13. *Ibid.*
14. *Ibid.*, p. 160.
15. *Ibid.*
16. *Ibid.*, p. 249.

Fig. 17. Les industries géantes de Berlin.

Source : Eugen Diesel, *Das Land der Deutschen*, Volksausagbe, Bibliographisches Institut, Leipzig, 1933, p. 172.

modernes, la vieille ville conserve la trace de son passé médiéval : « Un air de Moyen Âge plane encore sur la vieille ville. Les cloches de la cathédrale résonnent depuis des siècles au-dessus des maisons à pignon, entre les ruelles étroites et tortueuses, et même les nouvelles rues ont dû tenir compte du plan existant. Les maisons bourgeoises, les hôtels de ville, les châteaux, les vieilles fontaines sont encore des éléments inviolés de notre ville natale[17]. » Mais, ajoute Diesel, certains quartiers anciens ont été purement et simplement démolis, et de nombreuses rues élargies afin de permettre la circulation des tramways et des automobiles. Viennent ensuite les quartiers d'extension de l'époque moderne et, surtout, les quartiers d'extension situés au-delà des anciens remparts. C'est là qu'apparaissent de toutes nouvelles « formes urbaines[18] » : installations ferroviaires, faisceaux de rails, usines, aires de stockage, bâtiments administratifs, quartiers d'habitation pour les classes moyennes et les prolétaires. Ces formes

17. *Ibid.*, p. 250.
18. *Ibid.*, p. 253.

nouvelles, explique Diesel, composent des villes beaucoup plus grandes et peuplées que les vieux noyaux urbains, des villes « d'une autre structure[19] ».

Aux yeux du *Kulturkritiker*, cette métamorphose brutale des paysages urbanisés n'entraîne cependant pas une disparition complète du « paysage culturel » : « On pourrait croire que toutes les villes sont condamnées à perdre leur atmosphère et leur âme à cause de cette évolution. Mais les multiples éléments de l'industrie, de la machine, du trafic, de la masse, confèrent à une ville donnée, dans son paysage et sa situation politico-économique, quelque chose de très particulier. [...] Malgré ce déplacement massif de population, malgré le chemin de fer, l'asphalte, la voiture, l'usine, la force du paysage est restée miraculeusement vivante, et elle exerce sa domination même sur la ville de l'époque des machines. [...] Pour chacun d'entre nous, toutes ces villes se trouvent à quelques heures de marche, [...] toutes chargées de problèmes, de possibilités, de forces, toutes ensemble à la recherche ardente des formes de vie de l'avenir[20]. »

Pour ceux qui, en Allemagne, s'inquiètent malgré tout de l'enlaidissement du monde provoqué par la modernisation, cet effacement du « paysage culturel » est bien une annihilation de la spécificité des lieux et, avec elle, des identités – qu'elles soient nationales, régionales ou locales. Ville *sui generis*, Berlin leur apparaît comme uniformisée, indifférenciée : les mêmes formes architecturales, les mêmes espaces – pareils à celles et ceux que l'on observe dans les très grandes villes d'Amérique ou d'Europe – y prennent place, à défaut d'y *faire lieu*. « Les villes modernes, observe Oswald Spengler, prennent dans toutes les civilisations un cachet toujours plus uniforme. Allez où vous voudrez, vous rencontrerez toujours Berlin, Londres, New York[21]. » « Si l'on veut savoir à quoi ressemble cette nouvelle ville, renchérit Alfred Döblin dans la préface à l'album que le photographe Mario von Bucovic consacre à Berlin en 1928, il suffit d'arpenter une seule de ses rues à l'ouest, au nord ou au sud, il suffit de photographier une seule rue ; Berlin facilite la tâche du photographe : 95 pour cent des autres rues sont exactement les mêmes[22]. »

19. *Ibid.*
20. *Ibid.*, p. 254.
21. Oswald SPENGLER, *Le Déclin de l'Occident*, *op. cit.*, tome II, p. 101.
22. Alfred DÖBLIN, *in* Mario von BUCOVIC, *Berlin 1928*, *op. cit.*, p. 6.

Indifférenciée, Berlin est également indifférente à la nature, avec laquelle elle n'entretient plus aucun lien : « Le jour, observe Spengler, la rue s'anime de couleurs et de sons bizarres ; la nuit, une lumière nouvelle éclipse celle de la lune. Et le paysan perplexe reste sur le pavé, figure idiote, ne comprenant rien, incompris de tous, idoine assez pour être un personnage de comédie et pour approvisionner de pain cette cité mondiale[23]. » Alors que « le paysage confirme la campagne et en rehausse l'image », alors qu'« avec ses toits muets semblables à des collines, avec ses fumées vespérales, ses fontaines, ses enclos, son bétail, le village est complètement perdu, alité, dans le paysage », la silhouette de la ville « contredit les lignes de la nature. Elle nie toute nature. Elle veut s'en distinguer, la dépasser. D'abord les frontons aigus, coupoles baroques, faîtes, cimes n'ont aucune parenté dans la nature, et ils n'en veulent point ; enfin la ville mondiale géante, la ville conçue comme un monde sans autre monde à ses côtés, commence l'œuvre destructrice de l'image rurale »[24].

Berlin, une ville parasite ?

Berlin ne manifesterait pas seulement l'érosion du paysage culturel allemand : elle constituerait également une forme de peuplement en rupture avec ses équilibres écologiques. Soixante-dix ans avant Eugen Odum, qui affirme en 1971 que les villes sont des « écosystèmes parasites[25] », l'imagerie biologique de la « ville-parasite » (*Parasitopolis*) envahit la littérature allemande consacrée à l'urbanisation. Dans les années 1920, il s'agit d'un lieu commun qu'Oswald Spengler a largement contribué à populariser : « Au lieu d'un peuple aux formes abondantes, qui a grandi dans le terroir, écrit-il, un nouveau nomade, un *parasite* habitant la grande ville [...][26]. » En 1930, le terme est repris par Richard Korherr pour qualifier non le *citadin* (le Berlinois) mais la *ville* elle-même : « Berlin est le parasite du corps économique allemand[27]. »

23. Oswald SPENGLER, *Le Déclin de l'Occident*, *op. cit.*, p. 89.
24. *Ibid.*, p. 88-89.
25. Eugen ODUM, *Fundamentals of Ecology*, Saunders, Philadelphia, 1971.
26. Oswald SPENGLER, *Le Déclin de l'Occident*, *op. cit.*, p. 44 (c'est nous qui soulignons).
27. Richard KORHERR, « Berlin, die neue Weltstadt », *loc. cit.*, p. 403.

Le parasitisme de la très grande ville se mesurerait tout d'abord au poids écrasant des migrations rurales dans son dynamisme démographique. Ce n'est pas seulement sa croissance initiale qui est ici en cause. C'est aussi – et surtout – sa capacité à maintenir durablement sa population sans apports extérieurs.

Comme le souligne Spengler en 1922, « la ville géante dévore la campagne sans se rassasier, réclamant *sans cesse* de nouveaux flux humains[28] ». Si la très grande ville « réclame sans cesse de nouveaux flux humains », c'est parce qu'elle se révèle incapable de croître par elle-même. C'est ce que tentent de démontrer, depuis le tournant des années 1890, quelques-uns des meilleurs spécialistes de l'étude statistique des populations. Si « la campagne produit [...] un fort excédent de naissances[29] », tel n'est pas le cas de la très grande ville, affirme ainsi le démographe bavarois Georg Hansen – le premier à avoir proposé une analyse sociobiologique de l'urbanisation et des migrations rurales. Extrapolant à partir de données antérieures au recensement de 1890 et limitées à Munich et la Bavière d'une part, à Leipzig d'autre part, Hansen entend en effet démontrer que la ville est incapable de croître par elle-même[30] : non seulement les villes ont un excédent de naissances insuffisant, mais la proportion de citadins nés sur place – de citadins « de souche » – est trop faible.

Prenant appui sur les écrits de Georg Hansen dans deux études publiées à la toute fin du XIXe siècle, le démographe Carl Ballod confirme l'inaptitude de la population urbaine à survivre en dehors de tout apport extérieur de population. À cette date, les taux urbains de natalité, tels qu'ils sont mesurés par les offices de statistique du Reich, semblent indiquer que les villes ont comblé leur déficit démographique sur les campagnes. Mais Ballod reconnaît que les taux de natalité urbains sont artificiellement gonflés par la surreprésentation de jeunes migrants. Utilisant les tables de mortalité par âge, il calcule un taux rectifié de mortalité, puis un taux rectifié de natalité afin d'évaluer l'évolution d'une « population stationnaire » – c'est-à-dire d'une population coupée de tout apport migratoire extérieur. D'après

28. Oswald SPENGLER, *Le Déclin de l'Occident*, *op. cit.*, tome II, p. 95 (c'est nous qui soulignons).

29. Otto AMMON, *L'Ordre social et ses bases naturelles, esquisse d'une anthroposociologie*, 1900, p. 200.

30. Georg HANSEN, *Die drei Bevölkerungsstufen. Ein Versuch, die Ursachen für das Blühen und Altern der Völker nachzuweisen*, Munich, 1889.

ces extrapolations démographiques, dans les années 1880, le taux de natalité berlinois aurait chuté plus vite que le taux de mortalité, occasionnant un déficit de croissance [31].

Utilisant à son tour des taux rectifiés et des taux de morbidité, le statisticien Walter Claassen constate lui aussi la persistance du handicap urbain pour les hommes [32]. De même, comparant la croissance des plus grandes villes allemandes entre 1895 et 1900, le médecin Ludwig Bauer observe qu'avec respectivement 7,6 et 10,1 pour mille, les taux de croissance par excédent de naissances à Berlin et Charlottenbourg comptent parmi les plus faibles des villes allemandes [33]. Dans une étude parue en 1929, enfin, le médecin Viktor Grimm parvient à des conclusions similaires : « Rapporté à 1 000 femmes en âge de procréer, écrit-il, le taux de natalité des femmes berlinoises est de 33,3, celui de l'ensemble du Reich de 70,5 [34]. » Grimm juge cet écart particulièrement inquiétant : « Si Berlin ne recevait pas d'enfant, elle s'éteindrait comme Babylone, Ninive et d'autres grandes villes de l'Antiquité [...] [35]. »

Fortement dépendante des campagnes pour son dynamisme démographique, la très grande ville exercerait également une très forte pression sur son environnement naturel. La rétractation spectaculaire des espaces forestiers du Grand Berlin en témoigne, qui passent de 291 km^2 en 1860 à 160 km^2 en 1930 (Fig. 18). Érigée en cause nationale autant que locale, celle-ci suscite dès le tournant du siècle d'importantes campagnes de mobilisation [36]. La disparition ou la « mort de la forêt » apparaît en effet à beaucoup comme une atteinte à l'identité allemande elle-même. « Le peuple allemand a besoin de la forêt, écrivait Wilhelm Heinrich Riehl dans les années 1850. Que nous n'ayons plus besoin du bois pour réchauffer la surface de notre

31. Carl BALLOD, *Die Lebensfähihkeit der städtischen und ländlichen Bevölkerung*, *op. cit.*, p. 55.

32. Walter CLAASSEN, « Die Frage der Entartung der Volksmassen auf Grund verschiedenen, durch die Statistik dargebotenen Maßstäbe der Vitalität », *Archiv für Rassen- und Gesellschaftsbiologie*, 3, 1906, p. 546.

33. Ludwig BAUER, *Der Zug nach der Stadt und die Stadterweiterung. Eine Rassenhygienische Studie*, W. Kohlhammer, Stuttgart, 1904, p. 4.

34. Viktor GRIMM, « Der Kampf des Bauerntums mit der Großstadt. Eine kritische Studie in letzter Stunde », *Veröffentlichungen aus dem Gebiete der Medizinalverwaltung*, XXX. Bd., 3. Heft, Berlin, Verlagsbuchhandlung von Richard Schoetz, 1929, p. 31.

35. *Ibid.*

36. Jeffrey K. WILSON, « Environmental Protest in Wilhelmine Berlin : the Campaign to save the Grunewald », *GHI Bulletin supplement*, vol. 3, 2006, p. 9-25.

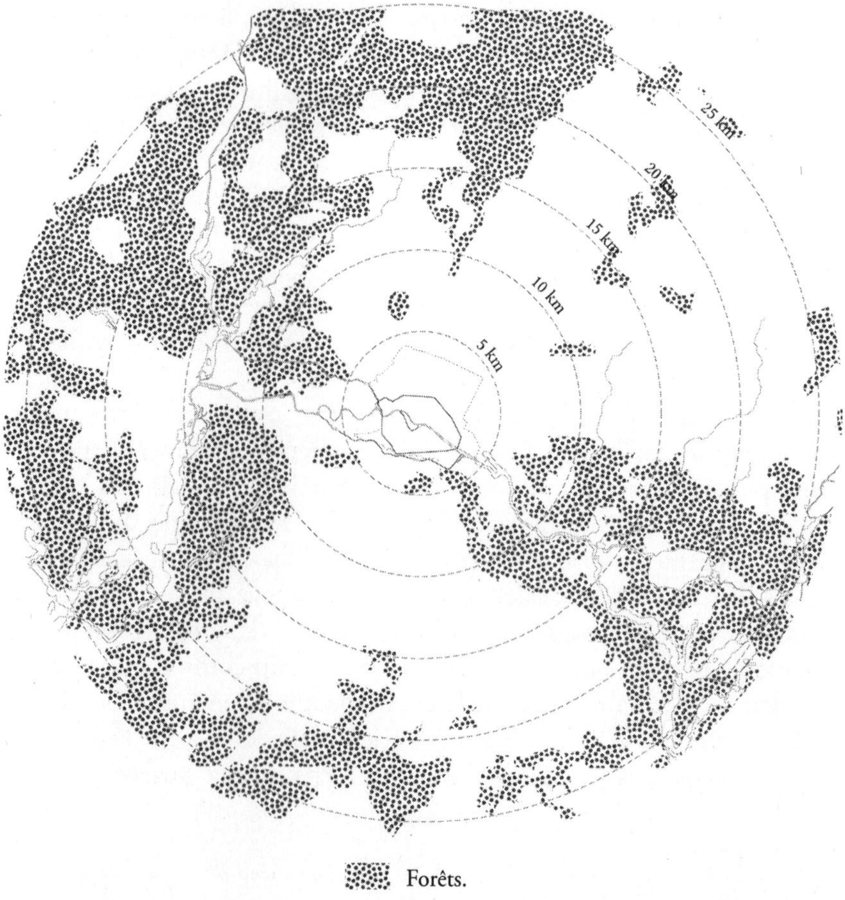

Fig. 18. Les espaces forestiers environnant Berlin en 1860.

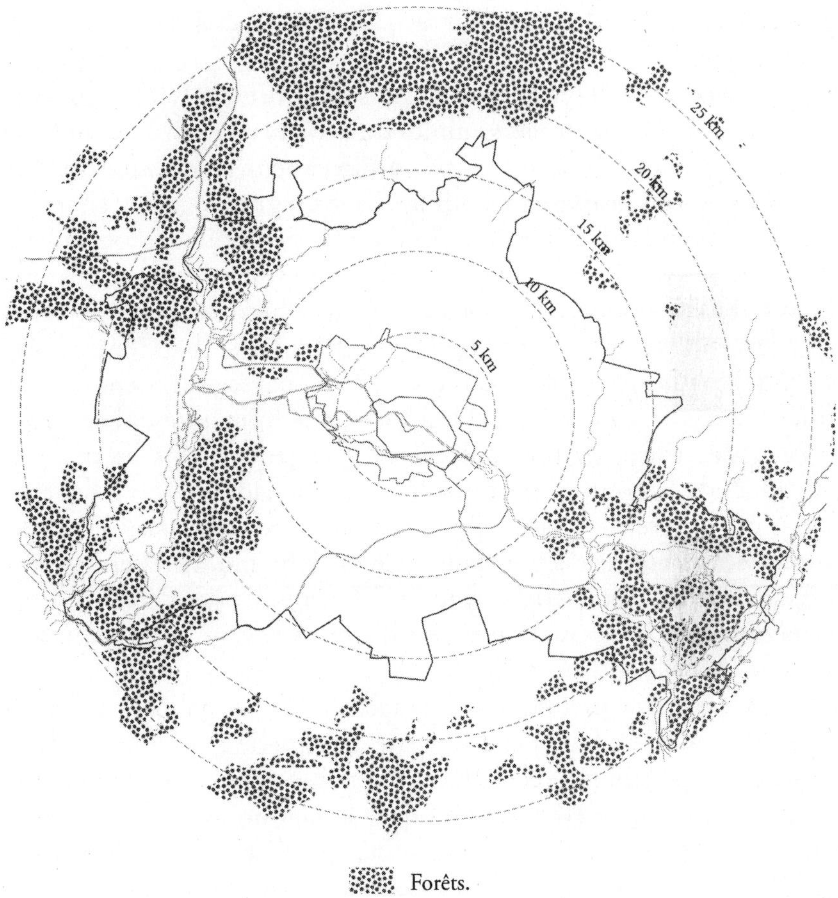

Fig. 18. Les espaces forestiers environnant Berlin en 1930.

humanité, et l'essence même de la verdure, qui réside dans la sève et les pousses, n'en sera que plus indispensable à notre être intérieur. Nous devons préserver la forêt, non pas seulement pour que notre fourneau ne refroidisse pas en hiver, mais pour que continue de battre la pulsation de la vie traditionnelle, chaude et joyeuse, et pour que l'Allemagne reste allemande[37]. » La forêt, écrit encore Eugen Diesel à la fin des années 1920, est « l'habit végétal authentique de l'Allemagne[38] ».

La mort de la forêt berlinoise ne se mesure pas seulement à la quantité d'espaces naturels victimes de la déforestation : elle renvoie aussi à leur « dénaturation », c'est-à-dire à leur soumission inédite aux usages récréatifs des citadins. La très grande ville, en effet, n'est pas seulement un espace productif, elle est une « fourmilière humaine en vacances[39] ». Les citadins manifestent un « irrésistible besoin d'excursionner, en société, à pied, en bicyclette, en caravanes d'autos, en chœurs portant l'uniforme et l'insigne[40] ». Contrepartie essentielle au « paysage mécanique », un « paysage de repos[41] » se forme, qui « accueille aujourd'hui toute une humanité qui se transforme, qui travaille, sent autrement que jadis, qui se sert de la machine, de la bourse, du commerce comme jadis de son bras. [...] La glèbe, la forêt, la prairie, prennent un autre reflet dans l'âme du commerçant bourgeois que dans celle de Schwind, de Werther, des lansquenets ou des Niebelungen. [...] Le confort des déplacements, la nervosité du temps, la maladie du modernisme y mettent leur nuance spéciale[42] ».

Cette transformation des paysages berlinois en une sorte de « nature-loisir » est favorisée par le site lacustre de Berlin, lequel offre quantité de possibilités récréatives : forêts, lacs, rivières, collines, sont autant d'espaces, en effet, où pratiquer la randonnée, la baignade, la luge. Dans les étés brûlants, observe Eugen Diesel, les lacs que forme la Havel entre Berlin et Potsdam « écument sous le grouillement des baigneurs, comme une baie sicilienne quand les pêcheurs de thons s'y ébattent. Le paysage prend on ne sait quelle nervosité devant cette

37. Wilhelm Heinrich Riehl, *Naturgeschichte des Deutschen Volkes*, J.-G. Gotta, Stuttgart, 1852.

38. Eugen Diesel, *Secrets de l'Allemagne*, *op. cit.*, p. 54.

39. *Ibid.*, p. 79.

40. *Ibid.*

41. *Ibid.*, p. 78.

42. *Ibid.*

détente énervée du bureaucrate[43] ». Dans une séquence consacrée aux loisirs du dimanche, le cinéaste Adolf Trotz souligne avec ironie cette transformation des paysages de la périphérie berlinoise en nature-loisir (Fig. 19) : la plage de Wannsee est un « ersatz de l'Ostsee », et les jardins familiaux donnent aux ouvriers « l'illusion d'être à la campagne ». « Pourtant, écrit Joseph Roth, là où finit la ville et où, ai-je entendu dire, commence la nature, ce n'est pas celle-ci que l'on trouve, mais la nature en tant que recueil de morceaux choisis. [...] On trouve à sa place, s'étendant à la périphérie des villes, la nature-concept, le concept de nature [...]. » Une nature, ajoute-t-il, qui « s'est vu attribuer une fin », qui « existe pour notre divertissement » : « des forêts où l'on peut faire un somme, des lacs pour canoter, des prés pour se rôtir, des couchers de soleil pour le ravissement des yeux, des montagnes pour le tourisme et des beautés pour le voyageur étranger ». Bref, une nature qui « est entrée dans le Baedecker »[44].

Cette nature galvaudée est une nature polluée, salie par les modes de vie métropolitains : « Ce rythme de week-ends est, pour la campagne des Marches, ce [que sont] pour la mer le flux et le reflux. Il déferle sur tous les alentours de Berlin, très loin. Des nuées d'humains galvaudent là dans tous les sens, de Glindow et de ses "Alpes" de sable, jusqu'à la "Suisse" des Marches : et laissent derrière eux des couches géologiques de papiers gras, de peaux de saucissons, et de flaques de cambouis échappées aux machines[45]. » Le paysage mécanique, poursuit Eugen Diesel, « a son influence sur le climat. Il tombe par jour sur Berlin vingt mille quintaux, cinquante gros wagons de cendres. Les automobiles lâchent journellement cent cinquante millions de mètres cubes de gaz. Tout cela tamise la lumière du soleil, l'air s'emplit de toute la poussière minérale que les roues arrachent au sol[46] ». Les Berlinois eux-mêmes perçoivent bien que certaines formations nuageuses ont une origine exclusivement anthropique, à l'image des « cumulus industriels » générés par le mélange de vapeur d'eau et de particules de charbon que photographie Robert Petschow au début des années 1930. La pollution obscurcit en effet l'air métropolitain

43. *Ibid.*, p. 80.

44. Le terme renvoie au célèbre guide de voyage inventé par Karl Baedecker dans la première moitié du XIXe siècle. Joseph ROTH, « Promenade » [Berliner Börsen-Courier, 24 mai 1921], *in* Joseph ROTH, *À Berlin*, *op. cit.*, p. 12.

45. Eugen DIESEL, *Secrets de l'Allemagne*, *op. cit.*, p. 80.

46. *Ibid.*, p. 77.

Fig. 19. La transformation du paysage lacustre berlinois en nature-loisir.

Source : *Die Stadt der Millionen. Ein Lebensbild Berlins*, Adolf Trotz, 1925.

à travers la formation de ce que l'on appelle aujourd'hui un « îlot de chaleur urbain ». Les premiers à pouvoir l'observer sont ceux qui – voyageant en Zeppelin ou en avion – voient la très grande ville du ciel : « Ici, observe Joseph Roth, la fumée [...] se voûte en une coupole grise au-dessus du pays qui l'a lui-même engendrée et l'engendre continuellement à nouveau. Le soleil qui voudrait la transpercer, elle le repousse et l'enveloppe dans d'épaisses nuées[47]. »

Berlin, une ville pathogène ?

Corps étranger à l'Allemagne et à ses paysages, ville-parasite, la très grande ville serait en outre un milieu dangereux pour la santé physique et psychique de ses habitants. De prime abord, le constat a de quoi surprendre. Conjuguées aux spectaculaires progrès de la médecine, les politiques d'assainissement n'ont-elles pas permis de ramener la morbidité urbaine à un niveau inférieur à celle des campagnes dès le tournant du siècle ? À la grande Exposition internationale de Dresde de 1903, les hygiénistes allemands n'ont-ils pas annoncé avec fierté – chiffres à l'appui – la fin de la surmortalité urbaine[48] ? Un doute subsiste pourtant sur l'impact sanitaire *réel* de la métropolisation.

Du point de vue de la mortalité, la situation de départ est il est vrai catastrophique. Dans la première phase de l'explosion urbaine, Berlin subit gravement les effets de la pression démographique et de la surdensité. Ajoutée à l'entassement croissant des migrants et aux premières pollutions industrielles, l'omniprésence persistante des immondices est ainsi à l'origine d'un « handicap urbain[49] » en matière de morbidité et de mortalité qu'aucun historien ne conteste sérieusement. Les chiffres avancés par l'historien allemand Jorg Peter Vögele

47. Joseph ROTH, « La fumée relie les villes » [*Frankfurter Zeitung*, 18 mars 1926], *in* Joseph ROTH, *Automne à Berlin*, *op. cit.*, p. 157 et p. 159.

48. Isabelle MITY, « Assainir ou sélectionner ? L'offensive eugéniste dans la réforme urbaine en Allemagne sous le Kaiserreich (1871-1914) », *in* Arnaud BAUBÉROT, Florence BOURILLON (dir.), *Urbaphobie*, *op. cit.*, p. 261-272.

49. On doit l'expression « handicap urbain » (*Urban Penalty*) à l'historien britannique Gerry KEARNS dans un article qui a fait date : « The Urban Penalty and the Population History of England », *in* Anders BRÄNDSTRÖM, Lars-Göran TEDEBRAND (dir.), *Society, Health and Population during the Demographic Transition*, Almqvist and Wiksell International, Stockholm, 1988, p. 213-236. Voir également, en français, Gerry KEARNS, « Le handicap urbain et le déclin de la mortalité en Angleterre et au Pays de Galles 1851-1900 », *Annales de Démographie Historique*, 1993, p. 75-105.

le confirment : dès la période 1856-1861, le taux de mortalité dans les villes prussiennes dépasse 28,9 pour mille ; il grimpe à 30,8 dans les années 1862-1870 – son maximum historique sur notre période – et se maintient à ce niveau très élevé jusqu'à la fin des années 1870 – en 1880, il est encore de 29,7 pour mille [50]. Aux commencements de l'explosion urbaine, la grande ville en croissance est bien une ville-mouroir, où les migrants ruraux qui affluent en masse contractent toutes sortes de maladies dont ils ne guérissent pas toujours.

Mais tout change à partir des années 1880. Plusieurs facteurs se conjuguent alors, qui font entrer Berlin dans un nouveau régime de mortalité. Le premier – analysé dans le chapitre précédent – est la mise au point d'un réseau moderne d'assainissement. Ce dernier doit beaucoup au médecin berlinois Rudolf Virchow, qui exerce une grande influence sur les édiles berlinois et soutient activement le projet mis au point par James Friedrich Hobrecht au début des années 1870. Le second tient davantage aux progrès de la médecine – Robert Koch découvre le bacille du choléra en 1884 – et à leur corollaire : l'amélioration substantielle du taux de médicalisation urbain. À Berlin, le nombre de médecins par habitants passe ainsi de 1 pour 789 en 1876 à 1 pour 151 en 1901 (contre respectivement 1 pour 3 229 et 1 pour 2 024 dans l'ensemble de la Prusse) [51]. La conjugaison de ces deux facteurs entraîne une baisse spectaculaire de la mortalité berlinoise : de 29,7 pour mille en 1880, celle-ci descend à 21,5 en 1890, 19 en 1900, 14,6 en 1910 – atteignant un niveau qui se stabilisera peu ou prou après-guerre, une fois passée la crise démographique de la Première Guerre mondiale.

Certes, ces chiffres bruts ne reflètent pas tout à fait la réalité des écarts entre très grande ville et campagne en matière de mortalité. Alimentée par un transfert massif de population jeune, la métropolisation bouleverse en effet la pyramide des âges des populations urbaine et rurale. Née sous l'afflux de migrations de travail aussi bien masculines que féminines, Berlin se caractérise ainsi par une très forte surreprésentation des classes d'âge 15-50 ans (pour les hommes) et 15-60 ans (pour les femmes). La proportion de jeunes enfants et d'hommes âgés – soit les deux catégories d'âge les plus fragiles – y est donc plus faible que dans les campagnes, ce qui biaise la comparaison.

---

50. Jorg Peter Vögele, « Différences entre ville et campagne et évolution de la mortalité en Allemagne pendant l'industrialisation », *Annales de démographie historique*, 1996, p. 249-268.

51. Isabelle Mitty, *Le Gouffre de l'espèce humaine*, *op. cit.*, p. 79.

Mais même si l'on utilise des taux de mortalité rectifiés par classes d'âge pour comparer l'évolution différentielle de la très grande ville et des campagnes, la conclusion reste la même : non seulement « le potentiel de risques traditionnellement élevés [52] » que représentaient les grandes villes pour l'état de santé de leurs habitants s'efface, mais les grandes villes – Berlin en tête – sont désormais « à la pointe du progrès en matière de faible mortalité [53] ». Seul bémol : la surmortalité urbaine des nourrissons. À Berlin, le taux de mortalité infantile demeure non seulement très supérieur à celui des campagnes prussiennes, mais aussi à ceux des deux autres très grandes villes que compte alors l'Europe : Londres et Paris [54].

Spectaculaire, l'effacement de la surmortalité urbaine ne suffit cependant pas à désarmer la critique. La disparition apparente du handicap urbain s'accompagne il est vrai d'une toute nouvelle « distribution des causes de décès », et celle-ci inquiète de nombreux médecins. Même si la statistique sanitaire du début du XXe siècle utilise une nosologie différente de la nosologie moderne et ne se stabilise que lentement [55], cette nouvelle « étiologie urbaine » peut être appréhendée avec une relative précision.

Un rapide tableau vers la fin des années 1870 – moment où le « handicap urbain » est sans doute le plus prononcé – montre que les maladies digestives (troubles gastro-intestinaux, dysenterie, typhus) figurent encore au premier rang des causes de décès, suivies de près par les maladies respiratoires (tuberculose en tête). Quarante ans plus tard, le tableau est radicalement différent : la diminution de la surmortalité urbaine s'accompagne (et s'explique) en effet d'une (et par) une baisse significative de la surmortalité pour cause de troubles gastro-intestinaux et de tuberculose – même si cette dernière continue de jouer un rôle de premier plan dans la mortalité infantile urbaine. Berlin entre en effet dans l'ère des affections respiratoires (tuberculose,

52. Jörg Peter VÖGELE, « Différences entre ville et campagne et évolution de la mortalité en Allemagne pendant l'industrialisation », *loc. cit.*, p. 261.

53. *Ibid.*, p. 262.

54. En 1880, Berlin se démarque avec un taux de 313 pour mille contre 184 pour Paris et 158 pour Londres. En 1909, Berlin a refait une partie de son retard – mais une partie seulement : 146 pour mille contre 102 à Londres et 94 à Paris.

55. Jusqu'en 1922, les *Städtestatistiker* berlinois n'identifient qu'une dizaine de causes de décès. Les tableaux statistiques s'affinent ensuite et aboutissent à la mise en place, à partir de 1932, d'une classification distinguant pas moins de 18 types et 84 causes de décès chez les Berlinois.

phtisie pulmonaire) et des maladies dégénératives (cancer), soit autant de pathologies qui, aux dires de nombreux médecins, sont plus ou moins directement liées aux modes de vie métropolitains – comme si, aux traditionnelles causes physiques de la surmortalité urbaine, s'étaient substituées des causes plus « culturelles ».

Avec un taux de mortalité de 7,63 pour mille en ville contre 2,93 dans les campagnes en 1900 [56], les « maladies du cœur » constituent, aux yeux du médecin Viktor Grimm, un premier exemple frappant : « Comment cela s'explique-t-il ? » se demande-t-il. « Certainement pas par le surmenage physique du muscle cardiaque ; car dans les pays cultivés et surtout dans les grandes villes, grâce aux machines dans les usines et dans les foyers, et grâce à des transports bon marché, le travail physique est réduit au minimum, même pour la grande majorité des classes sociales défavorisées [57]. » Mais par des causes nerveuses, c'est-à-dire psycho-physiologiques : « La mer d'asphalte de la grande ville, avec son environnement triste et contre-nature pour la vie organique, ne peut que conduire à la dépression. [...] Que tout cela conduise à des maladies cardiaques est désormais admis par la science médicale [58]. » Grimm remarque également une corrélation stable entre risque de cancer et lieu d'habitation : « Il est frappant de constater que le cancer, tout comme n'importe quelle maladie "culturelle", augmente avec la taille des lieux de résidence [...] [59]. » Chiffres à l'appui, il relève ainsi que « la plus ou moins grande densité de population a une influence sur la fréquence des décès par cancer [60] ». Même constat pour la surmortalité liée au diabète : « La mortalité due à cette maladie est nettement plus élevée en ville qu'à la campagne [61]. » Comme l'indiquent de manière suggestive les courbes qu'il reproduit, entre ville et campagne, l'écart de mortalité pour cause de diabète va du simple au double.

L'attention se porte également sur la surmortalité berlinoise des nourrissons, que de nombreux médecins mettent en relation avec l'affaiblissement de l'allaitement maternel. Celui-ci en effet n'est pas toujours possible en ville en raison du taux d'activité élevé des femmes. Au lait maternel se substituent sans doute pain noir, bouillie de farine et lait

---

56. Viktor Grimm, « Der Kampf des Bauerntums mit der Großstadt. Eine kritische Studie in letzter Stunde », *loc. cit.*, p. 59.
57. *Ibid.*, p. 60.
58. *Ibid.*, p. 61.
59. *Ibid.*, p. 63.
60. *Ibid.*, p. 64.
61. *Ibid.*

animal, mais en l'absence de procédé de conservation efficace du lait de provenance animale, la consommation de lait tourné reste fréquente. Occasionnant de graves troubles digestifs, elle serait à elle seule responsable d'un tiers des décès des nourrissons[62]. De même, comme le confirment les données du *Statistisches Jahrbuch der Stadt Berlin*, la tuberculose – qui frappe prioritairement les enfants des *Mietskasernen* – demeure au premier rang des causes de mortalité à Berlin entre 1861 et 1913 : avec entre 1 939 et 4 472 décès par an entre ces deux dates, elle domine nettement d'autres maladies telles que la diphtérie (entre 9 et 1 816 décès par an), la dysentrie (entre 1 et 305) ou encore la rougeole (entre 40 et 420)[63]. Certes, l'identification du germe responsable de la tuberculose par Robert Koch en 1884 a fait progresser la connaissance de la maladie, mais sa thérapie ne s'est guère renouvelée : les médecins continuent de préconiser la cure d'air, le repos, l'exercice physique ainsi qu'une alimentation adaptée, soit autant de conditions que les malades ne peuvent plus trouver dans les grandes villes à l'air pollué, au climat agité et bruyant et à l'alimentation jugée de plus en plus artificielle.

Plus vulnérables, les Berlinois le seraient également en raison d'un environnement jugé menaçant pour leur santé mentale. La métropolisation, en effet, ne met pas seulement en jeu la santé physique de ses habitants : elle conditionne aussi leur équilibre psychique. Le film *Wege zur Kraft und Schönheit* réalisé en 1925 par Nicholas Kaufmann et Wilhelm Prage en témoigne bien, qui s'ouvre sur une courte séquence mettant en scène l'épuisement d'une jeune employée travaillant dans une grande ville allemande (Fig. 20)[64] : l'expérience de la très grande ville serait à l'origine d'un type de fatigue spécifiquement urbain, la « neurasthénie de la grande ville », une catégorie qui fait florès dans le débat public allemand.

---

62. Sur ce point, voir Jörg Peter VÖGELE, Wolfgang WOELK, Silke FEHLEMANN, « Decline of the Urban Penalty: Milk Supply and Infant Welfare Centres in Germany 1890 to 1920 », *in* Sally SHEARD, Hellen POWER (dir.), *Body and City. Histories of Urban Public Health*, Routledge, Aldershot, 2000, p. 194-213.

63. *Statistisches Taschenbuch der Stadt Berlin*, 1924, p. 8 ; *Statistisches Jahrbuch der Reichshauptstadt Berlin*, 3. Jahrgang, 1927, p. 23 ; 7. Jahrgang, 1931, p. 21 ; 8. Jahrgang, 1932, p. 23 ; 9. Jahrgang, 1933, p. 18 ; 11. Jahrgang, 1935, p. 50 ; 13. Jahrgang, 1937, p. 24 ; 14. Jahrgang, 1938, p. 37.

64. S'inspirant des préceptes de Friedrich Ludwig Jahn, grand propagandiste allemand de la gymnastique au XIXe siècle, ce *Kulturfilm* en six chapitres promeut l'exercice physique – de préférence nu et en plein air – afin de lutter contre le développement des maladies et l'avachissement du corps des habitants des grandes villes, coupés de la nature et ayant rompu avec leurs rythmes biologiques. *Wege zur Kraft und Schönheit*, Nicholas KAUFMANN, Wilhelm PRAGE, 1925.

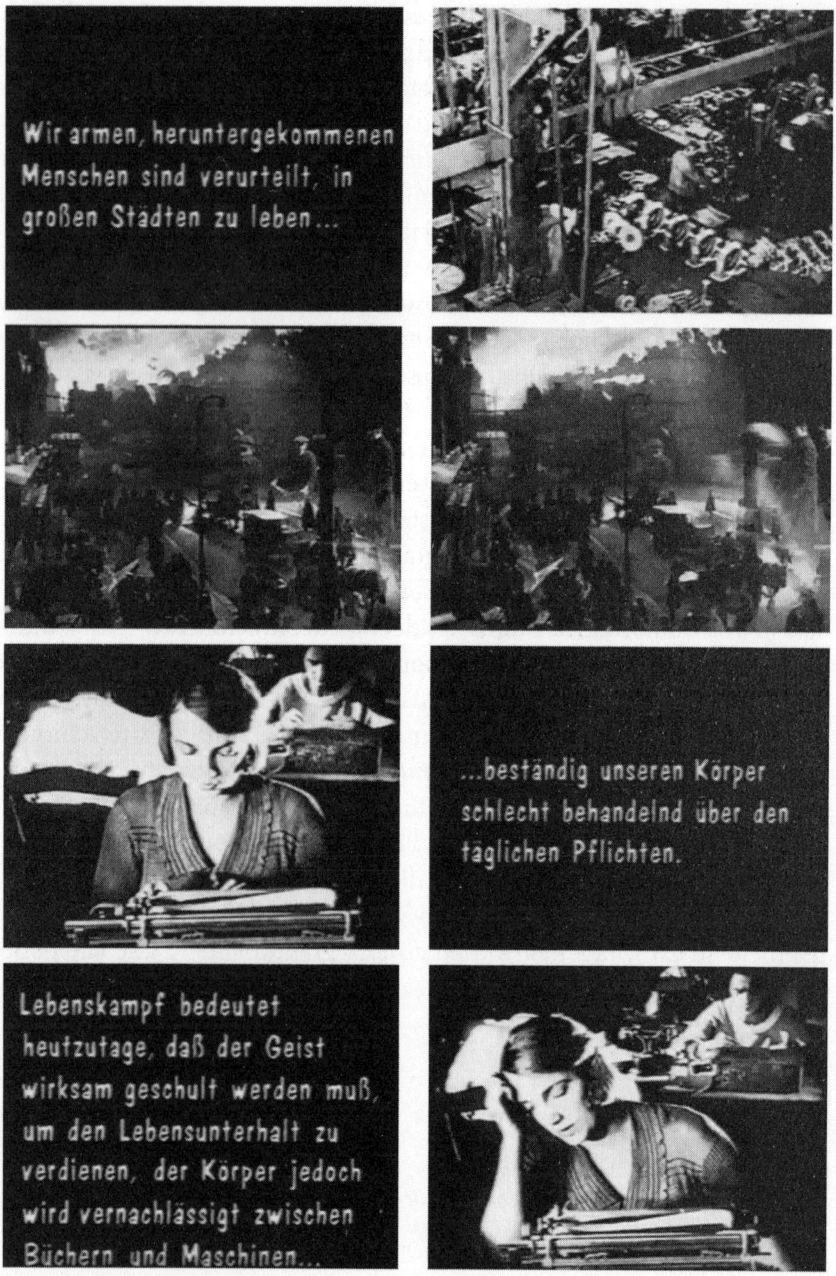

Fig. 20. La neurasthénie des employées de la très grande ville.

Source : *Wege zur Kraft und Schönheit*, Nicholas Kaufmann, Wilhelm Prage, 1925.

Le diagnostic est d'abord médical. Prolongeant les intuitions du neurologue américain George Beard, inventeur du concept[65], les neurologues et physiologistes allemands Wilhelm Erb (qui introduit le terme en Allemagne à la suite de sa rencontre avec Beard), Richard von Krafft-Ebing, Willy Hellpach, August Cramer et Karl Petren multiplient les travaux tendant à montrer que la « neurasthénie de la grande ville » est bien une maladie-rançon de la modernité métropolitaine[66]. Tandis que Willy Hellpach impute la nervosité de son temps à la diffusion du capitalisme industriel, distinguant ainsi la nervosité de l'ouvrier provoquée par la monotonie de la machine de la nervosité du bourgeois causée par les impressions kaléidoscopiques de la grande ville, August Cramer met pour sa part en avant l'effet des sons et des lumières de la grande ville sur le psychisme de ses habitants, distinguant causes endogènes et causes exogènes de la neurasthénie. L'excès de sollicitations de l'environnement métropolitain provoquerait ainsi des microtraumatismes des nerfs, responsables d'une déperdition électrique de l'énergie nerveuse, elle-même responsable de l'épuisement. Appréhendée au départ comme une maladie des élites, la neurasthénie est diagnostiquée dès le tournant du siècle chez les classes populaires : en 1902, une « épidémie de neurasthénie » frappe les opératrices de téléphone de Berlin dont l'appareil nerveux aurait été altéré par la multiplication des chocs sonores et électromagnétiques ; en 1905, à la suite d'un long débat entre médecins, elles obtiennent une prise en charge de leur pathologie dans le cadre de l'assurance invalidité du Reich[67].

D'abord cantonné aux écrits des médecins, des physiologues et des psychologues, le concept de « neurasthénie » connaît au tout début du XXe siècle une diffusion si large qu'un historien comme Joachim Radkau n'hésite pas à placer l'époque tout entière « sous le signe de

65. George M. Beard, *American Nervousness. Its Causes and Consequences*, 1881. Pour une analyse des travaux de Beard, voir Anson Rabinbach, *Le Moteur humain. L'énergie, la fatigue et les origines de la modernité*, La Fabrique, Paris, 2004.

66. Wilhelm Erb, *Über die wachsende Nervosität unserer Zeit. Akademische Rede zum Geburtstagsfeste des höchstseligen Großherzogs Karl Friedrich am 22. November 1893*, J. Hörning, Heidelberg, 1893 ; Richard von Krafft-Ebing, *Über gesunde und kranke Nerven*, Laupp, Tübingen, 1909 ; Willy Hellpach, *Nervosität und Kultur*, J. Räde, Berlin, 1902 ; Willy Hellpach, « Soziale Ursachen und Wirkungen der Nervosität », *Politisch-anthropologische Revue*, vol. 1, 1902/03 ; August Cramer, « Die Ursachen der Nervosität und ihre Bekämpfung », *Deutsche Vierteljahresschrift für öffentliche Gesundheitspflege*, vol. 41, 1909.

67. Cet épisode spectaculaire est analysé en détail par Andreas Killen, *Berlin Electropolis. Shock, Nerves, and German Modernity*, University of California Press, Berkeley, 2005.

la nervosité[68] ». Puis il gagne peu à peu d'autres disciplines, y compris dans le champ des sciences sociales naissantes. Dans une étude parue à Berlin en 1902, A. Moll montre ainsi que l'usage quotidien des transports en commun est à l'origine d'un accroissement de la tension nerveuse[69]. Le cinéma, loisir métropolitain par excellence, est lui aussi accusé de provoquer des troubles nerveux et perceptifs. Dans une étude parue en 1913, Nado Felke entend ainsi démontrer que le psychisme doit se plier à des efforts contre-nature afin de faire la synthèse d'une multitude d'images défilant à grande vitesse : l'image trépidante ne dépasse-t-elle pas les facultés oculaires humaines[70] ? À la même date, dans sa thèse de doctorat, la sociologue Emilie Altenloh établit un lien entre cinéma, modernité, nervosité et ennui. Pour cette élève d'Alfred Weber, l'ennui proviendrait d'un mode de vie saturé d'impressions sensorielles éphémères : « Le cinéma et son public, écrit-t-elle, sont des produits typiques de notre temps qui se caractérise par des activités constantes et une agitation nerveuse. Enfermés toute la journée dans leurs lieux de travail, les gens ne peuvent s'empêcher de courir se détendre. En passant devant un cinéma, ils y entrent afin de chercher, pour un court instant, une diversion et une distraction, même s'ils sont déjà préoccupés de savoir comment ils rempliront les prochaines heures[71]. » De même, dans un article consacré aux méfaits du cinéma sur les enfants, le psychologue Hugo Münsterberg évoque le risque d'une « irritation[72] » dangereuse des nerfs et des yeux chez les jeunes spectateurs. Dans sa théorie psychophysiologique du cinéma publiée en 1917, Münsterberg relève que la surstimulation sensorielle peut compromettre la santé des personnes neurasthéniques et que le contenu des images porte le germe d'une possible « infection psychique » chez les sujets impressionnables.

Avant et après-guerre, alors même que son usage médical et scientifique est de plus en plus contesté par les médecins eux-mêmes, le

68. Joachim Radkau, *Das Zeitalter der Nervosität. Deutschland zwischen Bismarck und Hitler*, Carl Hanser Verlag, Munich, 1998.

69. A. Moll, *Der Einfluß des großstädtischen Lebens und des Verkehrs auf das Nervensystem*, Fischer, Berlin, 1902.

70. Nado Felke, « Die Gesundheitsschädlichkeit des Kinos », *Die Umschau*, vol. 17, n° 3, 1913.

71. Emilie Altenloh, *Zur Soziologie des Kinos*, Diederichs, Iéna, 1914, p. 56.

72. Hugo Münsterberg, « Perils to Childhood in the Movies », *Mother's Magazine*, n° 12, février 1917. Voir également Hugo Münsterberg, *The Photoplay. A Psychological Study and Other Writings*, Routledge, Londres, 2002.

concept poursuit sa « socialisation » : il n'est plus l'apanage, désormais, des spécialistes, mais gagne la sphère associative, percole avec la pédagogie et sous-tend tout le mouvement connu sous le nom de « réforme de la vie » (*Lebensreform*). Réagissant pêle-mêle aux nuisances sonores, olfactives et lumineuses de l'environnement métropolitain, aux rythmes artificiels de la vie urbaine, à la disparition de la nuit et au dérèglement du sommeil, à la pollution (réelle ou présumée) de l'air et de l'eau, ou encore à la surconsommation urbaine de viande et de lait animal, la jeunesse non conformiste rivalise en effet d'initiatives et marque sa volonté de retourner à un mode de vie plus « naturel ».

La plus grande ville du Reich s'impose alors comme l'un des foyers majeurs de la *Lebensreform*. C'est à Berlin qu'est ouverte en 1887 la première *Reformhaus* où les citadins peuvent venir se ravitailler en produits issus de l'agriculture biologique. C'est également non loin de Berlin que se rassemble le « cercle de Friedrichshagen[73] », que Bruno Wilhelmni fonde la communauté « Eden » – véritable modèle du genre – ou encore que sont créés les fameux « oiseaux migrateurs » (*Wandervögel*). Sous l'impulsion d'un éducateur (l'inspecteur de l'enseignement de la municipalité Hermann Neufert) et d'un médecin (Bernhard Berdix), l'agglomération accueille également l'une des toutes premières « écoles de la forêt » d'Europe : la *Waldschule* de Charlottenbourg, construite par l'architecte Walter Spickendorff au milieu d'une forêt de pins. En 1921, la municipalité berlinoise crée à son tour une école de plein air dans le quartier de Prenzlauerberg ainsi qu'une classe élémentaire de plein air sur le Fichteberg à Steglitz. En 1923, enfin, une école de plein air privée ouvre ses portes dans la forêt de Grünewald à l'initiative de Lotte Kaliski. Dans un contexte marqué par l'essor des politiques de prévention contre la tuberculose – une maladie qui figure au premier rang des causes de mortalité à Berlin entre 1861 et 1913 –, le traitement des enfants malades de la très grande ville prend ainsi un tour nouveau : les écoles de forêt et de plein air du grand Berlin conjuguent en effet vie et enseignement au grand air, alimentation appropriée, exercices physiques et temps de repos et de silence. Elles apparaissent aussi comme des lieux d'innovation pédagogique à travers l'introduction de la mixité filles/garçons, l'autodiscipline, l'éducation physique, l'abaissement du nombre d'élèves par classe (de 40-50 à 20-25), le raccourcissement des heures d'enseignement ou encore le développement de relations plus

73. Elsa Vonau, *La Fabrique de l'urbanisme. Les cités-jardins, entre France et Allemagne 1900-1924*, Presses Universitaires du Septentrion, Lille, p. 38-42.

personnelles entre les professeurs et les élèves. Elles se construisent donc en double rupture : avec le système scolaire traditionnel d'une part, avec la ville dense et ses pathologies (la pollution de l'air, la surdensité, le bruit) d'autre part.

Berlin, une ville stérile ?

Foisonnants, ces débats sur les pathologies de la très grande ville sont inséparables des inquiétudes que suscite, au début du XXe siècle, l'évolution démographique allemande. Si, dans un premier temps, l'accélération de la croissance démographique, en précipitant de gigantesques transferts de population des campagnes vers les plus grandes villes, a permis d'atténuer la crise du surpeuplement rural, dès les années 1910-1920, son ralentissement fait craindre le danger symétrique et opposé : celui d'un déclin démographique irrémédiable. En favorisant les comportements malthusiens, voire en modifiant les conditions biologiques de l'hérédité, la très grande ville serait ainsi non seulement responsable d'une baisse de la natalité, mais plus profondément d'une accélération de la dégénérescence du peuple allemand – un soupçon particulièrement grave dans une Allemagne traumatisée par les hécatombes de masse de la Grande Guerre.

Ce procès en stérilité de la très grande ville procède d'un premier constat : une fois passé le temps de l'explosion démographique, la métropolisation s'accompagne de la mise en place d'un nouveau régime démographique : un régime de *basse natalité* fondé sur ce que le démographe berlinois Felix Aaron Theilhaber nomme le « modèle de la famille avec deux enfants » (*Zweikindersystem*).

Majeure, cette évolution ne s'explique pas, de prime abord, par les modifications de la structure démographique berlinoise au tournant du siècle. Certes, alors qu'une certaine surreprésentation masculine dominait en ville jusqu'aux années 1880, à partir de la fin du siècle, « on commence à observer une plus forte représentation des femmes » dans la population berlinoise. De 51,3 % en 1861, la part de la population masculine tombe en effet à 48 % en 1910, tandis que, symétriquement, la part de la population féminine passe de 48,7 à 52 % [74]. La Grande Guerre aggrave assez logiquement ce déséquilibre,

74. Isabelle MITY, *Le Gouffre de l'espèce humaine*, *op. cit.*, p. 114.

la part des femmes dans la population du Grand Berlin dépassant 54 % en 1925 (2 175 306 sur 4 024 165 habitants, dont 241 917 veuves représentant à elles seules 11,1 % de la population féminine de Berlin !) [75]. Mais ce déséquilibre hommes/femmes n'a rien d'excessif[76] et ne constitue donc pas, tout au moins avant-guerre, un « frein significatif à la formation des couples et à la procréation [77] ». À ce déséquilibre relatif de la structure par sexes s'oppose de surcroît la très forte surreprésentation de personnes en âge de procréer. De 67,3 % en 1858, la proportion des 14-60 ans dans la population berlinoise grimpe en effet à 71,1 % en 1913, soit 10 à 15 points de plus que dans le reste de la Prusse [78]. Les éditions successives du *Statistisches Jahrbuch der Stadt Berlin* indiquent qu'au sortir de la Première Guerre mondiale, la tendance se confirme, la proportion des 14-60 ans dans la population totale du Grand Berlin passant de 73,3 % en 1919 [79] à 75,4 % en 1925 [80]. En dépit de cette « structure par âges extrêmement favorable à la conclusion de mariages [81] », la proportion de célibataires demeure très élevée avant et après la Grande Guerre : culminant à 65 % en 1861, elle atteint encore 51,7 % en 1910 – une proportion qui reste très haute, caractéristique d'une population de migrants ruraux, à la fois plus jeune et plus mobile, et dont le renouvellement est pour ainsi dire constant. Au sortir de la guerre et à la veille de la grande annexion de 1920, la part des célibataires dans la population de Berlin est encore de 50 % (contre 41,9 % de mariés, 8 % de veufs et 1 % de divorcés) – soit une personne sur deux [82]. La tendance est néanmoins continuellement à la baisse : en 1925, la proportion de célibataires dans le Grand Berlin n'est plus que de 45,1 % (contre 46,1 % de mariés, 7,2 % de veufs et 1,6 % de divorcés) [83]. Enfin, non seulement le taux de nuptialité de Berlin est le plus haut d'Allemagne dès la fin des années 1860 – conséquence directe de la structure par âge de la population berlinoise à cette date –, mais l'âge au mariage, au départ assez tardif, baisse sans discontinuer tout au long de la

75. *Statistisches Jahrbuch der Stadt Berlin*, 4. Jahrgang, 1928, p. 6.
76. Isabelle Mity, *Le Gouffre de l'espèce humaine*, *op. cit.*, p. 114.
77. *Ibid.*, p. 115.
78. *Ibid.*
79. *Statistisches Taschenbuch der Stadt Berlin*, 1924, p. 4.
80. *Statistisches Jahrbuch der Stadt Berlin*, 4. Jahrgang, 1928, p. 6.
81. Isabelle Mity, *Le Gouffre de l'espèce humaine*, *op. cit.*, p. 118.
82. *Statistisches Taschenbuch der Stadt Berlin*, 1924, p. 5
83. *Statistisches Jahrbuch der Stadt Berlin*, 4. Jahrgang, 1928, p. 7.

période (la proportion des hommes qui se marient entre 20 et 25 ans passe en effet de 22 % en 1875 à 28,15 % en 1910) tandis que la durée moyenne des mariages a, quant à elle, tendance à augmenter [84].

Comme le démontrent tous ces indicateurs, Berlin dispose donc, au cours de la période, d'un « haut potentiel reproducteur [85] ». Pourtant, ni la très forte proportion de personnes en âge de procréer, ni l'abaissement de l'âge au mariage, ni l'augmentation de la durée des mariages ne se traduisent par une hausse de la fécondité et de la natalité. Bien au contraire : dès la fin des années 1870, les taux de fécondité berlinois baissent, entraînant dans leur sillage les taux de natalité [86]. En dépit de variations parfois assez fortes selon les quartiers – c'est-à-dire, compte tenu des logiques de ségrégation socio-spatiale qui se mettent alors en place, selon les groupes sociaux –, la tendance est partout la même : les taux de fécondité et de natalité plongent au tournant du siècle. De 149,2 et 46,05 pour mille en moyenne dans les années 1876-1880 (contre 182,9 et 39,2 à la même date dans les campagnes prussiennes), ils tombent respectivement à 84,1 et 23,5 pour mille dans les années 1906-1910 (contre 168,7 et 35,1 dans les campagnes prussiennes) [87]. Comme le rapporte Jean Giraudoux, « la natalité de Berlin est [alors] la plus basse d'Europe [...] [88] ». La ville sur la Spree a beau être « la ville la plus peuplée » d'Allemagne, elle est aussi « celle où il y [a] le moins de naissances [89] ».

Alors qu'en 1880, on comptait encore 1,66 enfant en moyenne par mariage à Berlin, le chiffre tombe à 1,15 en 1900 [90]. Certes, les femmes ont des enfants plus tôt : alors qu'en 1880, 51,65 % des naissances légitimes interviennent avant l'âge de 30 ans, la proportion grimpe à 63,34 % en 1910 [91]. Mais « elles les ont sur des périodes plus courtes [92] ». Comme l'observe Felix Aaron Theilhaber, le nombre de troisième, quatrième et cinquième enfant diminue avec l'âge : entre 1905 et 1910, le « recul des naissances légitimes [93] » est de 61

84. Isabelle Mity, *Le Gouffre de l'espèce humaine*, *op. cit.*, p. 132.
85. *Ibid.*, p. 117.
86. *Ibid.*, p. 135.
87. *Statistisches Jahrbuch für den preußischen Staat*, 1912, p. 35-37.
88. Jean Giraudoux, *Berlin*, *op. cit.*, p. 43.
89. *Ibid.*, p. 8.
90. Isabelle Mity, *Le Gouffre de l'espèce humaine*, *op. cit.*, p. 135.
91. *Ibid.*, p. 136.
92. *Ibid.*, p. 136.
93. Felix Aaron Theilhaber, *Das sterile Berlin*, *op. cit.*, p. 99.

jusqu'à 20 ans, 1 139 jusqu'à 25 ans, 3 521 jusqu'à trente ans et 3 059 jusqu'à 40 ans. Alors qu'en 1879, pour 100 premiers nés, on compte 108 secondes naissances, 101 troisièmes, 163 quatrièmes, cinquièmes et sixièmes et 64 septièmes, en 1910, on n'en compte respectivement plus que 77, 45, 55 et 22[94]. Passé la trentaine, la tendance est bien à la limitation volontaire des naissances : le modèle de la famille avec deux enfants – le « Zweikindersystem » – triomphe dans la très grande ville.

Rapporté à l'évolution démographique allemande dans son ensemble, le phénomène est exceptionnel de précocité : Berlin a vingt ans d'avance sur les autres grandes villes allemandes, quarante sur le reste de l'Allemagne. Pour tous ceux qui se donnent alors pour tâche de comprendre et d'évaluer la soudaine accélération du changement social, la très grande ville apparaît comme un observatoire privilégié des tendances qui – pense-t-on – ne tarderont pas à toucher l'ensemble des Allemands. Or ce triomphe du « Zweikindersystem » est le résultat direct d'une baisse des taux de fécondité légitime de la population berlinoise – des taux qui chutent de plus de moitié entre la fin du XIXe et le début du XXe siècle. Comme l'écrit Viktor Grimm, il existe bien – parmi les populations des plus grandes villes – une « volonté d'infertilité ».

On doit à Richard Boeckh la première évaluation sérieuse de cette baisse de la « fécondité » berlinoise. Auteur en 1855 d'un tableau historique, géographique et statistique du district de Potsdam et de Berlin, ce spécialiste de *Staatswissenschaft* s'impose dès les années 1850 comme une figure majeure de l'étude statistique des populations[95]. La mesure de la fécondité à Berlin occupe une place de choix dans ses travaux : « Pour compléter les recherches sur les mariages (nuptialité), écrit-il dans l'Annuaire de 1886, on a aussi essayé, pour la période 1875-1880, d'établir des rapports de fécondité […][96]. » Sa méthode de calcul aboutit à un résultat pour le moins frappant : « Ces proportions […] donnent un total de 2,172103. C'est un chiffre relativement bas, étant donné qu'une population […] doit avoir un taux dépassant 2,052731 pour se renouveler. La population de Berlin ne dépasserait donc que de 6 % le seuil de la simple reproduction[97]. »

---

94. *Ibid.*, p. 58.
95. Richard Boeckh, *Ortschaftsstatistik und historisch-geographisch-statistische Übersicht des Regierungsbezirks Potsdam mit der Stadt Berlin*, 1855.
96. Richard Boeckh, « Die Fruchtbarkeit der Berliner Bevölkerung », *in* Richard Boeckh (dir.), *Statistisches Jahrbuch der stadt Berlin*, Statistik der Jahr 1884, vol. 12, 1886, p. 30.
97. *Ibid.*

Trente ans après que Richard Boeckh a rendu publiques ses premières conclusions, la baisse de la fécondité à Berlin s'est aggravée dans de telles proportions que le médecin et démographe Felix Aaron Theilhaber n'hésite pas à affirmer, en exergue de son étude de 1913, que le développement de Berlin mène tout droit à son « infertilité[98] ». Pour ce jeune médecin et démographe, en apportant la « preuve statistique de la diminution de population à Berlin », il s'agit de voir « s'il y a réellement un danger imminent que les jeunes ne soient plus en mesure de compléter la population, ou si le danger est déjà devenu une réalité »[99]. Comme le montre un premier graphique reproduit par le démographe, l'évolution comparée du nombre de « femmes en âge de procréer » d'une part, et du « nombre total de naissances à Berlin » et de « naissances légitimes » d'autre part, est diamétralement opposée (Fig. 21). Dessinées à partir d'un indice 100, les courbes adoptent des trajectoires opposées : tandis que le nombre de femmes en âge de procréer est multiplié par plus de deux entre 1875 et 1912, le nombre de naissances accuse un recul d'un tiers environ dans le même intervalle. « Nous arrivons donc à la conclusion suivante, souligne Theilhaber : dans le dernier âge de l'humanité, la population en âge de se reproduire et le nombre absolu de personnes se mariant ont doublé ; mais le nombre absolu de naissances a diminué[100]. » Pour le démographe, cette baisse est d'autant plus alarmante que, dans le même temps, les taux de fécondité des campagnes prussiennes se maintiennent à un niveau relativement stable : alors qu'entre 1880 et 1910, le taux de fécondité légitime à Berlin passe de 201 à 90,5 pour mille, il se maintient autour de 320 dans la « Prusse rurale ». « La fécondité conjugale est ainsi si faible que nous ne la retrouvons nulle part ailleurs en Europe, à l'exception de Paris. Même en France, ajoute Theilhaber, elle est une fois et demie plus importante qu'à Berlin. La fécondité de Berlin est aujourd'hui inférieure d'un tiers à celle de la campagne prussienne, et d'un quart de la sienne en 1876[101]. »

À partir de la parution de *Das sterile Berlin*, l'hypothèse de l'infertilité métropolitaine s'impose dans le débat public comme une sorte de *topos* à la fois scientifique et idéologique. « Le déclin des naissances, affirme en 1913 le publiciste antisémite Reinhold Wulle, est une

98. Felix Aaron THEILHABER, *Das sterile Berlin*, *op. cit.*, p. 8.
99. *Ibid.*, p. 44.
100. *Ibid.*, p. 52.
101. *Ibid.*, p. 57-58.

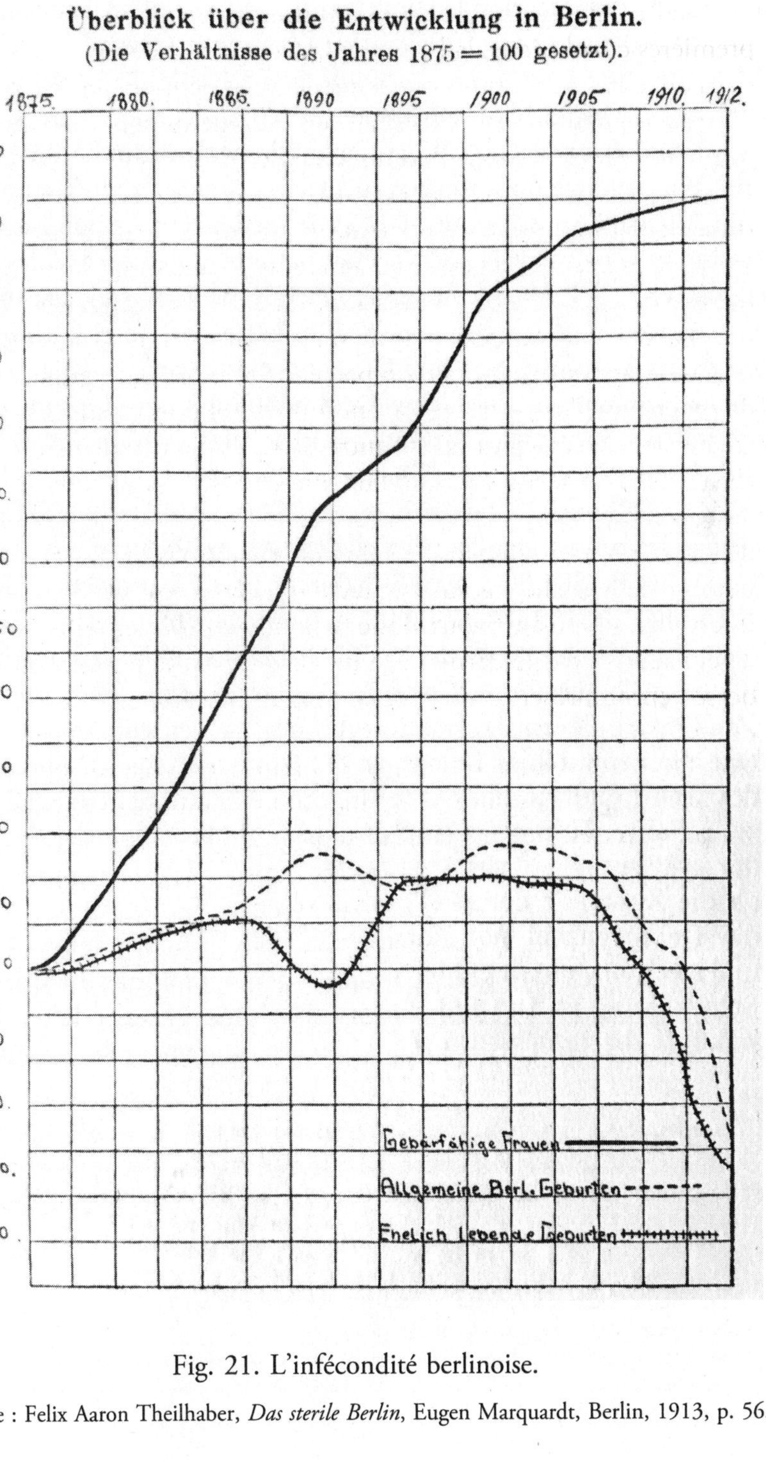

Fig. 21. L'infécondité berlinoise.

Source : Felix Aaron Theilhaber, *Das sterile Berlin*, Eugen Marquardt, Berlin, 1913, p. 56.

conséquence du développement des grandes villes en Allemagne [102]. » « Et de ce déracinement croissant de l'être, écrit Oswald Spengler en 1921, de cette tension croissante de l'être éveillé il résulte, comme conséquence suprême, un phénomène préparé de longue date, sourdement, qui se manifeste soudainement à la claire lumière de l'histoire pour mettre fin à tout ce spectacle : la stérilité du civilisé [103]. » « En Allemagne aussi, note en 1924 le médecin et économiste Hans Harmsen, la baisse de la natalité était nettement perceptible dès avant la guerre. [...] L'Allemagne aussi, dès que [le contexte] sera un peu plus tranquille, devra commencer à se battre contre ce phénomène qui remet en cause, de l'intérieur, son existence [104]. » « Le taux de natalité, souligne en 1929 le médecin berlinois Viktor Grimm, grand admirateur de Spengler lui aussi, [est] le plus souvent inversement proportionnel à la taille de la localité. » En effet, argumente-t-il, « en 1925, on comptait 20,7 naissances pour 1 000 habitants dans l'Empire allemand ; dans les grandes villes allemandes, 14,9 naissances ; dans les communes de 30 000 à 50 000 habitants, 18,1 naissances ; dans les communes de 15 000 à 30 000 habitants, 18,3 naissances ; dans les communes de moins de 15 000 habitants, 24,2 naissances [105] ». « Comme de gigantesques pompes aspirantes, note encore en 1935 Friedrich Burgdörfer, les grandes villes attirent vers elles les meilleures forces du peuple, des hommes et des femmes en âge de procréer et d'enfanter, mais le résultat de toute cette extraordinaire vitalité de la grande ville, c'est une infécondité plus ou moins volontaire, l'extinction des familles arrachées au sol au bout de la première ou de la deuxième génération [106]. »

Les « darwinistes » eux-mêmes en conviennent : les causes de ce nouveau (et inattendu) handicap démographique urbain sont d'abord comportementales. Mais il y plus grave à leurs yeux. L'environnement urbain ne modifie pas seulement les comporte-

102. Reinhold Wulle, « Die Gefahren der Großstadtentwicklung für das deutsche Volk », *Konservative Monatsschrift für Politik, Literatur und Kunst*, vol. 70, 1913, p. 898.

103. Oswald Spengler, *Le Déclin de l'Occident*, *op. cit.*, tome II, p. 97.

104. Hans Harmsen, *Die französische Sozialgesetzgebung im Dienste der Bekämpfung des Geburtenrückgangs*, Medizin Fakultät, Berlin, 1924, p. 32.

105. Viktor Grimm, « Der Kampf des Bauerntums mit der Großstadt. Eine kritische Studie in letzter Stunde », *loc. cit.*, p. 31.

106. Friedrich Burgdörfer, *Volk ohne Jugend. Geburtenschwund und Überaltung des deutschen Volkskörper. Ein Problem der Volkswirtschaft - der Sozialpolitik der nationalen Zukunft*, Wowinckel, Berlin, 1935, p. 38.

ments : il altère aussi la constitution physique de ses habitants. Les causes du handicap urbain ne sont pas seulement morales : elles sont également biologiques.

Dans son mémoire de 1890 sur les conscrits badois, Otto Ammon avait déjà constaté une plus grande dolichocéphalie chez les conscrits urbains et une plus grande brachycéphalie chez les conscrits ruraux : « Comment expliquer ce fait ? Se demandait-il alors. La *vie urbaine* a-t-elle pour effet de rendre les têtes plus longues et plus étroites ? [107] » D'après Ammon, l'environnement urbain influerait sur les « instincts » : si « les excitations multiples de la vie urbaine et l'alimentation meilleure développent chez les immigrants une vie physique plus intense [...], cet accroissement d'intensité porte non seulement sur les instincts utiles, mais encore sur les instincts nuisibles, grossiers et sensuels. De là la formidable criminalité des éléments migrateurs. [...] De là, en outre, l'indéracinable prostitution des villes, inconnue à la campagne [108] ». Les modes de vie urbains seraient également à l'origine de formes inédites de « mollesse » : « Les conditions favorables de vie et d'alimentation chez les classes supérieures n'ont pas exclusivement de bons effets ; elles conduisent beaucoup d'individus à la mollesse, la débauche, même au crime quelquefois [109]. »

Prolongeant les « intuitions » d'Ammon, quantité d'études s'efforcent de démontrer que les modes de vie urbains ont un impact biologique, c'est-à-dire modifient en profondeur la constitution physique des citadins et les conditions de l'hérédité. Ainsi, pour Viktor Claassen, la position assise des employés, tout comme les conditions de logement, les comportements alimentaires, la culture urbaine du divertissement et de l'amusement (qui empiète sur les temps de sommeil) sont autant de facteurs qui affaiblissent les individus. Carl Ballod estime lui aussi que la vie urbaine contribue à « affaiblir la résistance du corps entier », à « endommager les organes » [110]. Parmi les causes biologiques de la dégénérescence, l'alimentation est particulièrement mise en cause, en particulier la substitution du pain blanc au pain noir et la préférence urbaine supposée pour des aliments inconsistants

107. Otto Ammon, *L'Ordre social et ses bases naturelles. Esquisse d'une anthropologie*, A. Fontemoing, Paris, 1900 (c'est nous qui soulignons).

108. *Ibid.*

109. *Ibid.*

110. Carl Ballod, *Die Lebensfähihkeit der städtischen und ländlichen Bevölkerung*, *op. cit.*, p. 47.

plutôt que des aliments solides. L'enjeu de l'alimentation renvoie à celui de l'allaitement maternel, dont la pratique tend à s'affaiblir en ville, comme le prouvent les statistiques produites par Richard Boeckh pour les recensements de 1885, 1890, 1895 et 1900 : alors qu'en 1895, trois quarts des mères allaitent, la proportion d'enfants nourris de manière naturelle baisse de 2,5 % entre 1890 et 1895, de 5,5 % entre 1895 et 1900 et de 11,5 % de 1895 et 1900. Ces chiffres conduisent les principaux « darwinistes » à établir une corrélation entre citadinité, baisse de l'allaitement maternel et affaiblissement de la « race » : l'artificialisation de l'alimentation des nourrissons, qui consomment de plus en plus le lait animal issu de la réorganisation de la filière agro-alimentaire et non le lait maternel, aurait pour conséquence un affaiblissement biologique des enfants nés en ville.

Enfin, les modes de vie urbains seraient également à l'origine d'une diminution du sentiment familial : « La régression du sens familial, note Otto Ammon, diminue de façon très sensible les chances de santé psychique et physique chez la postérité. Elle entraîne après elle l'affaiblissement de la constitution physique par suite des excès et la contagion de maladies fâcheuses dont les unes sont transmises aux enfants sous forme d'infirmités et dont les autres ont pour conséquence la stérilité. Les écarts de cette sorte sont toujours amenés par la surnutrition, les excitations sensuelles et le manque d'exercice ; dans les villes, de mauvaises habitudes, à peine connues à la campagne, s'insinuent chez les jeunes gens à la faveur des circonstances d'autant plus tôt que les villes elles-mêmes sont plus considérables [111]. »

Ces analyses mènent tout droit à ce stupéfiant paradoxe : dans les plus grandes villes, les progrès sanitaires sont en définitive néfastes. Dans la mesure où ils permettent à des individus dégénérés de survivre et/ou de vivre plus longtemps et (surtout) de se reproduire, ils enrayent les mécanismes spontanés de la sélection naturelle des individus et affaiblissent le patrimoine génétique du corps social allemand tout entier. Dans une étude très documentée parue en 1904 [112], Ludwig Bauer, médecin « fort d'une expérience de plus de dix ans auprès des classes pauvres de Stuttgart [113] », n'a ainsi aucun mal à reconnaître que, suite aux progrès de la médecine, de l'hygiène et des mesures d'assainissement dans les villes, la mortalité urbaine a baissé plus vite

111. Otto AMMON, *L'Ordre social et ses bases naturelles*, *op. cit.*, p. 584.
112. Ludwig BAUER, *Der Zug nach der Stadt und die Stadterweiterung*, *op. cit.*
113. Isabelle MITY, *Le Gouffre de l'espèce humaine*, *op. cit.*, p. 317.

que la mortalité rurale. Mais dans le même temps, les conditions de vie dans les plus grandes villes affaiblissent l'organisme, opérant l'équivalent d'une « contre-sélection ».

L'après-guerre non seulement ne modifie pas ces constats alarmants, mais les aggrave, ajoutant au spectre du ralentissement démographique celui du vieillissement et du déclin. Les projections de bon nombre de spécialistes de l'étude statistique des populations montrent en effet que les changements d'équilibre du peuplement allemand en faveur des plus grandes villes – le « devenir-Berlin » de l'Allemagne – font désormais peser sur l'Allemagne et les Allemands la menace d'un déclin démographique irrémédiable[114].

La démonstration en est apportée par Friedrich Burgdörfer : certes, le taux de natalité allemand demeure supérieur à son taux de mortalité, mais le rapport entre ces deux taux ne reflète qu'« une partie de la vérité ». En effet, il « simule une croissance démographique qui en réalité n'existe pas ». Pourquoi ? Parce qu'au temps *t*, le taux de mortalité est en réalité sous-estimé en raison du faible nombre de personnes âgées. Mais au fur et à mesure que celui-ci augmentera, la mortalité augmentera à son tour, faisant peser sur l'Allemagne une véritable « hypothèque de mort ». Il s'agit donc, pour Burgdörfer, de lever le masque en opérant une « correction du bilan de vie de notre peuple », c'est-à-dire en recalculant le nombre de naissances et de décès dans une « population stationnaire ». Le démographe conclut ainsi que « le peuple allemand, avec son taux de natalité actuel, n'est plus en mesure d'assurer sa survie par sa propre force » et « a arrêté d'être un peuple qui croît », voire qu'il « rétrécit » (Fig. 22). Le problème essentiel ? Les « performances d'enfantement des femmes allemandes[115] » sont insuffisantes.

Il est frappant de constater que Robert René Kuczynski, que l'on ne peut guère ranger à l'extrême droite, parvient strictement aux mêmes conclusions dans son livre *The Balance of Births and Deaths* paru en 1928 : en dépit de « l'excès de naissances sur les morts entraînant un accroissement de la population », « une nation peut quand même être en train de disparaître ». Selon Kuczynski, la question n'est

114. Sur les représentations associées au risque d'« extinction biologique du peuple allemand », voir par exemple : Johann CHAPOUTOT, *La Révolution culturelle nazie*, *op. cit.*, p. 177-211 ; Johann CHAPOUTOT, *La Loi du sang. Penser et agir en nazi*, Gallimard, Paris, 2014, p. 228-233.

115. Friedrich BURGDÖRFER, *Volk ohne Jugend*, *op. cit.*

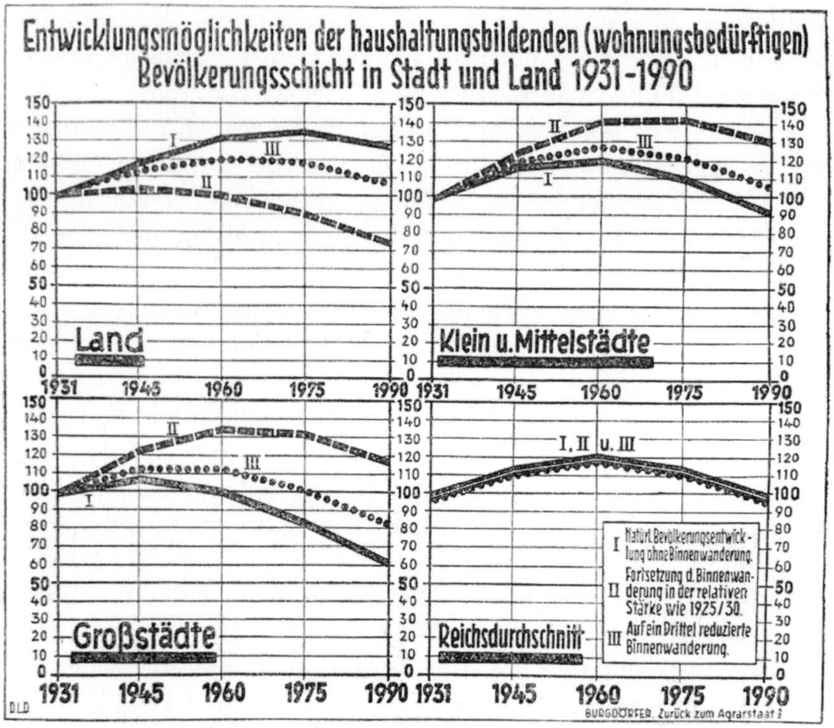

Fig. 22. Le déclin démographique « annoncé » de Berlin.

Source : Friedrich Burgdörfer, *Zurück zum Agrarstaat ? Bevölkerungsdynamische Grundlinien künftiger deutscher Agrar-, Siedlungs-, Wohnungs-, und Wirtschaftspolitik*, deuxième édition, Wowinckel, Berlin-Grünewald, 1935, p. 58.

plus de savoir s'il y a un « excès de naissances sur les morts », mais « si la mortalité et la natalité sont telles qu'une génération soumise à ces conditions de façon permanente au cours de sa vie, c'est-à-dire jusqu'à sa mort, produirait assez d'enfants pour remplacer cette génération [116] ». L'infécondité des villes, en particulier Berlin, qui détient tous les records au niveau national, voire international, ne menace-t-elle pas d'accélérer le déclin démographique de l'Allemagne tout entière ?

116. Robert René Kuczynski, *The Balance of Births ans Deaths*, vol. 1, *Western and Northern Europe*, Macmillan, New York, 1928, cité par Florence Vienne, *Une science de la peur. La démographie avant et après 1933*, Peter Lang, 2006, p. 38.

Partie II

Acclimatation

La profondeur de la *Großstadtkritik* témoigne à elle seule de l'exceptionnelle force de déstabilisation de l'explosivité de la croissance berlinoise. Réagissant à ce bouleversement majeur, la société allemande s'engage pourtant dès le début du XXe siècle sur la voie d'une double adaptation : adaptation de la très grande ville aux citadins, adaptation des citadins à la très grande ville.

La première est le fait d'une sphère réformatrice qui se cristallise à la toute fin du XIXe siècle et se donne non seulement pour tâche d'aménager la très grande ville, mais aussi de ménager ses habitants. Encadrée à défaut d'être maîtrisée par un plan d'extension – le plan Hobrecht – non seulement sous-dimensionné, mais qui n'a en outre rien d'un plan régulateur, la croissance explosive de Berlin a en effet légué un très grand nombre de problèmes. En donnant naissance à un territoire urbain d'une échelle inédite, elle a rendu pour ainsi dire obsolètes les grands principes d'organisation spatiale qui avaient permis jusqu'alors d'accompagner la « dissolution » des grandes villes. En laissant libre cours à la spéculation immobilière et foncière, elle a créé les conditions d'une crise du logement d'une acuité proprement exceptionnelle. En provoquant un débordement sans précédent de la ville sur elle-même, elle a également rompu l'équilibre séculaire entre la ville et sa campagne environnante : tandis que le cœur dense de l'agglomération a presque entièrement été loti, les épais manteaux forestiers du Barnim et du Teltow ont connu une rétractation spectaculaire, et les fumées industrielles ont fini par saturer l'air de Berlin.

En démultipliant les modes de transports, enfin, elle a entraîné une hausse considérable des accidents de la rue sur les grandes places et les artères les plus fréquentées de l'agglomération. Pour les réformateurs berlinois, le chantier est immense.

Il ne doit cependant pas masquer le fait qu'une part essentielle de l'acclimatation à la très grande ville est surtout le fait des habitants eux-mêmes. Monde social frappé du sceau de la concentration et de la congestion, espace de mobilité transformé par la démultiplication des modes de transport, l'intensification du trafic et l'accélération des vitesses, paysage sensoriel transfiguré par la diffusion de l'asphalte et de l'électricité, la très grande ville confronte ses habitants à des formes de côtoiement, des conditions de déplacement et des ambiances visuelles et acoustiques inédites, *a fortiori* pour ces centaines de milliers de néocitadins qui viennent de quitter les campagnes prussiennes. Elle requiert par conséquent de leur part des compétences nouvelles pour l'habiter : des compétences de côtoiements pour gérer ces situations embarrassantes que sont le face-à-face muet dans les rames de tramway et le corps-à-corps dans la foule ; des compétences de déplacement pour circuler sans danger dans un environnement urbain reconfiguré par la mécanisation et la motorisation du trafic ; ou encore des compétences de perception et d'attention pour faire face à la multiplication des *stimuli* sensoriels dans les rues ou sur les places à fort trafic.

Tenant autant à l'expertise de ceux qui ont aménagé Berlin qu'à l'expérience de ceux qui l'ont habitée, à l'intelligence programmée des lieux qu'à l'intelligence spontanée des acteurs, ce double mouvement d'adaptation de la très grande ville aux citadins et d'adaptation des citadins à la très grande ville reste cependant un processus inachevé : à partir de 1914, il est en effet fréquemment perturbé – voire enrayé – par les graves crises qui touchent l'Allemagne. La Première Guerre mondiale d'abord, les crises de l'immédiat après-guerre ensuite, la Grande Dépression enfin, ont en effet pour conséquence de perturber le cours « normal » de la vie métropolitaine. Bouleversant la géographie urbaine des affluences et modifiant les manières ordinaires de se côtoyer dans l'espace public, déréglant les conditions de la mobilité et modifiant les ambiances urbaines, révélant la vulnérabilité des grands systèmes urbains en matière d'approvisionnement et exacerbant les conflits de répartition, les crises ont pour effet de freiner les processus de « routinisation » par lesquels les citadins s'adaptent progressivement à leur nouveau cadre de vie.

Analysant les ressorts et les soubresauts de cette *acclimatation* des Allemands à la très grande ville, cette deuxième partie vise ainsi à mieux comprendre comment deux générations de Berlinois, confrontés au brutal changement d'échelle de leur capitale et aux formes inédites empruntées par la vie urbaine, sont parvenues – ou non – à en surmonter les effets les plus déstabilisants.

Elle explore tout d'abord la manière dont, à partir du début du XXe siècle, la sphère réformatrice berlinoise cherche à résoudre les problèmes nés avec l'urbanisation explosive par un faisceau de politiques portant aussi bien sur les espaces physiques de la ville que sur les aptitudes psychiques et psychomotrices de ceux qui pratiquent ces espaces : habitants des cités d'habitation, usagers des espaces verts métropolitains, piétons et automobilistes dans les rues de Berlin. Elle scrute ensuite la manière dont ces derniers parviennent peu à peu à s'adapter à leur environnement par l'acquisition de compétences routinières nouvelles – réinventant au passage les « us et coutumes » de l'urbanité. Elle montre enfin que les crises qui ont frappé l'Allemagne à partir de 1914, par leur impact souvent très grave sur la vie quotidienne, c'est-à-dire sur les manières de se loger, de se déplacer, de s'éclairer ou encore de s'alimenter, ont pour effet de freiner – et donc de retarder – la « normalisation » de la vie métropolitaine qui s'était pourtant amorcée en Allemagne depuis la fin du XIXe siècle.

4

Les chantiers de l'acclimatation urbaine

Nombreux sont ceux, en Allemagne au début du XXe siècle, qui, sans pour autant se résigner aux effets concrets de quarante années d'urbanisation explosive, ne croient ni à un hypothétique retour en arrière ni à une révolution complète des manières d'organiser la répartition des individus dans l'espace.

Un puissant mouvement réformateur se cristallise en effet de part et d'autre de la Grande Guerre, qui caresse le rêve d'apporter une solution à la fois empirique et rationnelle aux problèmes inédits posés par la très grande ville. Avec le travail à l'usine, la vie métropolitaine constitue l'un des principaux chantiers ouverts par cette nébuleuse d'acteurs et de disciplines. Tentant de surmonter la *Großstadtkritik* alors dominante, des ingénieurs spécialistes de la circulation, des architectes, des urbanistes et des paysagistes, des psychologues et des physiologues réunis sous la bannière commune de la psychotechnique, ou encore des géographes et des médecins engagés dans le cinéma d'éducation populaire, réfléchissent – parfois conjointement, le plus souvent séparément – aux manières de « pacifier » un environnement urbain jugé menaçant pour ceux qui y vivent et déstabilisant pour l'avenir de l'Allemagne tout entière.

Les réformateurs conjuguent à cette fin deux grands types d'actions. Des actions sur le milieu urbain d'abord : un milieu qu'il ne faut plus seulement assainir, mais bien reconfigurer au moyen de la technique moderne. Des actions sur les citadins ensuite : des citadins dont on évalue mieux les aptitudes psychiques, sensorielles et psychomotrices grâce à la biologie, la psychologie ou encore la physiologie, et qu'il s'agit dès lors d'*acclimater* à leur nouvel environnement. Tournées aussi bien vers les espaces physiques de la ville que vers ceux qui pratiquent ces espaces, les politiques menées par la sphère réformatrice sont généralement très innovantes. Il ne faut toutefois pas en exagérer la cohérence : à l'image du système d'acteurs qui en est à l'initiative, les actions réformatrices sont rarement coordonnées, et les réformateurs sont parfois tiraillés entre des visions du monde et de l'homme contradictoires – les uns cultivant une conception ouverte du progrès, fondée sur l'idée d'une perfectibilité de l'individu, les autres une conception plus fermée. Mais par-delà leurs divergences, les réformateurs partagent deux grandes convictions. La première, c'est la capacité des sciences – y compris sociales – à apporter, par leurs applications concrètes, des solutions rationnelles aux problèmes de la très grande ville. La seconde, c'est la nécessité de soigner le corps social. Comme l'attestent l'importance donnée à l'éducation sanitaire dans les programmes scolaires, le succès de *Kulturfilme* tels que *Wege zur Kraft und Schönheit* ou encore la fréquentation d'événements tels que la semaine de la santé allemande organisée en 1926, les réformateurs portent en effet une attention quasi obsessionnelle à la santé et à ses conditions. Après plus de quarante années d'urbanisation explosive, il s'agit donc ni plus ni moins, pour une ou deux générations de réformateurs, de réfléchir aux manières de recréer un environnement urbain sociobiologiquement sain.

Déconcentrer la très grande ville, ménager le citadin

La croissance explosive de Berlin contribue tout d'abord à bouleverser les cadres à la fois théoriques et pratiques de l'aménagement urbain. Comme l'expriment avec lucidité les grands acteurs de la planification berlinoise, la « crise de la grande ville [1] » s'est muée en « crise dans l'urbanisme [2] ».

Celle-ci renvoie à un premier problème, bien connu des urbanistes : celui de la bonne échelle de l'aménagement. Contre toute attente en effet, la création du Grand Berlin par la loi du 27 avril 1920 ne met

1. Fritz SCHUMACHER, « Die Krisis der Großstadt », *Die Bauwelt*, vol. XIII, n° 39, 1922.
2. Martin WAGNER, « Die Krisis im Städtebau », *Die Bauwelt*, vol. XVI, n° 30, 1925, p. 701-702.

pas fin au débat sur l'élargissement du périmètre communal[3]. Non seulement l'urbanisation continue de progresser au-delà des limites administratives de la très grande ville, donnant le sentiment que le vieil outil de l'annexion communale est désormais inadapté, mais la mécanisation des transports et la multiplication des échanges lointains rend de plus en plus caduque la vieille notion d'Hinterland. L'idée s'impose ainsi que l'aménagement de la plus grande ville allemande ne concerne pas seulement quatre millions d'habitants dans un rayon de vingt-cinq kilomètres, mais bien dix millions d'habitants dans un rayon de cinquante kilomètres. Remarquablement précoce, cette prise de conscience suscite un effort pour déterminer la véritable aire d'influence de la très grande ville. Comment s'opère, dans l'orbite de Berlin, la redéfinition des hiérarchies et des armatures urbaines ? L'expansion berlinoise n'entraîne-t-elle pas une sorte de « court-circuitage » de centres de petite taille moins bien desservis par les transports rapides ? Comment gérer le rapport entre la métropole et les pôles urbains secondaires qui l'entourent tels que Potsdam, Nauen, Velten, Orianenbourg, Bernau, Straussberg, Wusterhausen, Zoss ou encore Trebbin – soit autant de localités situées dans un rayon compris entre trente et quarante kilomètres autour du centre de Berlin ?

À ces questions, la géographie économique alors en plein essor offre les premières réponses. Parce que s'y concentrent les capacités économiques, intellectuelles, scientifiques et culturelles de chaque État, écrit Martin Mächler, les « villes-mondes » (*Weltstädte*) apparaissent comme les organes vitaux des échanges économiques à une échelle à la fois régionale, nationale et mondiale. Leur influence territoriale s'étend donc au minimum aux dimensions d'une « région économique ». C'est la raison pour laquelle la *Weltstadt* allemande devrait « couvrir une surface circulaire estimée à un rayon moyen de cinquante kilomètres mesuré depuis la tour de l'hôtel de ville[4] ». Mächler explicite cette

3. Vivement discutée pendant la guerre, quand deux projets concurrents s'affrontent (celui d'une municipalité unifiée mais décentralisée de structure plutôt « confédérale », et celui d'une municipalité unifiée et centralisée), celle-ci élargit le territoire communal aux dimensions d'un canton. Couvrant 87 810 hectares au moment de sa création – 25 fois la superficie de Berlin *intra-muros*, 15 fois celle de la ville dans les limites tracées par l'*Eingemeindung* de 1861 – la nouvelle agglomération comporte alors 8 villes, 59 communes rurales et 27 propriétés domaniales – principalement des forêts. Cyril BUFFET, *Berlin*, *op. cit.*, p. 267-274.

4. Martin MÄCHLER, *Die Großsiedlung und ihre politische Bedeutung. Städte- und staatenbauliche Skizzen*, Ring-Verlag, Berlin, 1917, reproduit dans Ilse BALG (dir.), *Martin Mächler – Weltstadt Berlin*, Galerie Wannsee Verlag, Berlin, 1986, p. 73.

vision par un zonage simplifié distinguant, autour d'un noyau urbain consacré au commerce compris dans un rayon de cinq kilomètres et d'une réserve foncière de forme annulaire comprise dans un rayon de dix kilomètres, cinq zones séparées dévolues à cinq autres grandes fonctions : l'administration, l'habitation, l'industrie, l'alimentation et l'assainissement [5]. Définir la bonne échelle de l'aménagement, c'est donc repérer la zone d'attraction économique d'une ville. Si, pour Joseph Stübben, celle-ci doit correspondre au « bassin d'emploi », c'est-à-dire à l'aire circonscrite par les mobilités pendulaires et les allers-retours domicile-travail des ouvriers et des employés de la très grande ville, pour Roman Heiligenthal au contraire, elle doit coïncider avec le tissu des entreprises. Mettant en évidence l'implantation géographique des sous-traitants des grandes industries berlinoises, il en déduit l'existence concrète d'une aire d'attraction proche de celle qu'avait esquissée Martin Mächler dans son « plan schématique » de 1920 [6].

Portant sur l'aire d'influence réelle des plus grandes villes, ce premier débat est inséparable d'un second, qui agite la sphère réformatrice depuis la fin du XIXe siècle : quelle est la meilleure manière d'accompagner la dissolution des plus grandes villes dans leur territoire environnant ? Faut-il se limiter à une simple déconcentration des activités et des populations urbaines dans l'orbite des plus grandes villes ? Ou bien privilégier une véritable décentralisation ?

La première grande réponse formulée par les urbanistes est sans ambiguïté : il faut décentraliser, et son instrument est bien connu – il s'agit de la « cité-jardin » (*Gartenstadt*). Sa première modélisation est en effet allemande, et non anglaise. On la doit à Theodor Fritsch, qui n'aura de cesse d'en revendiquer la paternité, dans un ouvrage intitulé *La Ville du futur* paru en 1896, soit deux ans avant le célèbre *Garden Cities of Tomorrow* d'Ebezener Howard [7]. Fritsch a

---

5. Martin Mächler, « Denkschrift betreffend eine Ergänzung des Gesetzentwurfes zur Bildung eines Stadtkreises Gross-Berlin », *Der Städtebau*, XVII, 1/2, 1920, reproduit dans Ilse Balg (dir.), *Martin Mächler, op. cit.*, p. 44.

6. Roman Heiligenthal, « Dezentralisation Berlin », *Berliner Städtebaustudien, op. cit.*, p. 17.

7. Theodor Fritsch, *Die Stadt der Zukunft*, Verlag von Theodor Fritsch, Leipzig, 1896 ; Ebenezer Howard, *To-morrow! A Peaceful Path to Real Reform*, Swann Sonnenschein & Co, Londres, 1898. Sur Fritsch, voir Dirk Schubert, « Theodor Fritsch ou la version nationaliste allemande de la cité-jardin », *Les Cahiers de la recherche architecturale*, 15/16/17, 1er trimestre 1985, p. 154-161.

mauvaise réputation, et pour cause : penseur antisémite et raciste, il participe d'un rejet global de la grande ville, « lieu de perdition de la force nationale » et « grand cimetière » de la « race aryenne ». « Il n'est de salut, clame-t-il, qu'hors de l'atmosphère empoisonnée des paradis du vice ! Que dans le retour à ces conditions de vie qui ont permis à la race humaine de se perpétuer pendant des millénaires en s'efforçant de s'élever au plus haut de sa force et de sa santé, que dans le retour à la nature, à la vie campagnarde et au travail aux champs[8]. » La cité-jardin qu'il imagine doit ainsi échapper à tout prix à l'influence délétère de la très grande ville, c'est-à-dire en être le plus éloignée possible. Son sol doit être propriété de la commune, c'est-à-dire la terre rendue inaliénable, conformément à l'ancien droit germanique. Il faut en effet arracher le sol à la spéculation – c'est-à-dire, selon ce chantre de l'antisémitisme allemand, aux mains des juifs – car « une ville n'est assurée d'un développement selon les lois de la raison que dans la mesure où la commune dispose librement de tous les terrains à bâtir[9] ». Son schéma idéal épouse la forme d'un cercle ou d'un demi-cercle et doit être organisé selon les principes du zonage fonctionnel et social – aux yeux de Fritsch, il s'agit de répartir les individus selon leur rôle dans la chaîne de production. Outil de « rajeunissement du peuple allemand » et de « renaissance de la race allemande », la cité-jardin selon Fritsch doit enfin accueillir des habitants sélectionnés sur des critères de race.

La seconde grande modalité de décentralisation urbaine imaginée par la sphère réformatrice allemande est plus tardive : il s'agit de la « ville-satellite » (*Trabante Stadt*). « Une ville-satellite, résume Walter Koeppen, n'est ni un village ni une banlieue ; c'est une ville autonome avec son administration municipale et ses équipements communaux ; en tant que centre de vie culturelle et commerciale[10]. » Mais à la différence de la *Gartenstadt* selon Fritsch ou Howard, la ville-satellite ne craint pas la dépendance fonctionnelle à l'égard de la très grande ville. Pour Bernhardt Kampffmeyer, elle doit en effet fonctionner comme une sorte d'« anticentrifugeuse », c'est-à-dire enrayer l'exten-

8. Theodor Fritsch, « Landessiedlung und entgegenstehende Bedenken », *Der Hammer*, n° 287, 1914, p. 286, cité par Dirk Schubert, « Theodor Fritsch ou la version nationaliste allemande de la cité-jardin », *loc. cit.*, p. 155.

9. Theodor Fritsch, *Die Stadt der Zukunft*, *op. cit.*, p. 5.

10. Walter Koeppen, « Bau von Trabantenstädte », *Der Neubau*, vol. VIII, n° 4, 1926, p. 42.

sion illimitée de la très grande ville. Cela suppose une planification à l'échelle régionale permettant la mise en place, autour de la très grande ville, d'un système coopératif d'agglomérations périphériques. « La grande ville, résume ainsi l'écrivain Karl Scheffler, ne serait plus alors comme elle est maintenant, une régie urbaine artificiellement étendue et sans forme, mais un assemblage de plusieurs entités urbaines. La décentralisation régnerait sous le pouvoir suprême d'une idée centrale. La grande ville deviendrait une sorte de ville-État [11]. »

Un film produit vers la fin des années 1920 synthétise de manière exemplaire ce second modèle de décentralisation urbaine, en même temps qu'il révèle à quel point l'urbanisme articule le spatial et le social, voire le moral, dans ses modélisations (Fig. 23) [12]. Écrit et réalisé pour le compte du ministère prussien de l'Assistance sociale, ce moyen-métrage intitulé *La Ville de demain* (*Die Stadt von Morgen*) (1) mobilise plusieurs représentants de la sphère réformatrice berlinoise [13]. Bien qu'il ne fasse l'objet d'aucun chapitrage, il se compose de deux parties nettement distinctes. Comme l'indique le carton qui ouvre le film (2), la première est une tentative « de montrer comment nos villes, en particulier les grandes villes, sont devenues ce qu'elles sont : des océans de maisons, pleines de bruit et de fumée, sans soleil ni air... ». Alors que la « toute petite ville » de la période préindustrielle reposait, « calme et conviviale », dans sa campagne environnante (3), l'exploitation industrielle des gisements de charbon amorce la pompe de l'« exode rural » (4). La conséquence en est une complète redistribution du peuplement en faveur des grandes villes (5). Née d'un transfert massif de population, l'édification de la grande ville ne suit cependant aucun plan rationnel – c'est ce que symbolise notamment la construction anarchique des immeubles de rapport, fruits de la spéculation immobilière (6). Ce mode de croissance a plus généralement pour conséquence l'entassement des individus dans des casernes locatives privées de soleil et d'air (7), la surdensité résiden-

11. Karl Scheffler, *Berlin. Ein Stadtschicksal*, 1910, p. 21.

12. *Die Stadt von Morgen. Ein Film vom Städtebau*, N.V. Goldbeck, 1930. Pour une recension de ce film, voir « Die Stadt von Morgen », *Die Bauwelt*, vol. XXI, n° 22, 1930, p. 705 ; ainsi que « Ein Städtebaufilm », *Zentralblatt der Bauverwaltung*, L, 1930, p. 228.

13. Au générique figurent, outre les scénaristes et réalisateurs M.V. Golbeck et Erich Kotzer (respectivement *Städtische Baurat* de la ville de Nüremberg et *Regierungsbaumeister* à Berlin) : Hans Haase, *Magistratbaurat* de Berlin, Hans Stephan, *Regierungsbaumeister* à Berlin, ainsi que Max Säume, Werner V. Walthansen, Ewald Liedecke et Hermann Jansen, architectes travaillant dans la capitale allemande.

tielle (8), la dangereuse proximité entre les usines et les immeubles d'habitation (9), la congestion dans les transports en commun (10), l'exposition des enfants aux dangers de la circulation routière (11), l'« empoisonnement de l'air » par les fumées industrielles (12) ou encore l'enlaidissement et la destruction des paysages (13). « Bruit, fumée, dangers ! » constituent dès lors les traits communs de l'environnement métropolitain (14). « Cette grande ville, peut-on lire sur le carton qui clôt cette séquence, rend impossible un habitat sain ! Elle prive les hommes du lien avec la nature ! Elle fait dépérir des générations entières, corps et âme ! » (15).

La seconde partie du film est tout entière consacrée à exposer le modèle de la ville-satellite comme une alternative viable à la très grande ville : « Voici comment une volonté d'aménagement consciente aurait pu guider le développement de la ville » (16). Affirmation forte : la « planification régionale » doit précéder la « planification urbaine ». « D'abord sont examinées les relations de la zone économique restreinte avec l'ensemble du pays », et « ensuite est examiné le territoire restreint selon sa structure politique en matière d'économie, d'urbanisation et de transport ». Le travail de l'urbaniste consiste désormais à réfléchir à une échelle territoriale (17). Cette réflexion doit reposer sur des bases scientifiques, comme l'évoquent ces plans où se succèdent cartes, statistiques, diagrammes et histogrammes issus des savoirs auxiliaires de l'aménagement : la géographie, l'économie, la démographie, etc. (18). « Sur la base de cette étude, l'utilisation des sols est définie » : l'industrie sera implantée à proximité des bassins de matières premières et branchée aux cours d'eau et aux grandes voies de communication (19) ; les zones d'habitation seront implantées à l'abri des fumées d'usine portées par les vents dominants (20) ; prescription essentielle : « Là où l'on peut s'attendre à une plus forte urbanisation [...] on n'aménagera pas (souligné dans l'intertitre) une grande zone d'habitation cohérente, mais plusieurs petits enclos. » (21) On évitera ainsi la formation d'une ville géante au profit d'un réseau hiérarchisé de petites villes-satellites ; les infrastructures de transport – voies ferrées, gare de marchandises, canal de dérivation, voies de communication (en petit nombre mais à grande capacité), route de contournement, aéroport – s'adapteront à ce système et non l'inverse (22) ; enfin, les grands espaces naturels – vallées, forêts, prairies – serviront d'espaces de loisirs pour les citadins (23). Une fois stabilisées les grandes lignes de cette planification territoriale, on s'attellera à la planification urbaine proprement dite. Dans la zone d'habitation, le

Fig. 23. La modélisation de la ville-satellite.

Source : *Die Stadt von Morgen. Ein Film vom Städtebau*, N.V. Goldbeck, 1930.

19

20

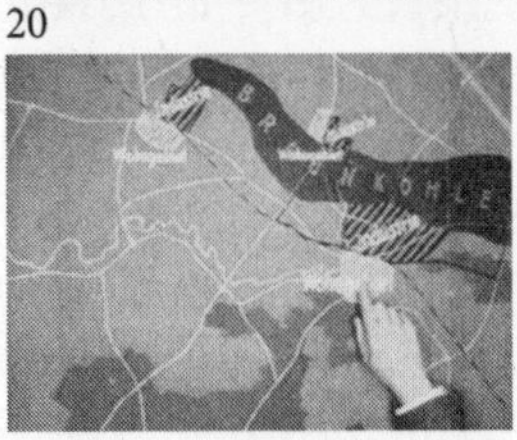
21

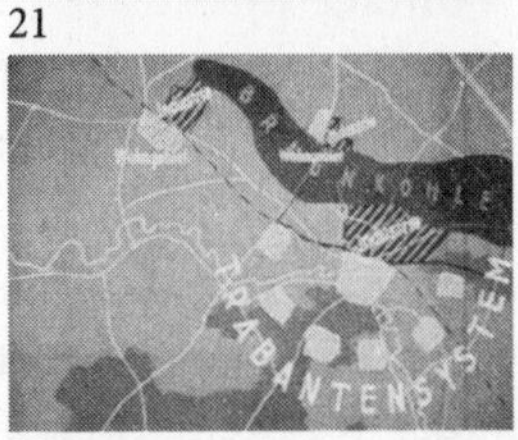

22

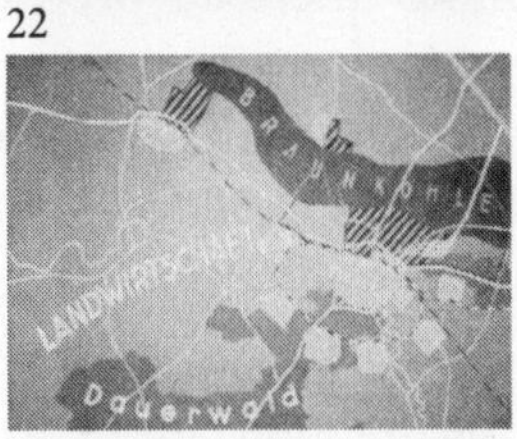

23

24

25

26

27

28

29

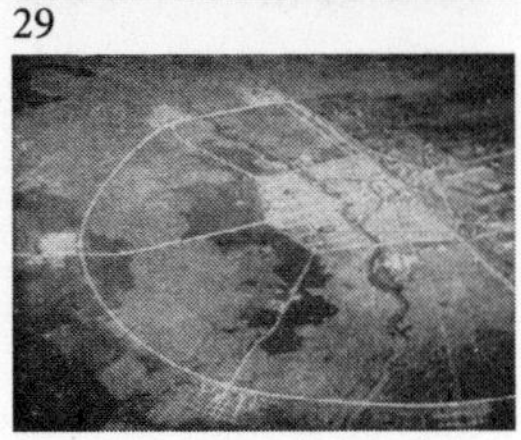
30

31

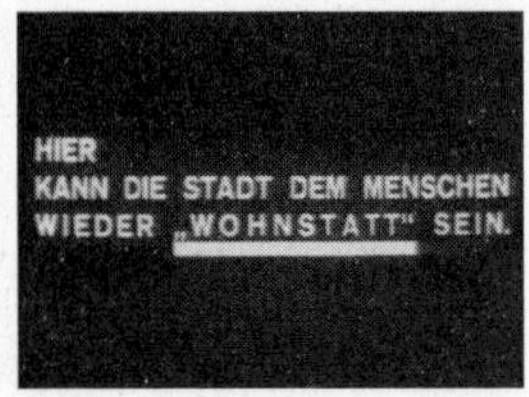

32

33

34

35

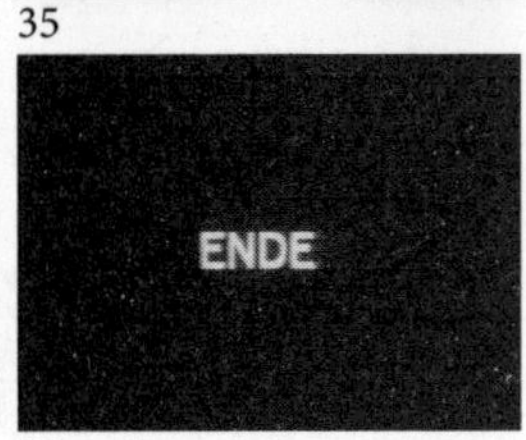

36

réseau viaire sera dessiné de manière à offrir à chaque logement le maximum d'ensoleillement et de grandes « réserves foncières » seront sanctuarisées (24). Des formes d'habitat peu denses et pourvues de jardins – que le film illustre par des images de cités d'habitation de style aussi bien traditionnaliste que moderniste – seront systématiquement privilégiées (25-26). Les réserves foncières offriront quant à elles des « promenades, des aires de jeux, des piscines en plein air pour la détente de la population » (27-28). Règle essentielle : « Dans les limites fixées par le plan, un ARRÊT (souligné et en majuscule dans l'intertitre) est opposé à la construction. » (29) En cas de croissance excédant ces limites, un réseau de petites villes-satellites reliées à la ville-mère par un train rapide assurera une croissance organique et permettra de préserver une stricte séparation entre zone industrielle et zone d'habitation (30). La « ville résidentielle » restera ainsi à l'abri des pollutions et des dangers industriels (31). « Ici, la ville peut redevenir un lieu de vie pour l'homme », peut alors conclure le film (32) ; « Ici, l'homme peut mener une vie saine dans des habitations ensoleillées et aérées, en contact direct avec la nature ». Le film s'achève sur une succession de plans montrant des citadins – personnes âgées, familles, enfants – vaquant paisiblement à leurs occupations dans des jardins inondés de lumière (33-34). La toute dernière image – un nourrisson dans son berceau, baigné d'une douce lumière, joue avec la haie du jardin familial (35) – achève de démontrer que c'est bien l'avenir de l'Allemagne que l'on prépare en dessinant ainsi la « ville du futur ».

Malgré l'attrait de ces modèles, et même si l'hypothèse d'une décentralisation urbaine demeure une ligne de force des débats allemands sur l'aménagement des plus grandes villes, c'est une tout autre voie que choisissent les édiles berlinois dans les années 1910 et 1920 : celle d'une dispersion contrôlée de la très grande ville.

La crise du logement de masse et le rejet unanime et indistinct des casernes locatives conduisent en effet les urbanistes berlinois à très vite trahir aussi bien le modèle fritschien (ou howardien) de la cité-jardin autonome que celui de la ville-satellite au profit d'un autre modèle : celui du « faubourg-jardin » (*Gartenvorort*). Cette adaptation empirique du modèle d'origine intervient vers 1907, quand la Société allemande des cités-jardins (*Deutsche Gartenstadt Gesellschaft*) entérine elle-même l'abandon de la « cité-jardin » autonome conçue comme un outil de « colonisation intérieure » – c'est-à-dire de reconquête rurale [14]. Rompant *de facto* avec le modèle décentralisé et désurbaniste de la cité-jardin, les acteurs de l'aménagement berlinois entendent désormais penser le Grand Berlin comme un ensemble articulé de « faubourgs-jardins » organiquement liés au centre de l'agglomération par son réseau de transports publics.

Ce schéma offre de nombreux avantages. Il correspond tout d'abord bien à la structure archipélagique de l'agglomération berlinoise : en servant de points de fixation à l'urbanisation explosive, le semis de villages et de villes de la périphérie berlinoise est en effet à l'origine d'une certaine interpénétration de l'urbain et du rural. Faisant référence à l'œuvre de Karl Friedrich Schinkel, le premier sans doute à avoir imaginé un modèle de « ville-paysage », l'architecte Hermann Jansen, auteur du plan d'aménagement primé à l'occasion du concours pour le Grand Berlin de 1909-1910, estime qu'il ne faut surtout pas remplir ces « entre-deux urbains » apparus avec l'urbanisation de la périphérie berlinoise par des constructions denses et continues, mais leur donner un caractère d'architecture paysagère. Dans le plan qu'il esquisse, un ample réseau de « coulées vertes » d'une centaine de mètres de large pénètre jusqu'au cœur de l'agglomération, dessinant un gigantesque archipel urbain. À la même date, Rudolf Eberstadt, Bruno Möhring et Richard Petersen proposent un schéma directeur pour Berlin qui tente de minimiser la distance entre zones bâties et zones vertes par une interpénétration de coulées vertes dans la ville elle-même. Cinq ans plus tard, Martin Wagner esquisse une vision assez similaire : dans son « plan schématique de la disposition des espaces verts de la région de Berlin », le futur « conseiller municipal en charge de l'urbanisme » (*Stadtbaurat*) imagine un réseau radioconcentrique de coulées vertes qui pénètrent jusqu'au cœur de l'agglomération. Leur dimensionnement est réglé par les contraintes d'accessibilité – Wagner parle quant à lui de « zones d'influence » – déterminées par les quatre grands modes de locomotion de l'agglomération : le train express (*S-Bahn*), le tramway, l'automobile et les bus, et la marche à pied.

En favorisant un certain degré d'autosuffisance alimentaire pour les habitants des faubourgs-jardins, ce plan permet aussi d'améliorer la sécurité alimentaire de la très grande ville et de ses habitants. « La situation spéciale et tout à fait unique de Berlin, observe

14. Elsa Vonau, *La Fabrique de l'urbanisme*, *op. cit.*

l'architecte berlinois Bruno Taut, n'est pas difficile à reconnaître. [...] Sa capacité productive se montre le plus distinctement en périphérie, là où la ville et la campagne se rencontrent, dans les espaces libres, et la mission de Berlin peut éventuellement résider dans l'accélération d'un processus de transformation menant à une nouvelle dignité humaine, à savoir par l'infiltration des éléments urbains dans les éléments de la campagne et inversement, la suppression de l'opposition entre paysans et citadins et la synthèse qui en résultera. » Ainsi, poursuit Taut, les « marchés deviendront bientôt inutiles car la population se [procurera] presque entièrement par elle-même ce dont elle a besoin et [vivra] grâce au troc de ce qu'elle produit. [...] [15] ».

Alternatif à la cité-jardin autonome ou au réseau de villes-satellites, ce schéma d'une dispersion urbaine contrôlée témoigne ainsi d'une volonté très pragmatique de s'adapter aux spécificités du tissu urbain berlinois. Le paradoxe est toutefois que Berlin ne dispose pas, pour maîtriser son aménagement, de plan régulateur. Entre le plan Hobrecht de 1862 et le plan Speer de 1937, les acteurs berlinois de l'aménagement n'élaborent en effet aucun document stratégique de planification, si ce n'est le « règlement de construction » de 1925, qui divise les circonscriptions administratives du Grand Berlin en différentes zones de développement et prévoit un gradient décroissant de densité du centre vers les périphéries suburbaines (Fig. 24).

Cette absence de grand document stratégique de planification n'est pas sans lien avec le rôle central joué par Martin Wagner dans l'aménagement de la métropole berlinoise dans les années 1920. Wagner se méfie des grands plans d'aménagement, voués selon lui à une rapide obsolescence. Le *Stadtbaurat* est davantage partisan d'un urbanisme souple et réactif[16]. Il faut que l'administration locale ait le pouvoir d'interpréter, voire de déroger aux normes législatives, afin de saisir les opportunités de marché dans le cadre de partenariats public-privé. Partisan d'une collaboration avec les grands groupes industriels, il envisage en effet la très grande ville sinon comme

---

15. Bruno TAUT, « Via Londres-Paris-New-York-Neu-Berlin », *Berliner Hefte zur Architektur*, vol. V, 1989, p. 16, cité par Panos MANTZARIAS, *La ville-paysage. Rudolf Schwartz et la dissolution des villes*, MetisPresse, Genève, 2008, p. 78.

16. Ludovica SCARPA, *Martin Wagner und Berlin. Architektur und Städtebau in der Weimarer Republik*, Friedr. Vieweg & Sohn, Baunschweig/Wiesbaden, 1986.

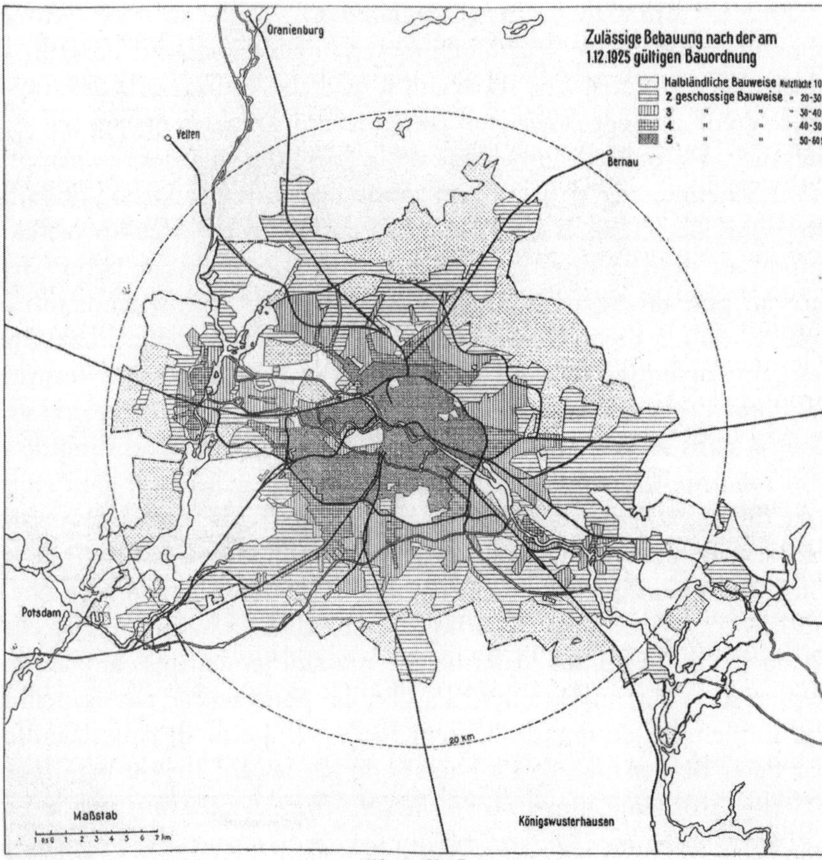

Abb. 13. Plan E.

Fig. 24. Déconcentration urbaine et gradients de densité.

Source : Roman Heiligenthal, « Die Zonung Berlins », *Berliner Städtebaustudien*, Berlin-Halensee, 1926, p. 31.

une entreprise, du moins comme une infrastructure géante mise au service de la productivité des entreprises. Sous son mandat, cette philosophie d'aménagement a pour conséquence une multiplication d'actions plus ou moins coordonnées. Tandis que les zones suburbaines accueillent les grands programmes rejetés hors du centre congestionné (la maison et la tour de la radio, les foires d'expositions) ainsi que les grandes opérations de logement qui servent de vitrines aux politiques de réforme menées par la social-démocratie et les syndicats, la modernisation du vieux centre mobilise fortement la municipalité.

Pour le Comité de la City (*City Auschuss*) [17] fondé en 1926 comme pour la municipalité sociale-démocrate, celle-ci répond en effet à plusieurs enjeux majeurs. Il devient tout d'abord urgent de débarrasser le cœur de l'agglomération de ses îlots insalubres paupérisés. La présence, à proximité immédiate de la City, des quartiers du Krögel et du Scheunenviertel – où se concentre une forte proportion de juifs immigrés de Silésie et de Pologne – constitue en effet un facteur important de dévalorisation de l'attractivité commerciale de la City face au pôle émergent de la gare du zoo et du Kurfürstendamm à l'ouest. Mais, à Berlin comme ailleurs, la résorption des îlots insalubres reste une opération délicate, aux résultats souvent décevants, comme en atteste l'échec de l'opération de rénovation lourde menée par Hans Poelzig dans le Scheunenviertel entre 1928 et 1930. L'on s'inquiète également de la vétusté de certains immeubles de bureaux construits à la fin du XIXe siècle, à l'heure où les métropoles américaines se hérissent de gratte-ciel : ne faudrait-il pas promouvoir, au cœur de la City, des opérations de remembrement et de densification « à l'américaine » ? Avec sa « grille baroque », la Friedrichstadt n'offre-t-elle pas la même flexibilité en termes de remembrement que le plan en damier des villes américaines ? La City ne pourrait-elle pas accueillir des immeubles de grande hauteur ? C'est le point de vue défendu par Peter Behrens dès 1912 [18] ainsi que par les auteurs du manifeste « Berlin, troisième dimension » (*Berlin, dritte Dimension*) publié en 1913 par le *Berliner Morgenpost*, qui sert de base au célèbre concours lancé au lendemain de la guerre pour la construction d'un gratte-ciel sur la Friedrichstrasse. L'absence de liaison nord-sud constitue une autre préoccupation récurrente : elle inspirera le plan Speer, qui reprendra pour l'occasion la proposition faite dès 1917 par Martin Mächler de réaliser un grand axe monumental nord-sud. Enfin, la congestion croissante de la City incite la municipalité à lancer de grands concours pour réaliser de nouvelles percées, transformer ses grandes avenues, ou encore réaménager ses grandes places [19].

---

17. Soutenu par des personnalités de premier plan telles que Martin Wagner, Ernst Reuter, Peter Behrens ou encore Martin Mächler, le City Auschuss est une association fondée en 1926 sur le modèle des *City Clubs* américains avec pour objectif de moderniser la City berlinoise.

18. Voir, sur ce point, Francesco PASSANTI, « Des gratte-ciel pour la "Ville contemporaine" », *in* Stanislas VON MOOS (dir.), *L'Esprit Nouveau. Le Corbusier et l'industrie 1920-1925*, Catalogue d'exposition, Musées de la Ville, Strasbourg, 1987, p. 54-64.

19. Sur le concours pour l'Alexanderplatz et plus généralement sur l'aménagement des grandes places et les flux de circulation, voir par exemple Ludociva SCARPA, « Die gerade

Réformer l'habitat, éduquer l'habitant

Importants, ces enjeux d'aménagement ne doivent cependant pas masquer le fait que le chantier prioritaire, à Berlin, reste la réforme de l'habitat, et qu'à l'instar d'autres métropoles comme Francfort et Stuttgart, la capitale allemande s'impose alors comme l'un des principaux laboratoires allemands de l'édification de nouvelles cités d'habitations. Or ce qui frappe, par-delà l'antagonisme supposé des positions politico-idéologiques et des choix architecturaux, à l'image de la célèbre « guerre du toit[20] » à laquelle se livrent deux grandes coopératives de construction dans le quartier de Zehlendorf, la Gagfah et la Gehag, c'est le fait que les grandes sociétés de construction berlinoises développent une « culture de l'habitat » relativement homogène. Celle-ci répond en effet à deux grands enjeux auxquels la plupart des opérations tentent de répondre : loger en masse dans des conditions dignes d'une part ; acclimater les habitants – majoritairement d'anciens migrants – à la vie métropolitaine d'autre part.

Aux yeux des réformateurs sociaux, loger dans des conditions dignes, c'est d'abord rompre avec la densité bâtie des casernes locatives. Comme le clame Martin Wagner, il faut en finir avec la « nuit des *Mietskasernen*[21] ». Produits honteux de la spéculation, les casernes locatives, « avec leurs cinq bâtiments sur cour, les uns derrière les autres, et leurs logements qu'on ne peut pas aérer[22] », sont unanimement condamnées comme des logis inhumains. « Le responsable de tous les phénomènes de dégénérescence dans la vie de notre peuple est essentiellement la grande ville avec ses casernes à loyer », affirment les fondateurs de la Gagfah Hans Bechly et Hermann Frank dans une brochure écrite en 1917, et dont des passages sont repris *in extenso* dans le recueil publié en 1928 pour célébrer les dix ans de la société de construction. « Un être qui a passé sa jeunesse et continue à vivre

Strasse, Sanierungs- und Durchbruchpläne in Berlin 1926-1933 », *Bauwelt*, n° 36, 1984, p. 1535-1541 ; ainsi que Mathias SCHIRREN, « La circulation à Berlin dans les années vingt. Place de la République et Alexanderplatz », *in* Jean DETHIER, Alain GUIHEUX, *La Ville, art et architecture en Europe, 1870-1993*, Centre Georges Pompidou, 10 février-9 mai 1994, 1994, p. 309-311.

20. Christine MENGIN, *Guerre du toit et modernité architecturale*, *op. cit.*, Paris, 2007.

21. Martin WAGNER, « Meine lieben Zehlendorfer Freunde », *Fest im Fischtal*, 1931, p. 3.

22. Martin WAGNER, « Die Sanierung des Mietskasernen », *in* Carl Johannes FUCHS (dir.), *Die Wohnungs- und Siedlungsfrage*, Wilhelm Meyer Ilschen, Stuttgart, 1918, p. 398.

dans les hautes casernes locatives et les sombres maisons, sans pouvoir appeler sien le moindre petit coin de pays, ne peut pas vraiment aimer sa patrie[23]. » « Là-bas, observe Hans Gerlach, directeur de la construction de la Gagfah, d'affreux murs gris, des puits de lumière malodorants, des escaliers sales, des pièces sans lumière, des enfants blafards aux joues creuses, l'envie, la malveillance, les ragots et les querelles, des gens déracinés chez qui les bons sentiments sont étouffés et les mauvais penchants mis en éveil. L'immeuble collectif est l'ennemi de l'homme ; il est malfaisant pour son corps et pour son âme[24]. » Ainsi la « rénovation des *Mietskasernen* » devrait être entreprise d'urgence : comme le souligne Martin Wagner, « ce serait rendre un très mauvais service aux neuf dixièmes de la population que de faire miroiter des réformes concernant le logement sur les seuls terrains neufs et de laisser les casernes à loyers demeurer des casernes locatives[25] ».

À défaut, il faut produire en masse de nouveaux logements offrant des conditions dignes, en apportant « lumière, air et soleil » à leurs habitants. Cela suppose de mettre en œuvre une typologie de logements non seulement moins haute, mais plus ouverte : pas d'arrière-cours, pas d'ailes latérales ou transversales où ni la lumière ni l'air ne pénètrent rappellent à l'envi les brochures éditées par la Gehag. Même si les enjeux de la production de masse contraignent les sociétés de construction à intégrer un nombre croissant de petits immeubles collectifs dans leurs programmes, la priorité est ainsi longtemps donnée à la maison individuelle et son jardin. Elle est l'idéal revendiqué par la Gagfah et ses fondateurs, Bechly et Franck. La maison, en effet, encourage l'épargne, permet l'épanouissement de la vie de famille, détourne des plaisirs douteux de la grande ville, réenracine le citadin-citoyen. Elle est également fermement défendue par Martin Wagner, notamment en raison des possibilités qu'elle offre à l'habitant de s'autoravitailler. Elle demeure longtemps une priorité nationale : en 1929, les directives officielles indiquent encore que « les appartements doivent être construits dans des bâtiments conformes aux principes de l'hygiène d'aujourd'hui et bénéficier en particulier

23. Gagfah, *16 000 Wohnungen für Angestellte. Denkschrift herausgegeben im Auftrag der Gagfah anlässlich ihres zehnjährigen Bestehnes*, Wasmuth, Berlin, 1928, p. 9, cité par Christine Mengin, *Guerre du toit et modernité architecturale. op. cit.*, p. 275.

24. Hans Gerlach, « Die beste Wohnform », *in* Heinrich Brüning, Friedrich Dessauer, Karl Sander (dir.), *Das nationale Bauprogramm*, Beuth-Verlag, Berlin, 1927, p. 115.

25. Martin Wagner, « Die Sanierung des Mietskasernen », *loc. cit.*, p. 398.

d'air et de lumière. Ce qui répond le mieux à ces exigences, c'est la construction horizontale au sens large. L'objectif à atteindre est la maison individuelle avec jardin. Si les conditions locales exigent plutôt un immeuble collectif, il faut le limiter à trois étages maximum dans les villes moyennes et à quatre dans les grandes villes[26] ».

Si l'abaissement des hauteurs et le renoncement aux îlots fermés doivent permettre de faire rentrer l'air, la lumière et le soleil dans les logements, il faut également rompre avec l'exiguïté et l'inconfort des logements eux-mêmes. L'effort de rationalisation des méthodes constructives qui caractérisent la production des années 1920 s'accompagne ainsi d'une volonté assez générale de normaliser les nouveaux logements en fonction de critères de surface, de confort et d'usage qui rompent drastiquement avec les conditions du logement populaire dans les casernes locatives.

Les sociétés de construction mettent au point un nombre limité de plans. Cet effort de « typisation » répond à une triple logique. La première est économique : il s'agit d'abaisser les coûts de construction pour pouvoir produire – et donc loger – en masse. La deuxième est davantage socio-anthropologique : il s'agit de créer un habitat adapté aux besoins, à la culture et aux modes de vie des futurs habitants – principalement des employés de la grande ville. La troisième, enfin, est prophylactique : il s'agit d'offrir un habitat sain afin de prémunir les habitants contre les maux attachés aux casernes locatives, à la fois d'un point de vue hygiénique et d'un point de vue moral. Pour atteindre ces objectifs, il faut commencer par augmenter la surface moyenne des logements. La Société berlinoise d'encouragement au logement, qui finance près de 50 % des opérations nouvelles, prescrit que les appartements doivent comprendre au minimum une pièce habitable de 20 m^2, des pièces de 14 m^2 (à moins, ce sont des *Kammer* ou demi-pièces) et une cuisine de 10 m^2. Les trois types de base adoptés par la Gagfah pour standardiser la construction des maisons individuelles dans les cités d'habitation proposent ainsi des surfaces de 70, 87,4 et 98,9 m^2. Ces trois « modèles » de maison comportent tous un sous-sol d'une hauteur sous plafond de 2,06 mètres pour les caves et la buanderie, un rez-de-chaussée d'une hauteur sous plafond de 2,96 mètres et un étage d'une hauteur de 2,76 mètres. Les plans-types élaborés par la

26. Cité par Walter Gropius dans son discours au IIIe Congrès international pour la Construction nouvelle, Bruxelles, 27-29 novembre 1930, reproduit dans Walter GROPIUS, *Architecture et société*, Éditions du Linteau, Paris, 1995, p. 86.

Gehag – société de construction rivale de la Gagfah – sont à peine plus modestes : dans une brochure de 1931, les plans-types qu'elle présente mesurent respectivement 49, 53, 64 et 78 m^2.

Mais adopter des normes minimales de surface ne suffit pas. Il faut aussi améliorer substantiellement les conditions de confort de l'habitat populaire. Aux équipements sanitaires obligatoires, s'ajoutent des principes distributifs qui retranscrivent – sur une superficie plus réduite – le modèle de l'habitation bourgeoise. À la différence du logement ouvrier, les logements neufs doivent comporter une entrée, une cuisine indépendante, une salle de bains, une salle de séjour et, pour chacun, un lieu d'intimité – chambre à coucher conjugale, chambres d'enfants, demi-pièces. Dans ce réaménagement, plusieurs enjeux spécifiques apparaissent. Le plus important est de mettre fin à la polyvalence des pièces, en particulier celle de la cuisine, conséquence directe du très faible nombre moyen de pièces et de l'exiguïté des espaces dans les logements populaires. À défaut de pouvoir reproduire la richesse distributive de l'habitat bourgeois, avec sa pluralité de lieux (salle à manger, salon de réception, salon familial, salon de musique, boudoir, fumoir, bureau, chambre de Monsieur, chambre de Madame, etc.), il s'agit bien de permettre une spécialisation minimale des pièces afin de favoriser la vie familiale : une cuisine indépendante dédiée à la préparation des repas, une salle de séjour que l'on pourra subdiviser en « coins » de manière à y permettre la variété et – jusqu'à un certain point – l'individualisation des usages, une chambre à coucher parentale destinée à préserver l'intimité du couple, des petites chambres d'enfants, des espaces techniques ou « servants ». Il faut également garantir un niveau d'équipements répondant aux normes minimales d'hygiène et de confort : water-closets, salles de bains, buanderie, poêles en céramiques, éclairage et chauffage au gaz (puis à l'électricité), équipement électroménager.

Aux yeux des réformateurs, il ne s'agit toutefois pas seulement d'intervenir sur le cadre bâti. Il est nécessaire d'agir sur l'habitant. Comme l'affirme sans ambages un architecte berlinois, il faut « éduquer ces populations fraîchement urbaines à de meilleures mœurs dans leur façon d'habiter[27] ». Du point de vue des réformateurs, en effet, « habiter » ne va pas de soi, mais relève d'une « culture » que

27. D.B. WEHL, « Industrielle Innenkolonisation in der Schweiz und Deutschland » *Städtebau*, n° 16, 1919, p. 33, cité par Elsa VONAU, *La Fabrique de l'urbanisme*, *op. cit.*, p. 313.

la plupart des ouvriers et des employés de la très grande ville doivent acquérir. Elle relève d'un ensemble de « compétences » qu'il s'agit d'inculquer ou de stimuler.

L'habitant doit ainsi apprendre à occuper son logement. Il lui faut savoir aménager les « coins » dans les pièces principales et comprendre comment faire un usage approprié de la demi-pièce. Celle-ci permet en effet de s'isoler, c'est-à-dire de s'adonner à une activité en toute tranquillité, dès lors que l'on prend la peine de fermer la porte derrière soi. De même, le choix d'un mobilier adéquat relève d'un apprentissage : à Falkenberg, une maison-témoin présente une collection de meubles ouvriers disposés dans les pièces. L'habitant doit également apprendre à entretenir un logement sain : le premier *alinéa* du règlement de la *Siedlung* Lindenhof enjoint aux habitants de la cité de signaler à la coopérative la présence de parasites. Le même règlement rappelle qu'il est interdit de secouer/battre les tapis dans les escaliers ou sur les paliers – des espaces réservés à cet usage sont prévus. De nombreux conseils sont également prodigués pour le nettoyage de la baignoire émaillée, la constitution d'une pharmacie de base, l'aération régulière des pièces disposant d'une fenêtre, le maintien d'une bonne température ou encore le contrôle du taux d'humidité. On reconnaît là une préoccupation de la nébuleuse hygiéniste, pour qui le cadre de vie a le pouvoir de modeler les conduites sociales, et qui apparaît soucieuse d'acculturer les migrants ruraux – immigrés en leur propre pays – aux normes et aux pratiques de l'hygiène moderne. Ainsi les nouvelles cités d'habitation fixent-elles « le cadre d'un apprentissage des valeurs d'hygiène, de discipline, de prévoyance mais aussi de bon goût et de culture générale[28] ».

Éduquer les habitants, ce n'est pas seulement leur apprendre à aménager, occuper et entretenir leur logis. C'est aussi les habituer à cultiver de bons rapports avec leurs voisins. Même si sociabilité prescrite et sociabilité vécue ne doivent pas être confondues, tout indique en effet que la vie collective des cités d'habitation s'accompagne d'une redéfinition subtile des normes régissant les « bons » rapports de voisinage. Les principes qui président à l'aménagement des cités, tout comme les règlements qui en organisent la vie quotidienne, mais aussi les journaux coopératifs, ou encore les photographies prises à l'occasion des fêtes, montrent que leur « sociabilité » est

28. Elsa Vonau, *La Fabrique de l'urbanisme*, *op. cit.*, p. 309.

fondée sur un ensemble de principes qui ne renvoient ni tout à fait au modèle « communautaire » du village, ni tout à fait au modèle « sociétaire » de la grande ville – du moins tels que le sociologue Ferdinand Tönnies en avait défini les termes de manière antithétique à la fin des années 1880[29]. S'il existe une volonté explicite de faire de chaque cité un espace communautaire, comme en témoignent l'organisation des habitants en coopératives, l'édition de petits journaux, l'organisation de cours ou encore la régularité des fêtes et autres rituels collectifs, quantité de prescriptions renvoient à une culture du voisinage qui évoque davantage la cohabitation parfois difficile dans l'environnement dense de la très grande ville que la vie au village. Éviter de chanter, de faire de la musique ou écouter la radio à certaines heures, prendre soin des parties communes, garder ses distances en évitant ragots et potins, se contenter de souhaiter le bonjour et ne prodiguer aide et conseil que lorsqu'on y est invité, sont autant de conseils donnés aux « voisins » qui retranscrivent – à un certain degré – les normes de distanciation sociale propre à l'anonymat de la très grande ville. Ces prescriptions renvoient à la volonté de trouver un certain équilibre entre esprit communautaire et esprit sociétaire. On trouve là le modèle – au fond très pragmatique – d'une « urbanité coopérative » qui peut être interprétée – c'est selon – comme une urbanité de transition – celle que la sphère conservatrice souhaite aménager entre le village et la très grande ville – ou comme une urbanité d'anticipation – celle que la sphère progressiste appelle de ses vœux contre l'individualisme triomphant.

Réintroduire la nature en ville, « renaturer » le citadin

L'explosion urbaine n'a pas seulement créé les conditions d'une crise du logement dramatique. En provoquant un débordement sans précédent de la ville sur elle-même, elle a également rompu l'équilibre séculaire entre la ville et sa campagne environnante. Comme l'expriment Hans Bechly et Hermann Franck, « si l'on veut fortifier les mœurs du peuple allemand, il faut donner aux masses urbaines la possibilité de revenir à un contact plus durable avec la nature[30] ».

---

29. Ferdinand Tönnies, *Communauté et société. Catégories fondamentales de la sociologie pure*, PUF, Paris, 2010 [1887].

30. Gagfah, *16 000 Wohnungen für Angestellte*, *op. cit.*, p. 275.

Forts d'une longue tradition, les jardins berlinois en constituent un premier terrain d'expérimentation [31]. Regroupés (ou non) en « colonies » (*Kolonien*) ou en « lotissements » (*Sparten*), souvent gérés par des associations proches de la social-démocratie, rarement cartographiés (ce qui n'en facilite pas la connaissance), ils pullulent à la périphérie de la ville dense, au-delà de la limite formée par la *Ringbahn*, dans les interstices d'une croissance urbaine qui s'est opérée en « tache d'huile ». Jules Huret leur consacre un chapitre entier de son grand reportage publié en 1909 [32]. « Quand, rapporte le journaliste, venant du nord, du sud, de l'est ou de l'ouest, après avoir traversé d'interminables paysages plats, monotones, déserts et stériles, forêts de sapins, champs de betteraves ou de pommes de terre, vous approchez de Berlin, l'œil est amusé par un spectacle que je n'ai guère vu qu'en Allemagne. Qu'on s'imagine d'immenses terrains divisés en petits rectangles, longs d'une vingtaine de mètres sur dix ou quinze de large, séparés par des barrières rustiques ou de simples fils de fer, et où s'élève une cabane de bois brut. [...] C'est ce que les Allemands appellent les *Gartenlauben* [33]. » D'après le journaliste, « autour de Berlin, on en compte quinze cents, soit, avec les enfants, à raison de quatre enfants par famille en moyenne, environ six mille personnes "colonisées" [34] ». Sur ces « parcelles de quelques mètres », les ouvriers « passent en famille la fin du samedi et la journée du dimanche. L'été, beaucoup d'entre eux y viennent même chaque jour après leur travail. Autour de la cabane, le locataire a pioché la terre, semé des graines, et de la verdure grimpe le long des barrières et des planches, et radis, salades, fleurs remplissent l'espace laissé libre par la cabane [35] ».

Aux yeux de la plupart des réformateurs, le jardin remplit une première fonction essentielle : il est un lieu curatif ou prophylactique. « Nous espérons beaucoup de ces colonies, me dit l'un de leurs apôtres les plus zélés, témoigne Huret. Notre but initial est bien d'assurer le repos de l'ouvrier et de sa famille dans un air sain, après la journée de travail à l'atelier, ou le dimanche, et de permettre aux

31. Hermann Rudolph, « Les jardins Schreber », *in* Étienne François, Hagen Schulze (dir.), *Mémoires allemandes*, Gallimard, Paris, 2001, p. 414-436.

32. Jules Huret, « Les Gartenlauben », *Berlin*, *op. cit.*, p. 116-125.

33. *Ibid.*, p. 116.

34. *Ibid.*, p. 117.

35. *Ibid.*

faibles et aux convalescents de hâter leur guérison dans un milieu salubre. Mais là ne se borne pas notre ambition. Nous voudrions déshabituer l'ouvrier de la brasserie et de la "Weinstube", éveiller en lui le goût de l'épargne, cultiver le sens de la propriété et l'esprit familial par le travail commun. Et même, n'est-il pas possible de ramener au goût des travaux champêtres tant d'anciens paysans égarés dans nos villes ou de le faire naître chez leurs enfants [36] ? » Le jardin est ainsi l'outil par excellence du réenracinement : là, le migrant rural, projeté sans ménagement dans l'univers de la très grande ville, peut reprendre contact avec la nature. Comme l'explique le directeur de la construction de la Gagfah Hans Gerlach, l'homme est « une partie de la nature et ne peut réellement s'épanouir qu'en étroit contact avec elle ; c'est pourquoi un logement sain doit en premier lieu remplir une condition : relier l'habitant à la nature et non l'en séparer. En d'autres termes : à la maison, il faut un jardin directement lié au logement. Le jardin doit en quelque sorte être considéré comme un élément de l'espace habitable. Il peut être petit mais immédiatement accessible des pièces où l'on vit. Il est le lieu où les petits s'ébattent, où les grands, qui doivent procurer une quantité suffisante de soleil et de lumière à leur corps et de l'air pur et frais à leurs poumons, se détendent après un travail harassant à l'usine, à la mine ou autre lieu de travail [37]. » Tout en demeurant plus encline à produire en masse des immeubles collectifs, la Gehag elle-même, aux orientations beaucoup moins conservatrices que la Gagfah, ne cesse d'insister sur le fait que les maisons individuelles et une partie des appartements en étage doivent avoir leur propre « jardin à vivre » (*Wohngarten*). Celui-ci, rappelle en effet l'architecte Bruno Taut, « permet d'être autant qu'on le veut à l'air libre, offre la possibilité de jardiner sainement et est d'un bon rapport. L'espace du jardin attenant laisse air et soleil pénétrer dans le logement et crée un environnement d'habitants en bonne santé et heureux de vivre [38] ».

Mais le jardin n'est pas seulement un lieu de régénération : il offre aussi au (néo)citadin un moyen simple d'accéder à des ressources d'appoint – notamment en cas de crise économique. « Il manque [en effet] au citadin un second métier, affirme Martin Wagner, celui de

36. *Ibid.*, p. 121.
37. Hans Gerlach, « Die beste Wohnform », *loc. cit.*
38. Cité par Christine Mengin, *Guerre du toit et modernité architecturale*, *op. cit.*, p. 294.

paysan de ville (*Stadtlandwirt*)[39]. » Dans les années 1920, la sphère réformatrice berlinoise ne cesse ainsi d'encourager le jardinage d'autosubsistance alimentaire. Les fondateurs de la Gagfah insistent sur la nécessité de doter les habitants d'étables, de clapiers, de poulaillers. De même, les jardins potagers envahissent les nouveaux parcs publics aménagés durant cette décennie : Erwin Barth, fondateur de la faculté du paysage à l'université technique de Berlin en 1923, fait une large place aux jardins familiaux dans le parc de Rehberge à Wedding. Ils sont également au programme de la plupart des cités d'habitation. « Entre les rues principales d'un futur quartier, constate Eugen Diesel, on cultive sur d'étroites bandes de terre des légumes, des fruits, des fleurs, on élève des lapins, des poules, des chèvres [...][40]. » À Falkenberg – construite en deux tranches par Bruno Taut entre 1913 et 1916, cette cité d'habitation doit notamment « apporter la preuve que l'idée de cité-jardin est réalisable à Berlin[41] » – chaque appartement dispose d'un jardin de 135 à 600 m^2 équipé d'un abri pour l'élevage de petits animaux. Le *Siedler* n'y est pas seulement invité à reprendre contact avec la nature, mais bien à *cultiver*, comme en témoignent les cours de jardinage ainsi que les conseils prodigués pour consommer fruits et légumes de saison et mettre le surplus en conserve. Dans la Cité du fer à cheval (*Hufeisensiedlung*), les jardins dessinés par le paysagiste Leberecht Migge sont à dominante de légumes et d'arbres fruitiers. Ce dernier s'impose alors comme l'un des principaux promoteurs de l'agriculture vivrière urbaine. Auteur de plusieurs manuels de référence sur le sujet[42], il conçoit plusieurs « dispositifs spatiaux qui établissent une relation organique entre ville et jardin sur la base du recyclage des eaux et des déchets urbains[43] » : il milite pour équiper les jardins potagers non seulement de « fermettes

---

39. Martin WAGNER, « Neusiedlungen – ein wirtschaftlicher Wahnsinn. Programmatische Richtlinien für die Siedlungspolitik der Gegenwart und Zukunft », *Wohnungswirtschaft*, a. 1, n° 5, 1924, p. 41-46, cité par Christine MENGIN, *Guerre du toit et modernité architecturale, op. cit.*, p. 294.

40. Eugen DIESEL, *Das Land der Deutschen, op. cit.*, p. 219.

41. Cité par Christine MENGIN, *Guerre du toit et modernité architecturale, op. cit.*, p. 251.

42. Leberecht MIGGE, *Jedermann Selbstversorger ! Eine Lösung der Siedlungsfrage durch neuen Gartenbau*, Diederichs, Iéna, 1919 ; Leberecht MIGGE, « Das grüne Manifest », *Die Tat*, 1919, p. 912-913. Sur Migge, voir David HANEY, *When Modern was Green. Life and Work of Landscape Architect Leberecht Migge*, Routlegde, Londres, 2010.

43. Corinne JAQUAND, « Leberecht Migge et la colonie évolutive "selon les principes biologiques" », *In Situ*, vol. 21, 2013, p. 24.

évolutives à énergie passive[44] » en autoconstruction, mais aussi de « murs solaires » capables de capter l'énergie du soleil et comprenant des branchements aux réseaux d'électricité et d'eau potable de la métropole.

Avec la promotion du jardin et du jardinage, l'aménagement de grands parcs publics dédiés à la promenade régénératrice – c'est-à-dire aux vertus non seulement morales, mais aussi *sanitaires* – constitue un autre axe des politiques berlinoises de « renaturation ».

Élaborée au tournant des années 1910, quand le modèle des parcs américains est adopté par la nouvelle génération des paysagistes allemands et que les débats sur les espaces verts métropolitains s'élargissent à l'ensemble des cercles professionnels de la réforme urbaine (paysagistes, hygiénistes, éducateurs), cette nouvelle « doctrine sanitaire du vert urbain » est bien résumée par la thèse de doctorat que le futur *Stadtbaurat* de l'agglomération berlinoise Martin Wagner soutient en 1915[45]. « Les conditions sanitaires des grandes villes, affirme-t-il, exigent une expansion d'espaces de vie sains. L'intégration de la nature dans ce développement sera le défi municipal et politique des années à venir. Les villes, qui regroupent plus de la moitié de la population totale de l'Allemagne, ont le devoir de garantir la santé du corps allemand et d'accroître la force de l'Allemagne. Nous devons relever ce défi avant d'arriver au point où une solution par des moyens naturels ne sera plus possible[46]. » Comment ? En développant une méthode de planification des espaces verts selon trois principes, répond Wagner : premièrement, leur extension aux réserves naturelles (forêts et champs) entourant la très grande ville ; deuxièmement, la redéfinition de leur vocation – c'est-à-dire de leurs usages ; troisièmement, leur connexion au réseau de transports en commun de l'agglomération.

« On ne peut pas résoudre le problème des espaces verts des grandes villes par la seule existence des forêts et des parcs d'une part, et des promenades d'autre part. Le problème ne peut être résolu que par l'*utilisation effective* des espaces verts sous forme de terrains de sport et de jeux, de jardins familiaux, de parcs publics et de possibilités de

44. *Ibid.*

45. Martin WAGNER, *Das sanitäre Grün der Stadt : Ein Beitrag zur Freiflächentheorie*, Carl Heymann, Berlin, 1915. Pour un résumé de la thèse de Wagner, voir Julius POSENER, *Berlin : Auf dem Wege zu einer neuen Architektur 1890-1918*, Prestel, Munich, 1979, p. 289-312.

46. Martin WAGNER, *Das sanitäre Grün der Stadt. op. cit.*, p. 92, cité par Barry A. JACKISCH, « The Nature of Berlin: Green Space and Visions of a new German Capital, 1900-45 », *Central European History*, vol. 47, n° 2, 2014, p. 307.

promenade offertes par les forêts et les champs[47]. » Reprenant à son compte la distinction établie par l'urbaniste viennois Camillo Sitte entre « vert décoratif » et « vert hygiénique », Wagner affirme ainsi que les espaces verts doivent en effet moins servir à embellir l'espace urbain que répondre aux besoins physiologiques des citadins, c'est-à-dire s'ouvrir à leurs usages sportifs et récréatifs[48]. Mais redéfinir la vocation des espaces verts ne suffit pas. Il faut aussi les rendre accessibles à tous. La valeur d'usage des parcs et des réserves naturelles situées aux portes des zones urbaines est intrinsèquement liée à leur accessibilité. Wagner emprunte ici aux paysagistes américains le concept de « distance de la poussette » : les espaces libres urbains ne doivent pas être à plus de dix à quinze minutes à pied des quartiers d'habitat, les parcs à plus de vingt minutes et les terrains de sport et parcs forestiers à plus de trente minutes. S'agissant de Berlin, Wagner estime ainsi que les zones boisées du sud-ouest (Grünewald et Wannsee) sont suffisamment proches du centre-ville pour être reliées en moins de trente minutes par S-Bahn, tandis que les bois situés à l'amont de la Spree (Köpenick et Grünau) sont trop éloignés.

C'est pour l'essentiel cette nouvelle doctrine qui inspire les acteurs de la planification urbaine berlinoise dans les années 1910 et 1920. Entre 1907, date de parution du *Manifeste pour le Grand Berlin* qui ouvre la voie au concours et à l'exposition générale d'urbanisme de 1909-1910, et 1930, date à laquelle s'achèvent les travaux d'aménagement de la plage de Wannsee, deux séries de mesures président en effet à la mise en place d'un véritable système métropolitain de squares, jardins, parcs et forêts, à la fois ouverts aux usages récréatifs des citadins et connectés au réseau de transports publics de l'agglomération.

La première est l'intégration graduelle des espaces forestiers environnant Berlin à l'armature métropolitaine des squares, jardins et autres parcs publics. Dès 1907, prolongeant la campagne de mobilisation pour sauver la forêt de Grünewald[49], le *Manifeste pour le Grand Berlin* n'invite pas seulement à protéger les espaces naturels environnant la ville, mais aussi à concevoir la métropole berlinoise en étroite relation

47. *Ibid.*, p. 3, cité par Barry A. Jackisch, « The Nature of Berlin ... », *loc. cit.*, p. 313 (c'est nous qui soulignons).

48. Camillo Sitte, « Großstadtgrün », 1903.

49. Jeffrey K. Wilson, « Environmental Protest in Wilhelmine Berlin: The Campaign to save the Grunewald », *loc. cit.*, p. 9-25.

avec les richesses naturelles du Brandebourg – en particulier ses forêts et ses lacs. En 1915, quatre ans après que 111 hectares de la forêt de Grünewald ont été déclarés « réserve naturelle protégée », le syndicat intercommunal parvient à engager le processus de rachat à l'État prussien des forêts de l'agglomération. Avec plus de 15 000 hectares de forêts acquises de part et d'autre de la grande annexion de 1920, les forêts de l'agglomération berlinoise sont ainsi progressivement rendues accessibles au public, cette ouverture étant assortie de mesures de protection des arbres et des aires naturelles sensibles à l'intérieur de ces mêmes forêts. En une décennie, 10 600 hectares de « zones boisées » autour de l'agglomération et 104 kilomètres de « sentiers de berge » le long de ses cours d'eau font ainsi l'objet de mesures de protection, tandis qu'une dizaine de sites remarquables représentant environ 170 hectares supplémentaires sont déclarés « réserves naturelles protégées[50] ».

La seconde série de mesures est la redéfinition de la vocation des parcs publics. Dès 1907, le concours pour le Schillerpark marque une rupture avec les parcs aménagés dans la seconde moitié du XIXe siècle[51] : son lauréat Ludwig Bauer prévoit en effet deux grandes pelouses pour les jeux de balle et le prélassement des foules. En 1910, l'exposition générale d'urbanisme, qui consacre une section entière aux « espaces libres », met l'accent sur la place du sport dans la ville. Créé un an plus tôt, le Haut-Comité pour la promotion des exercices physiques dans le Grand Berlin y présente un tableau statistique sur les terrains de sport : à cette date, 96 % des enfants vivant dans le centre-ville de Berlin ne disposent toujours pas d'aires de jeux de proximité. C'est pour l'essentiel à partir de 1924 que d'importants programmes sont mis en œuvre, qui permettent de combler une partie de ce retard. Sous le mandat de Walter Koeppen (1925-1930),

---

50. Il s'agit des 2,5 ha du parc du château de Lichterfeld à Steglitz en 1923, des 98 ha de la Pfaueninsel à Zehlendorf en 1924, des 35 ha de « tourbière, pinède et cours d'eau » (*Hochmoor, Kiefernwald und Wasserfläche*) de Krumme Laake à Köpenick en 1925, des 15 ha de « terrains de tuf calcaire » (*Kalktuffgelände*) Am Tegeler Fliess à Pankow en 1926, et des 26 ha de « forêts de vieux chênes et de marais » (*Alteichenbestand und Sumpfstellen*) de Pferdebucht à Köpenick en 1928. *Statistisches Jahrbuch der Stadt Berlin*, 10. Jahrgang, 1934, p. 4-5.

51. Quatre grands parcs publics ont été réalisés sous les mandats successifs de Gustav Heinrich Meyer (1876-1888) et Hermann Mächtig (1888-1894) à la tête de la « députation des parcs » (*Parkdeputation*) : Humbolthain dans les faubourgs ouvriers du nord entre 1869 et 1876, l'extension du parc de Friedrichshain en 1875-1876, le Treptower Park sur les rives de la Spree entre 1876 et 1888 et le Viktoriapark sur la colline de Kreuzberg entre 1888 et 1896.

plusieurs grands parcs et/ou infrastructures sont réalisés, qui augmentent de près de 340 hectares la superficie d'espaces verts et de terrains de jeux dans le cœur urbain dense. Les plus importants sont le parc de Jungfernheide à Charlottenbourg (160 hectares), dont la composition axiale centrée sur un lac artificiel équipé pour la baignade s'inspire fortement du programme des *Playgrounds* de Chicago, le parc de Rehberge à Wedding (89 hectares), où l'accent est davantage mis sur la pratique du sport en plein air avec une grande pelouse servant de terrain de football, des terrains de tennis et une grande piste d'athlétisme, ou encore la plage de Wannsee, dont les travaux en 1929-1930 parachèvent ce cycle d'aménagement de grandes infrastructures dédiées à la « détente » des foules métropolitaines.

Vers la fin des années 1920, Martin Wagner en dresse le bilan. Avec 46,5 mètres carrés d'espaces verts par habitant contre 40 à Chicago, 36 à New York, 15 à Los Angeles ou encore 13 à Philadelphie, mais aussi 20 000 hectares d'espaces naturels acquis par ville, 20 000 hectares d'espaces boisés protégés dans les limites de l'agglomération (45 000 au-delà) et 104 kilomètres de berges classées, le Grand Berlin est mieux équipé en espaces verts de proximité et en parcs forestiers périphériques que la plupart des très grandes villes américaines. « Nous pouvons dire aujourd'hui, affirme Carl Diem en 1930, que [...] les grands parcs berlinois, Rehberge, Jungfernheide, Wuhlheide, le port nautique de Potsdam, n'ont plus rien à envier aux programmes américains du même genre [...][52]. » Berlin, observe alors Jean Giraudoux, « n'est pas une ville de jardins, c'est un jardin. [...] Tout le Berlin nouveau, de Lichterfelde à Grünewald, est une ville de bains, sans sources particulières, un port de plaisance sans la mer, mais cette notion de vacances qui est écrasée pour le bourgeois français entre les chaleurs de juillet et les pluies de septembre, s'y épand dans chaque journée, dans chaque heure, et le repos y a trois fois par jour l'agrément de la richesse, du loisir et – nous sommes en 1930 – d'on ne sait quelle victoire[53] ». Point d'orgue de cette mobilisation tous azimuts, la publication par Martin Wagner d'un Plan des espaces libres[54] (*Freiflächenschema*) pour le Grand Berlin en 1929. Reprenant les propositions formulées vingt ans auparavant par les équipes lauréates du concours de 1909-1910, le *Stadtbaurat* prévoit

52. Carl DIEM, *Sport in Amerika*, Weidmannsche Buchhandlung, Berlin, 1930, p. 61.
53. Jean GIRAUDOUX, *Berlin*, *op. cit.*, p. 31-41.
54. Martin WAGNER, *Freiflächenschema der Stadtgemeinde Berlin*, 1929.

la création de grandes coulées vertes reliant les parcs, terrains de jeux et jardins situés dans le cœur dense de l'agglomération berlinoise au vaste réseau de lacs et de forêts de l'aire suburbaine. Avec pour objectif d'atteindre 31 500 hectares d'espaces verts en vingt ans, ce système étendu de squares, jardins, parcs publics et autres parcs forestiers est conçu pour accompagner la poursuite de la croissance centrifuge de la plus grande ville allemande.

Prévenir les accidents, discipliner les usagers de la rue

Dernière préoccupation majeure du mouvement réformateur berlinois : la résolution du désordre circulatoire et la « prévention des accidents de la rue » (*Unfallverhütung*). Portés par des disciplines aussi différentes que l'ingénierie urbaine, l'urbanisme ou encore la psychotechnique, quatre principaux domaines font ainsi l'objet d'un foisonnement d'expérimentations technico-réglementaires, témoignant à nouveaux frais de l'effort fait par la sphère réformatrice pour articuler l'aménagement de la très grande ville à l'évaluation des aptitudes à la fois mentales, sensorielles et psychomotrices des individus qui y vivent, y circulent et y travaillent.

Le premier domaine est le réaménagement des rues et des places de la City, là où se concentrent l'essentiel des problèmes posés par l'augmentation du trafic. Comme le souligne Erich Giese, auteur d'un manuel de référence sur la police de la circulation en 1926, les principales difficultés tirent leur origine « de l'étroitesse des rues[55] » : « Seules quelques places, écrit-il, sont aménagées de manière que la circulation puisse s'y écouler sans heurt. La plupart d'entre elles sont mal agencées d'un point de vue urbanistique[56]. » Facteur aggravant, la chaussée bitumée est indistinctement occupée par l'ensemble des modes de transport : il n'existe ni site propre pour les tramways, ni marquage au sol permettant aux usagers de la rue de se repérer, ni règle claire quant à l'occupation de la chaussée. « Dans une rue à double sens, note Giese, il est généralement difficile d'éviter qu'un des véhicules ne dépasse le milieu de la chaussée, car ce dernier n'est généralement pas indiqué[57]. »

55. Erich GIESE, Heinrich PAETSCH, *Polizei und Verkehr*, *op. cit.*, p. 45.
56. *Ibid.*, p. 50-51.
57. *Ibid.*, p. 42.

Afin de mettre fin à ce « partage confus de la chaussée », il faudrait, disent les ingénieurs chargés de la circulation, « distinguer les rues à fort trafic des rues à faible trafic », les premières pouvant être signalées par un panneau spécifique[58]. Il faudrait également éliminer les véhicules les plus lents, c'est-à-dire « limiter la circulation des voitures hippomobiles et des camions dans les rues principales, et leur interdire de charger et de décharger dans ces rues aux heures de plus grande affluence[59] ». Les ingénieurs suggèrent également de séparer le trafic selon les modes et les vitesses. Une première étape consisterait à séparer le trafic piéton du trafic motorisé et/ou mécanisé. « La création d'un horaire dédié pour le trafic rapide constituerait un autre pas vers une répartition rationnelle de la chaussée[60]. » L'« insertion du tramway sur un site propre » – de préférence au milieu de la chaussée – est également particulièrement recommandée. Mais, comme l'illustrent les coupes reproduites par Giese et Paetsch, cette manière de séparer les modes requiert beaucoup d'espace. Or très peu de rues, au cœur de la City, offrent une telle latitude. À défaut, il s'agit d'offrir davantage de sécurité aux piétons. « Le franchissement de la chaussée ne devrait être autorisé qu'aux carrefours[61]. » À l'image des aménagements opérés sur l'avenue des Champs-Élysées à Paris au début des années 1920, certaines emprises de chaussée devraient être aménagées comme des trottoirs afin d'offrir aux piétons des « îlots de protection » lorsqu'ils traversent une large avenue ou descendent de tramway. Pour éviter le franchissement intempestif de telles zones-refuge par un véhicule, Giese et Paetsch vont jusqu'à préconiser de les protéger/sécuriser au moyen de butoirs ou de « heurtoirs[62] ». La création de ces zones-refuges participe d'une réflexion plus générale sur la délimitation de la chaussée par les « bordures » et les « trottoirs » : « Il est erroné, et cela vaut surtout pour les places, d'aménager les trottoirs à distance constante des immeubles. Leur bordure doit au contraire toujours suivre la ligne de circulation des véhicules routiers[63]. »

Le réaménagement des grandes places berlinoises dans les années 1920 – Potsdamer Platz en tête – illustre la plupart de ces

58. *Ibid.*, p. 40.
59. *Ibid.*, p. 41.
60. *Ibid.*, p. 48.
61. *Ibid.*, p. 43.
62. *Ibid.*, p. 44.
63. *Ibid.*, p. 50.

principes. « Sur de nombreuses places, explique Erich Giese, la mauvaise répartition des voies de circulation et surtout la trop grande largeur des voies ont un effet dissuasif sur le trafic. [...] Sur cette place très fréquentée, qui n'est pas vraiment une place mais plutôt un point d'intersection de différentes rues, l'aménagement d'un rond-point n'est pas réalisable sans démolition importante de bâtiments. Les croisements doivent être maintenus, mais les voies de circulation des véhicules et des piétons doivent être nettement séparées et les voies de tramway doivent être regroupées de manière stricte[64]. »

Appliquées isolément, l'ensemble de ces mesures mettant fin au partage confus de la rue n'apportent cependant pas de réponse pleinement opératoire à la congestion métropolitaine. D'autres « rugosités » freinent en effet l'écoulement du trafic et favorisent les accidents : arrêts, déboîtements et virages des véhicules, débouchés intempestifs de piétons, erreurs de conduite... C'est que l'aménagement de la chaussée n'est pas seul en cause. Il faut que les usagers de la rue puissent se repérer et se décider très vite. C'est la raison pour laquelle le second chantier ouvert par la sphère réformatrice, parallèle au premier, est la mise en place d'une « signalisation routière urbaine » – innovation majeure de la période – destinée à informer les automobilistes des prescriptions et/ou des dangers relatifs à la circulation, ainsi qu'à faciliter leur repérage et/ou leur prise de décision.

Consistant en un système de signes et de signaux conventionnels, celle-ci se décline sous forme de « panneaux de circulation » et de « feux de signalisation ». Les premiers, communs aux automobilistes et aux cyclistes, apparaissent dès le début du XXe siècle : il s'agit de quatre panneaux ronds destinés à avertir les automobilistes d'un « croisement de routes », d'un « passage à niveau », d'un « virage » et d'un « obstacle sur la chaussée ». Leur typologie se complexifie dans la seconde moitié des années 1920, en lien avec les réflexions menées dans le cadre du Comité permanent de la circulation routière à la Société des Nations. Face à l'intensification du trafic automobile dans les rues de la capitale, il ne s'agit en effet plus seulement d'avertir les automobilistes de dangers potentiels, mais d'organiser la relation entre les différents usagers. Ces efforts aboutissent en mars 1931 à l'adoption par les édiles berlinois de la convention internationale sur l'unification de la signalisation routière, laquelle fixe une sorte de

64. *Ibid.*, p. 51-53.

standard européen (très différent du standard américain) qui classe les panneaux en quatre catégories (panneaux de danger, panneaux de prescription, panneaux d'indication et panneaux de prudence), la tendance étant à leur simplification graphique.

À ces panneaux de la circulation s'ajoutent, dans les années 1920, les premiers feux et sémaphores – ce dernier terme désignant tout type d'appareil utilisé pour transmettre des informations par le truchement de signaux lumineux – selon une typologie qui ne s'est elle-même que lentement stabilisée. Nos sources en distinguent quatre principaux types à Berlin : « signal lumineux », « signal d'arrêt », « feu clignotant » et « lampe de signalisation suspendue ». Véritable « symbole du Berlin lumineux[65] », une tour de signalisation est notamment érigée en 1924 sur la Potsdamer Platz : « Il y a quinze jours, raconte Joseph Roth, on a érigé la tour de signalisation. On s'était imaginé un ouvrage aux dimensions grandioses, mais un beau jour on a vu dressé là un petit bout de tour d'un gris métallique avec de grands yeux ronds mais encore fermés tout en haut, sur le bord. Des yeux qui devaient régler automatiquement la circulation en émettant des rayons de couleur différente[66]. »

La multiplication de ce type de sémaphores répond à une volonté d'automatisation croissante des systèmes. Celle-ci, pourtant, tarde à s'imposer. Même si le règlement de circulation de 1926 établit une claire distinction entre le contrôle du trafic par les agents humains et par les signaux électriques, les dispositifs berlinois de signalisation demeurent longtemps hybrides, requérant la présence simultanée d'une composante humaine et d'une composante technique. Comme en témoignent de nombreuses photographies anonymes (Fig. 25), les premiers dispositifs automatiques mis au point dans les années 1920 continuent de mobiliser des policiers, soit pour en surveiller le bon fonctionnement, soit pour en contrôler le respect par les usagers de la rue. En bref, jusqu'à une date tardive, la maîtrise des carrefours et des flux revient au policier et non à l'ingénieur : « C'est encore l'agent de police blond à la belle prestance qui, sur son estrade de bois, fait fonction d'automate régulateur[67]. »

Face au désordre circulatoire, la police conserve en effet un rôle central dans la régulation du trafic. Sur la Potsdamer Platz, « une

65. Franz Hessel, *Promenades dans Berlin*, *op. cit.*, p. 92.
66. Joseph Roth, « Considérations sur la circulation », *loc. cit.*, p. 84.
67. *Ibid.*, p. 84.

Fig. 25. L'hybridité des systèmes de signalisation berlinois.

Source : Photographie anonyme, ca. 1930, reproduit dans Rainer Metzger, *Berlin. Les années vingt*, Hazan, Paris, 2006, p. 38.

douzaine d'agents se tiennent en permanence aux quatre coins et au milieu de la place, entre les aiguilles des tramways, les arrêtent, les ralentissent, et les font avancer sur un signe. Calmes et froids, ils dirigent tout ce mouvement sans un cri et pour ainsi dire sans un geste. Les conducteurs, l'œil fixé sur eux, attendent un regard, un signe de tête, pour stopper ou repartir[68] ».

Afin de se faire obéir par les automobilistes, ces policiers doivent eux-mêmes acquérir et développer des codes de type sémaphorique : maniement du sifflet, mouvements du bras, mouvements du corps. Tendus « vers le haut par les gestes de leur bras indicateurs », les *Schutzleute* ne sont dès lors plus vraiment des personnes « mais les exécutants de fonctions mécaniques dont l'articulation corporelle a pour unique finalité de remplir une fonction et de se mettre en relation avec des fonctions »[69]. Leur uniforme, « avec leurs manchettes blanches ou recouvertes de matière fluorescente », est adapté à cette action : ils rendent le « panneau de signalisation vivant » aussi visible que l'« ampoule sur le casque et les chiffres lumineux sur la poitrine »[70]. En 1924, pourtant, les mouvements de bras des *Schupos* peinent encore à être compris par les usagers : « Ces braves gens pleins de zèle, observe Joseph Roth, ont des mouvements des bras d'une ampleur inutile et gesticulent avec beaucoup d'énergie. Ne donnant pas l'impression d'être précis, ils sont peu clairs, incompréhensibles. [...] Ils ont généralement suffisamment d'intelligence, de "clarté d'esprit" et d'indépendance pour adapter "individuellement" les instructions. Mais ils doivent aussi donner des renseignements et faire entendre raison à des conducteurs récalcitrants[71]. »

Devant apprendre à maîtriser un environnement de plus en plus complexe, les *Schupos* berlinois doivent en effet être sélectionnés et formés selon de nouveaux critères. Sous la bannière de la psychotechnique, un ensemble de méthodes voient le jour, qui permettent d'en évaluer les aptitudes à la fois mentales, sensorielles et psychomotrices (Fig. 26)[72]. Les « tests d'aptitudes » auxquels ils doivent se soumettre visent à détecter des « signes de supériorité professionnelle » et à mesurer les compétences spécifiquement requises de chaque préposé. Comme nous l'apprennent les référentiels établis par le docteur Schulte et

68. Jules Huret, *Berlin*, *op. cit.*, p. 13

69. Franz Hessel, *Promenades dans Berlin*, *op. cit.*, p. 171.

70. Friedrich Georg Jünger, *La Perfection de la technique*, *op. cit.*, p. 322.

71. Joseph Roth, « Considérations sur la circulation », *loc. cit.*, p. 86-87.

72. L'autre grand domaine d'expérimentation de la psychotechnique est la sélection des conducteurs de tramways. Voir, notamment : K. Tramm, « Die Bewährung des psychotechnischen Prüfverfahrens für Straßenbahnführer », *Industrielle Psychotechnik*, vol. 1, 1924, p. 37 ; R. Couvé, *Die Psychotechnik im Dienste der deutschen Reichsbahn*, VDI-Verlag, Berlin, 1925.

Fig. 26. La psychotechnique au service de la formation des agents de la circulation berlinoise.

Source : R.W. Schulte, *Psychotechnick und Polizei*, Gerhard Stalling Verlag, Berlin, 1926, p. 114.

W. Nolte pour la police berlinoise, ces compétences vont de la capacité à « mémoriser les panneaux de circulation » à la « capacité à comprendre/observer rapidement », en passant par la capacité de synthèse ou « capacité à avoir une vue d'ensemble », l'« aptitude à établir des rapports avec exactitude », l'« aptitude à donner des ordres, se faire obéir, commander », la « compréhension des problèmes de circulation », l'« aptitude à accomplir plusieurs tâches simultanément », ou encore la « rapidité au travail ».

La formation psychotechnique des agents de la circulation berlinoise ramène en définitive aux problèmes persistants posés par la « discipline des usagers ». Les ingénieurs ne cessent-ils pas de fustiger l'indifférence, l'insouciance, voire l'imbécilité des piétons ? Ne doivent-ils pas sans cesse « faire entendre raison à des conducteurs récalcitrants[73] » ? Quatrième chantier de la sphère réformatrice, la

73. Joseph Roth, « Considérations sur la circulation », *loc. cit.*, p. 86-87.

« disciplinarisation » des usagers de la rue apparaît bien comme le complément indispensable aux politiques d'aménagement. Une circulation bien ordonnée suppose que les usagers respectent un certain nombre de consignes, de règles, de conventions : pour obtenir une « discipline intelligente et acceptée de tous[74] », il faut éduquer les usagers à la circulation.

Un film en témoigne de manière exemplaire, donnant au passage de précieux indices sur les problèmes persistants posés par le trafic (Fig. 27). Intitulé *Dans le tourbillon du trafic*[75], ce moyen-métrage réalisé en 1925 par Leo Peukert est un « film d'éducation » (*Lehrfilm*) dont l'objectif est de sensibiliser aux nouveaux dangers de la circulation. Même si son sous-titre suggère qu'il s'adresse « à tout le monde » (1), le film « cible » prioritairement les enfants, pour lesquels des projections sont organisées dans les écoles (2) afin de leur rappeler que « la rue sert à la circulation » et qu'il leur faut se montrer « prudent lorsqu'ils font du roller, du vélo ou du patin à roulettes » (3). Il mobilise pour ce faire les ressources propres au « cinéma d'animation » (*Trickfilm*), très populaire auprès du jeune public : le film s'ouvre ainsi sur une scène à caractère allégorique, dans laquelle un *Moloch* constitué de carcasses d'automobiles accidentées sème la terreur dans les rues de Berlin (4-5). Suivent une série de saynètes à caractère didactique : « plantées » au milieu de la chaussée, deux femmes sont en train de se maquiller – « enfin, mesdames, vitupère un automobiliste, la rue n'est tout de même pas une académie de peinture ! » (6-8) ; occupé à lire son journal, un homme est violemment renversé par une automobile arrivant dans son dos – « cette dictature des automobilistes, tonne-t-il, est un scandale public ! » (9-12) ; un autre homme marche d'un pas lent sur la chaussée détrempée par la pluie : à une voiture lancée à plus de 35 km/h, lui explique un automobiliste, il faut 16 mètres pour freiner (13-17) ; un camion de pompiers fonce dans les rues de la capitale : ces derniers ne cessent de rappeler à l'ordre des piétons qui débouchent de manière intempestive sur la chaussée (18-20) ; s'apprêtant à traverser la rue, un homme manque de peu de se faire renverser par un tramway : un enfant le retient *in extremis* par la manche (21) ; après lui avoir rappelé les règles de prudence élémentaires – « mais vous n'y pensez pas ! Nous l'apprenons déjà à l'école : les yeux tournés à gauche, jusqu'au milieu » (22) – il le prend

74. Jules Huret, *Berlin*, *op. cit.*, p. 13.
75. *Im Strudel des Verkehrs. Ein Film für Jedersmann*, Leo Peukert, 1925.

Fig. 27. L'éducation à la circulation par l'image.

Source : *Im Strudel des Verkehrs. Ein Film für Jedersmann*, Leo Peukert, 1925.

19

20

21

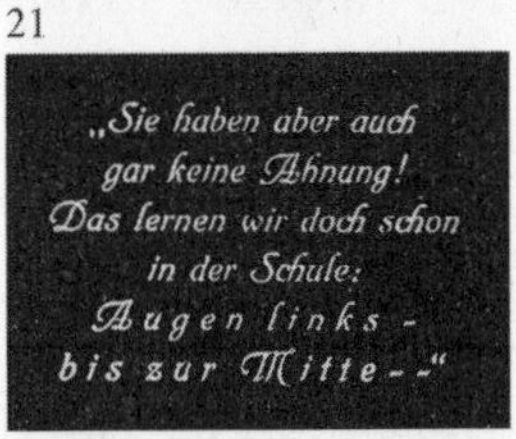

22

23

24

25

26

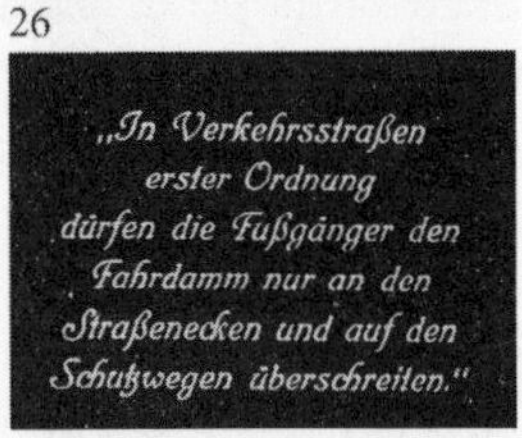

27

28

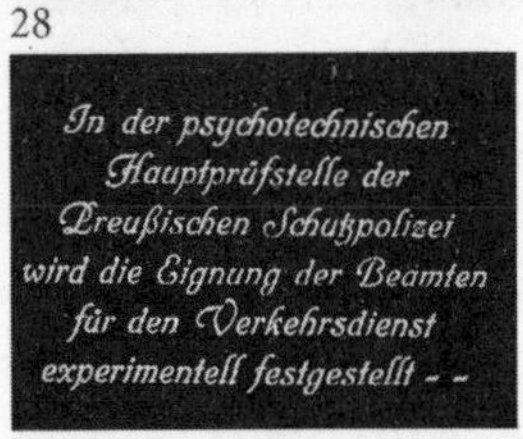

29

30

31

32

33

34

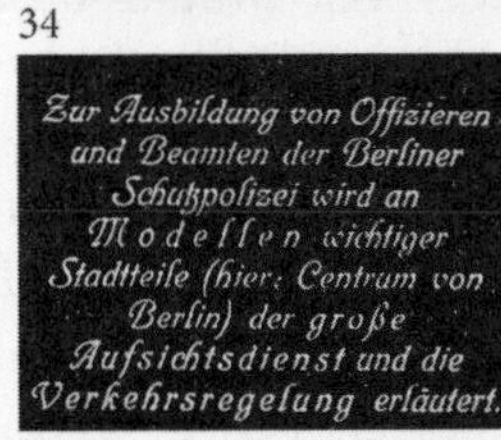

35

36

par la main et lui montre comment traverser la rue (23-26) ; « dans les rues à fort trafic, les piétons ne peuvent franchir la chaussée qu'aux carrefours et sur les passages protégés » rappelle un intertitre (27). Le film met enfin en scène une séance d'entraînement de la Schutzpolizei (29-34) dans laquelle sont notamment utilisés une maquette du centre de Berlin (35-36) ainsi qu'un modèle réduit de la tour de signalisation de la Potsdamer Platz : « Pour la formation des officiers et des fonctionnaires de la Schutzpolizei de Berlin, la surveillance et la régulation du trafic sont expliquées à l'aide de maquettes de quartiers importants (ici : le centre de Berlin). »

Si ce type de programme de sensibilisation permet de comprendre en creux les problèmes persistants posés par la discipline des usagers, il ne permet en revanche pas toujours de mesurer le degré d'intériorisation des nouvelles règles de la circulation. C'est que le comportement des automobilistes et des piétons n'est pas seulement affaire de réglementation. Il est également, voire principalement, affaire d'entente tacite entre les usagers de la rue. « Les voyages d'experts à l'étranger, confirme Joseph Roth, ne seront pas d'un grand secours, aussi longtemps que chacun n'aura pas élaboré une nouvelle réglementation de la circulation *pour son compte personnel.* Le hasard de la langue, utilisant le même mot pour désigner la circulation dans les rues de la ville et les rapports entre les hommes, n'est pas sans avoir un sens[76]... » Signe toutefois que ces règles finissent par être intériorisées, une mutation décisive s'observe au début des années 1930 : le problème de l'individu perturbateur est moins discuté dans les sources, et la hausse du nombre d'accidents semble enrayée. La question de l'optimisation technique de la signalisation l'emporte désormais sur le problème du respect de cette signalisation par les usagers. En 1933, Friedrich Leyden vante les mesures « exemplaires » qui ont fini par apporter sécurité et rationalité dans le trafic berlinois. Et en 1935, l'ingénieur berlinois Fritz Machler publie en exil *The Steadyflow Traffic System* – ouvrage qui ouvre la voie à la mathématisation de l'ingénierie du trafic et au triomphe de l'automatisation des systèmes dans les années 1950. Les dispositifs signalétiques ont conquis leur autonomie, étape décisive dans l'affirmation de l'actantialité propre des dispositifs routiers.

76. *Ibid.*, p. 89 (c'est nous qui soulignons).

5

Les dialectiques de l'adaptation citadine

Si les actions de la nébuleuse réformatrice témoignent d'une incontestable prise de conscience des formes inédites de la vie métropolitaine et d'une volonté très pragmatique d'en résoudre les problèmes, celles-ci ne se confondent toutefois pas avec les expériences concrètes des citadins. Elles n'en épuisent pas la réalité.

Transfert massif de population rurale, la croissance explosive de Berlin plonge des millions de personnes dans un environnement non seulement nouveau, mais en pleine mutation. En leur imposant de nouveaux cadres d'expérience, elle requiert donc de leur part un effort d'*adaptation*. Immergé dans la « grande foule impersonnelle », le citadin doit apprendre à devenir une « unité quelconque », c'est-à-dire à « [faire] comme les autres [1] ». Lorsqu'il fraye son chemin « parmi la foule circulante », il doit éviter d'entrer en collision avec d'autres passants, apprendre à « céder le passage [2] » et à obéir « à l'automatisme du Code de la route [3] ». Lorsqu'il monte dans le métro « en deuxième et troisième classes [4] », il doit faire en sorte de ne pas « être incommodé par des contacts douteux [5] ». Pour conjurer l'ennui de son trajet matinal, le *Pendler* a besoin d'un « passe-temps ». Il lui faut trouver

1. Marc Henry, *Trois Villes*, *op. cit.*, p. 218.
2. Franz Hessel, *Promenades dans Berlin*, *op. cit.*, p. 41.
3. Friedrich Georg Jünger, *La Perfection de la technique*, *op. cit.*, p. 75.
4. Gaston Cadoux, *La Vie des grandes capitales*, *op. cit.*, p. 171.
5. Jules Huret, *Berlin*, *op. cit.*, p. 313.

une occupation qui lui « change les idées », le « distrait[6] ». Le piéton doit apprendre à « traverser la rue » pour arriver « sans encombre de l'autre côté[7] ». S'il ne veut pas prendre le risque d'« être tué par une auto qui arrive à couvert », il doit être capable d'« apercevoir à temps » un véhicule qui se serait « fourvoyé par hasard sur les rails[8] » et qui – de ce fait – serait masqué par un tramway. Il doit surtout éviter de « monter ou descendre [sur la plateforme d'un tramway ou d'un omnibus] pendant la marche », faute de quoi il sera ni plus ni moins en « danger de mort[9] ». Dans les rues plus animées et sur les grandes places, il doit également s'habituer au « vacarme du trafic circulaire » et à la « lumière aveuglante des phares et des publicités[10] ». Et tout cela suppose de sa part « un certain sens d'à-propos, des qualités d'observation, une intelligence plus rapide que chez l'habitant des petites villes[11]. »

Comme en témoignent ces observations prises sur le vif par quelques-uns des meilleurs observateurs de la vie berlinoise dans les années 1910 et 1920, la vie dans la très grande ville requiert de nouvelles aptitudes, de nouveaux savoir-faire – toute une gamme de *compétences* pour la plupart inconscientes et routinières, mais dont la maîtrise paraît indispensable au bon fonctionnement d'une ville rassemblant plusieurs millions d'habitants. Or, avant d'être assimilées au point d'être « naturalisées », ces compétences supposent des apprentissages – *a fortiori* quand ces mêmes habitants sont des migrants ruraux arrivés de fraîche date dans la très grande ville. Mais quelles sont ces compétences ? Et par quels mécanismes les (néo)citadins les acquièrent-ils ?

Réserve citadine et civilité ordinaire

La métropolisation entraîne tout d'abord une reconfiguration profonde des manières de se côtoyer dans l'espace public : le face-à-face anonyme dans les compartiments des rames de tramway aux heures de pointe,

6. Joseph Roth, « Lecture de voyage » [*Frankfurter Zeitung*, 7 juin 1931], *in* Joseph Roth, *Automne à Berlin*, *op. cit.*, p. 218.
7. Joseph Roth, « Le Kurfürstendamm », *loc. cit.*, p. 206.
8. Joseph Roth, « Considérations sur la circulation », *loc. cit.*, p. 86.
9. Alfred Döblin, *Berlin Alexanderplatz*, Gallimard, Paris, 2010 [1929], p. 56.
10. Franz Hessel, *Promenades dans Berlin*, *op. cit.*, p. 154 et p. 163.
11. Marc Henry, *Trois Villes*, *op. cit.*, p. 255.

l'agglutinement et le piétinement dans les files d'attente à l'entrée des infrastructures de loisir, ou encore l'entassement des corps dénudés sur les plages le dimanche, constituent autant de situations typiquement métropolitaines qui mettent en jeu des manières inédites de se faire face ou d'être au corps-à-corps.

L'expérience moderne du déplacement en commun entre le domicile et le travail en offre un premier exemple. Lors de leur trajet matinal, les passagers d'une rame de métro ou de tramway, contraints de « cohabiter » dans un espace réduit – wagon, rame, compartiment – constituent une petite « communauté[12] », certes éphémère mais bien réelle. Cette expérience parachève une évolution amorcée avec le voyage en diligence, puis en train – formes préindustrielles du « voyage en commun ». Mais alors que dans la diligence, et dans une moindre mesure le train, la durée du voyage, conjuguée à la disposition des sièges en vis-à-vis, invitait en quelque sorte les voyageurs à la conversation, la brièveté et l'inconfort des trajets en omnibus, en tramway ou en métro, contraignent les *Pendler* « à un rapport qui n'est plus un besoin vivant, mais une obligation pénible[13] ». Comme le note Georg Simmel, « avant le développement qu'ont pris les omnibus, les trains et les tramways au XIXe siècle, les gens n'avaient pas l'occasion de [...] se regarder mutuellement pendant plusieurs minutes, voire pendant des heures, sans se parler[14]. »

À ce face-à-face anonyme et muet s'ajoute en outre bien souvent l'extrême promiscuité aux heures de pointe. Dans les wagons « bourrés à craquer[15] » qui évoquent davantage « l'acheminement des marchandises que le transport des personnes[16] », la gêne n'est alors plus seulement sociale, mais aussi physique. Certes, les opérateurs de transports cherchent à abaisser la densité des voyageurs en augmentant le nombre et la fréquence des rames et en exploitant du matériel roulant à plus grande contenance. Comme le rapporte Gaston Cadoux au retour de son voyage d'étude à Berlin en 1908, « à une voiture motrice est [généralement] attelée une voiture de remorque ; [mais] aux heures les plus

12. « Tous les passagers d'une voiture constituent en fin de compte une communauté. Mais ils n'en sont pas conscients [...] », Joseph ROTH, « Considérations sur la circulation », *loc. cit.*, p. 89.

13. Wolfgang SCHIVELBUSCH, *Histoire des voyages en train*, Gallimard, Paris, 1990, p. 80.

14. Georg SIMMEL, *Soziologie*, Leipzig, 1908, p. 650-651, cité par Wolfgang SCHIVELBUSCH, *Histoire des voyages en train*, *op. cit.*, p. 80.

15. Egon Erwin KISCH, « Petite expérience avec un gros pourboire », *loc. cit.*, p. 103.

16. Siegfried KRACAUER, « Figures berlinoises », *loc. cit.*, p. 160.

chargées, on en met deux. L'attente de places disponibles est [ainsi] réduite au minimum[17] ». Certes, la distanciation sociale – qu'il ne faut toutefois pas confondre avec la distanciation physique – peut également être organisée par le système des classes : dans le métro berlinois, « il y a deux classes, dénommées singulièrement seconde et troisième classes », alors que sur le réseau de tramway, « le tarif est uniforme et la classe unique. La place ne coûte que 10 pfennigs pour tout parcours ininterrompu en ville ou sur toute section suburbaine »[18]. Mais ces mesures ne permettent pas de mettre fin à la congestion. Au début des années 1930, observe Siegfried Kracauer, il est encore très rare que le métro ne soit « pas plein[19] ». En bref, à Berlin comme dans d'autres très grandes villes du début du XXe siècle, les conditions de transport ne cessent de se dégrader, confrontant quotidiennement les *Pendler* à l'embarras de longs face-à-face muets et/ou de véritables corps-à-corps[20].

S'il est très difficile de connaître avec précision la manière dont les *Pendler* berlinois gèrent ces situations embarrassantes, de nombreux indices sont néanmoins offerts, dans les années 1920, par un cinéma documentaire particulièrement attentif aux expériences quotidiennes des habitants de la très grande ville.

Dans une courte séquence en caméra cachée de *Berlin, die Sinfonie der Großstadt*, quatre employés de bureau – trois hommes et une femme – sont assis dans le métro (Fig. 28) : trois d'entre eux lisent le journal, tandis que la jeune employée, assise au bord de la fenêtre, a le regard plongé dans le vague. Tout se passe ainsi comme si, en situation de promiscuité, les passagers prenaient soin de limiter leurs interactions visuelles afin de ne pas embarrasser leur(s) voisin(s). Baisser les yeux, regarder dans le vague ou encore lire le journal, c'est à la fois se protéger – « en baissant les yeux, note Simmel, je soustrais à l'autre un peu de la possibilité de me découvrir[21] » – et protéger en retour la sphère d'intimité des voyageurs assis à mes côtés. « L'attitude d'esprit des habitants des grandes villes les uns à l'égard des autres, analyse

17. Gaston Cadoux, *La Vie des grandes capitales*, *op. cit.*, p. 172.

18. *Ibid.*, p. 171.

19. Siegfried Kracauer, « Figures berlinoises », *loc. cit.*, p. 160.

20. Pour une comparaison avec le cas parisien, voir Arnaud Passalacqua, *L'Autobus et Paris. Souplesse, espace public et mobilité de 1900 aux années 1970*, thèse de doctorat en histoire, université Paris Diderot, 2009 ; Arnaud Passalacqua, « Transports en commun et distance sociale. De l'omnibus au métro », *Métropolitiques*, 8 juin 2020.

21. Georg Simmel, « Sociologie des sens », *in* Georg Simmel, *Les grandes villes et la vie de l'esprit*, Payot, Paris, 2013 [1902], p. 85.

Fig. 28. Le côtoiement anonyme dans le métro berlinois.

Source : *Berlin, die Sinfonie der Großstadt*, Walther Ruttmann, 1927.

ailleurs Simmel, [peut] bien être désignée d'un point de vue formel comme un caractère réservé[22]. » En effet poursuit le philosophe, « si la rencontre extérieure et continuelle d'un nombre incalculable d'êtres humains devait entraîner autant de réactions intérieures que dans la petite ville, où l'on connaît presque chaque personne rencontrée et où l'on a un rapport positif à chacun, on s'atomiserait complètement intérieurement et on tomberait dans une constitution de l'âme tout à fait inimaginable. Ce sont en partie cet environnement psychologique, en partie le droit de se méfier que nous avons à l'égard des éléments qui affleurent dans le contexte passager de la vie dans la grande ville, qui nous contraignent à cette *réserve*. Et, par suite, nous ne connaissons souvent pas, même de vue, nos voisins de palier, des années durant, et nous apparaissons comme froids et sans cœur à l'habitant des petites villes[23] ».

22. Georg Simmel, *Les grandes villes et la vie de l'esprit*, *op. cit.*, p. 53.
23. *Ibid.*, p. 54-55 (c'est nous qui soulignons).

Envisager la « réserve citadine » comme une forme de « protection » – protection de soi et protection des autres – permet de donner un sens positif à l'anonymat qui caractérise la vie métropolitaine. Si elle renforce le sentiment de solitude, l'anonymisation propre à la vie urbaine participe aussi à l'émancipation de l'individu. L'habitant de la grande ville, affirme Simmel, est en effet libre « par opposition aux mesquineries et aux préjugés qui mettent à l'étroit l'habitant de la petite ville. Car la réserve et l'indifférence réciproques, conditions de la vie spirituelle dans les grands cercles, sont ressenties dans leur succès pour l'indépendance de l'individu avec plus de force dans la foule la plus dense de la grande ville, parce que la proximité corporelle et l'exiguïté rendent justement visible la distance spirituelle ; ce n'est manifestement que le revers de cette liberté, lorsqu'on ne se sent, dans ces conditions, nulle part aussi solitaire et abandonné que dans la foule des grandes villes[24] ».

À l'instar des transports en commun, les files d'attente constituent d'autres exemples de « communautés passagères » mettant en jeu le côtoiement anonyme et la promiscuité. Ces files renvoient aux nouveaux modes de gestion des flux de la très grande ville. Les affluences de masse conduisent en effet, à l'entrée des gares comme des infrastructures géantes de loisir, à la généralisation de techniques de filtrage et de filage – l'une et l'autre promises à un grand avenir dans les environnements urbains denses. Tandis que la première vise à optimiser le traitement de chaque individu par un opérateur, la seconde consiste à organiser l'attente des individus dans une file en la canalisant. À la fois symboles et instruments de ces techniques nouvelles, « les guichets [...] surgissent partout dans l'organisation de la circulation[25] » souligne Friedrich Georg Jünger. Or ces guichets entraînent la formation de longues queues : « Le guichet de la poste, de la gare, du rationnement, poursuit Jünger, offrent partout le même spectacle. Les “queues” qui se forment sont des chaînes de montage constituées de personnes devenues les éléments de cette chaîne[26]. »

Envisagés en termes d'expérience, ces dispositifs sont à l'origine de modes de côtoiement et d'attente très spécifiques. Cas limite de groupe social, la queue est en effet un petit rassemblement d'individus pressés, attendant pour accéder à un quai ou pénétrer dans un

24. *Ibid.*, p. 59-60.
25. Friedrich Georg Jünger, *La Perfection de la technique*, *op. cit.*, p. 333.
26. *Ibid.*

cinéma[27]. Dans la file, on est généralement agglutiné : relatant une soirée passée à l'UFA-Palast de Berlin, Joseph Roth note qu'à l'entrée, « la place nous manquait, serrés comme nous l'étions les uns à côté des autres [...][28] ». La queue n'est toutefois ni l'attroupement spontané des badauds ni le défilé des manifestants. Elle peut être organisée en file (ou non) et n'est pas immobile, puisqu'elle s'écoule pas à pas. Faire la queue, c'est en effet être debout sans pouvoir vraiment marcher. C'est avancer au ralenti, piétiner. C'est une épreuve de patience autant qu'une épreuve d'endurance : tout comme l'attente au feu rouge pour l'automobiliste, elle met en jeu cette alternance de vitesse et d'attente, de mobilité instantanée et d'immobilité contrainte, de fluidité et de rugosité, qui caractérise les expériences urbaines contemporaines. Même s'il faut parfois jouer des coudes, ce piétinement n'est pas anarchique : il est réglé par une discipline collective le plus souvent implicite, par une « loi du tour » non écrite mais en général acceptée de tous (chacun son tour, par ordre d'arrivée). Celui qui transgresse ce droit coutumier de la très grande ville est aussitôt rappelé à l'ordre (à la queue, comme tout le monde !).

Le fonctionnement de la queue renvoie au fait que la très grande ville – espace d'interactions à la fois incessantes et inattendues – requiert des nouvelles formes d'ordre et de « discipline[29] ». Or cet ordre et cette discipline semblent moins tenir aux succès des politiques de maintien de l'ordre qu'aux mécanismes d'autorégulation de la foule. Certes, les autorités chargées de l'ordre public dans les rues de la plus grande ville allemande mettent en œuvre de véritables politiques de disciplinarisation des usagers : les règlements de voierie et de circulation prescrivent et interdisent[30] – ici, note Henri Béraud en 1926, « [...] tout est défendu : verboten par ci, verboten par là [...][31] » – et le bon respect de ces règles revient à la Schutzpolizei berlinoise – avec des effectifs fluctuant entre 14 000 et 16 000 policiers répartis en huit grands districts à l'intérieur de

27. René Maunier, « Groupes et durée. La queue comme groupe social », *Annales d'histoire sociale*, t. 3, n° 1-2, 1941, p. 55-60 ; voir aussi Gérard Monnier (dir.), *Attendre ensemble. Les formes et les lieux d'une pratique urbaine ordinaire*, Créaphis, Saint-Étienne, 2013.

28. Joseph Roth, « La conversion d'un pécheur à l'UFA-Palast de Berlin » [*Frankfurter Zeitung*, 19 février 1925], *in* Joseph Roth, *À Berlin*, *op. cit.*, p. 155.

29. Marc Henry, *Trois Villes*, *op. cit.*, p. 279.

30. Le règlement de voirie de 1929 remplace et annule les règlements antérieurs, en particulier ceux de 1899, 1867 et 1850.

31. Henri Béraud, *Ce que j'ai vu à Berlin*, *op. cit.*, p. 99.

la *Ringbahn*, celle-ci est en effet responsable de la sécurité et de l'ordre public[32]. Mais le fonctionnement de la très grande ville requiert surtout des formes d'*entente tacite* entre les usagers de la rue, donnant naissance à toutes ces formes discrètes de coopération que la sociologue américaine Lyn H. Lofland – prenant notamment la suite de Georg Simmel et Erwin Goffmann – a théorisées à l'aide de concepts tels que la « motilité coopérative », l'« inattention civile », ou encore l'« entraide restreinte »[33]. Pour gérer les descentes et les montées sur les plateformes des omnibus aux heures de pointe, par exemple, il faut – en l'absence de préposé dédié à la régulation des flux – une « collaboration empressée et sérieuse du public[34] » (Fig. 29).

Les espaces de coprésence de la très grande ville – la rame de métro, la plateforme de l'omnibus, la file d'attente, le trottoir – constituent ainsi autant de petits laboratoires où se réinventent les « us et coutumes » de l'urbanité. C'est dans cette collaboration discrète et volontaire des usagers que se définissent les normes sociales de la politesse et de la décence – ce que Marc Henry nomme la « bonne éducation », le « sens des formes » ou encore le « tact naturel »[35]. Alors qu'en France, témoigne par exemple Jules Huret, « les gens crachent sur le plancher des tramways, des omnibus, des wagons de chemin de fer, des cafés, des brasseries[36] », à Berlin « vous êtes sûrs que des gens ne cracheront pas à vos côtés et vous pouvez monter en deuxième et troisième classes sans être incommodés par des contacts douteux[37] ». De même, avant-guerre, le reporter français ne constate

32. Hsi-Huey Liang, *Die Berliner Polizei in der Weimarer Republik*, 1977 ; voir également Quentin Deluermoz, « Capitales policières, État-nation et civilisation urbaine. Londres, Paris et Berlin au tournant du XIXe siècle », *Revue d'Histoire Moderne et Contemporaine*, n° 60-3, 2013/3, p. 55-85.

33. Par « motilité coopérative », Lyn H. Lofland désigne le travail coopératif réalisé par les individus pour traverser l'espace public sans provoquer d'incident ; par « inattention civile », elle désigne le fait que dans le domaine public, les individus manifestent aux autres la conscience de leur présence tout en leur donnant l'assurance, par une forme d'inattention et/ou de discrétion, qu'ils ne sont la cible d'aucune curiosité et/ou intention particulière ; enfin, par « entraide restreinte », elle désigne le fait que ces mêmes individus sont réceptifs à des demandes d'assistance, mais que celles-ci demeurent très restreintes (indiquer l'heure à un inconnu par exemple). Lyn H. Lofland, *The Public Realm. Exploring the City's Quintessential Social Territory*, Aldine de Gruyter, New York, 1998.

34. Jules Huret, *Berlin*, *op. cit.*, p. 313.

35. Marc Henry, *Trois Villes*, *op. cit.*, p. 215.

36. Jules Huret, *Berlin*, *op. cit.*, p. 316.

37. *Ibid.*, p. 313.

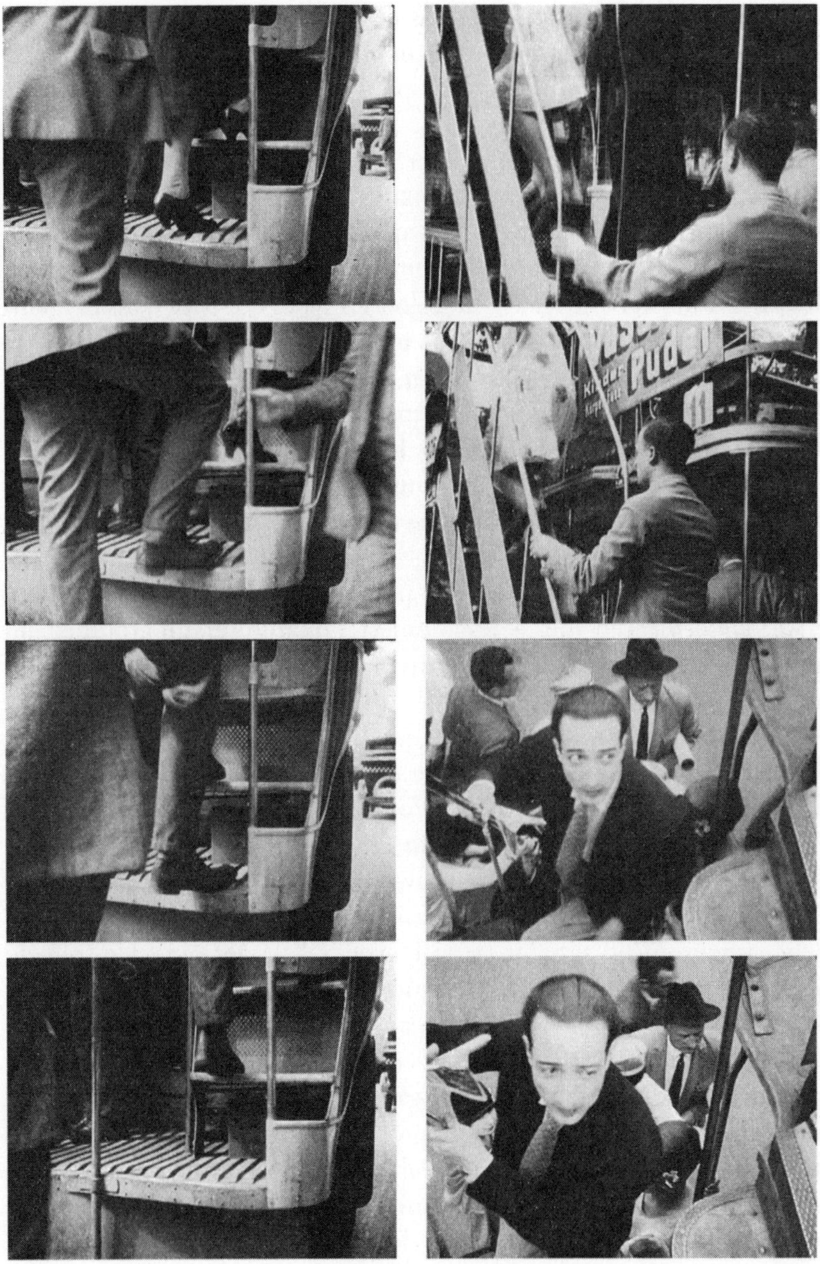

Fig. 29. La « motilité coopérative » dans la très grande ville.

Source : *Berlin, die Sinfonie der Großstadt*, Walther Ruttmann, 1927.

« aucune brutalité parmi la foule circulante[38] » : « Jamais vous ne recevrez, dans les rues de Berlin ni d'aucune ville d'Allemagne, un de ces coups de coude brutaux qui vous font retourner de colère en Angleterre et en Amérique[39] ». Inversement, poursuit Huret, « le Berlinois est discuteur, gouailleur, hargneux, contentieux, et parle haut. Quand en voyage, un Allemand fait du bruit, se plaint, attire sur lui l'attention, on dit : « c'est un Berlinois » […][40] ».

Les normes de civilité ne varient pas seulement selon les villes et les pays. Elles varient également selon les types d'espace dans la même ville. Il existe en effet une sorte de topographie urbaine de la décence. La plage berlinoise, par exemple, n'est ni le tramway ni la rue. Haut lieu de « détente » et de « prélassement » des foules métropolitaines, elle met en jeu des formes de coprésence qui n'ont rien à voir avec celles que l'on observe ailleurs. Sur les plages publiques ou « bains libres », « très chers à la foule des Berlinois, observe Henri Béraud au milieu des années 1920, les bonnes gens s'en vont par dizaines de milles, se faire rougir la peau par le soleil, dans une *promiscuité quasi fabuleuse*. On voit là des kilomètres de nudités, un grouillement sans limite de membres et de corps, un peuple sans nombre d'amis de la nature. Sur tout cela, nul air de fête ; un mélange de désordre nomade et de paganisme méthodique. […] Il ne saurait être question d'évaluer ce qu'il peut y avoir de corps en sueur et de chair étalée dans les Freibaden de Berlin[41] ». Pour le Berlinois, observe également Jean Giraudoux au début des années 1930, « […] l'eau et le soleil sont devenus des aliments nécessaires, et les brasseries, les restaurations jadis combles de graisse humaine se vident peu à peu au profit de leur concurrence : le sable de la Havel et l'air des pins. Ce soin du corps que certains Français pratiquent en secret comme une besogne superstitieuse et égoïste, les dirigeants allemands ont tout fait pour lui donner au contraire un aspect de salut public et national. Tous les environs de Berlin ont été organisés pour cette religion. Pas un bois qui ne contienne sa colonie de bains de lumière. Pas un des nombreux lacs que forme la Havel entre Berlin et Potsdam dont la plage ne soit aménagée plus largement et commodément que la plage de Deauville. Tous les après-midi de printemps et d'été, Berlin se rue

38. *Ibid.*
39. *Ibid.*, p. 39.
40. *Ibid.*
41. Henri Béraud, *Ce que j'ai vu à Berlin*, *op. cit.*, p. 41-42 (c'est nous qui soulignons).

vers Wannsee[42] ». Sous le regard des voyageurs français, les plages berlinoises apparaissent ainsi moins comme une société du spectacle, où les corps dénudés s'offriraient à tous les voyeurismes, qu'une étape dans le processus d'« informalisation » des rapports sociaux identifié par le sociologue Norbert Elias[43].

Accélération et automatisation de la démarche

Les formes empruntées par la vie métropolitaine ne mettent pas seulement en jeu l'*habitus* citadin en matière de côtoiement. Elles conditionnent aussi dans une large mesure le corps se déplaçant, le corps marchant. L'irruption du trafic mécanisé, le désordre circulatoire, l'accélération des vitesses : tous ces aspects de la reconfiguration de la rue berlinoise mettent en jeu les aptitudes psychomotrices des piétons. Dans les années 1920 à Berlin, flâner dans les artères à grand trafic n'est guère aisé, traverser la chaussée peut se révéler très dangereux, monter ou descendre de la plateforme d'un omnibus requiert une certaine agilité. Activité essentiellement corporelle, la marche urbaine relève en effet de savoir-faire à la fois situés et construits, même si la plupart du temps, ils sont à tel point assimilés qu'ils paraissent « naturalisés[44] ».

La marche urbaine est d'abord conditionnée par le « terrain ». Vers 1860, il est ainsi plus aisé de marcher sur les « promenoirs » aménagés de longue date pour les « promeneurs » que de s'aventurer au hasard sur les chaussées boueuses de la capitale. La promenade urbaine répond alors à une longue tradition européenne, voire à un « art » que le philosophe Karl Gottlob Schelle a théorisé dès 1800[45]. À Berlin, elle a depuis longtemps ses lieux dédiés, comme l'avenue Unter den Linden, avec son allée centrale réservée aux promeneurs qui déambulent à l'ombre des tilleuls. Sur la plus belle avenue berlinoise, la promenade peut devenir parade et se faire à cheval ou en carrosse, comme il est d'usage encore au XIXe siècle. Ainsi protégé de la boue

42. Jean GIRAUDOUX, *Berlin*, *op. cit.*, p. 56-57.

43. Norbert ELIAS, *Les Allemands. Luttes de pouvoir et développement de l'habitus aux XIXe et XXe siècles*, Seuil, Paris, 2017.

44. Antoine de BAECQUE, *Une histoire de la marche*, Perrin, Paris, 2016.

45. Karl Gottlob SCHELLE, *L'Art de se promener*, 1800 ; voir également Robert BECK, « La promenade urbaine au XIXe siècle », *Annales de Bretagne et des Pays de l'Ouest*, vol. 116, n° 2, 2009, p. 165-190.

ou de la poussière, le « beau monde[46] » peut se faire admirer par la foule des spectateurs amassés dans les allées latérales. La promenade n'est alors pas seulement régénératrice, mais aussi symbolique : elle permet de marquer sa position dans l'espace social. Aussi bien, elle a ses codes de bonne conduite et ses manuels, qui peuvent aller jusqu'à indiquer à quelle allure marcher[47]. La promenade est en effet une pratique policée. À Berlin, un commissariat spécial pour la surveillance du Tiergarten est créé en 1801 : officiellement, il s'agit de combattre la prostitution et la mendicité qui cherchent (et en général trouvent) les lieux de grande fréquentation ; officieusement, il s'agit de se prémunir d'une trop grande concentration des classes populaires.

Réservée au départ à un public aristocratique et bourgeois, la promenade berlinoise finit néanmoins par se démocratiser. Populaire, elle se déploie d'abord *extra-muros* – une taverne ou une guinguette hors les murs constituant une destination privilégiée –, mais elle ne tarde pas à investir les « promenoirs » aménagés *intra-muros*. Tout comme la promenade bourgeoise ou la promenade mondaine, la promenade populaire a ses lieux et ses temps privilégiés : « À Berlin, le Tiergarten constitue la scène de cette promenade festive, dont la place des Zelten, située au croisement des allées et centre tavernier de toutes les promenades, constitue le centre[48]. » Au fur et à mesure qu'elle se démocratise, la promenade urbaine devient donc un lieu de brassage, même si sa topographie sociale n'est jamais entièrement figée et peut connaître des déplacements, des translations, des disparitions : ainsi, quand la promenade dominicale se démocratise, le Tiergarten est « déserté » par la « bonne société » le dimanche.

Après la guerre, l'aménagement des grands parcs populaires et l'avènement des loisirs de masse entraînent toutefois une diminution de l'importance sociale de la promenade urbaine, peu à peu remplacée par la « flânerie ». « Pour vraiment flâner, rappelle le plus célèbre des flâneurs berlinois de l'entre-deux-guerres, il ne faut avoir rien de trop précis à faire[49]. » Flâner, c'est marcher sans but précis.

---

46. Franck Débié, *Jardins des capitales. Une géographie des parcs publics de Paris, Londres, Vienne et Berlin*, Éditions du CNRS, Paris, 1992, p. 61.

47. Voir par exemple *Der feine Ton. Regeln, wie man sich in Familienkreise, in Gesellschaften, auf Promenaden, Bällen, etc., zu verhalten hat, um als feingebildet zu erscheinen. Ein Ratgeber für Herren und Damen*, Rauschke, Weimar, 1853.

48. Robert Beck, « La promenade urbaine au xixe siècle », *loc. cit.*, p. 177.

49. Franz Hessel, *Promenades dans Berlin*, *op. cit.*, p. 169.

C'est déambuler au hasard, en quête de découvertes inattendues. C'est aussi se confronter, au fil de ses errances, à la volatilité d'une ville qui se transforme rapidement. « Il faut que je m'intéresse au passé et au futur de cette ville, affirme Franz Hessel, cette ville qui est toujours en route, toujours en passe de devenir une autre[50]. » Activité littéraire autant que pédestre, la flânerie conjure cet effacement du passé par l'écriture. Flâner devient une manière de marcher et d'écrire, de marcher pour écrire. Un art de l'introspection pédestre et de la mémoire urbaine à la fois. Avec Dada, la flânerie peut aller jusqu'à une forme d'errance ou de « dérive » aux accents contestataires. Flâner, c'est alors marcher « en dehors des clous », entrer en rébellion contre le nouvel ordre de la rue, partir en quête de hasards et de rencontres. Dans les années 1920, « Berlin n'invite [pourtant] guère à flâner[51] » note Henri Béraud à son retour de voyage. « J'essuie toujours des regards méprisants lorsque j'essaie de flâner parmi les gens affairés, confirme Franz Hessel. J'ai l'impression que l'on me prend pour un pickpocket[52]. »

S'il est plus difficile de flâner, c'est parce que l'« on est débordé par la hâte des autres [...][53] », et si le flâneur attire la méfiance, c'est que son attitude diffère de celle de la grande majorité des passants, dont la démarche est ajustée aux nouveaux rythmes métropolitains. « On ne se promène pas, à Berlin ; on n'en a ni le loisir, ni l'occasion. On va d'un point à un autre, *immer gerade aus* comme dit le Schutzmann quand on lui demande sa route[54]. » Ici, note Franz Hessel, « on ne déambule pas quelque part, on y va[55] ». Marcher le long des artères les plus animées, c'est être dans une sorte de « ressac[56] ». C'est manquer, à chaque pas, d'être bousculé ou de bousculer d'autres passants : « De la collision entre les gens qui sortent des terrasses et ceux qui s'y rendent, observe Joseph Roth, naissent la vie et l'activité des piétons[57]. » C'est avoir soi-même « la hâte d'arriver[58] ». Au cœur de la City, il devient banal d'avoir à marcher au milieu d'une foule

50. *Ibid.*, p. 47.
51. Henri Béraud, *Ce que j'ai vu à Berlin*, *op. cit.*, p. 10.
52. Franz Hessel, *Promenades dans Berlin*, *op. cit.*, p. 41.
53. *Ibid.*, p. 61.
54. Marc Henry, *Trois Villes*, *op. cit.*, p. 216-217.
55. Franz Hessel, *Promenades dans Berlin*, *op. cit.*, p. 43.
56. *Ibid.*, p. 41.
57. Joseph Roth, « Le Kurfürstendamm », *loc. cit.*, p. 207-208.
58. Gaston Cadoux, *La Vie des grandes capitales*, *op. cit.*, p. 107.

dense – une foule « compacte et sans distinction », qui « [piétine] et [repart], supérieurement dressée et docile aux ordres des Schutzmann vigilants »[59].

Dictée par les exigences de fluidité et de rapidité, l'expérience du déplacement dans la foule ne relève pas exclusivement d'une simple « mécanique des fluides » urbains. Elle met également en jeu les décisions de chaque piéton. Or celles-ci relèvent elles-mêmes de conventions et/ou de règles. Comme le montrent bon nombre d'images animées, quantité d'*habitus* nouveaux s'observent sur les trottoirs berlinois : ceux qui marchent dans le même sens se rangent d'un côté, laissant l'autre moitié du flux venir en sens inverse ; lorsque plusieurs piétons marchent et conversent, ils privilégient spontanément une formation en « V inversé » ; dans une foule en mouvement, les piétons finissent souvent par adopter des rythmes de marche synchrones. Il s'agit bien, pour le piéton, d'apprendre à se déplacer dans le bon *tempo* : marcher d'un pas régulier et pressé, courir – parfois – lorsque l'on traverse la chaussée.

Une fois assimilés, ces savoir-faire deviennent routiniers. Ils donnent l'impression que les citadins ont des comportements non seulement moutonniers, mais aussi mécanisés. Mobilisant les techniques de montage parallèle, Walther Ruttmann compare les piétons à la démarche synchrone à des soldats ou à des automates des magasins de jouets. « Le passant, analyse Friedrich Georg Jünger, [...] passe dans la rue comprise comme tapis roulant[60]. » Ceci, ajoute le philosophe, « est le plus visible dans le trafic routier, où l'automatisme est particulièrement avancé. Le trafic prend les traits de l'automate auquel l'homme doit aussi se plier. On le constate à la perte de l'ensemble de ses qualités hormis celle d'être perçu comme un passant, comme objet du trafic, et ce en tant que passant qui obéit à l'automatisme du Code de la route, ou passant qui ne le respecte pas, obstacle à la circulation[61] ». En effet, poursuit-il, « si l'on remplace en pensée la rue immobile par un tapis roulant transportant mécaniquement les hommes, cela devient encore plus net. [...] Si l'on observe les piétons dans une rue un peu fréquentée, on reconnaît aussitôt l'aspect et la pulsion mécaniques habitant leurs mouvements, s'attachant à leur

59. Charles HUARD, *Berlin comme je l'ai vu*, *op. cit.*, p. 12.
60. Friedrich Georg JÜNGER, *La Perfection de la technique*, *op. cit.*, p. 334.
61. *Ibid.*, p. 75.

marche et à leur posture et les caractérisant, et combien leur vie est devenue machinale[62] ».

Le piéton berlinois ne doit pas seulement savoir frayer un chemin dans la foule, il doit également apprendre à composer avec le désordre circulatoire, affronter la mécanisation du trafic, prendre garde à l'accélération des vitesses des véhicules.

Dans les rues à fort trafic, traverser la chaussée est périlleux. Dans une courte séquence de *Berlin, die Sinfonie der Großstadt*, deux hommes sont filmés en train de traverser la rue (Fig. 30) : ils ressemblent à ces piétons désorientés que dépeint avec empathie Joseph Roth dans une chronique de 1923 : « Quelqu'un s'arrêtait, un autre, les bras serrés sur la poitrine comme s'il voulait mettre sa vie en sûreté, traversait la chaussée en biais, courant du plus vite qu'il pouvait[63]. » Les statistiques de la police berlinoise le confirment. En 1927, sur 12 826 accidents de la rue ayant une cause identifiée (soit un peu plus de la moitié des 21 927 accidents recensés), 2 980 (23 %) sont le fait de piétons. Or, pour 1 697 d'entre eux – soit 57 % des accidents causés par les piétons, 8 % de tous les accidents – la cause identifiée est l'« inattention ou le jeu sur la chaussée[64] ». C'est beaucoup plus que l'« infirmité », l'« ivresse », la « chute depuis un engin », le « travail sur la chaussée », la « montée ou la descente d'un tramway ou d'un omnibus », l'« attente d'un tramway ou d'un omnibus » ou encore l'« accrochage aux véhicules »[65].

Parmi les victimes de ces accidents, les enfants sont surreprésentés. En 1930, sur 4 404 piétons blessés, 244 ont moins de 6 ans, 467 entre 6 et 14 ans. Non seulement, estime-t-on, ces derniers sont volontiers plus inattentifs que les adultes, mais ils utilisent souvent le trottoir et la chaussée comme des aires de jeux, jouant « aux billes au bord de la rue[66] » ou courant après une balle au milieu de la voie. Les enfants sont ainsi la cible privilégiée des programmes de sensibilisation à la sécurité routière. La *Schutzpolizei* les encourage à considérer l'agent, à reconnaître son autorité : « Le policier est le roi de la rue. N'as-tu

62. *Ibid.*, p. 153-154.

63. *Ibid.*, p. 73-74.

64. *Ibid.*

65. *Statistisches Jahrbuch der Stadt Berlin*, 5. Jahrgang, 1929, p. 135-136 ; 6. Jahrgang, 1930, p. 161-162 ; 8. Jahrgang, 1932, p. 120-123 ; 9. Jahrgang, 1933, p. 116, 128 et 129 ; 10. Jahrgang, 1934, p. 133, 146 et 147 ; 12. Jahrgang, 1936, p. 111-112.

66. Joseph ROTH, « Promenade », *loc. cit.*, p. 9.

Fig. 30. Traverser la rue.

Source : *Berlin, die Sinfonie der Großstadt*, Walther Ruttmann, 1927.

remarqué comment il fait tout s'arrêter : les voitures, les bus, les taxis, les cyclistes ? Tout obéit à ses gestes. Je veux devenir policier[67]. » La police non seulement publie des manuels, mais se rend dans les écoles pour y projeter des films de sensibilisation à la sécurité routière et y organiser des exercices pratiques[68]. Dans le film expressionniste *Die Straße*, le cinéaste Karl Grune met en scène une petite fille qui trébuche en traversant la rue : il faut, pour lui sauver la vie, l'intervention d'un agent de la circulation qui, d'un simple geste de la main – tel un magicien –, interrompt le flot frénétique des automobiles[69].

Comme le rappelle sans ambages Alfred Döblin dans son roman *Berlin Alexanderplatz*, « monter ou descendre » sur la plateforme d'un tramway pendant la marche représente également un « danger de mort »[70]. Le passant pressé qui tente sa chance risque au mieux la chute, au pire d'être renversé par une automobile arrivant à couvert. « Au milieu de la Rosenthaler Platz, s'amuse Döblin, un homme avec deux paquets jaunes bondit hors du 41, un taxi vide le frôle et le manque de peu, le Schupo le suit des yeux, un receveur de tramway émerge, Schupo et receveur se serrent la main : il en a eu de la veine celui-là avec ses paquets[71]. » Monté à bord du « 76 en direction de l'ouest de la ville », Egon Erwin Kisch manque de trébucher lorsqu'il « descend à la Gedächtniskirche » car le contrôleur du tramway « donne le signal du départ avant même [qu'il ait] quitté le marchepied »[72]. Dans *Im Strudel des Verkehrs*, un « retardataire » se précipite pour attraper le tramway : il manque de peu de se blesser et finit à terre (Fig. 31). Les statistiques le confirment à nouveau : les accidents pour cause de « montée ou descente d'un tramway ou d'un omnibus » se classent au deuxième rang des accidents de la rue provoqués par des piétons, confirmant à quel point l'« agilité corporelle » qu'elle requiert n'est pas totalement assimilée par les usagers des transports en commun berlinois. En 1927, on en dénombre 386 – plus d'un par jour en moyenne – représentant 13 % des accidents mettant en cause des piétons et 2 % (tout de même) de tous les accidents de la rue !

---

67. Hermann DEGENHARDT, Max HAGENMANN, *Polizei und Kind*, Berlin, Gersbach, 1926, p. 51.
68. Voir par exemple Adalbert LINSMAYER, *Der gute Schutzmann. Ein lehrreiches Bilderbuch zur Verhütung der Verkehrsgefahren*, Braun und Schneider, Munich, 1926.
69. *Die Straße*, Karl GRUNE, 1923.
70. Alfred DÖBLIN, *Berlin Alexanderplatz*, *op. cit.*, p. 56.
71. *Ibid.*
72. Egon Erwin KISCH, « Petite expérience avec un gros pourboire », *loc. cit.*, p. 99.

Fig. 31. Monter sur la plateforme d'un tramway.

Source : *Im Strudel des Verkehrs. Ein Film für Jedersmann*, Leo Peukert, 1925.

Dans les séries statistiques que nous avons reconstituées, la part des accidents de la rue mettant en jeu des piétons « égarés » au milieu de la chaussée, tout comme le nombre d'accidents graves liés aux montées et aux descentes sur les plateformes des omnibus et des tramways, ne cessent toutefois de baisser[73] – signe d'une intériorisation progressive, par ces mêmes piétons, des « bonnes conduites » et des « bonnes démarches ». Tout indique ainsi que les piétons berlinois acquièrent progressivement les bons savoir-faire. Anticipant de mieux en mieux, par l'estimation des vitesses et le « calcul » des trajectoires, le mouvement des automobiles et des tramways, ils apprennent à procéder en un éclair à une analyse complète de leur champ visuel, puis, par un effort de coordination intuitive, à y ajuster leur pas. Avant de traverser, ils prennent garde de regarder à gauche, puis à droite. Ils comprennent également que dans les rues à fort trafic, ils ne doivent « franchir la chaussée qu'aux carrefours et sur les passages protégés[74] ». S'ils veulent traverser la rue, note Joseph Roth, « ils se rendent à un croisement. S'ils ont de la chance, le feu vient tout juste de passer au vert et ils arrivent sans encombre de l'autre côté [...][75] ».

Éblouissement, assourdissement, vertige

De même que la mécanisation du trafic reconfigure le corps marchant, la transformation de l'environnement à la fois visuel, acoustique et olfactif des Berlinois, en confrontant les citadins à toute une gamme

73. En 1930, sur 12 423 accidents ayant une cause identifiée, 2 621 (18 %) sont le fait de piétons – dont 1 637 pour cause d'inattention et/ou de jeu sur la chaussée (62 % des accidents causés par les piétons, 6 % de tous les accidents). En 1934, sur 11 083 accidents ayant une cause identifiée (soit toujours un peu moins de la moitié des 26 087 accidents recensés), 1 720 (16 %) sont le fait de piétons – dont 1 082 pour cause d'inattention et/ou de jeu sur la chaussée (63 % des accidents causés par les piétons, 4 % seulement désormais de tous les accidents). De même, en 1930, on compte encore 311 accidents pour cause de « montée ou descente d'un tramway ou d'un omnibus » (représentant 12 % des accidents mettant en cause des piétons, 1 % de tous les accidents de la rue), tandis qu'en 1934, on ne compte plus que 151 occurrences de ce type (représentant respectivement 9 et 0,5 %). *Statistisches Jahrbuch der Stadt Berlin*, 5. Jahrgang, 1929, p. 135-136 ; 6. Jahrgang, 1930, p. 161-162 ; 8. Jahrgang, 1932, p. 120-123 ; 9. Jahrgang, 1933, p. 116, 128 et 129 ; 10. Jahrgang, 1934, p. 133, 146 et 147 ; 12. Jahrgang, 1936, p. 111-112.

74. *Im Strudel des Verkehrs. Ein film für Jedermann*, Leo PEUKERT, 1925.

75. Joseph ROTH, « Le Kurfürstendamm », *loc. cit.*, p. 206.

de sensations nouvelles, éprouve leur sensibilité, modifie leur *habitus* perceptif, altère leurs capacités de perception et d'attention.

« La base psychologique sur laquelle repose le type des individus habitant la grande ville, écrit Georg Simmel, est l'*intensification de la vie nerveuse*, qui résulte du changement rapide et ininterrompu des impressions externes et internes[76]. » L'environnement métropolitain, affirme le photographe László Moholy-Nagy, contraint le citadin à « l'observation fulgurante d'existences simultanées[77] ». Dans l'univers de la grande ville, ajoute Walter Benjamin, les impressions surabondantes « arrachent au système nerveux, par la rapidité et la violence de leur alternance, des réponses à ce point violentes, les soumettant à des chocs tels, que [l'homme] use de ses dernières forces et n'a pas le temps de les reconstituer[78] ».

Combinaison de densité et de diversité, la très grande ville est en effet un milieu ambiant où tout se brouille pour le regard. Les images y sont fugaces, les signes mobiles, les signaux instables. Les « réclames lumineuses clignotent[79] ». Les sémaphores et autres feux « s'allument automatiquement en rouge, jaune et vert, sans cause décelable. Ils sont suspendus dans l'air à des câbles, partout où des rues en se croisant ont fait naître un carrefour, yeux lumineux mais aveugles. Quand ils sont fâchés, ils deviennent rouges, et quand leur colère s'est dissipée, ils deviennent verts[80] ». Les publicités elles-mêmes « s'allument et disparaissent, [...] se déplacent dans un sens et dans l'autre, modifient à nouveau la profondeur, la hauteur et les contours des bâtiments[81] ». Photographiés avec des temps de pose allongés, les phares des autos et des tramways se transforment en fils de lumières flottant dans l'espace, et les nouveaux matériaux – le verre et l'asphalte – ont des propriétés réfléchissantes. Par temps de pluie, l'asphalte est « luisant comme un miroir[82] ».

Maintes fois photographié et filmé, le miroitement des phares et des néons sur l'asphalte détrempé les jours de pluie renforce l'impression

76. Georg Simmel, « Les grandes villes et la vie de l'esprit », *loc. cit.*, p. 41.

77. László Moholy-Nagy, « Photographie, mise en forme de la lumière », *Peinture Photographie Film et autres écrits sur la photographie*, Jacqueline Chambon, Nîmes, 1993, p. 155.

78. Walter Benjamin, « Sur quelques thèmes baudelairiens », 1939.

79. Eugen Diesel, *Secrets de l'Allemagne*, *op. cit.*, p. 110-111.

80. Joseph Roth, « Le Kurfürstendamm », *loc. cit.*, p. 206.

81. Franz Hessel, *Promenades dans Berlin*, *op. cit.*, p. 169.

82. *Ibid.*, p. 271.

que la ville est un espace *kaléidoscopique.* « Les lumières, observe Henri Béraud, fondent leurs reflets dans les flaques tremblantes[83]. » « On peut risquer la promenade sans but précis, explique Franz Hessel, et rechercher l'aventure imprévue de l'œil. On trouvera pour cela deux grands collaborateurs dans le verre et la lumière artificielle, et cette dernière en particulier dans son combat avec un reste de jour et de crépuscule. Tout se démultiplie alors, de nouveaux premiers plans et de nouveaux lointains apparaissent, ainsi que l'heureux mélange[84]. » Dans son article « Photographie, mise en forme de la lumière », László Moholy-Nagy décrit ainsi la « gymnastique optique et intellectuelle [...] quotidiennement exigée du citadin » : « On voyage en tramway, écrit-il, et l'on regarde par la fenêtre. Une voiture suit le tramway. Ses vitres sont également transparentes. À travers, on voit un magasin dont la vitrine est tout aussi transparente. À l'intérieur, il y a des hommes, des acheteurs et des vendeurs. Un homme ouvre la porte. Des promeneurs passent devant le magasin. Un agent de la circulation arrête un cycliste. On perçoit tout cela en un instant[85]. »

Dans la rue de la très grande ville, tout n'est que diversité et « mouvement[86] ». La Potsdamer Platz, écrit Joseph Roth, est un « tohu-bohu de tramways, de voitures, dont les cages thoraciques [s'écrasent les unes sur les autres][87] ». Siegfried Kracauer observe, dans le centre de Berlin, « la cohue des véhicules et des hommes [...][88] ». Une « [...] foule innombrable se déplace dans ces artères, une foule d'hommes toujours nouveaux avec des buts inconnus qui se croisent comme le chaos des lignes sur la feuille d'un patron de couture[89] ». « Dans la partie moderne de l'Ouest, écrit Franz Hessel, il est intéressant pour le flâneur d'observer ou de pressentir dans quelles directions la circulation ou, dit plus crûment et plus berlinoisement, le tohu-bohu va s'intensifier ou s'affaiblir et comment une rue, ou même parfois dans la même artère, une portion de rue, pompe la vie à

83. Henri Béraud, *Ce que j'ai vu à Berlin, op. cit.*, p. 9.

84. Franz Hessel, *Promenades dans Berlin, op. cit.*, p. 169.

85. László Moholy-Nagy, « Photographie, mise en forme de la lumière », *loc. cit.*, p. 155.

86. Alfred Döblin, *Berlin Alexanderplatz, op. cit.*, p. 21.

87. Joseph Roth, « Le ressuscité » [*Berliner Börsen-Courier*, 4 mars 1923], *in* Joseph Roth, *À Berlin, op. cit.*, p. 73-74

88. Siegfried Kracauer, « Analyse d'un plan de ville » [*Frankfurter Zeitung*, 1928], *Rues de Berlin et d'ailleurs, op. cit.*, p. 20-23

89. Siegfried Kracauer, « Cris dans la rue » [*Frankfurter Zeitung*, 19 juillet 1930], *ibid.*, p. 33-35.

l'autre[90]. » Georg Hermann évoque, dans la City, « le flux et le reflux, le flot intarissable de ceux qui [reviennent] de toutes parts[91] ».

Ces « flux » et ces « reflux », les cinéastes ne cessent de les enregistrer : dans *Die Stadt der Millionen*, Adolf Trotz passe et repasse – en avant et en arrière – la même scène de trafic : l'effet sur la vision du spectateur demeure inchangé. Dans le regard du passant, les mouvements de la grande ville sont continus, réversibles, centrifuges. Peintre devenu cinéaste, rompu à l'expression graphique du mouvement, Walther Ruttmann ramène l'ensemble de ces impressions à une seule image : une spirale tournoyante. Celle-ci exprime, dans un ordre purement graphique, le « tourbillon de la grande ville ». Le mot « tourbillon » (*Strudel*, *Querstrudel*) revient avec insistance dans ces témoignages : de « l'éblouissant tourbillon horaire des arcs électriques[92] » au « tourbillon des événements quotidiens[93] », en passant par le « tourbillon des passants[94] » ou encore le « tourbillon de la ville[95] » elle-même, il n'est guère de chroniqueur de la vie berlinoise qui n'en fasse un usage insistant.

Au crépuscule, le passage de l'ambiance diurne à l'ambiance nocturne est soudain : « À nuit close, tout s'allume, viveurs et enseignes lumineuses, d'un coup, comme si les plaisirs mesurés au kilowatt et les façades à feux ondulants obéissaient à un seul commutateur. [...] Aux premières ampoules, on voit s'évaporer l'air gris et maussade de la journée. L'immense comptoir commercial du centre, cette boutique de deux cents hectares, borné par la Spree, la place Alexandre et la rue de Leipzig et le Tiergarten, s'ouvre à d'autres trafics[96]. »

Une fois la nuit tombée commence l'extraordinaire spectacle des « réclames lumineuses clignotantes[97] ». Ce « décor nocturne éclairé puissamment par les jets électriques[98] » est d'autant plus frappant que l'intensité lumineuse est très variable selon les rues et les quartiers. Alors que la plupart des « rues sont modérément éclairées », surgit

---

90. Franz Hessel, *Promenades dans Berlin*, *op. cit.*, p. 171.

91. Georg Hermann, *Kubincke*, 1910, cité dans *Berlin. Anthologie littéraire*, Quai Voltaire, Paris, 1993, p. 69.

92. Paul Gurk, *Berlin*, *op. cit.*, cité dans *Berlin. Histoire, promenades, anthologie & dictionnaire*, *op. cit.*, p. 584.

93. Joseph Roth, « Promenade », *loc. cit.*, p. 88.

94. Siegfried Kracauer, « Analyse d'un plan de ville », *loc. cit.*, p. 20-23.

95. Eugen Diesel, *Secrets de l'Allemagne*, *op. cit.*, p. 247.

96. Henri Béraud, *Ce que j'ai vu à Berlin*, *op. cit.*, p. 20-21.

97. Eugen Diesel, *Secrets de l'Allemagne*, *op. cit.*, p. 110-111.

98. Charles Huard, *Berlin comme je l'ai vu*, *op. cit.*, p. 28.

« çà et là, une lumière vive, un cinéma c'est sûr, un tourbillon lumineux soudain, comme par enchantement dans cette obscurité »[99]. L'éclairage électrique est en effet privilégié sur les places ou dans les rues à fort trafic : comme le rapporte Gaston Cadoux, « le service de l'éclairage public considère que l'incandescence par le gaz donnant, à bas prix, [...] une lumière aussi intense qu'il pouvait le désirer, il peut réserver la lumière électrique, comme éclairage de grand luxe, à un petit nombre de voies magistrales[100] ». Là, il ne s'agit pas seulement d'éclairer : « illuminer serait plus exact », et « la généralisation du bec Auer, jointe aux foyers à arc électrique dans les principaux quartiers du centre, donne un aspect des plus brillants à l'éclairage public »[101].

Sur les grandes places berlinoises, la prodigalité de lumière est telle, l'intensité lumineuse si forte, la lumière si « crue[102] », que l'éclairage électrique *éblouit*. Décrivant son arrivée depuis Munich en gare de Hallesches, Henri Béraud note en 1926 : « Des porches, des escaliers métalliques, des lumières violentes. C'est une gare semblable à toutes les gares, mais si énorme qu'elle semble vide[103]. » Plus loin : « Berlin ! Il est dix heures du soir. Le ciel est chargé d'orage. Des publicités violentes éclairent les nuages par-dessous, comme une rampe aux feux alternés[104]. » Vers la fin des années 1920, Franz Hessel évoque encore « [...] la lumière aveuglante des phares et des publicités[105] ». Cet éblouissement est autant un émerveillement qu'une gêne, confirmant, jusqu'à une date assez tardive, une forme d'inaccoutumance à la lumière électrique.

Les grandes places berlinoises et les rues à fort trafic ne sont pas seulement éblouissantes, elles sont également assourdissantes. Le « carillonnement[106] » et le « grincement[107] » des tramways, le « sifflement » des trains et « le bruit des klaxons[108] », le « meuglement des cornes d'automobiles[109] », le « son plaintif » des « trompes et trompettes

99. Alfred DÖBLIN, *in* Mario von BUCOVIC, *Berlin 1928*, *op. cit.*, p. 6.
100. Gaston CADOUX, *La Vie des grandes capitales*, *op. cit.*, p. 99.
101. *Ibid.*, p. 97.
102. Marc HENRY, *Trois Villes*, *op. cit.*, p. 271.
103. Henri BÉRAUD, *Ce que j'ai vu à Berlin*, *op. cit.*, p. 1.
104. *Ibid.*, p. 2-3.
105. Franz HESSEL, *Promenades dans Berlin*, *op. cit.*, p. 163.
106. Eugen DIESEL, *Secrets de l'Allemagne*, *op. cit.*, p. 110-111.
107. *Ibid.*
108. Franz HESSEL, *Promenades dans Berlin*, *op. cit.*, p. 163.
109. Charles HUARD, *Berlin comme je l'ai vu*, *op. cit.*, p. 22-23.

des agents chargés de régler la circulation [110] » : tout ce « bariolage de bruits, de mugissements et de grondements [111] » sature l'espace sonore de la ville et fait bien souvent ressentir le bruit comme un « vacarme [112] ». Il devient difficile de trouver le calme, y compris dans les parcs du centre : « Pour les charrois allant vers Charlottenbourg ou Moabit, [le Tiergarten] est le plus court chemin ; c'en est donc fait de la solitude et du silence et c'est en vain que le promeneur fatigué du tumulte de la ville chercherait ici le loisir paisible, doux et reposant qu'il souhaiterait y trouver. Quelque chemin qu'on prenne, de quelque côté qu'on aille, vous arrive irritante la rumeur de la ville, l'éternel et crispant tintement des cloches de tramways et le meuglement des cornes d'automobiles [113]. »

Même si l'architecte August Endell, connu notamment pour avoir réalisé la façade de la première cour des Hackesche Höfe à Berlin, voit dans les bruits de la très grande ville une source de plaisir esthétique [114], même si certains artistes comme Walther Ruttmann s'inspirent de l'environnement acoustique des villes pour composer des pièces radiophoniques [115], l'intensification sonore est telle dans le centre de Berlin que le bruit devient un problème et suscite des initiatives pour en atténuer les effets [116]. Dans le Règlement de voirie berlinois de 1899, une section entière – la troisième – porte sur la « conservation de la tranquillité sur les rues, voies et places publiques [117] », mais elle ne comporte que deux paragraphes : le premier (§130) stipule que « les représentations musicales sur la voie publique sont soumises à

110. Joseph ROTH, « Pluie » [*Berliner Börsen-Courier*, 10 janvier 1922], *in* Joseph ROTH, *Automne à Berlin*, *op. cit.*, p. 101.

111. Joseph ROTH, « Le ressuscité », *loc. cit.*, p. 73-74.

112. Franz HESSEL, *Promenades dans Berlin*, *op. cit.*, p. 154.

113. Charles HUARD, *Berlin comme je l'ai vu*, *op. cit.*, p. 22-23.

114. August ENDELL, *Die Schönheit der grossen Stadt*, Streker & Schröder, Stuttgart, 1908.

115. Walther RUTTMANN, *Wochenende*. Cette pièce radiophonique imitant les sons de la très grande ville participe d'une tentative menée par plusieurs représentants de l'avant-garde de « sonification de l'image », tels que le peintre et cinéaste d'animation allemand Oscar Fischinger, auteur d'un film expérimental intutilé *Tönende Ornamente*, ou encore László Moholy-Nagy, qui réalise un film ayant pour titre *Tönendes ABC* dans lequel les trames sonores et visuelles sont composées de manière à « montrer ce qu'on entend ».

116. Daniel MORAT, « Urban Soundscapes and Acoustic Innervation around 1900 », *in* Robert BECK, Ulrike KRAMPL, Emmanuelle RETAILLAUD-BAJAC (dir.), *Les Cinq Sens de la ville du Moyen Âge à nos jours*, *op. cit.*, p. 71-83.

117. *Strassenordnung für den Stadtkreis Berlin vom 31. Dezember 1899*, III. Abschnitt, § 130-131.

autorisation de la police » ; le second (§ 131) rappelle que « les objets/matériaux dont le transport peut provoquer un bruit important, tels que tôles, barres en métal, chaînes, doivent être emballés de telle manière à ce que leur manutention ne provoque pas de tels bruits ».

À défaut d'interventions efficaces des autorités publiques, les habitants prennent eux-mêmes les devants. S'inspirant d'initiatives prises aux États-Unis par Julia Barnette Rice, cheffe de file du « mouvement antibruit » et fondatrice de la Society for the Suppression of Unnecessary Noise à New York en 1906, Theodor Lessing, philosophe et critique, fonde la Deutscher Lärmschutzverband en 1908 [118]. Dans le pamphlet qu'il publie la même année, il se lamente sur la position du travailleur intellectuel dont la concentration et la productivité sont perturbées par la « prépondérance du bruit dans la vie contemporaine [119] ». En raison de leur surdensité, estime le philosophe, les grandes villes sont particulièrement bruyantes. La campagne antibruit qu'il décide de lancer vise en particulier le trafic urbain, accompagnant une demande par ailleurs diffuse pour la recherche de solutions technologiques permettant de réduire le bruit en ville (matériaux de voierie, isolation acoustique des bâtiments et des modes de transport).

Sur la Potsdamer Platz, l'Alexanderplatz ou la Friedrichstrasse, quiconque observe ainsi le va-et-vient des automobiles et des tramways, le fourmillement de la foule, le clignotement des enseignes lumineuses, le miroitement des néons sur l'asphalte détrempé ou encore le jeu des reflets sur les façades vitrées, se trouve comme intégré à un champ d'expérience inédit, saturé de chocs perceptifs. « Voici la rue. Tout ronfle, s'illumine, tournoie. C'est la Friedrichstrasse ; c'est Berlin [120]. »

Dans *Im Strudel des Verkehrs*, le cinéaste Leo Peukert met en scène l'arrivée d'« Oncle Paul » à la gare d'Anhalt, à deux pas de la Potsdamer Platz. Plongé dans le « tourbillon du trafic » de la plus animée des places berlinoises, cet archétype du migrant rural est littéralement *pris de vertige* (Fig. 32). « Ah, s'écrie-t-il dans son patois, j'ai si peur. Il paraît qu'il y a un épouvantable trafic à Berlin – là, sur la Postdamerplatz. » Une séquence courte mais remarquable de *Berlin, die Sinfonie der Großstadt* évoque également ce vertige qui

118. Lawrence Baron, « Noise and Degeneration: Theodor Lessing's Crusade for Quiet », *Journal of Contemporary History*, vol. 17, p. 1, 1982, p. 165-178.

119. Theodor Lessing, *Der Lärm. Eine Kampfschrift gegen die Geräusche unseres Lebens*, J.-F. Bergmann, Wiesbaden, 1908.

120. Henri Béraud, *Ce que j'ai vu à Berlin*, *op. cit.*, p. 1.

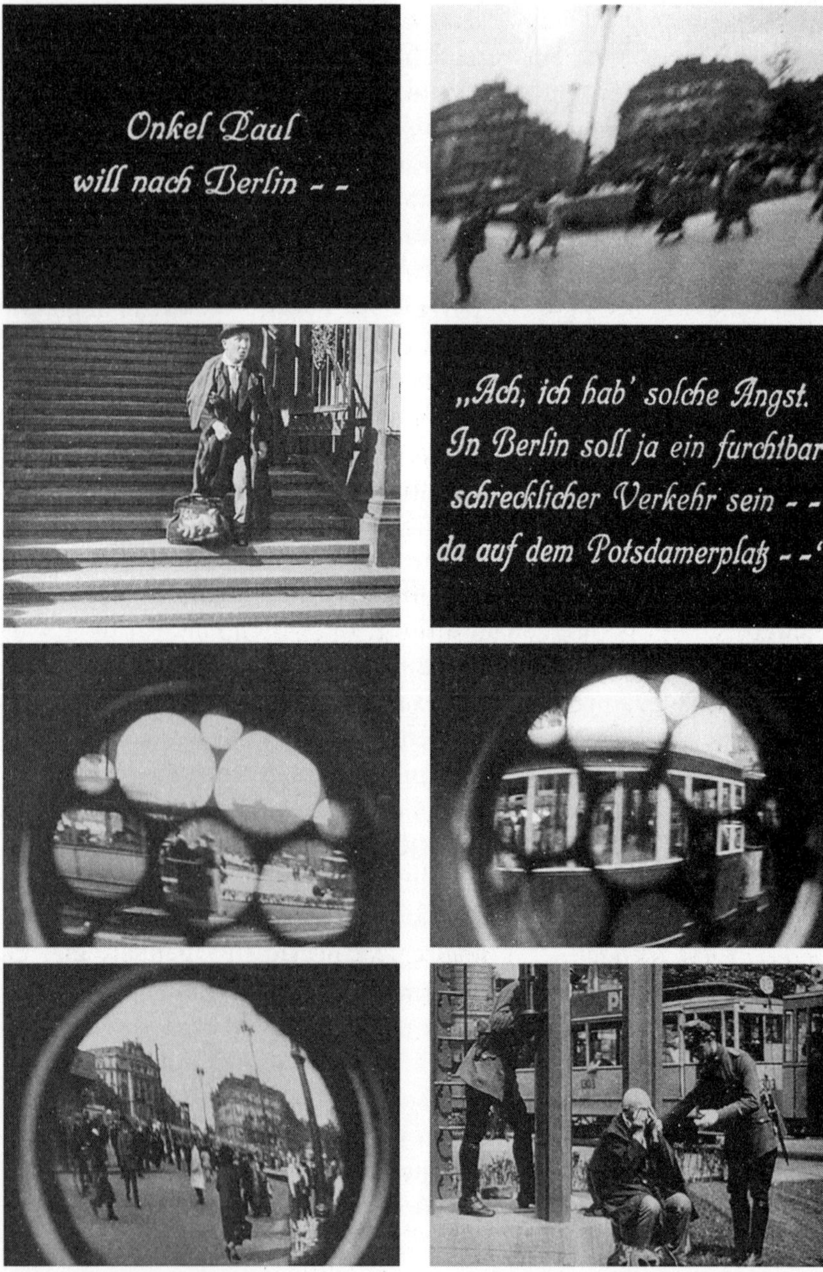

Fig. 32. Le vertige sensoriel du migrant rural.

Source : *Im Strudel des Verkehrs. Ein Film für Jedersmann*, Leo Peukert, 1925.

saisit le migrant [121]. Plongée dans le « tourbillon sensoriel » de la très grande ville, une jeune femme, le regard exorbité, semble en état de choc (Fig. 33). L'image est saisissante [122]. Comme si Ruttmann avait souhaité révéler le « documentaire » par la « fiction ». Comme s'il avait voulu, à la manière d'un champ/contrechamp, montrer successivement *ce que le citadin voit* et *le citadin en train de voir*, et ainsi dévoiler les effets psychiques du tumulte métropolitain.

Ainsi que le suggèrent ces deux courtes séquences, les impressions kaléidoscopiques de la très grande ville provoqueraient une sollicitation excessive du système à la fois perceptif et nerveux. Les sens – en particulier la vue et l'ouïe – ne seraient plus en mesure de capter la complexité phénoménale de l'univers métropolitain. Bombardé de *stimuli*, le citadin moderne verrait son champ de conscience en quelque sorte atomisé, ses capacités d'attention altérées. Expérience *hyperesthésique*, l'expérience de la très grande ville serait à l'origine d'un type de stress spécifique à la vie urbaine moderne. « L'énervement de la ville » rendrait ses habitants « inquiets ». À mesure que l'environnement urbain se complexifie et s'intensifie, l'organisme humain souffrirait de plus en plus de déficiences à la fois cognitives (hypertrophie sensorielle) et psychiques (nervosité).

La pharmacologie des loisirs métropolitains

Si l'acclimatation des citadins à un tel environnement suit un cheminement nécessairement complexe, l'on ne peut qu'être frappé, à la suite d'auteurs comme Siegfried Kracauer ou Walter Benjamin, mais aussi de toute une génération d'artistes d'avant-garde comme Raoul

121. Jeanpaul GOERGEN, *Walther Ruttmann. Eine Dokumentation*, Freunde der Deutsche Kinemathek, Berlin, 1989.

122. Elle n'a, à notre connaissance, jamais été commentée avec précision. Rudolf Kurtz, dans sa critique pour la *Licht-Bild-Bühne* du mois de septembre 1927, n'en fait pas mention. Siegfried Kracauer, dans son bref résumé du film dans *De Caligari à Hitler*, note simplement que « le travail reprend, et un soleil éclatant brille au-dessus des terrasses de café pleines de monde, des vendeurs de journaux, d'une *femme qui se noie* (c'est nous qui soulignons) ». Dans *Retour à Berlin*, Jean-Michel Palmier la résume avec davantage de précision : « Une femme, les yeux exorbités, se penche au-dessus d'un pont. Elle va se jeter à l'eau. » Siegfried KRACAUER, *De Caligari à Hitler. Une histoire psychologique du cinéma allemand 1919-1933*, Flammarion, Paris, 1987 [1947], p. 204 ; Jean-Michel PALMIER, *Retour à Berlin, op. cit.*, p. 65.

Fig. 33. L'hyperesthésie de la très grande ville.

Source : *Berlin, die Sinfonie der Großstadt*, Walther Ruttmann, 1927.

Haussmann, Walther Ruttmann, Otto Umbehr ou encore László Moholy-Nagy, par la fonction particulière que semblent remplir les nouveaux loisirs urbains dans l'adaptation des citadins à l'univers de la très grande ville.

Alors que les « distractions métropolitaines » sont souvent analysées comme l'une des grandes formes de l'aliénation moderne – « la seule forme de récréation, spécifique à la ville mondiale, que connaisse la tension intellectuelle, écrit Oswald Spengler, est la détente, la "distraction". Le jeu authentique, la joie de vivre, le plaisir, l'ivresse sont les enfants du tact cosmique, et on n'en comprend plus la nature [123] » – celles-ci semblent revêtir une fonction cachée, et de ce fait largement méconnue : une fonction que l'on peut qualifier de « pharmacologique [124] ».

Comme le confirment nos sources, en effet, les loisirs métropolitains ne sont pas que de simples distractions. Bien souvent, ils s'apparentent à des *miroirs* qui tendent aux citadins le reflet de leur propre condition. Les nouvelles compétences de déplacement requises par l'intensification et la mécanisation des circulations sont ainsi des motifs privilégiés des films ou des spectacles burlesques qui ne cessent d'évoquer l'enjeu de la coordination des mouvements dans le nouvel espace-temps urbain. La « désorientation » du migrant rural arrivant dans la très grande ville est la matière de nombreuses petites comédies du début du XXe siècle, comme *Mericke aus Neuruppin kommt nach Berlin*. La chute de trottoir est l'un des « gags » favoris du cinéma burlesque, à l'image de la scène d'ouverture de *Meyer aus Berlin* (Fig. 34) – l'un des tout premiers longs-métrages d'Ernst Lubitsch. Le manque de coordination corporel du citadin est également le thème de l'un des numéros de trapézistes donnés au Wintergarten au milieu des années 1920 – filmé par les opérateurs de *Berlin, die Sinfonie der Großstadt*, il offre à Walther Ruttmann une superbe métaphore de la désynchronisation du piéton. À l'inverse, « les mille et une jambes des grandes revues [125] » dansées, dont les mouvements sont des « démonstrations mathématiques » et composent des figures

123. Oswald SPENGLER, *Le Déclin de l'Occident*, *op. cit.*, p. 96.

124. Voir, sur ce point, nos propres analyses, développées en commun avec le philosophe Philippe Simay : Stéphane FÜZESSÉRY, Philippe SIMAY (dir.), *Le Choc des métropoles. Simmel, Kracauer, Benjamin*, L'Éclat, Paris, 2007 ; Stéphane FÜZESSÉRY, Philippe SIMAY (dir.), « De l'art à la vie », préface à László MOHOLY-NAGY, *Du matériau à l'architecture*, Éditions de la Villette, Paris, 2015, p. 9-29.

125. Franz HESSEL, *Promenades dans Berlin*, *op. cit.*, p. 260.

Fig. 34. La chute de trottoir : un motif privilégié du cinéma burlesque.

Source : *Meyer aus Berlin*, Ernst Lubitsch, 1919.

« d'une égale précision géométrique »[126], évoquent la resynchronisation du même piéton, astreint à ajuster le rythme de son pas à celui des autres passants.

Mais les loisirs de masse ne s'apparentent pas seulement à des miroirs qui tendent aux citadins le reflet de leur propre condition : ils fonctionnent également comme des *laboratoires* de cette même condition, c'est-à-dire comme des lieux où les citadins sont amenés à *rejouer* eux-mêmes certaines des difficultés quotidiennes rencontrées dans la très grande ville. En offrant la possibilité aux citadins d'éprouver ces situations ordinaires sous une forme ludique et hypertrophiée, leur fonction est davantage expérimentale : ils sont en quelque sorte des lieux d'acclimatation, voire des centres d'entraînement. Dans un livre célèbre, l'architecte et urbaniste Rem Koolhaas fait du parc d'attractions de Coney Island la matrice fantasmagorique de l'urbanisme de Manhattan : « À la charnière du XIXe et du XXe siècle, écrit-il, Coney Island est l'incubateur de la thématique et de la mythologie encore balbutiante de Manhattan. Les stratégies et les mécanismes qui vont par la suite contribuer à façonner Manhattan sont d'abord testés dans le laboratoire de Coney Island avant de faire le saut définitif vers la grande île. Coney Island est un Manhattan embryonnaire[127]. » Nous posons l'hypothèse symétrique et inverse : les grands parcs d'attractions berlinois – le Luna Park d'Halensee et l'ULAP dans les années 1920, Traumland à partir de 1931 – sont des simulacres de la très grande ville. Ils s'inspirent (plutôt qu'ils n'inspirent) des (les) formes prises par l'expérience métropolitaine et – ce faisant – les offrent en retour aux citadins sous une forme à la fois condensée, hypertrophiée et ludique.

En témoignent la plupart des scènes de films tournés dans ces parcs, qui montrent que leurs attractions les plus populaires et/ou les plus spectaculaires simulent divers aspects de la vie métropolitaine[128]. Avec leurs milliers d'ampoules, les stands lumineux reproduisent – en miniature – la féerie éblouissante des enseignes lumineuses de la Potsdamer Platz. Avec leurs escaliers mécaniques

126. Siegfried KRACAUER, « Das Ornament der Masse » [*Frankfurter Zeitung*, 9 au 10 juin 1927], *in* Siegfried KRACAUER, *L'Ornement de la masse. Essais sur la modernité weimarienne*, La Découverte, Paris, 2008, p. 60.

127. Rem KOOLHAAS, *New York Délire*, *op. cit.*, p. 30.

128. *Im Banne der Kralle*, Carl FROELICH, 1921 ; *Boytler im Lunapark*, 1923 ; *Die Puppe vom Lunapark*, Jaap SPEYER, 1924 ; *Die Stadt der Millionen. Ein Lebensbild Berlin*, Adolf TROTZ, 1925 ; *Berlin, die Sinfonie der Großstadt*, Walther RUTTMANN, 1927.

désynchronisés qui mettent à l'épreuve l'agilité et la coordination (et leur ventilateur qui fait se soulever les jupes des dames), les « escaliers en vrac » (*Shimmy-Treppe*) singent l'épreuve de la montée sur la plateforme des omnibus berlinois. Avec leurs descentes vertigineuses et leurs foudroyantes accélérations, les « montagnes russes » simulent un banal trajet en métro aérien. Une séquence remarquable de *Berlin, die Sinfonie der Großstadt* suggère la similitude entre métro et montagnes russes (Fig. 35). « Le trajet, observe Siegfried Kracauer, commence à une allure hésitante. S'élever peu à peu en longeant les fenêtres des étages n'est pas vraiment déconcertant. Le métro lui aussi sort de terre en montant, et lorsqu'il s'élève, glissant selon une trajectoire oblique, les nombreuses sténodactylos peuvent regarder les bureaux où d'habitude, elles écrivent [129]. » L'évolution des décors elle-même renforce cette impression : aux arrière-plans représentant des montagnes avant la Première Guerre mondiale et aux décors abstraits du début des années 1920 se substituent en effet des décors plus urbains, jusqu'au point d'orgue de 1928-1929, quand les montagnes russes prennent pour cadre une grande ville moderne plus ou moins inspirée de Manhattan [130]. « Au Lunapark d'Halensee, note Kracauer, entre la piscine à remous et le manège, s'élève une ville peinte, c'est New York. [...] Le samedi soir, qui est tout l'avenir des travailleurs, des petites gens et des employés, la foule échappée de la ville se presse devant les portes de ce simulacre de cité [131]. »

Simulacre d'une expérience urbaine, l'attraction n'en est pas pour autant une simple reproduction à l'identique : si elle amène le citadin à rejouer un banal trajet en métro, c'est sous une forme hypertrophiée, à la fois spectaculaire et ludique, voire merveilleuse. « Mais ici, raconte Franz Hessel, à Lunapark, tout est plus moderne, à plus grande échelle [132]. » Sur les montagnes russes, tout est amplifié : les montées et les descentes sont plus raides, les accélérations et les freinages plus brutaux, les secousses plus violentes. « Ici, en vérité, poursuit Kracauer, et c'est cela qui est merveilleux, la voiture s'avance plus haut que n'importe quel métro aérien, peut-être jusqu'au trentième étage.

---

129. Siegfried KRACAUER, « Montagnes russes » [*Frankfurter Zeitung*, 14 juillet 1928], *in Rues de Berlin et d'ailleurs*, *op. cit.*, p. 51.

130. Claudia PUTTKAMMER, Sacha SZABO (dir.), *Gruss aus dem Luna-Park. Eine Archäologie des Vergnügens. Freizeit und Vergnügungsparks Anfang des zwanzigsten Jahrhunderts*, WVB, Berlin, 2007.

131. *Ibid.*

132. Franz HESSEL, *Promenades dans Berlin*, *op. cit.*, p. 173.

Fig. 35. Les montagnes russes des parcs d'attraction : simulacres des trajets en métro ?

Source : *Berlin, die Sinfonie der Großstadt*, Walther Ruttmann, 1927.

Les travailleurs, les petites gens, les employés qui les jours d'activité subissent l'oppression de la ville sont à présent, sur cette voie aérienne, les maîtres d'un New York qui dépasse largement Berlin [133]. » Pareille à la rame de métro, la voiture file « à toute allure [134] ». Et parce que la sensation de vitesse y est rendue plus « forte » que lors d'un trajet en métro, elle arrache des « cris » aux spectateurs. « Quand la descente s'accélère, les femmes crient [135] », et leurs cris, « de tonalités différentes, s'unissent en un chœur strident [136]. » Le « tempo dément » de la voiture arrache à ses passagers, « d'ordinaire étouffés par la structure rigide des choses », des cris stridents : « Les passagers hurlent de peur d'être mis en pièces. » Mais, ajoute le chroniqueur, « c'est également un cri de bonheur, celui de traverser un New York dont la durée est suspendue et qui ne peut plus être une menace » [137]. Devenus le bruit caractéristique des parcs d'attractions – ils gênent à ce point le voisinage que l'on tente, en vain, de les interdire –, les cris des montagnes russes agissent, pour les employés de la très grande ville, comme une *catharsis* : ils libèrent la charge émotionnelle – accumulée quotidiennement dans les transports en commun – que nourrit notamment la peur de l'accident.

Si les montagnes russes peuvent aider le citadin à se libérer de ses peurs, elles ne sont revanche d'aucun secours pour remédier à l'émoussement de ses capacités de perception et d'attention provoquées par le tourbillon sensoriel de la très grande ville. C'est là, aux yeux de certains artistes, la fonction cachée des médias audiovisuels modernes.

Dans un photomontage daté de 1925 intitulé *Der rasende Reporter*, Egon Erwin Kisch, grand chroniqueur de la vie berlinoise, est représenté par l'artiste et photographe Otto Umbehr sous la forme d'un assemblage d'appareils sensoriels et mécaniques : l'un de ses yeux est remplacé par un appareil photo, ajoutant à la vision des possibilités nouvelles (précision, objectivité, reproductibilité) ; l'une de ses oreilles est prolongée par un récepteur radio, l'autre par un pavillon de gramophone ; autour de son cou pend une montre-bracelet, symbole de l'accélération, de la synchronisation et de la mécanisation du temps

133. Siegfried Kracauer, « Montagnes russes », *loc. cit.*, p. 51-52.

134. *Ibid.*

135. Fedor von Zobletitz, *Ich hab so gern gelebt. Die Lebenserinnerungen von Fedor von Zobeltitz*, Berlin, 1934, p. 167.

136. Klaus Mann, *Der fromme Tanz. Das Abenteuerbuch einer Jugend*, Hambourg, 1926, p. 172.

137. Siegfried Kracauer, « Montagnes russes », *loc. cit.*, p. 51-53.

urbain ; à la place de sa cage thoracique, une machine à écrire figure le remplacement de l'écriture manuscrite par une écriture mécanique standardisée ; l'une de ses jambes se prolonge en une automobile, l'autre en un avion : sa foulée, ample et mécanique, permet au reporter d'enjamber ville et campagne… Face à la complexité phénoménale du nouvel environnement urbain, les appareils n'ont pas ici seulement pour fonction de compenser l'insuffisance de l'organisme humain : ils permettent de percevoir autre chose, de se mouvoir autrement. Ainsi, de même que « le cinéma est un exercice qui *prépare* à l'observation fulgurante d'existences simultanées dans tous les domaines de la création, (...) la vision photographique moderne prépare à l'orientation dans les transports aériens futurs. »[138] Ce travail de préparation et d'entraînement à la vie urbaine dévolu à la photographie et au cinéma, Moholy-Nagy l'esquisse lui-même dans un projet de film intitulé *Dynamik der Großstadt.* Comme Moholy s'en explique, son film n'a pas pour but « d'instruire, de moraliser ou de raconter une histoire. […] Son ambition [est] d'avoir un effet visuel et uniquement visuel ». Il s'agit de « constituer un ensemble vivant et homogène d'événements spatiotemporels où le spectateur [puisse être] intégré de manière active à la dynamique de la ville »[139]. Davantage qu'une œuvre d'art, objet esthétique livré à la contemplation du spectateur, le film est bien, pour Moholy, un *outil capacitaire* au service de l'existence réelle.

L'entraînement à la vie urbaine serait aussi une fonction cachée du sport, qui connaît un formidable engouement au début du XXe siècle auprès des habitants de la très grande ville. Pour Friedrich Georg Jünger, cet engouement n'a rien d'une coïncidence. « Le sport, affirme-t-il, suppose la grande ville techniquement organisée sans laquelle il est impensable[140]. » Plus encore : il est « une réaction aux conditions de vie de l'homme dans les grandes villes ». Alors que « le "sauvage" ne pratique aucun sport », qu'il exerce spontanément « ses facultés corporelles » et que « rien dans ses occupations, même pratiquées avec virtuosité, n'est de l'ordre du sport », les « meilleurs sportifs viennent de champs d'activité où la mécanisation est la plus

138. László MOHOLY-NAGY, « Production-Reproduction », *in* László MOHOLY-NAGY, *Peinture, Photographie Film, et autres écrits sur la photographie*, *op. cit.*, p. 94-95 (c'est nous qui soulignons).

139. *Ibid.*, p. 114-129.

140. Friedrich Georg JÜNGER, *La Perfection de la technique*, *op. cit.*, p. 170.

poussée, donc principalement des villes »[141]. En effet, « l'extension du sport est indéniablement liée à la mécanisation croissante et il est lui-même pratiqué de façon toujours plus mécanique. Nous le voyons non seulement dans les courses automobiles, les meetings aériens, les courses de six jours, dans lesquels les machines interviennent, mais aussi dans tous les sports où ces dernières sont exclues, dans la boxe, la lutte, la natation, la course à pied, le saut, le jet et le lancer de poids. L'homme lui-même se transforme en une sorte de machine, son mouvement, contrôlé par des appareils, devient machinique[142] ». C'est pourquoi, poursuit le philosophe, « la corporéité façonnée par le sport n'est aucunement belle, car il lui manque la proportion que le corps, soumis à un régime spécial, ne saurait avoir davantage que l'esprit par le biais de l'observation spécialisée[143] ». Comme le suggère l'artiste russe El Lissitzky dans un photomontage daté de 1926 représentant un citadin-athlète plongé dans la clarté éblouissante et artificielle de la nuit urbaine, le sport ne serait donc pas seulement un loisir, mais bien un entraînement à la vie urbaine et à ses exigences inédites en termes de vélocité, d'agilité, de coordination.

141. *Ibid.*, p. 52.
142. *Ibid.*, p. 170.
143. *Ibid.*, p. 170-171.

6

Les crises de la normalisation métropolitaine

Si la sphère réformatrice acquiert progressivement les moyens d'apporter des solutions aux problèmes nés avec l'urbanisation galopante, et si les Berlinois s'adaptent peu à peu à leur nouveau cadre de vie, les trois décennies qui suivent la phase de violente poussée urbaine sont également marquées par plusieurs « crises » de nature, de durée et d'intensité variables, dont l'effet est de perturber cette acclimatation progressive à la vie métropolitaine.

La Grande Guerre, la première, introduit une césure dans les dynamiques adaptatives étudiées dans les deux précédents chapitres. Si elle demeure lointaine d'un point de vue militaire, la guerre n'en est pas moins quotidienne dans ses effets concrets pour la plupart des Berlinois. Par les énormes dépenses engagées, elle bouleverse en effet l'ordre économique, inaugurant une décennie marquée par la pénurie, l'inflation et le chômage. Elle précipite ainsi l'effondrement d'une société urbaine qui connaît tour à tour la famine en 1916-1917, la défaite en 1918, la révolution en 1918-1919, le putsch de Kapp en 1920, et l'hyperinflation en 1923. Si les phases dites de « stabilisation » de la république de Weimar – 1921-1922 et 1924-1929 – permettent aux Berlinois de renouer avec une certaine prospérité, accélérant parfois de manière vertigineuse la modernisation de la très grande ville, la Grande Dépression replonge Berlin dans la crise et a des effets proprement catastrophiques sur la vie métropolitaine : en mettant des centaines de milliers de Berlinois au chômage, elle brise momentanément les routines qui avaient favorisé la diffusion de formes nouvelles de civilité ordinaire dans les rues ou les transports en commun ; en précipitant l'effondrement de la fréquentation du tramway, elle détériore les conditions de déplacement dans l'agglomération ; en perturbant les circuits de distribution et en favorisant les pénuries, elle réactive la peur d'une crise d'approvisionnement majeure, et avec elle le souvenir traumatique de la grande famine de 1916-1917 ; en faisant brutalement chuter les fournitures de gaz et d'électricité, elle entraîne une baisse spectaculaire de l'intensité lumineuse au centre de la capitale, replongeant les citadins dans une pénombre de crise ; en mettant fin à l'ambitieuse politique de construction de cités d'habitation menée sous la République, elle relance également la crise du logement de masse qui commençait pourtant à s'atténuer.

Pour beaucoup de Berlinois, ce mouvement de balancier – les phases de « retour à la normale » succédant aux phases de « crises », et vice-versa – constitue une expérience générationnelle majeure. La marche de la très grande ville en « temps de crise » requiert en effet d'autres mécanismes adaptatifs que la marche de la très grande ville en temps normal – toute une gamme de ripostes à la fois formelles et informelles, sans lesquelles le fonctionnement urbain ne pourrait tout simplement pas être assuré.

Ces mécanismes adaptatifs, quels sont-ils ? Et dans quelle mesure les crises à répétition qui frappent Berlin enrayent-elles l'acclimatation des Berlinois à cet environnement nouveau qu'est la très grande ville ?

Crises, ordre et désordre public

Par les perturbations qu'elles introduisent dans le cours normal de la vie métropolitaine, les crises à répétition qui touchent l'Allemagne à partir de 1914 entraînent tout d'abord de fréquentes et brutales recompositions de l'ordre public dans les rues de Berlin.

La guerre entraîne pour commencer de fortes variations de la population résidant *effectivement* dans la capitale allemande, qui connaît à la fois d'incessants départs et d'incessantes arrivées. Les premiers, essentiellement dus à la mobilisation, concernent 995 000 hommes, soit 59 % de la population masculine totale de Berlin. Les secondes, pour la plupart transitoires, concernent 500 000 soldats venus à un moment ou un autre en permission dans la ville, ainsi que quelques dizaines de milliers de travailleuses rurales, de prisonniers de guerre et de réfugiés venus des provinces de l'est.

Pendant près de quatre ans, les rues de Berlin changent ainsi totalement de visage : de nombreux permissionnaires déambulent dans le centre de la capitale, venant grossir les rangs – de plus en plus nombreux au fil des mois – des soldats revenus du front avec des blessures physiques et/ou psychologiques ainsi que des réfugiés, les uns et les autres condamnés, pour survivre, à se mêler à la vente à la sauvette et au colportage de rue. Cet afflux est tel qu'en 1917, les autorités envisagent des mesures pour éviter que les vétérans blessés ne se retrouvent exposés au regard du public, invoquant le paragraphe 57 du code du commerce qui interdit la délivrance d'un permis de commerce itinérant aux demandeurs « aveugles, sourds ou muets » ou à ceux qui souffrent d'une « maladie contagieuse », d'une défiguration « répugnante » ou d'une « faiblesse mentale » [1].

Ce règlement témoigne des efforts entrepris par les autorités pour maintenir l'ordre public en temps de guerre par des restrictions de toutes sortes. Restrictions en matière d'*affichage* : tandis que la pratique consistant à placarder les listes de victimes de guerre à l'extérieur de l'hôtel de ville s'achève fin 1916 en raison de l'émotion provoquée à leur lecture, plusieurs règlements mettent provisoirement fin aux publicités commerciales au profit des seules informations émanant des autorités, et les colonnes d'affichage ne font désormais plus entendre que la « voix de l'État » – communiquant des instructions, annonçant les prix des denrées alimentaires ou incitant les citoyens à acheter des obligations de guerre. Restrictions en matière d'*éclairage* : en 1916, un *blackout* partiel est imposé aux commerçants afin de limiter la consommation d'électricité et de rendre la ville invisible la nuit à une époque où le repérage des sites stratégiques en survol se fait à vue. Restrictions en matière de *colportage* : un règlement de janvier 1917 encadre le commerce ambulant, interdisant « le bruit comme moyen de publicité », y compris les appels, sonneries de cloches, chants, sifflets, cris et tout « autre bruit injustifié qui détruit la paix des rues » [2]. Restrictions, enfin, en matière d'*achalandage* : dès les premiers mois de la guerre, la réaffectation des matières premières à la production de guerre et les achats de panique des clients vident les magasins et les marchés de leurs marchandises. À cause de ces restrictions, Berlin développe un intense marché noir. Si les autorités tolèrent malgré tout ce commerce interlope, c'est en raison de la défaillance de

1. Molly Loberg, *The Struggle for the Streets of Berlin*, *op. cit.*, p. 64-65.
2. *Ibid.*, p. 65.

leur propre système de distribution de denrées alimentaires. Mais ces échanges illégaux restent à l'abri des regards : derrière les comptoirs des magasins, dans les maisons privées, dans les restaurants et cafés élégants, et directement à la source dans la campagne environnante.

Par rapport à cette première reconfiguration de l'ordre public, la sortie de guerre marque une seconde et brutale inflexion. Pendant plusieurs mois, dans un contexte marqué par la défaite militaire, les difficultés de la démobilisation, les troubles révolutionnaires, l'aggravation de l'inflation ou encore la recrudescence du chômage, les rues de Berlin offrent un visage passablement chaotique[3].

À mesure que le front se rompt, précipitant la défaite militaire de l'Allemagne, les plans complexes du gouvernement pour la démobilisation se désintègrent aussi : des centaines de milliers de soldats font un retour spontané et désordonné dans la capitale. Se mêlant aux flots de réfugiés et autres miséreux, ces soldats démobilisés forment bientôt de véritables « régiments de mendiants[4] » dans les rues. Sans perspective d'emplois, nombre d'entre eux se tournent vers le commerce ambulant et la vente d'articles militaires : chaussures, couvertures, mais aussi armes, attirant l'attention par leurs uniformes et leurs médailles, voire arborant des pancartes qui expliquent la nature de leur blessure. Alors que, pendant la guerre, le commerce illégal était resté à l'abri des regards, le marché noir envahit désormais l'espace public, en particulier autour des gares et dans les secteurs mal famés comme le Scheunenviertel, dont l'étroit réseau de rues derrière l'Alexanderplatz est envahi par des milliers d'acheteurs, de vendeurs et de curieux, rendant le quartier impénétrable à la circulation.

Face à cette rupture soudaine des formes empruntées par l'échange de marchandises, les nouvelles autorités changent de tactique. S'attaquant aux lieux de vente plutôt qu'aux produits et à leur prix, elles multiplient les « descentes », comme ce 14 avril 1919, quand la police – accompagnée par des troupes militaires lourdement armées – tend des fils de fer barbelés à travers les rues du Scheunenviertel pour « piéger les foules[5] ». Par leur brutalité, ces « descentes policières »

3. Entre un quart et un tiers des chômeurs allemands indemnisés résident alors à Berlin, confirmant l'attractivité de la plus grande ville allemande, où les plus démunis espèrent trouver un emploi ou – à défaut – pouvoir se « débrouiller ». Wolfgang Ribbe (dir.), *Geschichte Berlins*, vol. 2, *Von der Märzrevolution bis zur Gegenwart*, *op. cit.*, p. 834.

4. Édouard Helsey, *Au pays de la monnaie de singe*, *op. cit.*, p. 56.

5. Molly Loberg, *The Struggle for the Streets of Berlin*, *op. cit.*, p. 73.

trahissent la difficulté, pour un État qui apparaît « vacillant », de conserver le monopole de la violence légitime. Présent dans la capitale allemande en mars puis en août 1919, l'écrivain-reporter français Édouard Helsey – de son vrai nom Lucien Coulond – en témoigne de manière exemplaire. Découvrant un « Berlin encore étourdi de la défaite, à peine remis des convulsions du spartakisme[6], pessimiste et le ventre creux[7] », il ne peut que constater, au milieu des manifestations émeutières, de la montée en flèche des taux de criminalité et des meurtres politiques, à quel point les forces de l'ordre peinent à maintenir leur autorité. « Au milieu de la foule incolore qui grouille assez mollement le long des rues principales, observe-t-il à la fin du mois d'août 1919, vous apercevrez de temps en temps, marchant en voltigeurs, la main sur le fusil, le lourd casque de campagne en tête, trois ou quatre soldats de la *Reichswehr*. Des agents de police, à Berlin, vous n'en rencontrerez guère ; des patrouilles armées, beaucoup[8]. »

Les voyageurs étrangers ont ainsi souvent le sentiment qu'une forme d'« anomie » règne sur la ville : les horaires de train sont souvent « fantasques », les « voyageurs de 4e classe » se prélassent « en première à la place des occupants légitimes, relégués dans les couloirs », les conducteurs sont « indisciplinés »[9]. Symbole de cet apparent dérèglement des conduites : les véhicules de tous types passent désormais par la voie centrale de la porte de Brandebourg, droit jusqu'alors exclusivement réservé à la famille royale. Rien n'illustre mieux ce désordre apparent que l'envahissement de l'espace public par les affiches, tracts et autres graffitis : après que le gouvernement provisoire de la République naissante a déclaré la fin de la censure le 12 novembre 1918, les Berlinois n'hésitent plus à s'exprimer – au risque parfois de « bafouer les règlements » : ils accrochent bulletins, affiches et autres avis sans demander d'autorisation ni payer de droits. « Comme pendant la révolution de 1848, les clôtures, les murs, les arbres deviennent des lieux d'expression démocratiques[10]. » Les militants politiques utilisent une « colle de guerre bon marché », contraignant les propriétaires de magasins à enlever eux-mêmes les affiches collées sur leurs vitrines avec

6. Berlin est un épicentre de la révolution de 1918-1919, avec notamment l'insurrection spartakiste de janvier 1919.

7. Édouard Helsey, *Au pays de la monnaie de singe*, *op. cit.*, p. 56.

8. *Ibid.*, p. 84.

9. *Ibid.*

10. Molly Loberg, *The Struggle for the Streets of Berlin*, *op. cit.*, p. 39.

de l'eau et des brosses. « En voyant les murs et les fenêtres couverts d'affiches et de tracts éparpillés dans les rues, observe Erich Lauenburger en janvier 1919, le paisible citoyen de la classe moyenne éprouve un sentiment de dégoût presque physique à l'égard du papier[11]. » Pour Alfred Döblin, à l'heure de la démocratisation de l'espace public et de ses usages, le nombre de couches collées sur les murs devient un « baromètre de l'excitation politique[12] ».

De retour à Berlin en avril 1921, Helsey est au contraire frappé par le retour à l'ordre : « Quel changement en dix-huit mois ! observe-t-il. Le calme et la cohérence sont revenus. [...] Promenez-vous dans Berlin, vous n'y verrez pas ces régiments de mendiants qui emplissaient les rues en 1919. [...] Les magasins regorgent de marchandises. Arrêtez-vous principalement aux vitrines des marchands de victuailles et d'articles de luxe. Théâtres, cafés et restaurants font des affaires en or. [...] Nulle misère ni même nul malaise. » En 1921-1922, les indices d'un retour à la normale de la vie urbaine s'accumulent en effet : si le chômage demeure un problème permanent jusqu'à la fin de l'année 1921, sa diminution est très nette en 1922, entraînant dans son sillage la quasi-disparition de cette « cinquième classe » de chômeurs permanents qui formaient, à Berlin, une sorte de sous-prolétariat volontiers prompt à la révolte. Certes, le gouvernement maintient les restrictions en matière d'éclairage public mais, constatant l'amélioration des finances de la ville, les journaux réclament un retour à la clarté des temps de paix.

Mais en 1923, la crise de la Ruhr fait repartir la poussée inflationniste, provoquant un nouveau dérèglement de l'ordre public. L'inflation connaît en effet deux sauts successifs. Le premier, conséquence directe du déclenchement de la « résistance passive », grève générale orchestrée par le chancelier Cuno pour contrer l'occupation franco-belge de la Ruhr, intervient au tout début de l'année. Le second, plus brutal, survient à partir du mois de juillet et inaugure la phase terminale de la destruction de la monnaie allemande. Dès la première semaine de juillet, l'augmentation des prix est de l'ordre de 40 % et les pommes de terre se font plus rares. À la fin du mois, la hausse devient proprement vertigineuse : du 28 juillet au

11. Erich LAUENBURGER, « Papiernot – Papierverschwendung », *Das Plakat*, janvier 1919, p. 89-90.

12. Alfred DÖBLIN, « *Östlich um den Alexanderplatz* », 1923, cité par Molly LOBERG, *The Struggle for the Streets of Berlin*, *op. cit.*, p. 42.

2 août, les prix des produits de première nécessité augmentent de 90 à 140 %, marquant une soudaine accélération de la crise et suscitant les premières réactions de panique des consommateurs. « On se précipite sur les magasins, commente la *Deutsche Allgemeine Zeitung*. On achète ce qu'on peut acheter. On accumule les choses nécessaires et superflues... L'illogisme, la passion aveugle et l'affect règnent en maîtres [13]. » Tandis que les indices de pénurie s'accumulent, les grèves spontanées se multiplient, non seulement dans les secteurs prompts à débrayer – le tramway, les usines à gaz –, mais aussi dans celui de l'imprimerie nationale, précipitant une pénurie de papier-monnaie au moment-même où de nouveaux billets de dix, vingt et cinquante millions de marks doivent être émis. La spirale hyperinflationniste se poursuit à la fin de l'été pour les prix du tramway et du gaz – suscitant une forte indignation à Berlin.

À nouveau présent dans la capitale allemande en septembre 1923, Helsey observe que « la faillite » menace : « La grande vie de Berlin, naguère si huppée, se dégrade. [...] Visitez les endroits où plastronnait le luxe, spectacles, bars, restaurants. Vous n'y verrez que de petites gens, avides de solder au plus vite une monnaie volatile dont le pouvoir d'achat se dissipe en un instant [14]. » Le 21 septembre, le premier billet d'un milliard est mis en circulation. Le 14 octobre, la carte de pain est supprimée en raison de l'augmentation dramatique des coûts du papier, mettant fin au système qui permettait de garantir l'achat de pain des Berlinois à un coût réduit. L'explosion consécutive du prix du pain de deux kilos (1 milliard le 20 octobre, 2,5 le 22, 5,5 le 23, 7,5 le 24 et 80 le 6 novembre !) contraint le gouvernement à réquisitionner le stock de farine de Berlin. Mais aux ravages de l'inflation s'ajoutent désormais ceux du chômage. Mi-septembre, Berlin compte plus de 126 000 chômeurs indemnisés, début octobre plus de 159 000 et fin novembre plus de 360 000 chômeurs non indemnisés et plus de 150 000 chômeurs partiels indemnisés. Tant et si bien qu'aux mois d'octobre et novembre, des troubles éclatent dans toute la ville : aux émeutes de chômeurs succèdent les émeutes alimentaires et les scènes de pillages – celles-ci connaissant un paroxysme dans le Scheunenviertel. À cette date, le nouveau gouvernement Stresemann, afin de juguler l'hyperinflation et la dépréciation monétaire, prépare

13. *Deutsche Allgemeine Zeitung*, n° 348, 29 juillet 1923, cité par Wolfgang Ribbe, *Geschichte Berlins*, *op. cit.*, p. 839

14. Édouard Helsey, *Au pays de la monnaie de singe*, *op. cit.*, p. 223-224.

un grand plan d'austérité. Adopté par décret le 31 octobre 1923, celui-ci opère une réduction sans précédent des services publics, entraînant 39 000 licenciements supplémentaires à Berlin et posant les bases d'un chômage structurel relativement élevé – le nombre mensuel de « chômeurs assistés » à Berlin oscille entre un peu plus de 50 000 et un peu moins de 190 000, avec des pics hivernaux très marqués [15] – qui perdurera jusqu'à la crise de 1929.

Si la stabilisation monétaire de 1924 met fin à la poussée inflationniste, ramène le calme et permet un certain retour à la prospérité dans la seconde moitié des années 1920, la Grande Dépression plonge à nouveau les Berlinois dans la crise. À Berlin, elle entraîne une nouvelle explosion du nombre de chômeurs déclarés, qui passe de 350 000 le 1er septembre 1930 à 650 000 en juillet 1932. À cette date, seuls 85 000 bénéficient de l'assurance-chômage, tandis que 168 000 ont dépassé le délai de 13 semaines prévu par la loi de 1927 et ne reçoivent plus qu'un secours exceptionnel. Avec près d'un million de demandeurs d'emploi cumulés en 1932, les taux berlinois sont supérieurs aux taux nationaux.

Pour des centaines de milliers de travailleurs, une fois accomplies les démarches hebdomadaires auprès du bureau de placement, il s'agit désormais de tuer le temps. Quand ils restent chez eux, les chômeurs se retrouvent à prendre part aux tâches ménagères (« père aux fourneaux, père essorant le linge, père recousant les boutons, père battant les matelas » écrivent certains enfants à l'école à propos de la « profession » de leur père) ou à traîner dans l'appartement (« papa reste assis toute la journée et fume des cigarettes », « papa ne fait rien, il passe son temps à manger », « papa dort très longtemps, jusqu'à midi », écrivent d'autres [16]). Lorsqu'ils sortent de chez eux, les chômeurs se retrouvent entre eux et restent assis des heures durant, « les uns à côté des autres », ou bien errent – solitaires et sans but – dans la ville, flânant sur les artères les plus commerçantes, scrutant les vitrines et épiant la vie de ceux qui travaillent, circulent et consomment – à tel point que la police finit par craindre qu'ils ne créent des troubles à l'ordre public. « Au début, on fait beaucoup de longues promenades, juste pour sortir de chez soi », raconte Hans : « On part

15. *Statistisches Jahrbuch der Stadt Berlin*, 5. Jahrgang, 1929, p. 120 et 6. Jahrgang, 1930, p. 136.

16. Cité par Peter Fritzsche, *Les 100 premiers jours de Hitler. Quand les Allemands ont adhéré au Troisième Reich*, Tallandier, Paris, 2023, p. 54.

tôt, on s'arrange pour ne pas être vu »[17]. Plutôt que de se morfondre chez eux ou d'errer sans but dans les rues, nombre de jeunes chômeurs parcourent en boucle la ligne circulaire du tramway berlinois. Pendant de longs mois, les rues et les places publiques de Berlin connaissent un afflux de groupes d'hommes jeunes qui traînent dans une atmosphère de violence et de criminalité larvée.

Cette oisiveté contrainte entraîne une nette recrudescence de l'intégration spontanée ou organisée des chômeurs dans des « groupes » : associations, bandes juvéniles, formations de combat. La « discipline de l'organisation paramilitaire remplace la discipline de l'entreprise[18] ». Le Parti communiste, parti par excellence des chômeurs, et son organisation paramilitaire, le Front Rouge des Combattants, créent des « comités de chômeurs », organisent des cortèges et des « marches de la faim », recrutent les « bandes » et les jeunes semi-criminels pour contrôler certaines tavernes et certains quartiers – alors déclarés « quartier rouge » – comme Wedding. Le chômage déplace ainsi le terrain de la lutte des classes des usines vers les rues et les quartiers, avec pour effet d'alimenter la guérilla urbaine contre les SA dans les quartiers les plus paupérisés, de creuser le fossé avec les sociaux-démocrates et d'épouvanter la bourgeoisie et les classes moyennes urbaines. Le chômage entraîne également une nouvelle hausse du travail informel : de nombreux chômeurs se font chanteurs de rue ou vendeurs ambulants. Mais le colportage confine souvent à la mendicité et s'accompagne d'une recrudescence du chiffonnage et du glanage. Enfin, le chômage entraîne une hausse de la prostitution (féminine comme masculine), ainsi qu'une recrudescence de la criminalité : à Berlin, le nombre d'arrestations pour vol augmente de 24 % entre 1929 et 1932.

Crises et détresse ordinaire

Ces multiples visages de l'expérience du désœuvrement montrent à quel point les crises bouleversent les expériences ordinaires dans la très grande ville, brisant les routines qui avaient commencé à s'installer dans la vie quotidienne depuis le tournant du siècle et plongeant des

17. *Ibid.*, p. 57-58.
18. Detlev J.K. PEUKERT, *La république de Weimar. Années de crise de la modernité*, Aubier, Paris, 1987, p. 257.

centaines de milliers de citadins dans la misère. Dans une brochure intitulée *Die Not in Berlin* publiée au début de l'année 1923, le maire de Berlin Gustav Böss brosse un tableau sans concession de cette détresse. Le titre choisi pour ce *factum* d'une trentaine de pages ne doit rien au hasard : usant de la polysémie du mot *Not* en allemand, le plus haut magistrat de l'agglomération berlinoise décrit la *misère*, alerte sur la situation d'*urgence* et insiste sur la *nécessité* d'agir pour sortir les Berlinois de la crise. En 1923 il est vrai, celle-ci n'est nulle part aussi « criante » que dans la plus grande ville d'Allemagne : alors que « dans les campagnes, la paupérisation économique est un phénomène isolé », à Berlin, elle est « un phénomène de masse »[19].

Les crises ont en effet pour conséquence immédiate d'exacerber une crise du logement pourtant d'ores et déjà structurelle à Berlin. Gustav Böss le rappelle sans ambages : « Les conditions de logement déjà insalubres de Berlin sont aggravées par la pénurie de logements et la dégradation des maisons[20]. »

Au lendemain de la guerre, de nombreuses familles ne trouvent pas à se loger et sont contraintes de sous-louer une chambre à une autre famille, venant grossir le nombre pourtant important de « locataires de sommeil » condamnés, depuis la fin du XIXe siècle, à « errer de toit en toit dans [la] mer domestique[21] » de la très grande ville. Le ralentissement brutal de la construction de logements neufs pendant et après la guerre laisse en effet plus de « 200 000 demandeurs de logement insatisfaits[22] » : tandis que les familles doivent désormais « se serrer les unes contre les autres[23] », presque « tous les jeunes couples [doivent] s'installer dans le petit appartement de leurs parents[24] » et des « milliers et des milliers de personnes âgées et de personnes autrefois aisées[25] » sont contraintes de prendre des sous-locataires afin de s'assurer une petite retraite. En 1918, plus de 8 % des ménages doivent ainsi partager leur logement avec une autre famille. En 1920, Joseph Roth livre ce témoignage édifiant, représentatif de tant d'autres

---

19. Gustav Böss, *Die Not in Berlin. Tatsachen und Zahlen*, Zentralverlag, Berlin, 1923, p. 3.

20. *Ibid.*, p. 14.

21. Oswald Spengler, *Le Déclin de l'Occident*, *op. cit.*, p. 93.

22. Gustav Böss, *Die Not in Berlin*, *op. cit.*, p. 14.

23. Hans Ostwald, *Sittengeschichte der Inflation. Ein Kulturdokument aus den Jahren des Marktsturzes*, Neufeld und Henius Verlag, Berlin, 1931, sans pagination.

24. *Ibid.*

25. *Ibid.*

dans les sources : « E.S. habite à Neukölln, Karlsgartenstrasse 5, au rez-de-chaussée sur rue. E.S. est plombier, poseur de tuyaux. [...] De son logis émane une vapeur comme d'un local que vient de quitter une assemblée de cinq mille personnes. Un corridor comme un gouffre, étroit et sombre, à l'instar des tuyaux que E.S. a l'habitude de poser. Quatre enfants à la maison, deux à l'hôpital. Dans une pièce se pressent une multitude de lits. Les lits se marchent réciproquement sur les pieds. Dans le logement du plombier dorment des enfants, des loueurs de lit, une femme. Le jour cela ressemble à un dépôt de literie[26]. » Lorsqu'elles ne peuvent cohabiter, les familles sont contraintes de s'entasser « dans des baraques et des taudis[27] » à la périphérie de Berlin, où des « milliers d'habitations provisoires [sont] construites, souvent de manière anarchique, sans rues, sans installations sanitaires[28] ». Ces formes d'habitat précaire – « baraques », « campements » et autres « taudis » – ont malheureusement laissé très peu de traces dans les sources.

Si les ambitieuses politiques de l'habitat menées à partir de 1924 permettent d'amorcer une baisse significative du taux moyen de densité résidentielle et d'améliorer les conditions de vie de centaines de milliers d'ouvriers et d'employés, la crise de 1929 relance la crise du logement, ajoutant au surpeuplement et à la cohabitation le drame des expulsions. Sous le titre « Comment se loge l'ouvrier berlinois », Slatan Dudow réalise en 1930 le premier volet d'une série documentaire intitulée « Comment vit l'ouvrier berlinois ? ». Dans ce court métrage, Dudow filme avec une caméra cachée – fixant le visage des expulsés pour les opposer ensuite, par le montage, à des gros plans de policiers. Sous le gouvernement Brüning, il est vrai, la priorité est moins donnée à la protection des locataires qu'à l'édification de « petites colonies d'habitation périurbaines » répondant à des normes d'habitabilité revues à la baisse. Cette politique d'urgence traduit un double recul. Quantitatif d'abord : alors que le nombre de logements annuellement construits en Allemagne dépassait 300 000 unités en 1928, 1929 et 1930, il tombe à 230 000 en 1931 puis à 132 000 en 1932 et 1933. Qualitatif ensuite : les nouvelles directives nationales limitent la superficie des logements éligibles à 32, 45 et 60 m^2,

26. Joseph Roth, « Dans les bas-fonds de Berlin » [*Neue Berliner Zeitung* – 12 Uhr Blatt, 3 novembre 1920], *in* Joseph Roth, *Automne à Berlin*, *op. cit.*, p. 65-66.

27. Gustav Böss, *Die Not in Berlin. op. cit.*, p. 14.

28. Hans Ostwald, *Sittengeschichte der Inflation*, *op. cit.*

entérinant un net abaissement des normes de surface et de confort. Quand le chômeur ou le sans-abri a la chance d'obtenir une « place de colon », il reçoit une subvention de 2 500 marks pour se construire une petite maison, mais celle-ci n'a ni eau courante ni électricité.

Les crises ont également pour effet de perturber les conditions de circulation dans l'agglomération. Les soubresauts de la fréquentation des transports en commun berlinois à partir de 1914 en offrent un indice non seulement très clair, mais très spectaculaire (Fig. 36) : alors que les crises économiques d'avant-guerre – qu'il s'agisse de la longue dépression des années 1873-1894 ou des deux courtes récessions de 1901-1902 et de 1907-1908 – n'avaient guère laissé de traces dans les courbes, la guerre, la crise hyperinflationniste en 1923 et la grande crise de 1929 entraînent des variations parfois très fortes de la fréquentation des quatre grands réseaux de transport public, faisant brutalement chuter les statistiques.

Avec respectivement 1 224 700 000 et 1 157 277 000 personnes transportées contre 1 289 966 000 en 1913, les années 1914 et 1915 marquent un premier recul, d'autant plus frappant qu'il survient après plus de quarante années de hausse continue et exponentielle. Si les trois années suivantes marquent une reprise à la hausse, dépassant dès 1917 les niveaux atteints en 1913, l'année 1919 porte un nouveau coup d'arrêt à la fréquentation annuelle des réseaux de transport public berlinois, suivi de trois années au cours desquelles celle-ci oscille autour de 1,5 milliard (1 464 041 000 personnes transportées en 1920, 1 510 647 000 en 1921 et 1 492 766 000 en 1922). Avec respectivement 1 400 528 000 et 1 243 169 000, les années 1923 et 1924 marquent une nouvelle baisse – de près de 17 % par rapport à l'année 1922. Si la reprise du trafic est forte dès 1925, et la hausse vertigineuse pendant les années dites de « stabilisation » de la république de Weimar, culminant à 1 929 834 000 personnes transportées en 1929, son maximum historique avant longtemps, les effets de la Grande Dépression sont plus impressionnants encore que ceux de la crise hyperinflationniste : le nombre de personnes transportées chute à 1 646 695 000 en 1930, 1 411 868 000 en 1931, 1 221 003 000 en 1932 et 1 162 555 000 en 1933 – date à laquelle il revient au niveau moyen des années 1910-1911[29] !

29. *Statistisches Taschenbuch der Stadt Berlin*, 2. Aufgabe, 1926, p. 103 ; *Statistisches Jahrbuch der Stadt Berlin*, 3. Jahrgang, 1927, p. 137 ; 5. Jahrgang, 1929, p. 131 ; *Statistisches Jahrbuch der Reichshauptstadt Berlin*, 15. Jahrgang, 1939, p. 125.

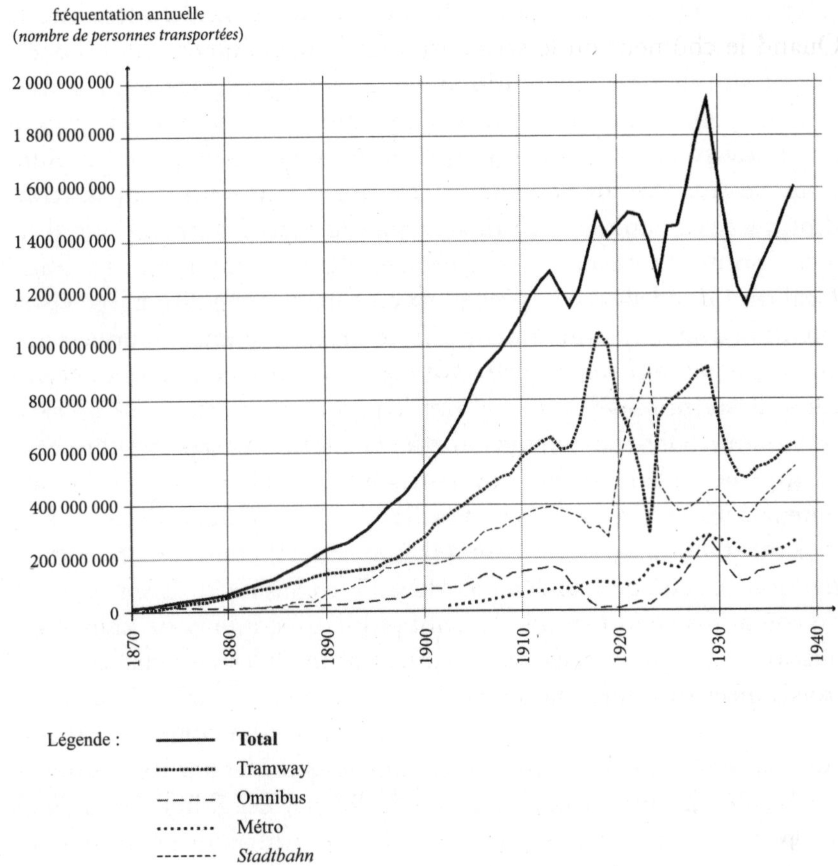

Fig. 36. L'impact des crises sur la fréquentation des transports publics berlinois, 1870-1938.

Source : Stéphane Füzesséry, d'après : *Statistisches Taschenbuch der Stadt Berlin*, 2. Aufgabe, 1926, p. 103 ; *Statistisches Jahrbuch der Stadt Berlin*, 3. Jahrgang, 1927, p. 137 ; 5. Jahrgang, 1929, p. 131 ; *Statistisches Jahrbuch der Reichshauptstadt Berlin*, 15. Jahrgang, 1939, p. 125.

D'un réseau de transport à l'autre, hausses et baisses ne sont pas toujours synchrones : si le retournement à la baisse de 1914 est commun aux quatre réseaux, la reprise ne s'observe que pour les réseaux de tramways et de métro. En 1923, le tramway joue un rôle moteur dans la spirale hyperinflationniste : de 3 000 marks le 16 juillet, le prix du billet simple bondit à 6 000 marks le 30 juillet, 10 000 le 6 août, 50 000 le 14 août et 100 000 le

20 août, excédant largement la courbe inflationniste des autres prix. Cette « catastrophe du tramway[30] » débouche sur un arrêt pur et simple de l'exploitation le dimanche 9 septembre. La crise de 1929 entraîne à son tour un effondrement de la fréquentation du tramway dont le tarif unique « rigidement fixé » ne correspond à nouveau « plus au pouvoir d'achat du public », et dont le trafic diminue « de moitié environ »[31]. Seul le métro se maintient alors – au point de devenir l'« épine dorsale de l'ensemble du trafic local du Grand Berlin », avec pour corollaire une « surcharge et un encombrement », notamment aux heures de pointe, « dont seuls ceux qui les ont vécus peuvent juger des inconvénients défiant toute description »[32].

Comme l'observe non sans ironie Hans Ostwald, cet effondrement périodique de la fréquentation des transports publics ramène régulièrement l'image de la très grande ville à « une époque révolue » : non seulement les « gens se [massent] en groupes de piétons », marquant un retour inattendu de la ville à l'âge du pédestrianisme, mais « un cortège de voitures multicolores bat [désormais] le pavé : de vieux krems, des chariots à roulettes plats, des chariots de meubles ouverts, de vieux compagnons de légumes et de fruits, de petites choses branlantes [doivent] transporter dix personnes et plus à l'intérieur des villes ». Aux points névralgiques du trafic, dans les gares et sur les places, les « véhicules les plus étranges se [rassemblent] ces jours-ci : wagons de foin et de mortier, vieilles calèches et voitures de mariage – ils [rendent] de bons services ». À en croire les témoignages de nombreux Berlinois, cette régression dans les modes de locomotion lents est dominée par la « généralisation de la bicyclette ». En septembre 1923, le *Berliner Tageblatt* observe que « cet engin, déjà condamné pour son manque de modernité, est soudain redevenu d'actualité. Les bicyclettes sont sorties du bric-à-brac et du grenier pour être remises au service du transport. Berlin est désormais la ville du vélo. Elle a pris la place de Copenhague […] ». Les Berlinois à vélo, ajoute le quotidien, « défilent en rangées interminables aux heures de pointe du matin et de l'après-midi sur les grandes artères de la banlieue ». Le vélo est en effet le « moyen de transport le moins cher pour le fonctionnaire, l'homme d'affaires et le touriste. Il obéit à votre volonté, il est indépendant

30. *Vorwärts*, 9 août 1923.
31. Friedrich Leyden, *Gross-Berlin*, *op. cit.*, p. 138.
32. *Ibid.*

des prix et des grèves[33] ». De même, au début des années 1930, le géographe Friedrich Leyden – faisant notamment écho à l'armée de pédaleurs filmés par Slatan Duduw dans *Kuhle Wampe* en 1932[34] – note que « dans les rues, le recul de l'utilisation des moyens de transport berlinois se traduit entre autres par une augmentation frappante du trafic cycliste, en particulier dans le centre-ville[35] ».

Avec les soubresauts de la fréquentation des transports en commun, rien n'illustre mieux l'impact des crises sur la vie métropolitaine que les flux et les reflux de l'intensité lumineuse globale dans la ville millionnaire.

Après plusieurs décennies de progression en matière d'éclairage aussi bien privé que public, et alors que Berlin compte déjà plusieurs centaines d'enseignes lumineuses, la Grande Guerre marque une première mais brutale involution. Faisant état de « pénuries de pétrole », les rapports d'humeur de la police berlinoise se font l'écho des difficultés des Berlinois à éclairer leur intérieur. Dès l'automne 1914, la « pénurie de pétrole se fait de plus en plus sentir », mais « on a appris à s'en accommoder »[36]. De même, les « allumettes sont devenues plus chères et la lumière plus rare[37] ». En 1915, le « manque de pétrole a contraint de nombreux travailleurs à domicile à s'éclairer à la bougie[38] ». À cette baisse de l'éclairage privé s'ajoutent les restrictions partielles – évoquées plus haut – décidées par les autorités militaires en matière d'éclairage public. Dans l'immédiat après-guerre, le gouvernement maintient ces restrictions : le long des artères centrales, les becs de gaz brûlent plus faiblement, voire ne brûlent plus du tout. Certains quartiers plongent alors dans une obscurité totale la nuit, entraînant une recrudescence des accidents de la rue et anticipant une expérience que feront tous les Berlinois à partir du 1er septembre 1939.

Si l'obscurité est synonyme de crise, le retour de la lumière symbolise quant à lui la prospérité. Retardée par le maintien de l'interdiction jusqu'en 1922 puis par la crise hyperinflationniste en 1923, la

33. *Berliner Tageblatt*, 2 septembre 1923, reproduit et traduit dans Iain Boyd Whyte, David Frisby (dir.), *Metropolis Berlin 1880-1940*, University of California Press, Berkeley, 2012, p. 554.

34. *Kuhle Wampe*, Slatan Dudow, 1932.

35. Friedrich Leyden, *Gross-Berlin*, *op. cit.*, p. 138.

36. Rapport Jagow, 2 novembre 1914, *Berichte des Berliner Polizeipräsidenten zur Stimmung und Lage der Bevölkerung in Berlin 1914-1918*, Dokumente aus geheimen Archiven, Band 4, 1914-1918, Hermann Böhlaus Nachfolger, Weimar, 1987, p. 23-25.

37. *Ibid.*

38. Rapport Jagow, 6 février 1915, *Berichte des Berliner Polizeipräsidenten…*, *op. cit.*, p. 41.

reprise intervient en 1924, profitant d'une baisse des coûts de l'électricité partout en Europe. Mais alors que dans la seconde moitié des années 1920, la progression fulgurante de l'éclairage nocturne des rues et l'explosion du nombre d'enseignes lumineuses aux points névralgiques de la City manifestent l'aspiration de Berlin à retrouver une place parmi les capitales modernes du monde, la Grande Dépression, en faisant brutalement chuter les fournitures de gaz et d'électricité, entraîne à nouveau une diminution brutale de l'intensité lumineuse dans les rues de la ville, replongeant les citadins dans la pénombre. Les statistiques municipales le confirment (Fig. 37)[39] : alors qu'elle avait atteint respectivement 30 000 444 et 29 936 085 candelas en 1929 et 1930, l'intensité lumineuse globale dégagée par l'éclairage public des rues chute à 17 397 350 candelas en 1931, 17 220 252 en 1932 et 17 471 017 en 1933.

Les moyens de transport et l'éclairage public ne sont donc pas seulement « un baromètre extrêmement sensible de l'évolution de la situation économique du moment[40] » : ils montrent également combien les crises entraînent une modification brutale des rythmes quotidiens – et avec elle de la vie urbaine dans son ensemble. En temps de crise, les Berlinois doivent notamment consacrer beaucoup de temps à faire la queue et à attendre. Le retour périodique des pénuries entraîne en effet la réapparition fréquente des files d'attente devant les magasins d'alimentation.

Dès l'automne 1914, les queues se multiplient devant les boulangeries, avant de se généraliser pendant toute la durée de la guerre devant la plupart des magasins d'alimentation ainsi que dans les marchés couverts de l'agglomération[41]. Les rapports d'ambiance de la police berlinoise, tout comme la presse quotidienne, s'en font régulièrement l'écho. Après l'introduction des cartes d'alimentation en 1916, les Berlinoises prennent l'habitude de se présenter la veille au soir dans l'espoir d'obtenir quelque chose à manger le lendemain matin. La queue se transforme alors en longue attente, les femmes étant assises à même le sol, sur des paillasses ou sur de

39. *Statistisches Jahrbuch der Stadt Berlin*, 3. Jahrgang, 1927, p. 271 ; 5. Jahrgang, 1929, p. 272 ; 6. Jahrgang, 1930, p. 316 ; 8. Jahrgang, 1932, p. 225 ; 9. Jahrgang, 1933, p. 237 ; 10. Jahrgang, 1934, p. 295 ; 12. Jahrgang, 1936, p. 212.

40. Friedrich Leyden, *Gross-Berlin*, *op. cit.*, p. 138.

41. Thierry Bonzon, Belinda J. Davis, « Feeding the Cities », *in* Jay Winter, Jean-Louis Robert (dir.), *Capital Cities at War. Paris, London, Berlin 1914-1919*, volume 2, *A Cultural History*, Cambridge University Press, Cambridge, 2007, p. 334.

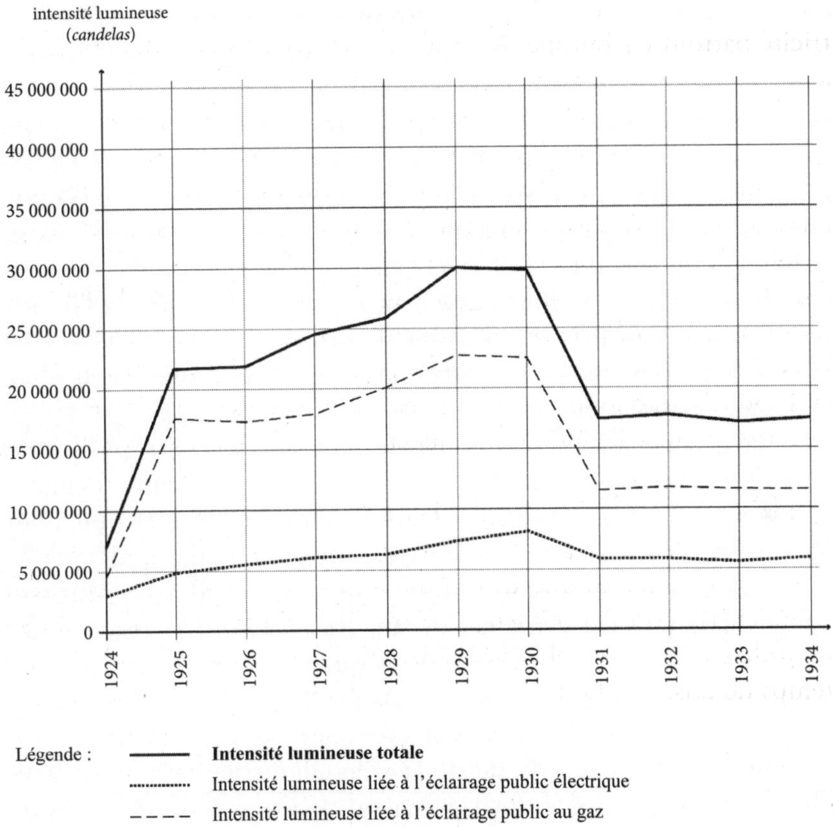

Fig. 37. L'impact de la Grande Dépression sur l'intensité lumineuse dans les rues de Berlin, 1924-1934.

Source : Stéphane Füzesséry, d'après : *Statistisches Jahrbuch der Stadt Berlin*, 3. Jahrgang, 1927, p. 271 ; 5. Jahrgang, 1929, p. 272 ; 6. Jahrgang, 1930, p. 316 ; 8. Jahrgang, 1932, p. 225 : 9. Jahrgang, 1933, p. 237 ; 10. Jahrgang, 1934, p. 295 ; 12. Jahrgang, 1936, p. 212.

petits escabeaux : elles « se tiennent là, apathiques, beaucoup dorment debout, et la lumière de la lune fait paraître les visages pâles encore plus blêmes[42] ».

Apparues pendant la guerre, les queues font périodiquement leur retour dans les années 1920 et 1930, au point de devenir de véritables marqueurs de crise. Pendant la période de l'inflation,

42. *Berliner Tageblatt*, 19 mai 1916, cité par Arnulf Scriba, « Berlin pendant la guerre 1914-1918 », *Cahiers Bruxellois/Brusselse Cahiers*, 2014/1F XLVI, p. 188.

observe Hans Ostwald, la file d'attente « revint sans cesse. [...] Le peuple l'avait appris pendant la guerre. Dans les années qui suivirent, il dut encore longtemps s'exercer à cette habitude forcée [43] ». En juillet 1923, la *Deutsche Allgemeine Zeitung* observe que les queues se reforment « comme en temps de guerre [44] ». « Quand on signale un arrivage dans un magasin, observe également Édouard Helsey, une longue file se forme en hâte, maintenue par un schupo [45]. » Ces « chenilles sorties du sol [46] », véritables « plaies éruptives au front des villes avariées [47] », font aussi leur apparition pendant la Grande Dépression – des queues immenses se formant à nouveau devant les offices de placement, les bureaux d'allocation, les caisses de secours, les soupes populaires.

À la différence des files d'attente dans les loisirs, ces « queues du désespoir » constituent une expérience très éprouvante. Pendant la guerre, les consommateurs attendent souvent toute la nuit pour obtenir de la nourriture [48], « sans garantie d'obtenir quoi que ce soit [49] ». « Chaque jour, dans tous les quartiers des villes, on peut voir les gens attendre par centaines devant les magasins, et très souvent pour rien ; au mieux, ils reçoivent un quart de livre de beurre après avoir attendu deux trois heures [50]. » Avant la Grande Dépression, ces queues sont « surtout à la charge des femmes [51] ». « L'affluence devant les points de vente de viande de la ville augmente de jour en jour. On a observé que des femmes prenaient déjà position à 7 heures du matin devant des points de vente qui n'ouvraient qu'à 3 heures de l'après-midi [52]. » Ces dernières, rapporte Édouard Helsey, « n'ignorent pas combien elles devront patienter. Elles apportent des pliants, des romans, des sacs à ouvrage, ce qui ne les garde pas, d'ailleurs, de se

43. Hans Ostwald, *Sittengeschichte der Inflation*, *op. cit.*

44. *Deutsche Allgemeine Zeitung*, n° 343, 27 juillet 1923, cité par Wolfgang Ribbe, *Geschichte Berlins*, *op. cit.*, p. 838.

45. Édouard Helsey, *Au pays de la monnaie de singe*, *op. cit.*, p. 227-228.

46. *Ibid.*

47. *Ibid.*

48. Thierry Bonzon, Belinda J. Davis, « Feeding the Cities », *loc. cit.*, p. 338.

49. Rapport Rhein du 17 février 1915, cité par Emmanuelle Cronier, « The street » , *in* Jay Winter, Jean-Louis Robert (dir.), *Capital Cities at War*, *op. cit.*, p. 98.

50. Rapport Schiller, 17 février 1916, *Berichte des Berliner Polizeipräsidenten...*, *op. cit.*, p. 109.

51. Hans Ostwald, *Sittengeschichte der Inflation*, *op. cit.*

52. Rapport Jagow, 2 mars 1916, *Berichte des Berliner Polizeipräsidenten...*, *op. cit.*, p. 111.

chamailler[53] ». Elles se tiennent « patiemment sous la pluie, toutes ces femmes et ces filles » note également Hans Ostwald : elles avancent « très, très lentement, pas à pas », mettant « leur foulard sur la tête », restant « debout » et – la plupart du temps – « silencieuses »[54]. Les rapports de police ont plutôt tendance à en souligner l'extraordinaire patience : « Dans les quartiers ouvriers, les femmes attendent souvent des heures durant, tranquillement, les maigres rations alimentaires qui leur sont attribuées et doivent souvent repartir sans les avoir reçues[55]. » Une patience dont ne font pas preuve les jeunes hommes, parfois ivres et toujours désignés comme les principaux fauteurs de troubles. Redéfinissant les segmentations de la très grande ville par le genre, les crises en redéfinissent aussi les « hiérarchies morales » : la place que chacun occupe dans la file d'attente est en effet source de tension, et les privilèges que s'arrogent certains individus font l'objet de fréquentes discussions.

Crises, famine et angoisse de la famine

Engendré par les pénuries, ce retour périodique des « queues du désespoir » renvoie à une expérience générationnelle non seulement majeure, mais qui s'inscrit *ipso facto* au cœur des dynamiques adaptatives des temps de crise : la réapparition de l'*insécurité alimentaire* dans les plus grandes villes.

Celle-ci prend tout d'abord la forme d'un court – mais dramatique – épisode de famine qui survient en 1916-1917 dans la plupart des grandes villes allemandes. Si ses mécanismes sont passablement complexes et tiennent pour une large part au caractère globalement inédit que représente le défi logistique de la gestion des grandes villes – participant grandement à nourrir les doutes générationnels quant à la viabilité des agglomérations géantes aux besoins « monstrueux » –, elles s'expliquent également par la priorité donnée par l'État au ravitaillement des troupes et à l'inefficacité – voire l'incurie – des multiples administrations chargées de gérer celui des villes. De fait, ni le rationnement, ni la fixation de prix *maxima*, ni les réquisitions, ni l'introduc-

53. Édouard Helsey, *Au pays de la monnaie de singe*, *op. cit.*, p. 227-228.
54. Hans Ostwald, *Sittengeschichte der Inflation*, *op. cit.*
55. Rapport Schwartz, 31 juillet 1916, *Berichte des Berliner Polizeipräsidenten…*, *op. cit.*, p. 149.

tion d'aliments de substitution tels que le « pain K[56] » ou le rutabaga[57], ne suffisent à prémunir la population berlinoise de la famine. Celle-ci s'installe parmi les populations les plus pauvres de Berlin dès le début de l'été 1916. Les rapports d'humeur de la police berlinoise s'en font aussitôt l'écho : les pénuries commencent à « entraîner la malnutrition[58] », et « on pense que si la guerre dure encore l'hiver prochain, la famine s'installera[59] ». La crise alimentaire atteint un sommet au cours du premier semestre de l'année 1917, un « hiver de la famine » étant aussitôt suivi d'un « été de la famine ». En mars 1917, la « pénurie de toutes les denrées alimentaires » est devenue un « véritable cauchemar pour la population »[60]. Les chiffres rassemblés par Jürgen Kuczynski dans son *Histoire de la vie quotidienne du peuple allemand* parue après la Seconde Guerre mondiale confirment cet effondrement : pour la période allant de juillet 1916 à juin 1917, les rations de pommes de terre délivrées aux Berlinois correspondent à 71 % de la consommation d'avant-guerre, celles de sucre à 49 %, celles de céréales à 53 %, celles de viande à 31 % et celles de beurre à 22 %[61].

Combinée à l'épidémie de grippe espagnole qui frappe l'Europe au sortir de la guerre, la famine est à l'origine d'un dramatique pic de surmortalité au sein de la population civile berlinoise. Provoquant la mort d'environ 14 500 personnes[62], elle touche plus particulièrement les nouveau-nés (la mortalité infantile augmente de 50 %), les femmes (le nombre de décès de femmes venant d'accoucher est multiplié par deux) et les personnes âgées[63]. Le contexte de belligérance est plus

56. K renvoie ici à « Krieg » mais aussi à « Kartoffel », le pain de guerre étant en partie composé de farine de pomme de terre.

57. Le rutabaga (ou navet) est utilisé pour remplacer les pommes de terre pendant l'hiver, en dépit des désagréments liés à sa digestion, son goût amer, sa préparation difficile et sa faible valeur nutritive.

58. Rapport Stolle, 8 juillet 1916, *Berichte des Berliner Polizeipräsidenten...*, *op. cit.*, p. 137.

59. Rapport König, 18 juillet 1916, *Berichte des Berliner Polizeipräsidenten...*, *op. cit.*, p. 140.

60. Rapport König, 15 mars 1917, *Berichte des Berliner Polizeipräsidenten...*, *op. cit.*, p. 179.

61. Jürgen Kuczynski, *Geschichte des Alltags des deutschen Volkes, 1600 bis 1945*, vol. IV, Berlin, 1982, p. 450.

62. Jay Winter, « Surviving the War: Life Expectation, Illness, and Mortality Rates in Paris, London and Berlin, 1914-1919 » *in* Jay Winter, Jean-Louis Robert, *Capital Cities at war*, *op. cit.*, p. 517.

63. Jean-Louis Robert, Jay Winter, « Un aspect ignoré de la démographie urbaine de la Grande Guerre : le drame des vieux à Berlin, Londres et Paris », *Annales de démographie historique*, 1993, p. 303-328.

généralement à l'origine d'une dégradation de la santé de nombreux Berlinois que les chiffres de mortalité ne résument pas à eux seuls. On doit ainsi à l'historien français Emmanuel Le Roy Ladurie un court article bien documenté sur un phénomène qui accompagne « classiquement » les famines : la recrudescence des aménorrhées. Observée pour la première fois en août 1916 par un médecin polonais travaillant à Berlin, le phénomène aurait culminé vers mars-avril 1917. À cette date, la consommation moyenne des Berlinoises ne dépasse pas 1 000 calories par jour, contre 3 000 avant la guerre. Les données issues d'une clinique berlinoise pour épileptiques confirment la corrélation entre carences alimentaires et aménorrhées : entre 1914 et 1918, sur 142 femmes internées âgées de 16 à 44 ans, 129 (soit 90,8 %) sont touchées par l'aménorrhée, la plupart d'entre elles à partir de 1916, date à laquelle les pensionnaires consomment moins de 2 000 calories par jour contre 3 000 en août 1914[64]. Une analyse comparable pourrait être menée au sujet de la multiplication des cas de rachitisme au sein de la population urbaine, si l'on disposait de données statistiques fiables. Mais à notre connaissance, aucune étude ne permet d'en mesurer l'ampleur.

Un film, pourtant, en témoigne très directement : sur commande du ministère des Affaires étrangères, la section des *Kulturfilme* de l'Universum Film AG (UFA) réalise entre 1919 et 1921 un moyen-métrage intitulé « Les conséquences du blocus de la faim sur la santé du peuple[65] ». Approuvé en mars 1921 par l'autorité de censure assorti d'une interdiction aux jeunes spectateurs – et pour cause – le film est projeté pour la première fois le 13 décembre 1920 au Tauenzienpalast de Berlin. Pour la réalisation de ce moyen-métrage, Hans Cürlis et ses « médecins-cinéastes » s'appuient sur les documentations de l'Office impérial à la santé, les rapports de commissions interalliées et neutres, ainsi que sur de nombreuses publications scientifiques. Le film comporte trois actes (blocus et coût de la vie, blocus et maladies, blocus et enfants) et entremêle images documentaires, graphiques, cartes animées et longs intertitres (Fig. 38). Sa visée est probatoire : les cinéastes avancent le chiffre de 770 000 victimes de la famine en Allemagne et postulent un lien direct entre le blocus interallié et le développement du rachitisme dans les villes allemandes, n'hésitant pas à montrer plusieurs Berlinois en état de cachexie. L'état

64. Emmanuel Leroy-Ladurie, « L'aménorrhée de famine (XVIIe-XXe siècles) », *Annales*, 24e année, n° 6, 1969, p. 1589-1601.

65. *Die Wirkung der Hungerblockade auf die Volksgesundheit*, Hans Cürlis, 1921.

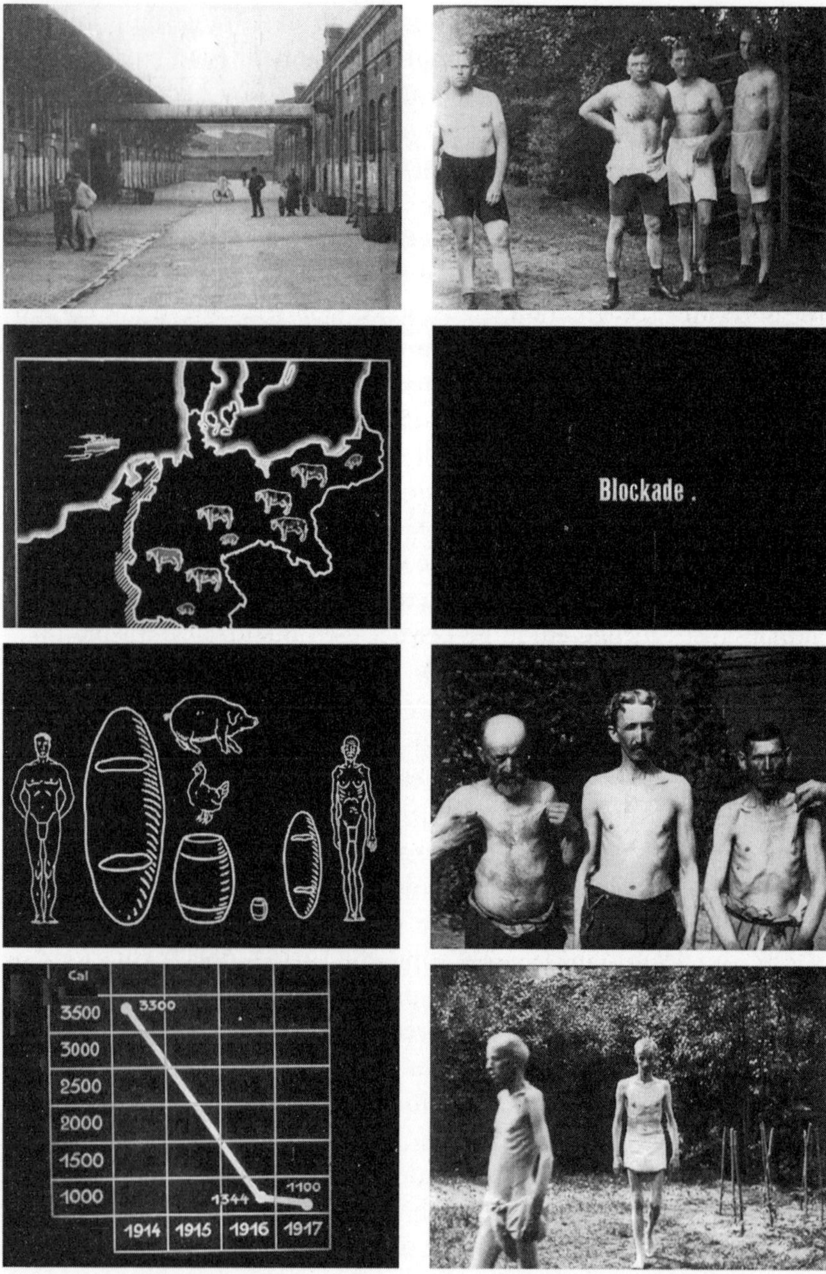

Fig. 38. La famine à Berlin.

Source : *Die Wirkung der Hungerblockade auf die Volksgesundheit*, Hans Cürlis, 1921.

de dénutrition de la population civile allemande après-guerre y est décrit comme une conséquence quasi exclusive de ce que les autorités elles-mêmes nomment le « blocus de la faim », les responsabilités du gouvernement allemand étant en général tues.

Traumatique, ce scénario menace de se répéter à deux reprises dans l'entre-deux-guerres, alimentant une véritable angoisse de la famine dès lors que survient une crise économique : une première fois en 1923, quand l'hyperinflation met à genoux l'économie allemande ; une seconde fois à l'été 1932, au point le plus bas de la Grande Dépression, quand s'accumulent les indices préoccupants d'une nouvelle pénurie alimentaire de grande ampleur.

Passé la grave crise des années 1916-1918, la situation alimentaire des citadins demeure en effet structurellement précaire. Alors qu'avant la guerre, l'agriculture allemande « couvrait 90 % de ses besoins en aliments végétaux et deux tiers de sa consommation de graisse, de viande et de lait avec ses propres produits », la perte par l'Allemagne de 73 000 km^2 entraîne une réduction de 15 % environ de la surface agricole utile, elle-même à l'origine d'une « perte de 19,7 % de la récolte de pommes de terre » et de « 18,7 % de la récolte de seigle ». Plus grave encore, selon le maire de Berlin : la diminution des rendements agricoles « due au manque d'engrais chimiques ». Au cours « de la campagne 1913-1914, rappelle Böss, l'agriculture allemande avait pu apporter au sol 210 tonnes d'azote et 630 tonnes d'acide phosphorique, en 1919-1920, en revanche, seulement 158 tonnes d'azote et 147 tonnes d'acide phosphorique, et encore moins la campagne suivante. Par conséquent, le rendement par hectare a fortement diminué ». À ces pertes nettes, poursuit le maire de Berlin, s'ajoute la dépendance allemande à l'égard des importations d'aliments pour le bétail, qui conditionne elle-même une large part de la consommation de viandes. L'excédent d'importation de « son pour l'alimentation du bétail » est ainsi passé « de près de 1,4 million de tonnes (1913) à 18 000 tonnes (de mai à décembre 1921) », entraînant une « baisse de l'élevage, de la production de viande, de graisse, de lait et de fromage ». Or celle-ci a des répercussions particulièrement fortes sur l'alimentation des Berlinois : le « nombre de porcs élevés et abattus à Berlin ayant nettement diminué par rapport à la période d'avant-guerre, la population se tourne de plus en plus vers des viandes moins chères et de moins bonne qualité », comme le cheval, avec, en 1922, « environ 15 000 abattages de chevaux contre environ 10 000 avant la guerre ». De même, la diminution du nombre et de la qualité des vaches entraîne également une baisse catastrophique de la production de lait ». Pour Berlin, alors que « l'apport et les besoins en lait avant la guerre s'élevaient à environ 1,2 million de litres par jour, début décembre 1922, seulement 385 000 litres par jour, début février 1923, seulement 300 000 litres par jour [sont désormais] disponibles[66] ».

À l'automne 1923, cette diminution de la quantité et de la qualité des denrées alimentaires disponibles, conjuguée au pic de l'hyperinflation et à l'effondrement du pouvoir d'achat, fait craindre un retour de la famine. Présent à Berlin, Édouard Helsey témoigne de l'angoisse qui saisit alors la plus grande ville d'Allemagne : « La ville est [...] trop calme, d'un calme étrange, insolite, obsédant, qui pèse sur l'esprit plus qu'une franche menace. Imaginez une capitale provincialisée, des chaussées désencombrées, des magasins dégarnis, une foule terne et molle, au visage fermé, une stagnation lourde et malsaine, qui dénonce plus qu'elle ne dissimule une active fermentation. » Berlin, conclut-il, a « l'aspect démeublé d'une veille de siège ou de famine »[67].

Absent pendant la période de stabilisation, le spectre de la sous-alimentation et de la famine resurgit au début des années 1930. Présent à Berlin de novembre 1932 à mai 1933 afin d'enquêter sur les conditions sociales des travailleurs allemands, le syndicaliste américain Abraham Plotkin livre de précieuses analyses sur le budget alimentaire des ménages dans la métropole en crise[68]. Prenant l'exemple d'un métallurgiste berlinois, de sa femme et de leurs sept enfants, il calcule qu'une fois soustraits le « remboursement de dettes contractées pour acheter des meubles et des vêtements » ainsi que le « prix des tickets de bus, du gaz pour le chauffage et de l'électricité pour l'éclairage, il leur reste 18,70 marks par semaine pour se nourrir[69] », ce qui donne, après calcul et extrapolation, une ration quotidienne moyenne de 2 179 calories – soit un *ratio* inférieur aux besoins d'une personne en bonne santé.

En l'absence de réponse publique efficace, les Berlinois cherchent le plus souvent à se débrouiller par eux-mêmes : outre le développement du marché noir – que ce soit à l'arrière des magasins, où les meilleurs produits sont vendus à des prix supérieurs à la norme,

---

66. Gustav Böss, *Die Not in Berlin*, *op. cit.*, p. 7-9.
67. Édouard Helsey, *Au pays de la monnaie de singe*, *op. cit.*, p. 26-27.
68. *An American in Hitler's Berlin. Abraham Plotkin's Diary, 1932-1933*, University of Illinois Press, Urbana/Chicago, 2009.
69. Peter Fritzsche, *Les 100 premiers jours de Hitler*, *op. cit.*, p. 52-53.

ou par des livraisons à domicile dans les quartiers prospères –, les pénuries engendrent ainsi l'apparition de systèmes alternatifs d'approvisionnement.

Les Berlinois partent d'abord en masse se ravitailler directement dans les fermes proches de Berlin, le week-end, parfois même « la nuit[70] » – peu répandues avant la guerre, ces pratiques sont grandement facilitées par le bon fonctionnement du système de transport public étendu de la métropole. Certes, dès 1915, ces « excursions alimentaires dominicales des Berlinois[71] » sont interdites par les autorités : « Les contrôles et les fouilles des voyageurs dans les gares à la recherche de denrées alimentaires ont provoqué une grande mauvaise humeur et un sentiment d'amertume[72]. » Mais, comme le confirment de nombreux témoignages, il n'est pas rare que la police affectée aux gares « détourne le regard[73] ». Les Berlinois en quête de nourriture vont ainsi « dans les champs déjà récoltés et [retournent] la terre à la recherche de pommes de terre abandonnées[74] ». Les Berlinois se livrent également à une exploitation maximale des interstices urbains : les 7 300 petits lopins et jardins ouvriers qui forment la zone maraîchère de Berlin connaissent un véritable *boom* à la faveur de la guerre, couvrant jusqu'à 367 hectares. Ils « détournent » également les « colonies agraires » situées dans l'orbite de la très grande ville, celles-ci servant moins, désormais, à flatter l'anticonformisme des *Lebensreformer* qu'à cultiver des fruits et des légumes pour tenter de survivre. En bref, les citadins « se mettent à cultiver, encore et encore[75] ».

Ces « initiatives » ne révèlent pas seulement l'efficacité relative, mais à grande échelle, de systèmes et d'agents considérés comme marginaux, informels ou illégaux par rapport à la marche traditionnelle de la ville. Elles inspirent aussi d'ambitieux projets de maraîchage urbain, témoignant à nouveaux frais des doutes qui saisissent périodiquement les observateurs sociaux quant à la viabilité des concentrations urbaines géantes. Un bon exemple en est offert par la proposition de transformation de Berlin en agroville, telle que la formule le

70. *Ibid.*
71. Rapport von Oppen, 17 mars 1917, *Berichte des Berliner Polizeipräsidenten…*, *op. cit.*, p. 181.
72. Rapport König, 15 mars 1917, *Berichte des Berliner Polizeipräsidenten…*, *op. cit.*, p. 180.
73. Thierry Bonzon, Belinda J. Davis, « Feeding the Cities », *loc. cit.*, p. 322.
74. Hans Ostwald, *Sittengeschichte der Inflation*, *op. cit.*
75. *Ibid.*

paysagiste berlinois Leberecht Migge pendant la Grande Dépression (Fig. 39). Dans un article paru dans la *Deutsche Bauzeitung* sous le titre programmatique « Une chance pour le Grand Berlin ? », Migge dresse en effet trois constats fondamentaux[76]. Premièrement, au début des années 1930, ce sont d'ores et déjà près d'un million de Berlinois qui pratiquent spontanément la colonisation des terres situées à la périphérie de la très grande ville : « La mise en œuvre d'un tel processus de colonisation [...], observe le paysagiste, notre Berlinois l'a apprise pendant des décennies dans ce que l'on appelle la "colonisation sauvage"[77]. » Or, poursuit-il, Berlin dispose de 32 000 hectares de « campagne » réservés pour l'épandage des eaux usées, mais sur les 230 millions de mètres cubes déversés annuellement, seuls 10 à 15 % sont utilisés pour fertiliser les sols. En outre, la capitale allemande demeure fortement dépendante du dehors pour son approvisionnement alimentaire : « Berlin, note Migge, qui ne tire aujourd'hui que 2 % de ses besoins totaux de ses propres exploitations agricoles, fait d'un quart de ses citoyens des autosuffisants [limités] et régule par ailleurs son marché alimentaire à l'aide de sa propre "province alimentaire"[78]. » De ce triple constat, le paysagiste tire une ambition et un projet. « Avec le deuxième million de colons, affirme-t-il, nous voulons faire mieux[79]. » Comment ? En favorisant l'installation, « sur les sols urbains disponibles », d'un million de Berlinois supplémentaires dans des colonies agricoles, de manière à permettre d'opérer un gigantesque recyclage horticole des champs d'épandage berlinois et de « produire des masses de ressources alimentaires[80] » : « Voilà donc la grande offensive de colonisation intérieure de Berlin : un million de Berlinois peuvent sortir ! Toutes les conditions sont réunies. Le terrain est là. Les ressources foncières sont là. La population rurale est là [...][81]. »

Leberecht Migge ne raisonne pas *in abstracto*, mais tente d'apporter la preuve de la faisabilité de son projet. Il estime tout d'abord que les besoins cumulés des 6,8 millions de personnes qui peuplent Berlin et sa province avoisinent 626 000 tonnes de fruits et légumes

76. Leberecht Migge, « Eine Chance für Gross-Berlin ? », *Deutsche Bauzeitung*, Heft 7, 1933, p. 123-126.
77. *Ibid.*, p. 124.
78. *Ibid.*, p. 125.
79. *Ibid.*, p. 123.
80. *Ibid.*
81. *Ibid.*, p. 125.

par an. Constatant que seule une moitié est produite dans l'agglomération, il affirme que la totalité peut être produite sur place car « ici, il y a tout ce dont nous avons besoin pour nous installer : de la terre en quantité, de l'eau en quantité, du fumier en quantité[82] ». À raison de 7 000 à 8 000 hectares pour la production de légumes, dix fois plus pour les fruits, 200 000 familles de colons disposant d'un *Morgen*[83] chacune seront nécessaires : « En incluant les réserves nécessaires, 200 000 familles de colons sur un acre chacune nécessiterait un espace de 50 000 à 60 000 ha[84]. » Or ce besoin peut être couvert sans étendre le territoire communal, mais à l'intérieur d'un rayon de 25 km autour du centre-ville : « Notre plan n'a pas besoin de dépasser un cercle de 25 km de rayon autour de Berlin[85]. » Les colons, en effet, ne doivent pas être éloignés de plus d'une heure du centre-ville : « Depuis le centre de la ville, notre colon n'aurait besoin, comme nous le constatons, que d'une demi-heure à une heure de trajet maximum, y compris dix minutes de marche, pour atteindre ses zones les plus éloignées[86]. » Comme le montre en effet la carte produite par Migge, autour et à partir de la *Ringbahn* – qui délimite le cœur dense de la métropole berlinoise –, les principales lignes de transport ferroviaire rayonnent et irriguent la zone de colonisation agricole située de part et d'autre de la limite communale du Grand Berlin. Rapportée aux cartes isochroniques produites au même moment par Friedrich Leyden, elle montre que les colons n'habiteront jamais à plus d'une heure du centre de Berlin. On fera ainsi d'une pierre deux coups : non seulement on opérera un vaste recyclage horticole des champs d'épandage de la métropole, mais on apportera une solution au chômage de masse et à la détresse alimentaire de millions de travailleurs berlinois : « Ainsi, évalue Migge, on pourrait réussir à faire sortir un cinquième du million de chômeurs (inscrits ou non) de Berlin, soit 200 000 colons[87]. »

82. *Ibid.*, p. 124.

83. Le *Morgen* est une unité de mesure prussienne qui équivaut à vingt ares un quart, c'est-à-dire 2 025 m^2.

84. Leberecht Migge, « Eine Chance für Gross-Berlin ? », *loc. cit.*, p. 123.

85. *Ibid.*

86. *Ibid.*, p. 124.

87. *Ibid.*

Crises, insécurité et incivilité

La peur alimentaire, au demeurant, n'est que l'un des aspects du sentiment général d'insécurité qui saisit la vie berlinoise en période de crise. Conjuguée à la « brutalisation[88] » des comportements provoquée par la guerre et par la difficulté – relative, mais bien réelle – de la jeune République à imposer le monopole étatique de la violence légitime, le retour périodique des pénuries n'a de cesse d'exacerber les violences, favorisant un véritable climat d'incivilité dans la plus grande ville allemande.

La guerre, puis les crises économiques ont en effet pour conséquence d'exacerber les conflits de répartition, que ce soit *extra-muros* – tant les rapports entre la ville et sa campagne environnante deviennent hostiles en période de crise – ou *intra-muros* – tant la très grande ville, espace par excellence de coprésence, rend particulièrement visibles les segmentations économiques et sociales, aiguisant au plus haut point les tensions entre riches et pauvres, gagnants et perdants, veinards et malchanceux.

Les citadins suspectent volontiers les paysans – qui spéculent sur les prix – de s'enrichir sur leur dos. Pendant la guerre, les rapports de police soulignent le « contraste » perçu « entre la ville et la campagne » : cette dernière est « considérée comme injustement favorisée en matière d'alimentation[89] », et la « plus grande partie de la rancœur est toujours dirigée contre les agriculteurs, qui seraient responsables de l'augmentation du prix de la pomme de terre, devenu presque inabordable[90] ». De leur côté, les paysans se plaignent de subir la pression constante des citadins qui viennent s'approvisionner dans les campagnes. En 1920, la presse rapporte que des criminels armés vident les bennes de pommes de terre dans les campagnes[91]. Si certains paysans autorisent cette forme spontanée de « déchaumage », la plupart font appel à des gardes champêtres afin de se prémunir contre le maraudage et le pillage. À tel point qu'entre

88. George L. Mosse, *De la Grande Guerre au totalitarisme. La brutalisation des sociétés européennes*, Hachette, Paris, 1999.

89. Rapport von Oppen, 17 mars 1917, *Berichte des Berliner Polizeipräsidenten…*, *op. cit.*, p. 181.

90. Rapport Büchel, 12 avril 1917, *Berichte des Berliner Polizeipräsidenten…*, *op. cit.*, p. 186.

91. *Augen auf! Streifzüge durch das Berlin der zwanziger Jahre*, Francfort-sur-le-Main, 1982, p. 73-78, cité par Wolfgang Ribbe, *Geschichte Berlins*, *op. cit.*, p. 838.

bandes citadines et garde paysanne, les rixes ne sont pas rares, à l'image des graves affrontements survenus entre Britz et Rudow en octobre 1922, qui entraînent la mort d'un enfant avant l'intervention des forces de police, ou de la recrudescence de violences du mois de juillet 1923, quand des colonnes de consommateurs pauvres se forment et essaiment dans toutes les directions autour de Berlin à la recherche de pommes de terre – contraignant Gustav Böss à entreprendre des démarches auprès des autorités de la République pour assurer l'approvisionnement de Berlin en biens alimentaires de première nécessité [92].

À Berlin comme dans d'autres grandes villes allemandes, la misère n'est cependant pas le lot de tous les habitants. On assiste en réalité à une véritable *dualisation* de la vie urbaine. Gustav Böss l'observe au début de l'année 1923 : « Nos propres concitoyens passent souvent à côté de la détresse et de la misère, sans s'en rendre compte et sans y prêter attention. » Plus encore : celle-ci est « encore moins visible pour l'observateur étranger superficiel, qui est frappé par la vie abondante dans les différents restaurants et les étalages dans les vitrines ; il ne voit que le côté brillant de la grande ville [93]. » La Grande Dépression exacerbe cette dualisation de la vie métropolitaine, opposant terme à terme la ville au rythme trépidant et la ville au rythme ralenti, les travailleurs et les chômeurs, ceux qui continuent de se déplacer en tramway et ceux qui ne se déplacent plus qu'à pied, ceux qui manquent de temps et ceux qui doivent tuer le temps. Malgré la crise économique, de nombreux Berlinois continuent en effet de faire la fête – « les boîtes de nuit grouillent de monde » commente la revue *Tempo* en novembre 1931 – ou de partir en vacances – ils sont environ 600 000 l'été et 300 000 l'hiver. En pleine Grande Dépression, la Reichsbahn lance son « voyage dans le bleu » (*Fahrt ins Blaue*), un programme d'excursion d'une journée vers une destination secrète – sorte d'« excursion-mystère » dans laquelle, à l'automne 1932, le poète anarchiste Erich Mühsam voit ni plus ni moins qu'une métaphore de l'Allemagne en crise [94].

Cette dualisation de la vie métropolitaine est aussi une dualisation de l'espace urbain, opposant les quartiers ouvriers et les quartiers

92. *Deutsche Allgemeine Zeitung*, n° 343, 27 juillet 1923, cité par Wolfgang Ribbe, *Geschichte Berlins*, *op. cit.*, p. 838.

93. Gustav Böss, *Die Not in Berlin*, *op. cit.*, p. 3-4.

94. Peter Fritzsche, *Les 100 premiers jours de Hitler*, *op. cit.*, p. 60.

bourgeois, le Nord et l'Ouest, Wedding et Dahlem : « On monte dans le métro, observe un journaliste, on descend à la station suivante – et c'est déjà un autre monde[95]. » L'héroïne du roman de Heinz Rein *Berlin 1932* vit entre ces deux univers : le matin, elle rend visite à ses parents dans un quartier populaire du nord de Berlin : une « hideuse cité » ; l'après-midi, elle rentre chez elle dans un quartier bourgeois de l'Ouest : une « ville charmante »[96]. Ces contrastes stimulent le voyeurisme. « Envie de crise[97] ? » En 1932, un tour-opérateur fait découvrir la « métropole en crise » aux touristes, proposant de visiter des usines fermées, des projets immobiliers à l'abandon, des hospices pour sans-abri. L'« attraction » la plus célèbre est le Meyerischer Hof et ses arrière-cours successives, où le voyageur avide de sensation peut observer « les enfants blêmes qui [...] traînent leur désœuvrement, assis sur les marches donnant sur les trois, quatre ou cinq entrées des ailes transversales sans lumière ; émouvantes et grotesques créatures, comme celles qu'a peintes et dessinées Zille[98] ».

Les pénuries favorisent également les scènes de pillage et, avec elles, le sentiment d'insécurité de ceux et celles qui vendent sur les marchés ou tiennent boutique. Les autorités s'en font l'écho dans leurs rapports quotidiens pendant la guerre : en février 1915, lors d'une vente municipale de pommes de terre, « tout le monde s'est précipité avec violence vers les étals. Les agents de protection chargés de réguler la circulation à l'entrée des stands de vente ont tout simplement été débordés et se sont retrouvés impuissants face à cette ruée[99] ». De même, en octobre de la même année, des « émeutes du beurre » éclatent : devant la succursale de l'entreprise Butter, une « foule qui s'est peu à peu agrandie pour atteindre environ mille personnes, a brisé les vitrines non protégées à l'aide de pierres », tandis que trois vitrines de la succursale de la société Assmann ont également été brisées[100]. La période de la révolution, de novembre 1918 à janvier, voire mars 1919, est elle-même riche en scènes de pillage : tandis que les vitrines du grand magasin Tietz, sur l'Alexanderplatz, sont

95. *Ibid.*, p. 46-47.
96. *Ibid.*, p. 46.
97. « Krise gefällig ? », *BZ am Mittag*, n° 109, 7 mai 1932.
98. Cité par Peter Fritzsche, *Les 100 premiers jours de Hitler*, *op. cit.*, p. 49.
99. Rapport Rhein, 17 février 1915, *Berichte des Berliner Polizeipräsidenten...*, *op. cit.*, p. 43.
100. Rapport Lewald, 16 octobre 1915, *Berichte des Berliner Polizeipräsidenten...*, *op. cit.*, p. 89.

criblées de balles à deux reprises au moins – une première fois au mois de novembre 1918, une seconde au mois de janvier 1919 –, de nombreux magasins de l'arrondissement de Mitte sont pillés en janvier puis à nouveau en mars 1919 [101]. De même, on ne compte pas les vitrines brisées, les boulangeries dévalisées et les marchés publics pillés aux mois d'octobre et novembre 1923 – au pic de l'hyperinflation. Quinze ans avant le pogrom de novembre 1938, les émeutes antisémites du Scheunenviertel de novembre 1923 donnent en particulier lieu au pillage de centaines de magasins juifs. Spectaculaires, ces vagues de pillage coïncident la plupart du temps avec les troubles politiques.

Tel n'est pas le cas des pillages qui se généralisent à Berlin aux débuts des années 1930. Alors que les taux d'infraction contre les biens – et en particulier les vols – ont chuté (comme partout en Allemagne) entre 1924 et 1929, ils connaissent une nouvelle hausse pendant la Grande Dépression. À Berlin, le nombre de vols déclarés dans les magasins de détail bondit de près de 100 % entre 1927 et 1932 [102]. Les statistiques judiciaires font ainsi apparaître des centaines d'incidents commis par des « groupes de quatre à vingt jeunes hommes âgés de quinze à vingt-cinq ans ». Non seulement ces vols ont lieu en plein jour, c'est-à-dire aux heures de grande affluence, mais ils ne surviennent pas à l'occasion d'une manifestation de rue ou d'un trouble politique quelconque – suggérant ainsi l'apparition d'un nouveau modèle de violence commerciale au début des années 1930 [103]. Les rapports de police en décrivent le mode opératoire : protégés par l'anonymat de la très grande ville, les auteurs de ces vols « se rassemblent discrètement au coin des rues, se ruent vers le magasin au moment opportun, se livrent au pillage en quelques minutes, puis disparaissent à la vue de tous [104] ».

Face à cette insécurité – d'abord ponctuelle et éruptive, puis endémique et organisée –, les réponses sont d'abord législatives et policières. Mais, comme le souligne à l'envi le magazine *Self Defense* : « Qu'est-ce que 15 000 agents dans une ville de quatre millions d'habitants, avec son territoire gigantesque bordé de forêts et de lacs, ses rues aux ruelles multiples et ses cachettes que seuls les initiés

101. Molly Loberg, *The Struggle for the Streets of Berlin*, *op. cit.*, p. 155.
102. *Ibid.*, p. 160.
103. *Ibid.*, p. 162.
104. *Ibid.*

connaissent[105] ? » Constatant ces difficultés persistantes des forces de police à maintenir l'ordre public en contexte de crise économique dans les rues de la capitale, les commerçants cherchent bien souvent à se défendre par leurs propres moyens. Soit en faisant appel à des sociétés de sécurité privée ou des forces paramilitaires comme les patrouilles de protection organisées par les associations d'étudiants pendant le putsch de Kapp de 1920, ou encore les associations d'anciens combattants juifs pendant les émeutes du Scheunenviertel de 1923. Soit en investissant dans des systèmes de protection tels que les alarmes antieffractions ou les volets roulants – selon un article paru en 1923 dans le *Berliner Tageblatt*, cette dernière invention protégerait mieux des coups de feu que les anciens stores en fer conçus à l'origine pour lutter contre les effractions nocturnes[106].

Faut-il s'étonner, dès lors, si ce climat d'insécurité favorise le développement de ce que d'aucuns nomment l'« humeur irritable » ou « le caractère explosif » des Berlinois[107] ? Tout indique au contraire que les crises à répétition qui frappent l'Allemagne à partir de 1914, par la perturbation qu'elles introduisent dans le cours normal de la vie métropolitaine, favorisent le développement de formes variées d'indisciplines, enrayant par là même l'apparition, étudiée au chapitre précédent, des formes de civilité ordinaire dans les espaces de côtoiement de la très grande ville.

Édouard Helsey s'en fait à nouveau l'écho dans son grand reportage sur le « pays de la monnaie de singe[108] ». En plein été 1919, après plusieurs mois de convulsions révolutionnaires, la capitale allemande a semble-t-il retrouvé le calme. « Rien de plus paisible, au premier aspect, que Berlin tel qu'il est aujourd'hui, observe le reporter. Une foule gaiement oisive flâne par les rues, prend des glaces dans les grands cafés, cherche un peu de fraîcheur au Thiergaten [*sic*], se repose "Sous les tilleuls". Les vitrines des magasins reluisent de luxe. Il y a partout des marchands de fleurs. Les enfants jouent bruyamment. On n'aperçoit point de police[109]. » Mais, poursuit le journaliste, « qu'une querelle éclate et toute cette *animation si aimablement citadine* va se transformer en une brutalité directe, immédiate, primitive. Les

105. *Ibid.*, p. 158.
106. *Ibid.*, p. 159.
107. Hans Ostwald, *Sittengeschichte der Inflation*, *op. cit.*
108. Édouard Helsey, *Au pays de la monnaie de singe*, *op. cit.*, p. 71.
109. *Ibid.*, p. 68-69.

sourires aussitôt tombent des lèvres qui se tendent nerveusement. Les regards se durcissent, tout le monde crie, la bagarre s'étend et s'envenime. Il n'est pas rare qu'on en vienne aux coups de revolvers. Une âpre combativité transparaît, à la moindre éraflure, sous ce léger vernis de nonchalance et de frivolité[110]. »

À nouveau présent à Berlin en septembre 1923, au plus fort de la crise hyperinflationniste, Helsey observe que « mille menus incidents, partout, irritent l'aigreur populaire, font jaillir les querelles et les protestations, en attendant la grande bagarre[111] ». Évoquant à son tour « le caractère indiscipliné de la génération d'après-guerre, la rancœur qui explose avec les gens », Joseph Roth risque la supposition suivante : « Si un autobus est plein de voyageurs aigris cherchant la querelle et la confrontation, il aura nécessairement un accident. [...] Personne ne cède sa place aux femmes qui sont debout. Chacun voit dans l'autre un ennemi. On se jette mutuellement des regards furieux. [...] On lance avec insolence des regards en dessous à toutes les femmes dont le chapeau protège le visage de son ombre. [...] On lit le journal du voisin par-dessus son épaule. On le pousse dans le coin ou vers le bord[112]. »

Pendant la Grande Dépression, quand des milliers de travailleurs commencent à perdre leur emploi, Berlin devient plus belliqueuse encore. Mais ce sont désormais les formations politiques extrêmes qui investissent l'espace public par leurs défilés et leurs combats, leurs chants et leurs slogans, modifiant jusqu'à l'ambiance sonore de la ville. La crise rend en effet la politique, et avec elle la rue, plus « bruyante[113] » : « La rue est le théâtre de batailles furieuses assorties de coups de feu », et les « sirènes des brigades antiémeutes transpercent la nuit »[114]. Les « cris dans la rue », observe Siegfried Kracauer, perturbent la tranquillité des quartiers bourgeois[115]. Les rassemblements partisans investissent les plus grandes salles berlinoises : dans le Palais des sports inauguré en 1910 sur la Potsdamer Strasse, les meetings politiques sont désormais plus fréquents que les courses

110. *Ibid.* (c'est nous qui soulignons).

111. *Ibid.*, p. 227.

112. Joseph Roth, « Considérations sur la circulation », *loc. cit.*, p. 88-89.

113. Peter Fritzsche, *Les 100 premiers jours de Hitler*, *op. cit.*, p. 44.

114. Heinz Rein, *Berlin 1932. Ein Roman aus der grossen deutschen Arbeitslosigkeit*, Die Neue Lese, 1946, cité par Peter Fritzsche, *ibid.*, p. 47.

115. Siegfried Kracauer, « Cris dans la rue » [*Frankfurter Zeitung*, 19 juillet 1930], dans Siegfried Kracauer, *Rues de Berlin et d'ailleurs*, *op. cit.*, p. 33-35.

cyclistes, les matchs de hockey sur glace ou autres combats de boxe. Dans ces lieux ordinairement dévolus aux loisirs et à la « détente » des masses, les foules en quête de divertissement cèdent la place aux foules militantes et combattantes.

Partie III

Destruction

La destruction de Berlin commence avant les bombardements alliés. La montée au pouvoir des nazis marque en effet une inflexion majeure dans l'histoire de la ville – inflexion par rapport à laquelle la dévastation des trois dernières années de guerre fait pour ainsi dire écran.

Dès la seconde moitié des années 1920, unissant leur voix à ceux qui expriment de sérieux doutes quant à la « viabilité » à long terme des plus grandes villes et s'inquiètent d'un hypothétique « devenir-Berlin » de l'Allemagne tout entière, les nazis portent le combat sur le terrain même qu'ils abhorrent et souhaitent détruire : celui de la *démocratie urbaine*. Celle-ci ne se réduit pas à une forme de gouvernement local. Elle renvoie plus profondément aux pratiques démocratiques que la très grande ville – par le brassage social, le côtoiement anonyme ou encore la possibilité qu'elle offre de se rassembler dans les lieux publics – ne cesse de favoriser. Pour les nazis, il ne s'agit dès lors pas seulement de prendre le pouvoir à Berlin, mais bien de prendre le pouvoir *sur* Berlin en détruisant ce que l'écrivain Joseph Roth nomme le « paysage psychique du citadin [1] ». Si le « mouvement » nazi échoue, avant 1933, à conquérir Berlin par les armes et par les urnes, le pouvoir national-socialiste tente bien, après 1933, d'imposer un nouvel ordre urbain : un ordre fondé sur l'annihilation

1. Joseph Roth, *Cahiers juifs*, *op. cit.*, septembre-novembre 1933.

des formes de sociabilité propres à la très grande ville, l'invisibilisation des catégories sociales et raciales indésirables et la disciplinarisation des pratiques urbaines.

À partir de 1937-1938, cette conception à la fois disciplinaire et plébiscitaire de la vie urbaine trouve une expression en quelque sorte hyperbolique dans les esplanades aseptisées et la monumentalité écrasante du projet de reconstruction hitlérien de Berlin. En effet – et contre toute attente –, le pouvoir nazi ne remet pas en question la rupture d'échelle métropolitaine intervenue au tournant du siècle, mais choisit au contraire de l'*amplifier*. Bien loin des objectifs de rééquilibrage entre villes et campagnes, du moins tels qu'ils avaient été justifiés par un spécialiste de l'étude statistique des populations tel que Friedrich Burgdörfer, les nazis décident en effet de transformer Berlin en une mégalopole de dix millions d'habitants. Refusant de limiter la taille de la ville aux capacités nourricières de son Hinterland, tel que le propose l'aile agrarienne du parti, ils veulent faire de l'Est européen le second Hinterland dont Berlin aura besoin pour devenir la « capitale éternelle[2] » du Troisième Empire allemand.

Lancé dès 1938, le chantier de la mégalopole nazie se heurte toutefois à d'insurmontables difficultés. Comme tant d'autres chantiers ouverts par le régime, il illustre de manière exemplaire la manière dont la mise en œuvre d'un projet « grandiose » conduit à une sorte de *fuite en avant*, alimentant la dynamique de radicalisation du régime. Définitivement interrompu en 1943, il provoque en retour l'une des plus grandes campagnes de bombardements aériens jamais entreprise contre une ville – soumettant les Berlinois à une épreuve terrible, réduisant Berlin à l'état de ruines, et mettant brutalement fin à une expérience urbaine unique dans l'histoire allemande.

Envisageant à nouveaux frais le rapport complexe du nazisme à la très grande ville, l'objet de cette troisième partie est de mieux comprendre les principales étapes de cette *destruction* de Berlin par les nazis.

Elle s'intéresse tout d'abord à la manière dont, du milieu des années 1920 à la fin des années 1930, les nazis cherchent à prendre le pouvoir sur Berlin, échouant dans un premier temps à conquérir la capitale, mais parvenant dans un second temps à exploiter les

2. Les citations sont tirées du discours tenu par Hitler à l'Opéra Kroll le 10 février 1939 et reproduit dans : Jost DÜFLER, Jochen, THIES, Josef HENKE, *Hitler's Städte*, *op. cit.*, p. 285-288.

ressources de l'État pour construire un ordre urbain nouveau. Elle analyse ensuite la manière dont le pouvoir nazi envisage et engage la transformation de Berlin en une mégalopole impériale : revenant sur la genèse et la mise en œuvre de ce projet connu sous le nom de Germania, elle montre que cette première reconstruction de Berlin est d'emblée placée sous le signe de l'impéritie, contribuant ainsi – avec d'autres grands chantiers nazis – à la fuite en avant du régime nazi vers la radicalité et la guerre. Elle explore enfin l'impact de la guerre – et des bombardements – sur une société urbaine au visage bouleversé par l'afflux de centaines de milliers de travailleurs étrangers et de prisonniers de guerre : elle en montre la violence à l'égard des étrangers, des juifs et autres « indésirables », mais aussi la capacité d'adaptation et de résilience face aux besoins de la guerre et aux bombes – avant son effondrement final.

7

La destruction du paysage psychique de Berlin

Prenant la suite des divers groupes d'extrême droite qui avaient su prospérer dans la capitale allemande dans le tumulte des crises d'après-guerre, et faute d'avoir pu marcher sur Berlin en novembre 1923 comme Mussolini avait marché sur Rome en octobre 1922, le parti nazi part à l'assaut de la capitale allemande essentiellement à partir de 1925-1926. Ce « combat pour Berlin [1] », dont Joseph Goebbels a livré un récit aux accents nettement apologétiques dans un petit livre dédicacé à la « vieille garde berlinoise du parti », apparaît en effet comme un enjeu majeur dans la stratégie de conquête du pouvoir mise en œuvre par le « mouvement ».

Forts d'une vision du monde et de l'histoire à la fois systématique et radicale [2], et conformément à la « voie légale » définie par Adolf Hitler à sa sortie de prison, les nazis souhaitent en effet vaincre la démocratie par ses propres moyens en gagnant non seulement une partie de l'*establishment* conservateur, mais aussi en séduisant les masses urbaines par la propagande, les apparitions publiques et les discours. Le défi est de taille pour le mouvement munichois : dans la plus grande ville industrielle du Reich, il leur faut en effet rivaliser avec les communistes – longtemps maîtres de la rue – et les sociaux-démocrates – longtemps maîtres de l'État. « Le KPD, note le jeune militant nazi Reinhold Muchow en 1926, est la seule tendance de nos

1. Joseph Goebbels, *Kampf um Berlin*, Friedrich Eher, Munich, 1941.
2. Voir par exemple Johann Chapoutot, *La Loi du sang*, *op. cit.*

adversaires qui fait du “Klamauk[3]”. [...] La “Bannière du Reich”, ce mélange de sociaux-démocrates embourgeoisés, de démocrates et de centristes pieux, ne défile que très rarement et ne déploie pratiquement aucune propagande. » Voilà pourquoi « seul le KPD domine la rue »[4].

L'enjeu n'est toutefois pas seulement de rivaliser avec les communistes et les sociaux-démocrates pour dominer la rue, séduire les masses urbaines et gagner les élections. Une fois au pouvoir, les nazis décident en effet de porter le combat plus loin : il ne leur faut pas seulement prendre le pouvoir à Berlin, mais bien prendre le pouvoir *sur* Berlin en annihilant ce que l'écrivain Joseph Roth dépeint en mars 1933 comme le « paysage psychique » des citadins : « le café et la fabrique, le bar et l'hôtel, la banque et la petite bourgeoisie de la capitale, les centres de rassemblement des riches et les quartiers miséreux, le péché et le vice, le jour citadin et la nuit citadine ». Tout ce qui fait, en somme, la « complexité de la civilisation urbaine » et le « caractère de l'habitant des grandes villes »[5].

Alors que sous la république de Weimar, la très grande ville, par ses espaces et ses sociabilités propres, avait *volens nolens* favorisé l'ancrage d'une certaine vie démocratique, tout indique ainsi que sous le Troisième Reich, la vie métropolitaine change de substance. Exploitant la résorption du chômage, le pouvoir national-socialiste impose en effet, sous les apparences d'un « retour à la normale », un nouvel ordre urbain. Un ordre fondé sur la ségrégation sociale et raciale, la réduction de la part d'informalité nécessaire au fonctionnement urbain et l'annihilation des formes de sociabilité propres à la très grande ville – lieu de brassage, de côtoiements anonymes et d'interactions certes potentiellement conflictuelles, mais vivantes et libres.

La détestation nazie de Berlin

La détestation nazie de la plus grande ville allemande est bien connue. Comme le rappelle Joseph Goebbels dans ses *Carnets*, Hitler « aime

3. Dans le jargon berlinois, le terme *Klamauk* signifie « boucan » ou « tapage ».
4. Reinhold Muchow, Situations-Bericht Nr. 2, juillet 1926, reproduit dans Martin Broszat, « Die Anfänge der Berliner NSDAP, 1926/27 », *Vierteljahrshefte für Zeitgeschichte*, 8. Jhg., 1960, 1. Heft, p. 93-94.
5. Joseph Roth, *Cahiers juifs*, *op. cit.*

Munich » mais « déteste Berlin »[6]. Ce dernier partage alors les préjugés de bon nombre de ses contemporains sur la capitale allemande. Mélange d'observations et de fantasmes, d'énoncés pseudo-scientifiques et de stéréotypes éculés, ces préjugés sont essentiels : ils expliquent non seulement l'aversion des nazis pour la très grande ville, mais aussi la manière dont ils envisagent d'y prendre le pouvoir.

De l'aveu-même du futur Gauleiter de Berlin, la ville sur la Spree est longtemps demeurée une sorte de terre inconnue, une « énigme[7] » pour la plupart des hiérarques du mouvement nazi. L'exemple de Hitler le montre bien, qui ne découvre Berlin que tardivement – c'est-à-dire pendant la guerre.

Transféré à l'arrière après avoir été blessé lors de la bataille de la Somme, Hitler est en effet soigné du 9 octobre au 1er décembre 1916 à l'hôpital de Beelitz, une petite commune située à moins de cinquante kilomètres de la capitale du Reich. C'est de là qu'il se rend vraisemblablement à Berlin pour la première fois, lors d'une permission, avant d'être transféré à Munich : « Lorsque je pus de nouveau marcher correctement, raconte-t-il dans *Mein Kampf*, je reçus la permission de me rendre à Berlin[8]. » En ce début d'hiver 1916, les indices de famine s'accumulent dans la plus grande ville allemande : « La détresse était visiblement très rude partout. La mégalopole souffrait de la faim. Le mécontentement était grand[9]. » Hitler aurait alors été frappé par le défaitisme régnant à l'arrière : « L'esprit qu'avait l'armée au front semblait déjà ne plus être le bienvenu, écrit-il. Ici, j'entendis pour la première fois quelque chose qui, sur le front, était encore inconnu : l'éloge de sa propre lâcheté[10] ! » Hitler attribue cette atmosphère de « lâcheté » à la forte présence juive dans l'administration militaire à l'arrière, ainsi qu'à la faible présence juive sur le front – une accusation alors largement répandue en Allemagne, que le « Vieux Maître[11] » de l'antisémitisme allemand Theodor Fritsch a participé à populariser dans son *Manuel de la question juive*, au point de pousser l'état-major

6. Joseph Goebbels, *Journal 1923-1933*, Tallandier, Paris, 2006, entrée du 20 mai 1931, p. 552.

7. Joseph Goebbels, *Kampf um Berlin*, *op. cit.*, p. 21.

8. *Historiciser le mal. Une édition critique de Mein Kampf*, Fayard, Paris, 2021, note 24, p. 224.

9. *Ibid.*

10. *Ibid.*, p. 224-225.

11. Serge Tabary, « Theodor Fritsch (1852-1933), le "Vieux Maître" de l'antisémitisme allemand », *Revue d'Allemagne et des pays de langue allemande*, vol. 30, n° 1, 1998, p. 89-100.

allemand à diligenter une enquête interne – laquelle apportera un démenti à ce préjugé antisémite, mais dont les résultats ne seront jamais rendus publics.

Hitler se rend à nouveau à Berlin le 19 novembre 1918, à sa sortie de l'hôpital militaire de Pasewalk, où il vient d'apprendre la défaite. Il raconte avoir alors « assisté [...] à une réunion de masse du marxisme devant le château royal et le Lustgarten [12] ». Son commentaire laisse penser qu'il pourrait s'agir de l'immense cortège funèbre du 20 novembre célébrant les victimes de la révolution : « Une mer de drapeaux rouges, de rubans rouges et de fleurs rouges, écrit-il en effet, donnait à cette manifestation à laquelle participaient approximativement cent vingt mille personnes, l'apparence d'une impressionnante démonstration de force, ne fût-ce que vu de l'extérieur. Je pouvais moi-même sentir et comprendre avec quelle facilité l'homme du peuple succombe à la magie suggestive d'un spectacle d'allure aussi grandiose [13]. »

Comme le suggèrent ces premières « impressions » retranscrites dans *Mein Kampf*, l'aversion initiale de Hitler à l'égard de Berlin est fortement teintée d'antisémitisme et d'antimarxisme : elle associe la plus grande ville du Reich à l'obsession nazie d'une prétendue conspiration « judéo-bolchevique ». Dans son rapport de situation du mois de juin 1926, le jeune militant nazi Reinhold Muchow l'exprime à son tour : « Berlin est à la fois rouge et juive. Chaque occasion politique, chaque élection le documente à nouveau. Elle doit aussi être rouge parce qu'elle est juive. Les deux se complètent sans problème : le marxisme et la bourse ont toujours été de fidèles frères d'armes [14]. »

Dans les années 1920, la plus grande ville industrielle d'Allemagne est il est vrai un bastion social-démocrate et communiste à la fois. Depuis l'unification communale qui a donné naissance au Grand Berlin en 1920, la ville est gouvernée par les sociaux-démocrates et affiche une très grande stabilité du vote de gauche aux scrutins nationaux. Les scores berlinois cumulés du SPD, de l'USPD et du KPD le confirment à chaque élection, que ce soit au niveau national, régional ou local : aux élections au Reichstag, ils oscillent entre 900 000 et 1 500 000 voix environ et ne descendent jamais sous la barre des 1 450 000 à partir de 1928, ce qui représente plus de 54 %

12. *Historiciser le mal, op. cit.*, p. 553.
13. *Ibid.*
14. Reinhold Muchow, Situations-Bericht Nr. 1, juin 1926, *op. cit.*, p. 92.

des électeurs berlinois [15]. Comme le rappelle Reinhold Muchow, la ville est également le siège d'innombrables centrales communistes, à tel point qu'aux yeux des nazis, il s'agit d'éviter que Berlin ne se transforme en une sorte de « Moscou du futur [16] » : « Outre l'ambassade officielle des Soviets, à côté du deuxième plus grand et luxueux hôtel Bristol de la bourgeoisie internationale, et la représentation commerciale officielle de l'URSS où, selon le *Völkischer Beobachter*, de grandes fraudes ont été découvertes, la centrale du KPD y est également présente, la direction fédérale du Roter Frontkämpferbund et du Roter Jungfront, le bureau central du Roter Hilfe et encore de nombreuses petites et grandes organisations prolétariennes [17]. »

Métropole rouge, Berlin est également une métropole juive. Depuis que la ville a autorisé cinquante familles chassées de Vienne à venir y séjourner en 1671, la présence juive y est en effet constante et croissante : le nombre de juifs résidant à Berlin, de quelque 2 800 en 1813, date à laquelle ils obtiennent le statut de citoyen de l'État prussien quatre ans seulement après avoir obtenu ce lui de « citoyen de la ville » (*Stadtbürger*), est passé à 36 000 environ au moment de la proclamation de l'Empire allemand en 1871, date à laquelle ils obtiennent l'égalité devant la loi, avant de bondir à près de 175 000 vers le milieu des années 1920 – soit près de cinq fois plus qu'à la veille de l'explosion urbaine. Avec près d'un tiers de la population juive allemande, Berlin compte alors la plus forte concentration urbaine de juifs en Allemagne. Cette « ville juive de Berlin » a une géographie particulière, que les Berlinois de souche du parti nazi comme Reinhold Muchow connaissent bien : « À l'ouest de Berlin, note-t-il dans son rapport de situation du mois de juillet 1926, se trouve le "ghetto juif distingué" où les Galiciens possèdent désormais des locaux princiers, alors qu'ils habitaient autrefois la sordide

15. Les partis de gauche cumulent 1 431 058 électeurs représentant 54,6 % des voix aux élections pour le quatrième Reichstag le 20 avril 1928, 1 479 424 électeurs représentant 54,6 % des voix aux élections pour le cinquième Reichstag le 14 septembre 1930, 1 444 047 électeurs représentant 54,7 % des voix aux élections pour le sixième Reichstag le 31 juillet 1932, 1 507 481 électeurs représentant 54,3 % des voix aux élections pour le septième Reichstag le 6 novembre 1932, et encore 1 377 794 électeurs représentant 46,2 % des voix lors des élections du 5 mars 1933, à une date où la terreur d'État nazie contre les communistes a pourtant commencé. *Statistisches Taschenbuch der Stadt Berlin*, 1924, p. 111 ; *Statistisches Jahrbuch der Stadt Berlin*, 4. Jahrgang, 1928, p. 308-309 ; 9. Jahrgang, 1933, p. 262-266.

16. Reinhold Muchow, Situations-Bericht Nr. 2, juillet 1926, *op. cit.*, p. 94.

17. *Ibid.*

Grenadierstrasse, lieu de rassemblement des juifs de l'Est[18]. » « Berlin, c'est ça, note également Goebbels dans ses *Carnets* : vice étincelant et misère noire. Tauentzien, Kurfürstendamm, Grenadierstrasse et Kavalierstrasse. » Cette géographie, de fait, est aussi une sociologie, la société juive berlinoise demeurant d'une très grande hétérogénéité, entre une bourgeoisie assimilée intimement liée à la prodigieuse vie intellectuelle de la métropole des *Goldene Zwanziger* d'un côté, et une masse de réfugiés venus de Russie et de Pologne de l'autre.

Ces milliers d'*Ostjuden* qui peuplent les quartiers taudifiés de la City et survivent pour la plupart grâce au commerce de rue et aux marchés interlopes du Scheunenviertel, participent beaucoup à l'image que se font les nazis de la dégénérescence présumée de Berlin. Lorsqu'il s'y rend pour la première fois en novembre 1924 pour assister à une conférence, la capitale allemande laisse une « impression en partie déplorable[19] » à Goebbels : deux ans avant de s'installer dans la métropole en tant que nouveau Gauleiter, la ville cosmopolite lui apparaît comme une « bouillie de civilisation[20] ». Sous la plume des littérateurs nazis, les métaphores ne manquent pas, en effet, pour fustiger la déchéance présumée de la plus grande ville allemande : « monstre urbain de pierre[21] », « sentine de vices et de richesse cynique[22] », « ville de l'intelligentsia et de l'asphalte[23] ».

Ce dernier terme, sorte d'équivalent allemand du français « caniveau », sert à désigner le vice associé à la civilisation métropolitaine. Par-delà le stéréotype attaché à la culture urbaine, cette image ne fait que renvoyer à la réalité d'un bouillonnement qui a beaucoup contribué à forger la mythologie du Berlin des *Goldene Zwanziger*. Certes, sous la république de Weimar comme sous le *Kaiserreich*, l'article 175 du Code pénal allemand réprime l'homosexualité, mais les juges se montrent relativement tolérants à Berlin, ce qui permet l'éclosion d'une véritable culture de la nuit où s'épanouissent les transgressions. Dans les années 1920, toutes les sexualités s'exhibent ainsi dans la métropole, celle-ci offrant quantité de lieux où vivre son homosexualité et accueillant notamment les deux

18. *Ibid.*, p. 93.
19. Joseph Goebbels, *Journal 1923-1933*, *op. cit.*, entrée du 20 mai 1931, p. 192.
20. *Ibid.*
21. Joseph Goebbels, *Kampf um Berlin*, *op. cit.*, p. 21.
22. Joseph Goebbels, *Journal 1923-1933*, *op. cit.*, entrée du 25 juillet 1927, p. 229.
23. *Ibid.*, entrée du 11 novembre 1926, p. 192.

premières « revues » lesbiennes au monde (*Liebende Frauen* et *Die Freundin*). Pour les homosexuels, qu'ils viennent de province ou de l'étranger, le voyage à Berlin sert ainsi à franchir les barrières du conformisme social et moral, comme en témoigne par exemple André Gide dans son *Journal*. Pour les nazis, majoritairement homophobes, cela suppose une vigilance de tous les instants : « On a débusqué un homosexuel dans le Sud-Est, à un poste stratégique, note Goebbels dans ses *Carnets* le 2 juin 1929. C'est à vomir ici, à Berlin. Ce fléau sévit comme la peste. On est dans une totale incertitude quant au choix de ses collaborateurs[24]. »

Cette culture de la transgression n'est pas seulement une culture festive : elle est aussi une culture scientifique depuis que Magnus Hirschfeld a fondé le premier Institut européen pour la science sexuelle en 1919 – sa bibliothèque sera l'une des premières cibles des autodafés nazis de 1933. Les préoccupations hygiénistes de l'Institut rencontrent pourtant celles des nazis – même si leurs présupposés sont diamétralement opposés : ces derniers témoignent en effet d'une crainte quasi obsessionnelle pour les maladies vénériennes telles que la syphilis, dont les plus grandes villes – par le rôle qu'y joue notamment la prostitution – sont accusées de favoriser la propagation. « Non, écrit ainsi Hitler dans *Mein Kampf*, on ne peut pas simplement nier le fait que notre population des grandes villes est de plus en plus prostituée dans sa vie amoureuse et que, par conséquent, des cercles de plus en plus larges de cette population sont touchés par l'épidémie syphilitique[25]. » « Voilà la grande ville, écrit aussi Goebbels. [...] Des femmes qui se vendent sans penser à mal. Parfois, on ne s'y retrouve guère, dans ce monde soi-disant réaliste[26]. »

Capitale européenne – voire mondiale – des transgressions, Berlin répugne également aux nazis par son mélange des races et – mais cela va de pair à leurs yeux – son infécondité. Si la ville est moins cosmopolite que Vienne avant la guerre, le brassage – social et racial – y est en effet plus marqué que partout ailleurs en Allemagne. La population de Berlin, remarque Goebbels, ne « se compose pas, comme celle d'une ville quelconque, d'une masse uniforme, repliée sur elle-même, et homogène. Le Berlinois : c'est le produit d'un substrat berlinois de toujours, complété par des apports de toutes les provinces, régions

24. *Ibid.*, entrée du 2 juin 1929, p. 349.
25. *Historiciser le mal*, *op. cit.*, p. 286.
26. Joseph Goebbels, *Journal 1923-1933*, *op. cit.*, entrée du 1er décembre 1926, p. 195.

et groupes sociaux, professionnels et religieux[27]. » Or les nazis, qui sont mus par une véritable angoisse de l'étrécissement biologique, ne doutent pas un seul instant que ce « mélange des races » fasse planer une menace de mort sur la germanité. La démonstration n'est-elle pas apportée par quelques-uns des meilleurs spécialistes de l'étude statistique des populations ? L'urbanisation accélérée de l'Allemagne ne représente-t-elle pas un risque « ethno-biologique » pour la démographie allemande ? L'infécondité de Berlin, qui détient tous les records au niveau national, voire international, ne menace-t-elle pas d'accélérer le déclin démographique de l'Allemagne tout entière ? Ne faudrait-il pas, dès lors, favoriser une « réagrarisation » de l'Allemagne ?

C'est précisément la question à laquelle tente de répondre le démographe Friedrich Burgdörfer dans son essai déjà cité *Zurück zum Agrarstaat ?*[28]. Son regard y est à la fois rétrospectif – le démographe entend dresser le « bilan biologique du peuple allemand[29] » – et prospectif – il s'agit d'opérer des projections démographiques sur soixante ou soixante-dix ans environ (1931-1990). Reproduisant un graphique particulièrement suggestif, Burgdörfer rappelle ainsi que si Berlin était fermée à tout apport migratoire extérieur, sa population passerait de 4 000 000 à 100 000 habitants en un siècle et demi : en dépit de la croissance apparente de la population, celle-ci finira par décroître si la fécondité ne repart pas à la hausse. Il faut donc s'efforcer de « décongestionner les grandes villes et les villes-mammouths, » conclut-il, en tout cas de « mettre fin à l'urbanisation de paysages entiers ». C'est dans l'« intérêt de la santé biologique et de la conservation du peuple allemand, dans l'intérêt de la mise en valeur du sol national allemand par le peuple allemand et pour le peuple allemand »[30].

À travers leur détestation de Berlin, les nazis témoignent ainsi moins de leur aversion pour la ville elle-même, que de leur rejet d'une très grande ville dont la substance à la fois politique, anthropologique et – pensent-ils – biologique est aux antipodes de la vision du monde qui fonde leur combat, et qui leur apparaît dès lors comme un monde à conquérir : d'abord pour le subvertir, ensuite pour le détruire.

27. Joseph Goebbels, *Kampf um Berlin*, *op. cit.*, p. 5.
28. Friedrich Burgdörfer, *Zurück zum Agrarstaat ?*, *op. cit.*
29. *Ibid.*, p. 20.
30. *Ibid.*, p. 109.

Heurs et malheurs du « combat pour Berlin »

Pour le « mouvement » nazi, le défi est toutefois immense. Lorsque le NSDAP se reforme dans la capitale en 1925, ses effectifs sont en effet dérisoires : comptant 200 membres tout au plus, le parti n'est pas en mesure de se présenter aux élections communales berlinoises d'octobre 1925, sauf dans la circonscription de Spandau, où il ne récolte cependant que 137 voix, c'est-à-dire 0,3 % de l'électorat de cet arrondissement à dominante ouvrière. À Berlin, les nazis doivent en outre compter avec une organisation paramilitaire d'extrême droite – le Frontbahn – non seulement très attachée à son indépendance, mais qui continue de privilégier le putsch à la « voie légale » définie par Hitler à sa sortie de prison. À ces divisions locales s'ajoute, pour la direction munichoise du Parti, l'influence des frères Otto et Gregor Strasser, qui incarnent l'orientation sinon « socialiste », du moins sociale du parti : les Strasser occupent en effet le terrain à Berlin, et de longue date, notamment par l'entremise de leur maison d'édition et de leur journal, le *Berliner Arbeiterzeitung*.

C'est donc autant pour reprendre en main la section locale du parti que pour « reprendre la main » sur la situation politique dans la capitale que la direction décide d'envoyer à Berlin une personnalité extérieure. Le choix de Munich se porte sur le Rhénan Joseph Goebbels, qui arrive à Berlin en novembre 1926. Les débuts berlinois de celui qui restera Gauleiter de la plus grande ville allemande jusqu'à la chute du Troisième Reich sont assez bien connus[31]. La période initiale dite de « combat » bénéficie il est vrai de sources de première main. Outre la description qu'en donne Joseph Goebbels dans son *Combat pour Berlin*, petit ouvrage de propagande rédigé *a posteriori*, l'historien peut s'appuyer sur ses *Carnets* ainsi que sur d'autres sources internes au mouvement nazi, comme les rapports de situation mensuels sur le Gau de Berlin rédigés par Reinhold Muchow entre juin 1926 et mars 1927 – suite cohérente et rare de comptes rendus internes au parti durant cette période, et qui nous permettent d'en savoir un peu plus sur les visées nazies à Berlin que dans la plupart des autres villes allemandes à la même période.

Certes ces « témoignages » directs ne doivent en aucun cas être pris au pied de la lettre : les omissions y sont nombreuses et

31. Sur les débuts du NSDAP à Berlin, voir Peter LONGERICH, *Goebbels*, tome I : 1897-1937, note 1, Perrin, Paris, 2015, p. 549.

l'exagération constante, avec ce même mélange de « stylisation héroïque » et d'« agressivité cynique » [32] que l'on retrouve dans la glorification littéraire du *Combat pour Berlin* paru en 1931. Mais pour peu que l'on s'évertue à lire entre les lignes et que l'on confronte ces récits à d'autres sources, ils permettent non seulement de reconstituer la chronologie des événements berlinois, mais aussi de mieux comprendre la « voie légale » définie par Hitler à sa sortie de prison, et qui fait des grandes villes d'Allemagne en général, et de Berlin en particulier, un terrain d'action privilégié de la conquête du pouvoir.

Celle-ci est une combinaison d'actions politiques illégales et légales, de subversion de l'ordre public et de participation effective au jeu électoral. Comme le suggère Reinhold Muchow dès 1926, il faut « se faire remarquer [33] », faire « du "Klamauk" [comme disent les Berlinois] [34] ».

Le terme s'entend d'abord au sens propre : pour les SA berlinois, il s'agit bien de saturer l'espace sonore de la rue, de faire du « boucan ». Cette première forme de « vacarme » a ses techniques, que la lecture des récits nazis permet de reconstituer : lorsque les membres de la SA défilent « en long cortège dans les rues de la capitale du Reich [35] », ils marchent en colonne et font résonner le bruit de leurs bottes sur le pavé. Lorsqu'ils traversent les quartiers rouges, défilant « à cinq de front en formation serrée [36] » et affichant une discipline exemplaire, ils entonnent à tue-tête des chants martiaux. À l'*Internationale* chantée par les communistes et les sociaux-démocrates, ils ripostent en hurlant *Die Fahne hoch* :

Levez le drapeau, serrez les rangs !
La SA marche d'un pas calme et ferme.
Tués par le Front rouge et les réactionnaires,
Nos camarades morts défilent avec nous.

Faites place à nos bruns bataillons,
Faites place aux troupes d'assaut !

32. Martin Broszat, « Die Anfänge der Berliner NSDAP, 1926/27 », *loc. cit.*, p. 85.
33. Reinhold Muchow, Situations-Bericht Nr. 3, août 1926, *op. cit.*, p. 97.
34. Reinhold Muchow, Situations-Bericht Nr. 2, juillet 1926, *op. cit.*, p. 94.
35. Joseph Goebbels, *Journal 1923-1933*, *op. cit.*, entrée du 14 avril 1928, p. 264.
36. Peter Fritzsche, *Les 100 premiers jours de Hitler*, *op. cit.*, p. 69.

Les regards pleins d'espoir se tournent vers la croix gammée.
Voici venir le jour du pain et de la liberté.

Sonnez l'alarme pour la dernière fois !
Nous sommes tous prêts au combat.
Bientôt les drapeaux hitlériens flotteront dans les rues
Et de la servitude nous verrons la fin ![37]

Faire du *Klamauk*, cela permet non seulement de renforcer la cohésion dans les rangs et d'intimider les passants, « submergés par la peur [...] que survienne quelque chose de grave[38] », mais aussi d'occuper le terrain – un rôle également dévolu aux innombrables graffitis dont les militants couvrent les murs (« Hitler arrive ! » peut-on lire sur les murs de Berlin en mars 1932, en pleine campagne pour les élections présidentielles) ou aux innombrables drapeaux et autres bannières dont on couvre les devantures des tavernes transformées en *Sturmlokalen*[39]. En bref, faire du *Klamauk*, c'est attirer l'attention par tous les moyens – y compris par la violence et le « grabuge[40] ».

Par leurs défilés à travers les quartiers rouges et leurs meetings politiques organisés dans des salles habituellement fréquentées par les communistes, les nazis ne cessent en effet de provoquer des affrontements violents avec les communistes ou avec les forces de l'ordre (Fig. 39). Les *Carnets* de Goebbels fourmillent de courts récits faisant état de ces provocations répétées. Le 25 janvier 1927, premières escarmouches à Spandau. Le 11 février, incidents dans les « salles Pharus », salles de réunion situées au cœur du quartier ouvrier de Wedding souvent utilisées par les communistes berlinois. Le 15 février, nouveaux incidents à Spandau. Le 20 mars, violents affrontements à la gare de Lichterfelde Est. Le 4 mai, incidents à la Maison de l'association des anciens combattants (*Kriegervereinhaus*) : Goebbels appelle notamment au tabassage des journalistes présents sur place et laisse la SA rosser le pasteur Fritz Stucke venu courageusement porter la contradiction publique au Gauleiter de Berlin – contraignant la police à envahir la

37. *Ibid.*, p. 85-86.

38. Siegfried KRACAUER, « Cris dans la rue » [*Frankfurter Zeitung*, 19 juillet 1930], dans Siegfried KRACAUER, *Rues de Berlin et d'ailleurs*, *op. cit.*, p. 33.

39. Les *Sturmlokalen* désignent les tavernes investies par les SA pour se rassembler et boire, et qu'ils tentent de « convertir » en « bases » ou en « postes avancés » dans les quartiers ouvriers des grandes villes allemandes.

40. Joseph GOEBBELS, *Journal 1923-1933*, *op. cit.*, entrée du 24 janvier 1927, p. 205.

Fig. 39. Prendre le pouvoir à Berlin : par le contrôle de la rue.

Source : Ernst Jünger, *Das gefährliche Augenblick*, 1931, p. 154.

salle et à arrêter plusieurs militants. Le 30 septembre 1928, nouvelle « bataille avec les communistes » en marge d'un meeting au Palais des sports : elle fait « vingt-trois blessés, dont trois graves[41] ». Le 25 août 1929, nouvel incident : s'étant vu refuser la parole à un rassemblement du KPD, Goebbels lance 150 SA sur l'assistance – faisant « cinq blessés, dont deux graves[42] ». Début septembre 1929, au retour des congés d'été, la politique d'agitation reprend de plus belle dans les rues : le 7 septembre, les SA défilent dans Schöneberg et Wilmersdorf, le 15 septembre dans Charlottenburg et Moabit, le 22 septembre dans Kreuzberg et Neukölln. En octobre, le Parti prépare une « semaine de Hitler » dont le point d'orgue doit être une grande marche de la SA – celle-ci est néanmoins interdite par la police à la dernière minute[43]. En décembre 1930, Goebbels prend pour cible la projection sur les écrans berlinois de l'adaptation cinématographique du roman d'Erich Maria Remarque *À l'Ouest rien de nouveau* : les provocations et manifestations violentes se succèdent pendant plusieurs jours…

41. *Ibid.*, entrée du 1er octobre 1928, p. 289.
42. *Ibid.*, entrée du 28 août 1929, p. 369.
43. Peter Longerich, *Goebbels*, *op. cit.*, p. 179-180.

Lorsque l'on parcourt les *Carnets* de Goebbels, la liste des provocations nazies semble interminable.

Quand elles surviennent en pleine rue, ces violences sont souvent l'occasion pour les SA de molester les passants qu'ils prennent pour des juifs. À Berlin, les sources attestent quantité d'incidents à caractère antisémite de ce type entre 1927 et 1932. Le premier survient le 20 mars 1927, quand les SA, à la suite des graves incidents survenus à la gare de Lichterfelde Est, défilent dans les rues du centre de Berlin et frappent au passage des passants tenus pour des juifs. Le 22 mars, le *Berliner Taglebatt* – quotidien libéral – dénonce la défaillance de la Schutzpolizei berlinoise[44]. Après l'interdiction du NSDAP à Berlin en mai 1927, les jeunes SA « traînent[45] » également régulièrement sur le Kurfürstendamm, où ils ne cessent de harceler ou de molester des passants « juifs ». Le 4 juillet 1927, la presse nazie fait état du procès de dix-huit jeunes nazis qui ont – *dixit* Goebbels – « rossé » des juifs « au comportement arrogant »[46]. Commentant les suites de la dissolution du parti par la police berlinoise en 1927, Goebbels note qu'une « telle interdiction eut forcément pour conséquence une multiplication incessante des excès politiques dans la rue. Quelques juifs de l'Ouest berlinois eurent droit à leur correction durant ces débordements[47] ». Des spectateurs « juifs » sont également molestés à l'occasion des manifestations organisées par Goebbels pour empêcher la projection de *À l'Ouest rien de nouveau* : dans la soirée du 5 décembre, raconte le Gauleiter, « la foule en colère s'emporte contre les juifs. Première percée à l'ouest. "Dehors les juifs !"[48] ». Le 12 septembre 1931 – jour du Kippour –, un millier de SA en civil harcèlent, bousculent et frappent des passants supposément juifs sur le Kurfürstendamm[49].

Dans cette montée de violence, l'été 1932 marque un point d'orgue bien connu : pour les seuls mois de juin et juillet, la police enregistre « 332 actes de terreur dans les rues [de Berlin] », occasionnant « 72 morts et 497 blessés graves »[50]. L'écrivain britannique Christopher Isherwood, qui vit alors à Berlin, décrit une ville « en

44. *Berliner Taglebatt*, 22 mars 1927.
45. Peter LONGERICH, *Goebbels*, *op. cit.*, p. 146.
46. *Der Angriff*, 4 juillet 1927.
47. Joseph GOEBBELS, *Kampf um Berlin*, *op. cit.*, p. 180.
48. Cité par Peter LONGERICH, *Goebbels*, *op. cit.*, p. 209.
49. *Ibid.*, p. 237.
50. Peter FRITZSCHE, *Les 100 premiers jours de Hitler*. *op. cit.*, p. 94

état de guerre civile », où « les balles [lacèrent] les publicités sur les colonnes d'affichage, [ricochent] sur les toits en zinc des latrines alignées au fond des cours[51] ». Décrivant le « chahut des nationaux-socialistes », Siegfried Kracauer observe que « des quartiers entiers de la ville [...] respirent une odeur insistante d'échauffourées politiques, comme Neukölln ou Wedding »[52]. À cette date, une véritable « guerre de position » – tout à la fois guerre des chants, guerre des graffitis, guerre des affiches, guerre des tracts, guerre des drapeaux – fait rage dans les quartiers rouges de Berlin.

Les nazis évoquent en effet toujours leurs affrontements contre les communistes en termes militaires. En septembre 1929, *Der Angriff*, hebdomadaire fondé par Goebbels, déclare ainsi que les quartiers ouvriers de Wedding, Neukölln, Friedrichshain et Prenzlauer Berg sont « des zones de combat prioritaires[53] » : il s'agit d'y installer des « postes de garde » et de lancer l'« offensive » contre les « positions communistes ».

La tactique déployée par les nazis pour prendre ces bastions rouges est bien décrite par les acteurs berlinois du « mouvement ». Dans un premier temps, il faut se contenter de défiler « au milieu du quartier communiste[54] », y « manifester résolument[55] », faire front, tenir tête, voire tout simplement tenir bon, comme ce 15 avril 1929 où Goebbels écrit dans ses *Carnets* : « Je me tiens debout dans la foule, on me reconnaît. Mais ça se passe bien. Populace, sous-humanité ! Nos hommes marchent sans fléchir sous les huées et les sifflets des Rouges[56]. » Il faut ensuite essayer d'établir une « tête de pont » à la lisière des quartiers ouvriers. Les SA transforment à cette fin les tavernes locales : ces têtes de pont permettent ensuite de « nettoyer les rues par petits commandos » en « tabassant chaque camarade du RFB[57] reconnaissable à son uniforme[58] ».

---

51. Christopher Isherwood, *The Berlin Stories*, New Directions, Londres, 1963 [1945], p. 86.

52. Siegfried Kracauer, « Cris dans la rue », *loc. cit.*, p. 34.

53. *Der Angriff*, 16 septembre 1929.

54. Joseph Goebbels, *Journal 1923-1933*, *op. cit.*, entrée du 15 avril 1929, p. 339-340.

55. *Ibid.*, entrée du 29 août 1929, p. 369.

56. *Ibid.*, entrée du 15 avril 1929, p. 339-340.

57. L'acronyme RFB désigne ici l'Union des combattants du front rouge (Roter Frontkämpferbund), organisation militante communiste antifasciste née en 1924 dans le giron du Parti communiste d'Allemagne (KPD).

58. Reinhold Muchow, Situations-Bericht Nr. 8, janvier 1927, *op. cit.*, p. 108.

La rhétorique nazie ne doit évidemment pas faire illusion : ces assauts nazis tiennent davantage de la bagarre de rue que du combat militaire. Les armes y sont souvent improvisées – chopes de bière avant tout, mais aussi pavés, barreaux de chaise, tables, eau bouillante, et quand les enchères montent, couteaux et pistolets. Ces rixes prennent généralement fin quand la Schutzpolizei intervient pour arrêter les fauteurs de troubles et ramener le calme dans les rues. À Berlin, « trente à quatre-vingts personnes par jour sont emmenées et interrogées par la police politique, le “département I” de la préfecture, sur l'Alexanderplatz ; en 1932, ce nombre s'élève à trois ou quatre cents lors des week-ends électoraux[59] ». De même, les agents de cette conquête sont rarement de vrais soldats : dans les rangs de la SA berlinoise, les anciens combattants ne représentent jamais plus d'un tiers des effectifs, et ceux-ci ne croissent que lentement (450 fin 1926, 800 fin 1928, 2 200 fin 1930). Bien plus nombreux sont ceux qui appartiennent à la génération des « jeunes de la guerre » : nés après 1900, ils n'ont jamais été mobilisés sur le front entre 1914 et 1918. Ces militants et combattants nazis confèrent sans doute au « mouvement » une image dynamique, mais leurs pratiques violentes sont plus proches du hooliganisme que de l'héroïsme guerrier[60].

Incessantes, ces rixes font de nombreuses victimes dans les rangs nazis. Des victimes que le Gauleiter de Berlin s'empresse d'ériger en « martyrs ». Le 17 novembre 1928, le corps du SA Hans-Georg Kütemeyer est ainsi retrouvé mort dans le Landwehrkanal. Si la police conclut au suicide, les nazis soutiennent qu'il a été victime de la terreur communiste, promettant une forte récompense à celui qui arrêtera son assassin et réunissant des milliers des SA lors de son enterrement[61]. Le 13 décembre 1929, le SA Walter Fischer est abattu par des communistes lors d'une attaque contre des locaux SA : « Le mort d'avant-hier est un travailleur de 19 ans, un SA de Friedenau. Il ne faisait plus partie du Parti, parce que son social-démocrate de père ne le tolérait pas. Travaillons à le venger[62] ! » Le 14 janvier 1930 : « Tard dans la nuit, j'apprends la nouvelle que des communistes ont abattu notre chef de section d'assaut (*Sturmführer*) Horst

59. Peter FRITZSCHE, *Les 100 premiers jours de Hitler. op. cit.*, p. 88.
60. Voir sur ce point Richard BESSEL, *Political Violence and the Rise of Nazism. The Storm Troopers in Eastern Germany, 1925-1934*, Yale University Press, New Haven, 1984.
61. Peter LONGERICH, *Goebbels, op. cit.*, p. 163.
62. Joseph GOEBBELS, *Journal 1923-1933, op. cit.*, entrée du 15 décembre 1929, p. 412.

Wessel dans son appartement. Il est gravement blessé et se trouve à l'hôpital de Friedrichshain. Pauvre mère[63] ! » Le 15 mars 1930 : « [Le] SA Behnke est mort après deux ans de souffrance, à la suite d'une blessure à la tête. Une nouvelle victime de la terreur rouge. Lui aussi nous montre le chemin[64] ! »

Horst Wessel est le plus connu de ces jeunes « martyrs » nazis. Fils de pasteur, étudiant en droit, il est entré dans les SA en 1927. D'un voyage à Vienne où il a pu observer l'organisation des jeunes nationaux-socialistes, il a rapporté l'idée des cellules de rue, que reprend et généralise ensuite Reinhold Muchow. À Berlin, il prend la tête de la *Sturmsektion* Alexanderplatz, qui lutte contre les communistes pour prendre le contrôle du Fischerkietz – un quartier situé entre l'Alexanderplatz et le château. Le jeune homme est abattu chez lui d'une balle de pistolet dans la tête par Albrecht Höhler, qui sera arrêté début février 1930. Sa mort ne surviendra qu'après de longues semaines d'agonie, le 23 février – une épreuve dont les *Carnets* de Goebbels se font l'écho : « Trajet pénible vers l'hôpital, écrit-il le lendemain : Horst Wessel est étendu sur un lit étroit, le teint jaune, décrépit, les yeux mi-clos et fixes. Les mains sont maigres et blanches comme neige. Adieu, vaillant jeune homme. Tu vas continuer à vivre dans nos rangs et tu participeras à notre victoire[65]. » Contrairement à Hitler, Goebbels rend régulièrement visite à la mère et à la sœur du jeune garçon : « Une triste et pénible entrevue avec Mme Wessel et sa fille, note-t-il début mai. Je fais de mon mieux pour les consoler. Mme Wessel se plaint de ce que le Chef ne soit pas venu lui rendre visite, et qu'il ne lui ait même pas écrit une ligne. Moi non plus, je n'arrive pas à y croire. C'est Hess qui est à blâmer[66]. »

Pour le Parti, ce martyrologe doit accréditer l'idée d'une continuité entre les sacrifices de la Grande Guerre et ceux du « combat pour Berlin ». C'est le sens des cérémonies organisées à la *Kriegervereinshaus* le 8 novembre 1929 pour commémorer conjointement les morts de la guerre et les morts du « mouvement ». C'est aussi le sens des cérémonies qui se tiendront deux jours plus tard sur la tombe de Kütemeyer, comme celui des manifestations organisées le 18 décembre

63. *Ibid.*, entrée du 15 janvier 1930, p. 423.
64. *Ibid.*, entrée du 16 mars 1930, p. 447.
65. *Ibid.*, entrée du 24 février 1930, p. 438.
66. *Ibid.*, entrée du 4 mai 1930, p. 279.

en hommage au SA Walter Fischer, ou encore des obsèques de Horst Wessel le 1er mars 1930. Goebbels déploie notamment d'intenses efforts pour créer un culte autour de ce dernier[67]. Comparant Wessel à un « socialiste christique[68] », il fait de la chanson écrite par le jeune SA, *Die Fahne hoch*, l'hymne officiel du Parti, renommé le *Horst Wessel Lied.*

La résistible ascension électorale des nazis à Berlin

Toute cette énergie combattante et militante permet-elle aux nazis de gagner du terrain sur le plan électoral, conformément à la « voie légale » tracée par Hitler ? Les nazis parviennent-ils à conquérir Berlin par les rues puis par les urnes ? Les scores réalisés par les nazis aux différentes élections organisées à Berlin – qu'elles soient nationales, régionales ou municipales – ne le confirment pas, du moins pas de façon univoque : tout dépend de la chronologie et de l'appréciation que l'on porte sur les facteurs qui favorisent l'accession à la chancellerie de Hitler le 30 janvier 1933.

Avant 1930, le tableau est relativement clair. Non seulement les scores du NSDAP à Berlin demeurent dérisoires – aux élections législatives du 20 mai 1928, le parti ne réunit que 39 052 suffrages sur 2 481 138, soit 1,6 % des voix à Berlin –, mais les autorités prussiennes et berlinoises parviennent en partie à tenir le NSDAP en échec dans la rue en multipliant les interdictions, les arrestations et les poursuites judiciaires.

À deux reprises – en 1927, puis à nouveau en 1932 –, les autorités tentent d'interdire le parti ou ses organisations paramilitaires. La première intervient après la cascade de provocations organisées par Goebbels dans les premiers mois de l'année 1927 : le directeur de la police berlinoise Karl Friedrich Zörgiebel dissout une première fois le NSDAP de Berlin-Brandebourg en mai 1927 – sept mois seulement après l'arrivée de Goebbels dans la capitale. Pendant plusieurs mois, le NSDAP berlinois est ainsi contraint de poursuivre son existence dans la clandestinité. Fin août, Goebbels se voit en outre interdire

67. Sur le culte des morts du NSDAP à Berlin, voir Sabine BEHRENBECK, *Der Kult um die toten Helden. Nationalsozialistische Mythen, Riten und Symbole, 1923-1945*, SH Verlag, Vierow, 1996, p. 119 et s.

68. *Der Angriff*, 3 mars 1930, cité par Peter LONGERICH, *Goebbels*, *op. cit.*, p. 187.

de prendre la parole en public pour une durée de deux mois. Cette première interdiction est levée début 1928, ce qui permet au parti de fêter sa « refondation » à la *Kriegervereinshaus* le 14 avril, puis de participer aux élections législatives du 20 mai 1928, avec le résultat que l'on sait. La seconde intervient en mars 1932, entre les deux tours de l'élection présidentielle, quand la police déclenche dans toute la Prusse une opération de perquisition dans les unités de la SA et de la SS : menée à grande échelle, cette opération est le prélude à l'interdiction des organisations paramilitaires nazies décidée et appliquée le 13 avril 1932, contraignant à nouveau les organisations nazies à camoufler leurs activités en créant des associations de sport et de randonnée.

Les autorités berlinoises ripostent également au « vacarme » nazi par un « déluge de plaintes[69] » judiciaires. Dans les premiers mois de 1928, Goebbels fait ainsi l'objet de nombreux procès : les uns pour « offense envers Isidor » – sobriquet à caractère antisémite dont le Gauleiter affuble depuis l'été 1927 le directeur adjoint de la police Bernhardt Weiss dans les colonnes de son hebdomadaire *Der Angriff* (*L'Attaque*) ; les autres pour « dommages corporels » ou pour « haute trahison » en raison de son implication dans les incidents violents des premiers mois de l'année 1927. Fin février, le Gauleiter est ainsi condamné à six semaines de prison pour le comportement violent de la SA lors de la manifestation du 4 mai, fin mars à une amende de 1 500 marks pour insultes envers Weiss, et fin avril à trois nouvelles semaines de prison dans un autre procès autour de l'« affaire Isidor ». Les élections législatives du 20 mai 1928 lui épargnent cependant d'avoir à purger ces différentes peines : candidat sur la liste du NSDAP, Goebbels est l'un des douze députés nazis élus, bénéficiant dès lors à la fois de la loi d'amnistie votée le 14 juillet – « Je suis de nouveau aussi blanc que neige[70] » écrit-il dans ses *Carnets* – et de l'immunité judiciaire que confère le mandat de député sous la république de Weimar.

Chaque dissolution du Reichstag expose cependant à nouveau Goebbels aux poursuites judiciaires. La première survient au mois de juillet 1930 et déclenche immédiatement une nouvelle avalanche de procédures : fin juillet, il fait l'objet d'une enquête pour « haute trahison » qui menace de le mener devant le tribunal de Leipzig ;

69. *Ibid.*, p. 145.

70. Joseph Goebbels, *Journal 1923-1933*, *op. cit.*, entrée du 14 juillet 1930, p. 465.

le 12 août, il doit comparaître devant un tribunal pour diffamation à l'encontre du président de la Prusse Otto Braun ; le 16 août, il est condamné par le tribunal de Charlottenbourg pour avoir traité des membres du gouvernement de « traîtres soudoyés » dans les colonnes de *L'Attaque*. Le succès électoral nazi du 14 septembre lui permet cependant de recouvrer son immunité parlementaire. Mais en février 1931, le Reichstag modifie son règlement interne, permettant désormais à la justice de poursuivre le député Goebbels dans le cas où il ne répondrait pas aux citations à comparaître. Le Gauleiter se retrouve aussitôt « submergé par une nouvelle vague de procès[71] » : en avril, il passe plusieurs fois en jugement pour avoir injurié Bernhard Weiss et pour avoir pris publiquement position contre l'interdiction du port de l'uniforme par les parlementaires, ce qui lui vaut de nombreuses amendes. En mai 1931 a lieu le procès Stennes, et en septembre de la même année les deux procès du Kurfürstendamm : le premier vise les membres de la SA-Sturm 33, les seconds les SA – et leurs chefs – arrêtés lors du pogrom du 12 septembre[72].

Si elles freinent son développement, ces interdictions et ces poursuites n'empêchent toutefois pas le NSDAP – qui demeure une formation politique mineure à Berlin jusqu'aux élections du 14 septembre 1930 – de parvenir à éliminer les autres organisations d'extrême droite et à consolider ses structures militantes.

Cette « consolidation » doit beaucoup à l'activité de Reinhold Muchow. Au moment de la « reprise en main » de la section berlinoise du parti par Goebbels en novembre 1926, ce Berlinois « de souche » se trouve à la tête de la petite section de Neukölln, où il expérimente le système des « cellules de rue » – un système dont il a constaté l'efficacité chez les communistes. À la suite de la levée de la première interdiction officielle du NSDAP berlinois, Muchow est nommé par Goebbels chef de l'organisation du NSDAP pour tout le Grand Berlin. À son initiative, le parti déploie le système expérimenté à Neukölln sur l'ensemble du territoire qui lui est imparti, opérant un maillage systématique de l'agglomération fondé sur un emboîtement pyramidal des échelles – cellule de rue, section, district (ou arrondissement), Gau – qui sera ensuite généralisé par la direction du parti à l'ensemble du Reich allemand. Début 1930, le parti aurait compté plus de 900 cellules de rue coordonnées par une quarantaine

71. Peter LONGERICH, *Goebbels, op. cit.*, p. 219.
72. *Ibid.*, p. 221 et p. 237-238.

de sections[73]. Sous l'impulsion de Muchow, les nazis berlinois tentent également de « pénétrer peu à peu dans [...] les entreprises et les organisations de travail, pour les saper et les préparer à l'assaut[74] ».

Grâce à cette organisation, les nazis parviennent à faire campagne « sans relâche[75] ». Multipliant les meetings, ils investissent peu à peu les plus grandes salles berlinoises : le Palais des sports, d'abord, où les nazis organisent leurs plus grandes réunions politiques, rassemblant d'après Goebbels des milliers de personnes (15 000 le 30 septembre 1928 ou encore 16 000 le 16 novembre 1928) ; la populaire brasserie Die neue Welt ensuite, où les affluences sont semble-t-il moins nombreuses (5 000 personnes le 6 septembre 1929[76]) ; les « salles Pharus » (*Pharus-Säle*) dans le quartier ouvrier de Wedding, où Goebbels organise le 11 février 1927 la seconde grande « provocation » nazie à Berlin, précipitant de violents affrontements et contraignant les forces de police à protéger la « retraite des nazis », comme c'est souvent le cas dans les premières années du « combat pour Berlin » ; le « Clou », une salle de danse située sur la Mauerstrasse où Hitler fait son premier meeting berlinois le 1er mai 1927, réunissant près de 5 000 personnes ; et quantité d'autres salles de moins grandes dimensions enfin, comme la Maison des anciens combattants, la salle Blüthner ou encore la Brockbrauerei.

Pour les campagnes électorales berlinoises, Goebbels s'inspire moins de la propagande du mouvement ouvrier que de la « réclame » commerciale, dont les méthodes lui semblent particulièrement appropriées pour séduire un électorat métropolitain devenu la cible privilégiée des nouvelles stratégies publicitaires. Davantage que par des arguments programmatiques, il s'agit de capter l'attention du passant par des affiches de grande dimension ou des slogans suscitant l'étonnement. Attirer l'attention est aussi l'objectif que Goebbels assigne à l'organe de presse qu'il parvient à créer à Berlin grâce au soutien indéfectible de Hitler – et non sans avoir dû inlassablement lutter contre les frères Strasser. Paru d'abord sous la forme d'un hebdomadaire (à partir du mois de juillet 1927), puis sous celle d'un quotidien (à partir du mois de novembre 1930), *Der Angriff* s'inspire des publications métropolitaines modernes : son ton est

---

73. *Ibid.*, p. 165.
74. Reinhold Muchow, Situations-Bericht Nr. 3, août 1926, *op. cit.*, p. 97.
75. Peter Fritzsche, *Les 100 premiers jours de Hitler*, *op. cit.*, p. 72.
76. Joseph Goebbels, *Journal 1923-1933*, *op. cit.*, entrée du 7 septembre 1929, p. 373.

volontairement provocateur, sa vulgarité assumée et son antisémitisme débridé.

À Berlin comme partout ailleurs en Allemagne, à l'exception de quelques bastions ruraux et protestants du nord de l'Allemagne, la progression électorale nazie n'est cependant réellement forte qu'à partir des élections législatives du 14 septembre 1930. Les élections berlinoises se font alors l'écho des mêmes dynamiques électorales que partout ailleurs en Allemagne, mais avec de très nets écarts par rapport aux moyennes nationales, confirmant à la fois la capacité du NSDAP à toucher de larges fractions de l'électorat allemand, et son incapacité à obtenir une majorité absolue, *a fortiori* dans un bastion ouvrier aussi avancé que Berlin.

Dans la plus grande ville du Reich, les deux sauts successifs franchis par le NSDAP aux élections législatives du 14 septembre 1930 et du 31 juillet 1932 marquent bien cette dynamique et cet écart (Fig. 40). Pour l'élection au cinquième Reichstag, au cours de laquelle les nazis réalisent leur fameuse percée électorale au niveau national, le NSDAP obtient 14,6 % des voix à Berlin (395 988 voix sur 2 709 257 suffrages exprimés valides) : c'est presque quatre points de moins que la moyenne nationale, qui atteint alors 18,3 % (6 410 000 voix sur 34 971 000 suffrages exprimés)[77]. Pour l'élection au sixième Reichstag le 31 juillet 1932, au cours de laquelle les nazis réalisent leurs meilleurs scores électoraux, le NSDAP rassemble 28,6 % des voix à Berlin (756 745 voix sur 2 641 497 suffrages exprimés valides) : c'est près du double du score atteint en septembre 1930, ce qui en fait la première force électorale devant le SPD et le KPD, du moins si on les prend isolément, mais c'est aussi neuf points de moins que la moyenne nationale où il atteint 37,3 % (13 743 000 voix sur 36 882 000 suffrages exprimés).

Entre ces deux dates, la progression électorale nazie n'est donc ni totalement résistible, ni totalement irrésistible. D'un côté, il ne fait guère de doute que le NSDAP parvient à toucher de très larges fractions de l'électorat urbain, invalidant largement l'hypothèse – avancée par la presse allemande au lendemain des élections législatives de 1930 – d'une « immunité » des plus grandes villes face au nazisme : sous l'impulsion de Goebbels, désormais responsable de

77. *Statistisches Taschenbuch der Stadt Berlin*, 1924, p. 111 ; *Statistisches Jahrbuch der Stadt Berlin*, 4. Jahrgang, 1928, p. 308-309 ; *Statistisches Jahrbuch der Stadt Berlin*, 9. Jahrgang, 1933, p. 262-266.

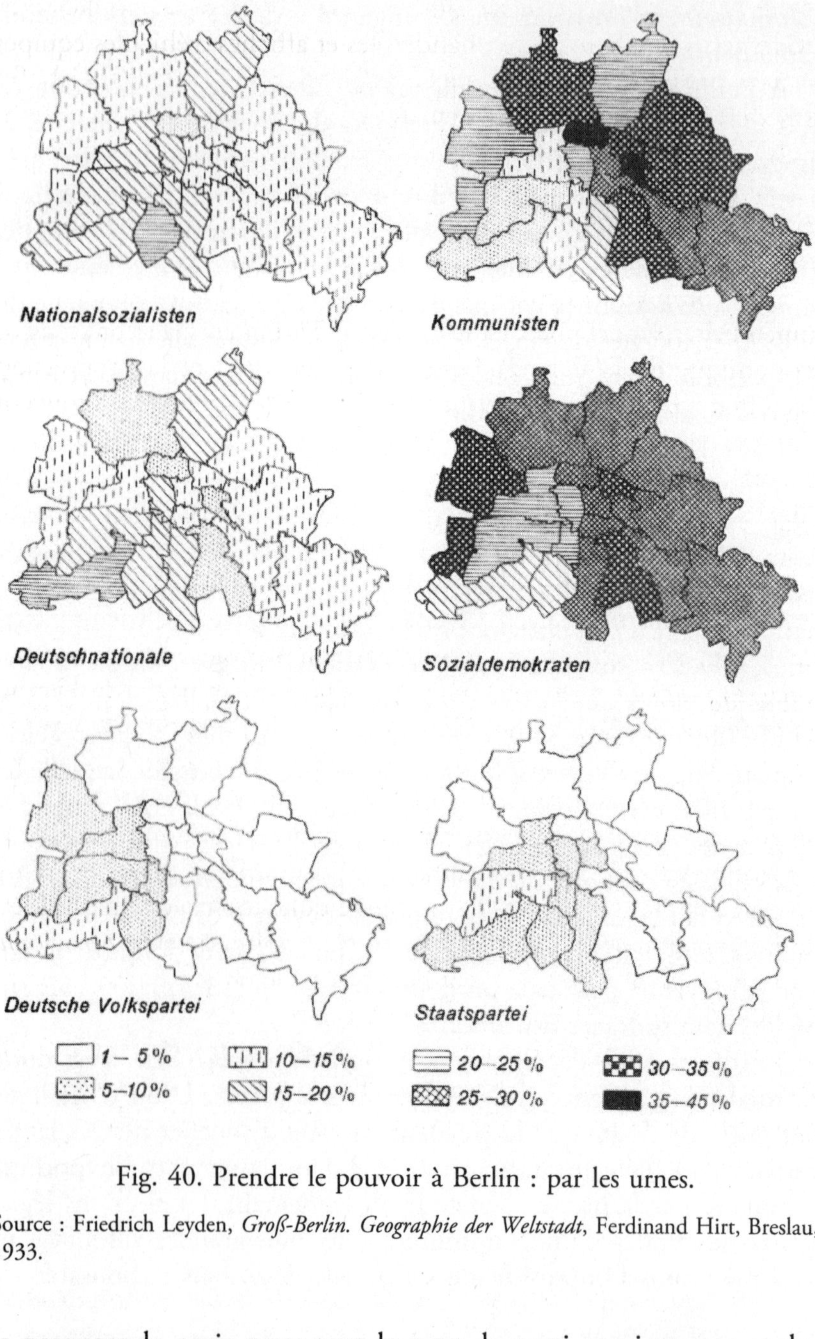

Fig. 40. Prendre le pouvoir à Berlin : par les urnes.

Source : Friedrich Leyden, *Groß-Berlin. Geographie der Weltstadt*, Ferdinand Hirt, Breslau, 1933.

la propagande nazie pour tout le pays, le parti parvient non seulement à organiser de gigantesques rassemblements de masse (le 4 avril 1932, 200 000 Berlinois se pressent dans le Lustgarten pour écouter

Hitler[78]), mais aussi à utiliser toute la palette des moyens publicitaires modernes (tracts, brochures, banderoles et affiches, véhicules équipés de haut-parleurs, disques, films et autres discours radiodiffusés) afin de séduire un électorat durement touché par la Grande Dépression. Mais de l'autre, il est tout aussi évident qu'après plus de cinq ans de « combat pour Berlin », et en dépit des effets délétères de cette même crise, le NSDAP ne parvient toujours pas à séduire l'électorat ouvrier, lequel demeure fermement arrimé aux deux grands partis de gauche.

L'on comprend mieux, depuis les travaux de l'historien allemand Jürgen Falter, à quel point l'apparente corrélation entre l'effondrement économique de l'Allemagne entre 1930 et 1932 et la progression électorale nazie masque en réalité des causalités complexes, souvent plus indirectes que directes[79]. D'abord parce qu'à Berlin comme ailleurs en Allemagne, ce ne sont pas ceux qui sont le plus durement touchés par la crise qui votent pour le NSDAP : si la SA parvient bien à « recruter » quelques chômeurs, ces derniers ne votent que marginalement pour le NSDAP. Ensuite parce que tout indique en outre que le soutien électoral dont bénéficient les nazis reste assez superficiel : le parti attire moins par son « programme » que par son « dynamisme ». Il use, mieux que tout autre parti, de l'ambiguïté de slogans dans lesquels chacun peut entendre ce qu'il souhaite. « Parti contestataire fourre-tout[80] », le NSDAP attire ainsi un « large éventail de groupes sociaux insatisfaits[81] », à commencer par les classes moyennes urbaines épouvantées par l'effondrement momentané de la civilisation urbaine et le danger communiste. Mieux que toute autre formation politique, le NSDAP exploite donc moins les effets directs de la grande crise que ses effets indirects, voire sa seule *perception.* « La crise » (*Die Krise*), en somme, comme moment perçu de point de bascule, voire comme point de non-retour.

Du reste, comme partout en Allemagne, le parti semble avoir atteint son plafond à l'été 1932. Faute de pouvoir accéder au gouvernement, le reflux électoral et militant nazi s'amorce dès l'automne 1932.

---

78. Peter LONGERICH, *Goebbels*, *op. cit.*, p. 142-144.

79. Jürgen W. FALTER, *Hitlers Wähler. Die Anhänger der NSDAP 1924-1933*, Campus Verlag, Frankfurt/New York, 2020.

80. Thomas CHILDERS, *The Nazi Voter. The Social Foundations of Fascism in Germany, 1919-1933*, The University of North Carolina Press, Chapell Hill, 1983, p. 268.

81. Peter FRITZSCHE, *Les 100 premiers jours de Hitler*, *op. cit.*, p. 74.

À Berlin, il est accéléré par la participation nazie à la grève de la société des transports berlinois – la BVG – qui précède immédiatement le scrutin législatif du 6 novembre. Le 3 novembre, les conducteurs de tramways et de métros débrayent, paralysant les transports publics de l'agglomération pendant plusieurs jours. Le fait que les nazis participent à ce conflit social aux côtés des communistes accélère la désaffection d'une partie de l'électorat de juillet : aux élections du 6 novembre 1932, le NSADP ne fait plus « que » 26 % à Berlin (720 613 voix sur 2 775 211 suffrages exprimés valides) – c'est toujours 8,7 points de moins qu'au niveau national où il atteint 33,1 % (11 737 000 voix sur 35 472 000 suffrages exprimés). Cette décrue électorale est aussi une décrue militante : tandis que le Palais des sports n'attire plus les foules, le nombre d'adhérents au NSDAP est en baisse. L'historien allemand Peter Fritzsche note qu'à l'approche de Noël, l'« impression de soulagement est générale[82] » à Berlin. La rue berlinoise ne sert dès lors plus aux nazis qu'à maintenir la pression, voire à faire illusion. Une semaine après que les élections dans le minuscule Land de Lippe – où les nazis améliorent leur score de novembre 1932 sans toutefois atteindre leurs résultats du mois de juillet – ont permis à Hitler de renforcer sa position dans ses négociations avec Franz von Papen, Alfred Hugenberg et l'entourage du Président Hindenburg, la SA reçoit l'autorisation de défiler sur la Bülowplatz, sous les fenêtres du siège berlinois du Parti communiste. Le dimanche 22 janvier 1933, quelque 16 000 SA – encadrés par un nombre équivalent de policiers lourdement armés – défilent aux cris de « Heil Hitler ! », et dans son édition du 23 janvier 1933, *Der Angriff* croit pouvoir crier victoire : « Berlin est à nous[83] ! » Mais à cette date, la décision n'est plus dans la rue ou au Parlement : depuis le début de l'hiver, elle se joue dans les cabinets[84], où Hitler finit par obtenir ce qu'il n'est jamais parvenu à conquérir par la « voie légale » définie huit ans plus tôt : sa nomination au poste de chancelier le 30 janvier 1933.

---

82. *Ibid.*, p. 108.
83. *Der Angriff*, 23 janvier 1933.
84. Pour une analyse récente, voir Johann CHAPOUTOT, *Les Irresponsables. Qui a porté Hitler au pouvoir ?*, Gallimard, Paris, 2025.

Les nazis au pouvoir à l'assaut de la démocratie urbaine

Ce double échec d'une conquête du pouvoir par la rue et par les urnes ne laisse finalement d'autre choix aux nazis, pour conquérir Berlin, que de capter à leur profit toutes les ressources de l'État national comme régional. Alors que les nazis avaient cherché à se rendre maîtres de la rue afin de se rendre maîtres de l'État, c'est l'inverse qui se produit.

Pendant quelques semaines, la capitale allemande est en effet l'épicentre d'une terreur – fondatrice pour le pouvoir nazi – qui frappe avant tout les opposants politiques de gauche. Celle-ci s'inscrit dans la continuité du « combat pour Berlin », mais bénéficie désormais du monopole étatique de la « violence légitime ». Les nazis ont en effet réclamé – et obtenu – les postes clés en matière de maintien de l'ordre public dans le cabinet Hitler-Papen : le ministère de l'Intérieur pour Wilhelm Frick, le ministère de l'Intérieur de la Prusse pour Hermann Goering. Au soir de sa nomination au poste de chancelier, Hitler peut ainsi « offrir » la rue aux SA, autorisant les troupes paramilitaires nazies à défiler aux flambeaux de la porte de Brandebourg à la chancellerie située Wilhelmstrasse. Après que le Président Hindenburg a dissous le Reichstag et promulgué un premier décret pour la protection du peuple allemand afin de prévenir une hypothétique grève générale, Goering peut aussi recruter 50 000 « policiers auxiliaires » (*Hilfpolizisten*) dans les rangs de la SA et de la SS afin de « relever » une police régulière par ailleurs majoritairement favorable au nazisme et qu'il n'est dès lors guère nécessaire de purger. Les nazis, enfin, exploitent immédiatement l'incendie du Reichstag pour obtenir la promulgation du « décret sur la protection du peuple et de l'État », instaurant un « état d'exception[85] » qui durera jusqu'à la fin du régime.

C'est sur ces fondements « légaux » que la répression s'abat dès le mois de février à l'aide de listes établies avant la montée au pouvoir des nazis. Visant d'abord les communistes, elle s'étend par vagues successives aux syndicalistes et aux sociaux-démocrates. Elle prend la forme de rafles menées par les forces de police ou par les SA – c'est selon – et de placements en « détention préventive » dans une centaine de lieux d'incarcération en général improvisés : prisons

85. Giorgio Agamben, *État d'exception*, Seuil, Paris, 2003, p. 11.

d'État, mais aussi asiles de pauvres, brasseries, foyers SA et autres appartements privés. On en a recensé près de cent soixante-dix dans les limites de l'agglomération berlinoise, majoritairement localisés dans les arrondissements ouvriers de Wedding, Prenzlauerberg, Mitte, Friedrichshain ou encore Kreuzberg[86]. Aujourd'hui mieux connue, cette « topographie de la terreur » est d'une grande hétérogénéité : tandis que certains détenus arrêtés à titre préventif par les forces de police régulières et incarcérés dans les prisons d'État jugent leurs conditions d'internement supportables, tel Ludwig Bendix, écroué pendant l'été 1933 à la prison de Spandau, d'autres, arrêtés par des SA et internés dans des « camps sauvages », subissent de véritables tortures, à l'image de Hans Litten, Erich Müsham ou encore Carl von Ossietzky. Les « excès verbaux », « agressions physiques », « exercices punitifs », « fouilles au corps », « humiliations », « simulacres d'exécution » et autres « sévices sexuels » sont en effet légion dans les geôles improvisées par la SA, confirmant ce « mélange explosif d'euphorie et de paranoïa[87] » qui caractérise la formation paramilitaire nazie au lendemain de la montée au pouvoir. Un mélange qui est à l'origine des pires exactions, à l'image des épouvantables rafles organisées dans l'arrondissement de Köpenick au mois de juin 1933, quand plusieurs dizaines de militants sociaux-démocrates périssent au cours d'une seconde « semaine sanglante » de Berlin qui renoue avec les atrocités de la première survenue en janvier 1919[88].

Fondatrice, cette terreur inaugurale l'est à plusieurs titres : d'abord parce qu'elle permet d'annihiler une opposition politique de gauche désormais réduite à des formes largement atomisées de « résistance », y compris dans les quartiers où subsiste une forte homogénéité politique et sociale dans le Berlin d'après 1933[89] ; ensuite parce qu'elle permet d'intimider les centaines de milliers de Berlinois qui, comme tant d'autres Allemands, « résistaient jusque-là à l'attrait du nazisme » ;

---

86. Voir la carte reproduite dans Nikolaus Wachsmann, *KL. Une histoire des camps de concentration nazis*, Gallimard, Paris, 2017, p. 55.

87. *Ibid.*, p. 60.

88. Survenue entre le 4 et le 12 janvier 1919, la « semaine sanglante » de Berlin désigne l'épisode insurrectionnel marqué par la répression de centaines d'ouvriers insurgés et l'assassinat des *leaders* spartakistes Karl Liebknecht et Rosa Luxemburg.

89. Detlef Lehnert, « Metropolen als politische Einheiten in soziokultureller Vielfalt. Voraussetzungen der sozialdemokratischen Widerstandspotentiale in Berlin und Wien », *in* Detlef Schmiechen-Ackermann (dir.), *Anpassung, Verweigerung, Widerstand : Soziale Milieus, politische Kultur und der Widerstand gegen den Nationalsozialismus in Deutschland im regionalen Vergleich*, Hentrich & Hentrich, Berlin, 1997, p. 239-256.

enfin parce qu'elle met paradoxalement un terme au cycle de désordres publics ouvert par la révolution de 1918, et contribue par là même insidieusement à favoriser le ralliement des Allemands – et des Berlinois – à la dictature.

Passée la vague initiale de terreur, le pouvoir national-socialiste exploite en effet les apparences d'un « retour à la normale » pour imposer un ordre urbain nouveau. Coïncidant avec la reprise économique mondiale, l'installation de la dictature nazie s'accompagne en effet d'une progressive mais incontestable résorption du chômage, accréditant l'impression d'une *efficacité* nazie pourtant largement illusoire. À Berlin, l'indice le plus clair de cette « normalisation » est le redémarrage à la hausse des courbes de fréquentation des transports en commun, même si l'on ne retrouve pas les niveaux d'avant la Grande Dépression : de 1,1 milliard de personnes transportées par tramway, omnibus, chemin de fer urbain ou encore métro en 1933 – point bas de la crise –, la fréquentation des quatre grands réseaux de transport public de l'agglomération remonte en effet à 1,6 milliard en 1938 [90]. Avec la hausse de l'emploi et la reprise de la fréquentation du tramway, les Berlinois ont d'autant plus le sentiment de renouer avec les périodes antérieures de stabilité que l'ordre public semble à nouveau régner dans les rues. En première ligne dans la répression des opposants, la SA perd en effet progressivement son rôle de premier plan, et sa présence dans la rue tend à s'effacer – au grand soulagement des Berlinois, qui craignent moins d'être pris à partie, molestés, voire arrêtés de manière arbitraire. Cet apparent renouveau ne doit cependant pas faire illusion : exploitant ce retour à la routinisation de la vie urbaine, les nazis tentent de mettre en œuvre une conception entièrement renouvelée de l'espace public.

Celle-ci repose en premier lieu sur une disciplinarisation de la rue. Aux jeunes hommes brutaux et bruyants qui occupaient, voire saturaient l'espace public, se substituent progressivement des agents de surveillance et de répression plus discrets. À Berlin, la Gestapo [91], créée le 26 avril 1933 par Hermann Göring en tant que « police secrète d'État » (*Geheime Staatspolizei*), est suspectée d'avoir des espions partout – dans les bars, dans les clubs, dans les rames du métro ou

---

90. *Statistisches Jahrbuch der Reichshauptstadt Berlin*, 15. Jahrgang, 1939, p. 125.

91. Robert G. Gellately, « Die Gestapo und die deutsche Gesellschaft : Zur Entstehungsgeschichte einer selbstüberwachenden Gesellschaft », *in* Detlef Schmiechen-Ackermann (dir.), *Anpassung, Verweigerung, Widerstand*, *op. cit.*, p. 109-121.

du tramway. Or ses effectifs réels démentent de manière spectaculaire cette omniprésence prétendument « totalitaire » : 391 employés sont recensés en juin 1935 dans ses locaux situés Alexanderplatz[92]. Ces policiers de bureau, qui fondent leur travail sur les fichiers élaborés par la police politique de la république de Weimar et pratiquent plus volontiers l'interrogatoire musclé que l'enquête de terrain, tirent en réalité leurs informations d'intermédiaires et de délateurs extérieurs à la police. À travers son réseau de cellules locales chapeautant des îlots d'une cinquantaine de ménages avec à leur tête des « gardiens d'îlot » – on les surnomme les « faisans dorés » en raison de leur uniforme brun or à épaulettes rouges –, le parti nazi opère un maillage serré de la population berlinoise. Commentant cette omniprésence d'apparence toute « totalitaire », Viktor Klemperer affirme que la « LTI » (*Lingua Tertii Imperii*, ou « langue du Troisième Reich ») ne fait « pas plus de différence entre le domaine privé et le domaine public qu'elle ne distingue entre la langue écrite et orale [...], tout est discours et tout est publicité. "Tu n'es rien, ton peuple est tout", dit un de leurs slogans. Cela signifie : "Tu n'es jamais seul avec toi-même, jamais seul avec les tiens, tu te trouves toujours face à ton peuple."[93] » L'intimidation « par l'uniforme », les coups « portés par la matraque et par les mots », la saturation de l'espace public « par un discours univoque », ont tôt fait de « dissoudre l'individu », de « briser sa colonne vertébrale », de « l'affaiblir, voire de le nier, à un point tel qu'il ne peut plus rien opposer à son agresseur »[94].

Si elle reste une menace constante, la terreur quotidienne cesse pourtant d'être une réalité visible pour la plupart des Berlinois, chez lesquels la crainte de la prison ou du camp finit par s'estomper : pour peu qu'ils n'expriment pas publiquement de critiques envers le régime, mettent en sourdine leur légendaire humour en évitant les blagues à caractère politique et participent (ou fassent mine de participer) aux simulacres d'élection et aux nombreuses célébrations organisées par le pouvoir, la violence et l'intimidation se font plus rarement sentir dans la vie quotidienne de la plus grande ville d'Allemagne. Passé les premiers mois, la persécution ne cible en effet plus que de petites catégories de la population – souvent déjà marginalisées – sans susci-

92. Robert G. Gellately, *The Gestapo and German Society. Enforcing Racial Policy 1933-1945*, Clarendon Press, Oxford, 1990, p. 53.

93. Victor Klemperer, *LTI. La langue du IIIe Reich*, *op. cit.*, p. 59.

94. *Ibid.*, préface de Johann Chapoutot, p. 11.

ter de désapprobation particulière, voire avec la coopération concrète d'une société urbaine ayant d'autant plus de facilité à basculer dans l'« autosurveillance » que – comme on l'a vu – les mécanismes d'autorégulation et d'autodiscipline restent à la base du bon fonctionnement quotidien de la très grande ville.

Après les communistes, les syndicalistes et les sociaux-démocrates, ce sont en effet les « asociaux[95] » qui sont la cible de la terreur : criminels professionnels, criminels d'habitude, petits délinquants, prostituées, mendiants, sans-abri et autres vagabonds, disparaissent à plusieurs reprises des rues, des places publiques et des transports en commun, participant à une véritable invisibilisation de ceux que les nazis considèrent comme des étrangers à la « communauté nationale » (*Volksgemeinschaft*). En septembre 1933, des milliers de vagabonds et de mendiants sont ainsi arrêtés au cours de la « semaine des mendiants du Reich », prélude au lancement du premier programme d'Aide hivernale. De même, en mars 1937, Himmler ordonne l'arrestation de 2 000 « criminels professionnels » ou « criminels d'habitude », tandis qu'un décret du 14 décembre 1937 permet l'arrestation et l'internement en camp de tous ceux que le régime désigne comme asociaux : gitans, prostituées, proxénètes, clochards, vagabonds, mendiants, voyous, mais aussi auteurs d'infractions au Code de la route et chômeurs de longue durée. En juin 1938, enfin, la police judiciaire lance une nouvelle série de rafles visant les mendiants, les clochards, les nomades, ainsi que certains chômeurs[96].

Les 160 000 juifs résidant à Berlin au moment de la montée au pouvoir des nazis tiennent évidemment, dans ce tableau, la place à part que le régime leur réserve dès le début. Dès 1933, ils sont très durement exposés, que ce soit aux agressions fomentées par les formations paramilitaires du NSDAP, aux persécutions diligentées par le pouvoir d'État nazi, ou aux discriminations – économiques, sociales et culturelles – progressivement aménagées par les responsables de la politique municipale Julius Lippert et Ludwig Steeg. Ces agressions, persécutions et discriminations constituent autant d'aspects d'une violence antisémite qui, on le sait, n'est ni totalement linéaire ni absolument uniforme, mais qui se radicalise *tendanciellement* jusqu'au

95. Wolfgang AYAS, *« Asoziale » im Nazionalsozialismus*, Klett-Cotta, Stuttgart, 1995.

96. Sur l'invisibilisation progressive des « asociaux » à Berlin dans les années 1930, voir Elisabeth WEBER, « Berlin, die Stadt ohne Bettler », *in* Michael WILDT, Christoph KREUTZMÜLLER (dir.), *Berlin, 1933-1945*, Siedler, Berlin, 2013.

tournant de l'année 1938 et du pogrom de novembre – lequel marque une inflexion décisive sur laquelle nous reviendrons. Empruntant une multiplicité de formes – les unes « illégales » ou « spontanées », tels que le boycott d'avril 1933 ou les pogroms de juillet 1935, mai 1938 et juin 1938 ; les autres « légales » et « organisées », tels que les innombrables lois, décrets et arrêtés municipaux expulsant les enseignants, médecins, juristes et professeurs des institutions publiques, retirant les subventions aux institutions juives d'aide à l'enfance et à la bienfaisance, ou interdisant aux juifs l'accès aux écoles, piscines, parcs et autres bancs publics – cette violence à l'égard des juifs berlinois conduit peu à peu sinon à leur disparition, du moins à leur effacement de la vie urbaine, sans qu'une ségrégation totale ne se mette pour autant en place. Comme l'ont montré quantité de travaux récents, la réaction des Berlinois non juifs à la persécution des juifs berlinois est plus complexe qu'il n'y paraît. L'hypothèse – ancienne – d'une uniformisation et d'une acceptation croissante de l'opinion publique est aujourd'hui contredite. Non seulement de nombreux Berlinois continuent de fréquenter des juifs – bravant la réprobation publique – mais ils expriment périodiquement leur désapprobation, et de manière plus véhémente en 1938 qu'en 1933 ou 1935 – démontrant ainsi à nouveaux frais les « possibilités et les limites du régime pour contrôler et mobiliser la population[97] ».

Ces formes élémentaires de solidarité ne doivent toutefois pas masquer le fait que la société urbaine berlinoise change profondément de visage. Les « autres Berlinois » – ceux qui ne sont ni opposants, ni marginaux, ni juifs – sont en effet régulièrement invités à participer à l'ensemble des « manifestations » organisées par un régime qui se caractérise par un constant rapport de consultation plébiscitaire avec les masses urbaines.

Afin d'encourager cette participation, le pouvoir nazi maintient tout d'abord la fiction électorale : dès le second semestre de l'année 1933, les dirigeants du Troisième Reich misent en effet sur l'efficacité des votes pour « asseoir la légitimité populaire du régime[98] ». Le 12 novembre, deux référendums organisés le même jour proposent aux Berlinois d'approuver le retrait de l'Allemagne de la Société des

97. Sur la « persécution des juifs à Berlin et les réactions des Berlinois » dans les années 1930, voir Wolf GRUNER, « Die Verfolgung der Juden und die Reaktionen der Berliner », *in* Michael WILDT, Christoph KREUTZMÜLLER (dir.), *Berlin, 1933-1945*, *op. cit.*

98. Peter FRITZSCHE, *Les 100 premiers jours de Hitler*. *op. cit.*, p. 330.

Nations et la liste unique qui leur sera présentée pour l'élection au nouveau Reichstag. À cette occasion, les nazis transforment les rues en « théâtre national » : tandis que les semaines précédant le référendum, d'« innombrables affiches » et « bannières » sont accrochées « sur les bâtiments » ou « entre deux arbres », la veille de l'élection, d'« immenses défilés » sont organisés auxquels les Allemands ont le « devoir indiscutable » de prendre part, et le jour du vote, des troupes de militants nazis « sillonnent les rues » et « poussent » les « électeurs » jusqu'à leur bureau de vote. Chaque personne qui a glissé ses bulletins dans l'urne peut « acheter un petit badge “Ja, 1933” en guise de souvenir personnel [...] afin de montrer aux autres citoyens qu'il a voté pour Hitler [99] ». « On porte [ainsi] au revers de son manteau un écusson sur lequel figure un “oui” [et] on ne peut dire non aux vendeurs de ces plaquettes sans se rendre suspect [...] [100]. »

Les nazis encouragent également les Berlinois à participer aux fêtes publiques et autres commémorations officielles qui scandent le calendrier. Au fil des années, pas moins de vingt-cinq journées par an sont consacrées à ce type de célébrations, c'est-à-dire à la mobilisation des foules et des opinions. On commémore, célèbre ou honore ainsi la victoire sur les Français en 1871 et la fondation du IIe Reich le 18 janvier, la « prise du pouvoir » le 30 janvier, la fondation du NSDAP le 24 février, les morts pour la patrie le 16 mars, l'anniversaire de Hitler le 20 avril, la fête du travail le 1er mai, les mères de famille le deuxième dimanche de mai, les héros tombés lors de la tentative du putsch de 1923 le 9 novembre, sans oublier les principales fêtes chrétiennes (Pâques, l'Ascension, la Pentecôte, Fête-Dieu, l'Avent, Noël) ou païennes (le solstice d'été, le solstice d'hiver, le jour de l'An). La trame des cérémonies officielles est « toujours “montée” sur le même modèle » : le « faste des étendards, des déploiements d'appareil militaire, des guirlandes, des fanfares et des chœurs [...] [101] ». Chaque fête est surtout une « invitation » à participer aux liesses et aux pavois dans une société urbaine nazie qui se mue progressivement en « société du faire [102] », c'est-à-dire du « faire ensemble », et qui ne trouve nulle part mieux à s'exprimer et à se déployer que dans les villes.

99. *Ibid.*, p. 330-331.

100. Victor Klemperer, *LTI. La langue du IIIe Reich*, *op. cit.*, p. 82.

101. *Ibid*, p. 94.

102. Johann Chapoutot, Christian Ingrao, Nicolas Patin, *Le Monde nazi, 1919-1945*, Tallandier, Paris, 2024, p. 272.

Ces commémorations tentent de réactiver l'engouement des Berlinois pour les parades militaires de l'époque wilhelminienne[103], période clé de la « nationalisation des masses[104] », ainsi que la dilection des Allemands pour les fêtes traditionnelles. Un bon exemple en est offert par les intenses efforts déployés à partir de 1933 pour revitaliser le grand marché de Noël de Berlin – une institution ancienne mais particulièrement mise à mal par la succession des crises économiques. Chaque hiver, au milieu du Lustgarten, un arbre de Noël de vingt-quatre pieds[105] de haut domine une multitude de petits stands en bois où l'artisanat des régions économiquement défavorisées du Reich – « tapis de Poméranie » et autres « marionnettes en bois de Thuringe » – évince désormais les « poupées Mickey Mouse » importées d'Amérique, nombreuses dans les rues de Berlin lors des périodes de fêtes sous la république de Weimar. Tandis que les visiteurs peuvent de délecter de « beignets frits dans du saindoux », un « orchestre SA joue des chants de Noël de 17 à 22 heures » et des « Pères Noël costumés » – membres du Secours d'Hiver – circulent dans les allées avec des sacs remplis de jouets. Attirant un nombre toujours croissant de visiteurs – 1,5 million tout de même en 1934 ! –, ce retour du marché de Noël en plein cœur de Berlin cible à la fois le colportage de rue, brutalement relégué à la périphérie de la ville, et les grands magasins juifs, que le parti appelle à boycotter chaque hiver à l'approche des fêtes – sans grand succès toutefois dans la capitale.

Les Jeux Olympiques d'été, organisés à Berlin en 1936, constituent un autre exemple – plus connu – de « rénovation urbaine au rabais[106] ». Davantage en effet que l'édification du complexe olympique à l'ouest de l'agglomération, ces jeux permettent au pouvoir nazi d'orchestrer une gigantesque campagne de propagande urbaine. Par-delà la promotion de l'événement lui-même – brochures par millions, couverture radiophonique en direct –, ses préparatifs président à la mise en œuvre d'un programme d'« améliorations volontaires » concentrées sur les artères les plus touristiques de la capitale : le Kurfürstendamm, l'avenue Unter den Linden et son prolongement vers l'ouest – soit peu ou

103. Jakob Vogel, « Paris et Berlin sous les armes. Fêtes militaires et festivités dans les capitales allemande et française (1871-1914) », *in* Christophe Charle, Daniel Roche (dir.), *Capitales culturelles, capitales symboliques*, *op. cit.*

104. Georges L. Mosse, *The Nationalization of the Masses*, *op. cit.*

105. Vingt-quatre pieds équivalent à 7,3 mètres environ.

106. Molly Loberg, *The Struggle for the Streets of Berlin*, *op. cit.*, p. 243-290.

prou l'itinéraire que doit emprunter la flamme olympique. Sur cette *Via Triomphalis*, les kiosques vétustes sont supprimés, les façades sont ravalées, mille mâts de drapeaux, 40 000 km^2 de banderoles et des centaines de nouveaux lampadaires dessinés par Albert Speer – encore visibles aujourd'hui à Berlin – sont implémentés, tandis que pendant les Jeux, vingt kilomètres de guirlandes sont déployés et cent trente projecteurs aériens braquent leurs faisceaux hauts dans le ciel de la capitale, reproduisant la « cathédrale de lumière » expérimentée avec succès par Albert Speer lors du congrès de Nuremberg.

Il reste difficile, pour l'historien, de démêler dans la participation des Berlinois à ces innombrables élections, commémorations, célébrations et autres fêtes, la part d'enthousiasme sincère, même si l'historiographie récente a plutôt tendance, en la matière, à créditer le succès nazi. En effet, les « indicateurs » de ferveur n'existent pas vraiment, et tout ce qui se passe derrière le décor relève bien souvent de la régie : la propagande de Goebbels se charge de fabriquer l'« apparence extérieure d'un enthousiasme collectif » et d'une « adulation massive hystérique du chef » [107], sans qu'il soit toujours possible de mesurer le degré d'adhésion réelle qui accompagne ces événements. Une chose est sûre cependant : dans cette société du « faire ensemble » que les nazis tentent de faire exister, les villes allemandes – en particulier la plus grande d'entre elles – apparaissent comme les lieux de concentration indispensables à la mise en œuvre de cette conception à la fois disciplinaire et plébiscitaire de l'espace public – la seule à même de faire advenir, dans une société modernisée comme l'est alors l'Allemagne, la nouvelle communauté du peuple rêvée par le pouvoir nazi.

107. Richard EVANS, *Le Troisième Reich*, tome II : 1933-1939, Flammarion, Paris, 2009, p. 142-143.

8

L'impasse monumentale de l'utopie Germania

Œuvrant depuis le milieu des années 1920 à l'annihilation du « paysage psychique » de la très grande ville, les dirigeants du Troisième Reich engagent à partir du milieu des années 1930 la destruction de son « paysage physique », précipitant une nouvelle inflexion dans l'histoire de Berlin : les nazis au pouvoir sont en effet porteurs d'un projet de démolition-reconstruction de la capitale du Reich à une échelle qui n'a guère d'équivalent dans l'histoire de l'urbanisme occidental.

Sous le regard de l'historien, ce projet connu sous le nom de Germania tient paradoxalement moins de l'utopie que de l'*uchronie*[1]. D'abord parce qu'à travers le chantier de la reconstruction de Berlin, les nazis veulent tout simplement réécrire l'histoire. Ensuite parce que le projet dessiné par Albert Speer et ses équipes contraint l'historien à « imaginer », en quelque sorte, ce qui serait advenu de Berlin si les nazis avaient pu mener à bien la reconstruction de leur capitale. Esquissé avant la montée au pouvoir, préparé dès 1936 et mis en œuvre à partir de 1938, ce projet vise en effet à faire de Berlin une mégalopole de huit, voire dix millions d'habitants. Davantage peut-être que par son célèbre axe monumental bordé d'édifices à l'archi-

1. Littéralement, une uchronie consiste à « imaginer ce qui aurait pu advenir si d'aventure un événement avéré historiquement ne s'était pas déroulé ou, à l'inverse, à repenser le déroulement de l'histoire en faisant intervenir un fait générateur plausible, mais en réalité non advenu ». Xavier Delacroix, *L'Autre Siècle. Et si les Allemands avaient gagné la bataille de la Marne ?*, Fayard, Paris, 2018, p. 7.

tecture néoclassique évoquant la Rome impériale, dont les photos de maquette ont maintes fois été reproduites, il se singularise par son gigantesque réseau routier et autoroutier. Comprenant pas moins de vingt-cinq « voies radiales de sortie » et cinq « anneaux périphériques » directement reliés aux nouvelles « autoroutes du Führer », ce maillage infrastructurel permet aux planificateurs nazis d'envisager une refonte complète de la géographie à la fois résidentielle et industrielle de la capitale allemande. Le coût écologique de ce projet paraît d'emblée exorbitant : à partir de 1938, les dirigeants nazis n'engagent en effet pas seulement la démolition de dizaines de milliers de logements pour doter leur future capitale impériale d'une nouvelle « couronne urbaine », mais envisagent également le défrichement, l'arasement et le lotissement de centaines de milliers d'hectares de terres arables et de forêts environnant Berlin. Élargissant la plus grande ville allemande aux dimensions d'une région urbaine organisée par et pour la voiture, Germania tient en effet autant de la Rome du Bas-Empire que de la Los Angeles des années 1970.

À quels enjeux ce projet faramineux répond-il ? Pourquoi les dirigeants nazis engagent-ils un projet à ce point coûteux en matériaux et en main-d'œuvre au moment précis – 1937-1938 – où leur priorité économique et stratégique va au réarmement de l'Allemagne ? Avec quel impact non seulement sur Berlin et les Berlinois, mais aussi sur la dynamique impérialiste du Troisième Reich et la radicalisation de ses politiques ?

La très grande ville dans la vision nazie de l'espace

Répondre à ces questions suppose pour commencer d'évaluer la place de la très grande ville dans la vision nazie de l'espace et des ressources. Celle-ci peut être appréhendée à partir de tout un corpus de textes, de discours mais aussi d'images élaborés par le pouvoir nazi et ses élites planificatrices : le cercle des *dirigeants* nazis d'abord – en particulier Adolf Hitler, très impliqué dans l'élaboration du projet Germania, et qui s'est abondamment expliqué en la matière dans ses nombreux discours et autres propos de table[2] ; le cercle des *experts* ensuite, qui travaillent à fonder la vision nazie de l'espace – Friedrich Burgdörfer,

2. Max Domarus, *Hitler. Reden und Proklamationen 1932-1945*, Band I : *Triumph*, Band II : *Untergang*, Süddeutscher Verlag, Munich, 1965.

Gottfried Feder[3] ou encore Walther Chrystaller, universitaires pour la plupart, et à ce titre auteurs d'essais, d'articles et de manuels ; le cercle des *professionnels* enfin, qui sont chargés de mettre en œuvre les politiques élaborées – l'architecte Albert Speer au premier chef, mais aussi Hans Stephan ou encore Rudolf Wolters.

Par-delà la coexistence, au sein de ces élites nazies, de conceptions parfois très divergentes en matière de planification territoriale et urbaine, la vision nazie de l'espace et des ressources se rapporte toujours à un référent unique : l'avenir biologique du peuple allemand – un peuple défini par le « sang » et ses pseudo-lois[4] et auquel, comme l'écrit Alfred Rosenberg dans l'avant-propos à la troisième édition du *Mythe du XXe siècle*, il faut « rendre [...] sa pureté naturelle[5] ». Or tout indique aux yeux des nazis que cet avenir a été mis à mal par le passage d'un État agraire à un État industriel : l'urbanisation accélérée de l'Allemagne a en effet mis fin à ce que Wilhelm Frick, ministre de l'Intérieur du Troisième Reich, nomme l'« efficience de la sélection vitale à la campagne[6] ».

Puisant dans l'abondante littérature qui s'efforce, depuis les années 1890, d'évaluer la portée à moyen ou long terme de l'urbanisation explosive allemande, les dirigeants nazis ne manquent pas d'arguments. En provoquant un exode rural massif et en laissant libre cours à la spéculation foncière, l'urbanisation explosive aurait vidé les campagnes allemandes de ses forces vives, c'est-à-dire – dans les termes de la *Lingua Tertii Imperii* (LTI) – arraché le sang au sol. En faisant triompher le malthusianisme citadin et en laissant se développer les transgressions de genre et l'homosexualité, elle aurait

3. Nazi de la première heure, économiste – et à ce titre concepteur du programme en vingt et un points du DAP devenu NSDAP, Gottfried Feder est, à la fin des années 1930, professeur honoraire à l'université de Berlin-Charlottenburg, où il se donne pour tâche de réfléchir aux « bases scientifiques de l'aménagement du territoire et de la planification régionale ». Son « testament scientifique » – un volumineux manuel intitulé *La Ville nouvelle* qui paraît en 1939 et connaît une très grande diffusion – offre une synthèse très didactique des grands principes qui devront présider à la planification territoriale et urbaine dans les espaces à venir de la colonisation. Gottfried FEDER, *Die neue Stadt. Versuch der Begründung einer neuen Stadtplanungskunst aus der sozialen Struktur der Bevölkerung*, Springer Verlag, Berlin Heidelberg, 1939. Sur Gottfried Feder, voir *Historiciser le mal, op. cit.*, notes 20, 21 et 22, p. 243.

4. Johann CHAPOUTOT, *La Loi du sang, op. cit.*

5. Cité par Pierre GROSCLAUDE, *Alfred Rosenberg et le mythe du XXe siècle*, Fernand Sorlot, Paris, 1938, p. 17.

6. Cité par Johann CHAPOUTOT, *La Loi du sang, op. cit.*, p. 23.

« tué tout sens de la famille et de l'enfant[7] » et privé le *Volk* de précieux reproducteurs. Plus grave encore : en opérant le brassage des populations et en permettant le développement de la charité institutionnelle, elle aurait favorisé la corruption de la race et permis la survie des malades, des tarés, des dégénérés. « Le développement des moyens de communication, rappelle le ministre de l'Agriculture du Troisième Reich Richard Walther Darré, croît [*sic*] le danger de l'introduction de sang inférieur. [...] Que l'on songe aux grandes villes, où l'étudiant au pigment coloré, l'artiste de couleur, le jazz-havane, le matelot chinois, le marchand de fruits d'Amérique centrale, etc., se trouvent à l'aise comme chez eux et peuvent souvent laisser un "souvenir éternel"[8]. » Bref, la ville – la très grande ville surtout – jouerait « contre la race[9] ». Ses caractéristiques essentielles, on l'a vu, seraient le *parasitisme* et l'*infertilité* : « Chaque ville, rappelle Darré, est comme une pieuvre qui attire le long de ses bras – en l'espèce le réseau de ses communications – la nourriture de ses alentours, voire même de plus loin quand les moyens de transport le lui permettent. Si une circonstance quelconque fait cesser ce courant nourricier vers la ville, elle devient alors comparable à un poisson tiré au sec. La ville en ce cas ne peut se maintenir en vie par soi-même, il faut l'aider du dehors. » Or tout parasite « meurt dès qu'on lui retire sa base nutritive »[10].

Ce procès en parasitisme et en infertilité doit être pris très au sérieux : aux yeux des nazis, l'urbanisation fait en effet peser un risque vital, de nature « ethno-biologique » (*volksbiologisch*), sur le peuple allemand – c'est-à-dire sur la race germanique-nordique. L'infécondité des villes, en particulier celle de Berlin, qui bat tous les records en la matière, menace d'accélérer le déclin démographique de l'Allemagne tout entière. S'adressant aux membres du Comité d'experts pour la politique démographique et raciale le 28 juin 1933, Wilhelm Frick dresse ainsi un tableau catastrophique de la situation biologique du *Volk*. « 20 % de la population », affirme le ministre de l'Intérieur, souffrirait de « problèmes héréditaires ». Les méfaits de la modernité

7. *Ibid.*, p. 24.

8. Richard Walther Darré, *La Race. Nouvelle noblesse du sang et du sol*, Fernand Sorlot, Paris, 1939, p. 217-219.

9. « La ville contre la race » est le sous-titre par lequel Richard Walther Darré ouvre le chapitre qu'il consacre au « Hegehof » dans *ibid.*, p. 113.

10. *Ibid.*, p. 118-119.

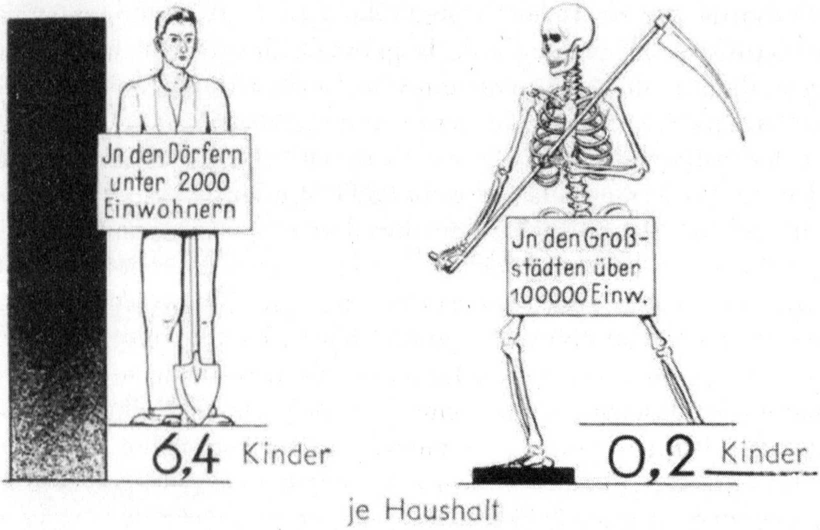

Fig. 41. Le coût biologique de la grande ville.

Source : Gottfried Feder, *Die neue Stadt. Versuch der Begründung einer neuen Stadtplanungskunst aus der sozialen Struktur der Bevölkerung*, Springer-Verlag, Berlin Heidelberg, 1939, p. 24.

« conduisent notre peuple à la mort[11] ». Notre peuple, écrit également le démographe Otto Helmut, est « en train de mourir[12] ». La « grande ville ainsi dégénérée, ajoute Gottfried Feder, est la mort de la nation[13] » (Fig. 41).

Les nazis ne nient cependant pas le rôle positif des villes : s'il paraît nécessaire de limiter le développement des plus grandes villes – meurtrières pour le *Volk* –, il faut aussi mettre en garde contre les efforts de ceux qui prétendent détruire la ville en soi et diviser l'Allemagne en autant de petites agglomérations. Pour Friedrich Burgdörfer, l'industrialisation et l'urbanisation n'ont pas seulement des effets négatifs. Elles créent en effet une « marge de manœuvre vitale » supplémentaire : d'abord parce que les villes correspondent à un mode d'occupation plus intensif de l'espace, ensuite parce que l'urbanisation a fini par mettre un frein à l'émigration massive à l'étranger. « On s'est mis à exporter des marchandises au lieu

11. Cité par Johann Chapoutot, *La Loi du sang*, *op. cit.*, p. 230.
12. *Ibid.*, p. 231.
13. Gottfried Feder, *Die neue Stadt*, *op. cit.*, p. 14.

d'exporter des hommes[14] » observe-t-il en 1929. Pour Gottfried Feder aussi, les avantages de la grande ville existent : la « forte centralisation de l'administration et de l'industrie, du commerce, de l'artisanat et de la monnaie, des institutions religieuses et culturelles et des instituts de transport » fait que « tout le monde a l'impression de participer à la vie publique ». En outre, la très grande ville est un « grand marché du travail et de la consommation »[15]. Ainsi, comme l'appelait déjà de ses vœux Alfred Rosenberg dans *Le Mythe du XXe siècle*, quelques centres urbains de 500 000 habitants et beaucoup de 100 000 sont une nécessité[16]. La ville seule, en effet, par sa capacité à concentrer les masses, peut offrir un foyer de vie nationale consciente d'elle-même. La ville seule, par les possibilités qu'elle offre de déployer les moyens de la propagande moderne, peut être le point de jonction des énergies. La ville seule, enfin, par la concentration usinière qu'elle permet, peut poser les bases de la puissance industrielle.

Comment, dès lors, parer les risques du parasitisme sans renoncer aux avantages de la concentration ? Comment conjurer le péril biologique d'une extinction de la race germanique-nordique et enrayer la contre-sélection naturelle qu'opère la vie dans les plus grandes villes, sans opérer un retour massif à un État agraire ?

« Résoudre la question allemande » répond Hitler le 10 février 1939 à l'Opéra Kroll de Berlin, c'est avant tout « résoudre le problème spatial allemand »[17]. Aux yeux des nazis, ce *Raumproblem* est d'abord un problème de *quantité* d'espace et – par corollaire – de ressources. « Peu importe qui gouvernerait l'Allemagne, rappelle Hitler, tout régime doit prendre acte du fait qu'il y a ici 140 personnes au kilomètre carré qui ne peuvent pas être nourries par ce sol et qui ne peuvent pas non plus être approvisionnées en matières premières nécessaires. C'est un fait[18]. » Si l'Allemagne dispose de charbon en abondance – Hitler en convient –, elle a « peu de fer », « peu de minerais plus nobles » et « pas assez de bois ». Elle doit

14. Friedrich Burgdörfer, *Der Geburtenrückgang und seine Bekämpfung. Die Lebensfrage des deutschen Volkes*, Richard Schoetz, Berlin, 1929, p. 100.

15. Gottfried Feder, *Die neue Stadt*, *op. cit.*, p. 26.

16. Résumé par Pierre Grosclaude, *Alfred Rosenberg et le mythe du XXe siècle*, *op. cit.*, p. 111.

17. Discours de Hitler à l'opéra Kroll, 10 février 1939, reproduit dans Jost Düfler, Jochen Thies, Josef Henke, *Hitler's Städte*, *op. cit.*, p. 310.

18. *Ibid.*, p. 292-293.

surtout affronter une « situation alimentaire [...] de plus en plus critique[19] » – notamment en raison des besoins alimentaires croissants des populations citadines. Ce diagnostic n'a rien de nouveau – ni de particulièrement original. Depuis le milieu des années 1920, il s'agit d'un lieu commun que le roman à succès de Hans Grimm *Peuple sans espace* a contribué à populariser en Allemagne[20]. Il s'agit aussi d'un débat scientifique opposant ceux qui, à l'instar d'Edwin Cannan ou Franz Oppenheimer, postulent un lien positif entre croissance démographique et développement économique, et ceux qui, à l'instar de Paul Mombert, Wilhelm Röpke ou encore Friedrich Burgdörfer, réfléchissent aux équilibres et déséquilibres entre « taille de la population », « marges d'approvisionnement » et « besoins en termes de niveau de vie », et à partir de là cherchent à déterminer la taille optimale d'une population.

Pour Hitler, la « faim de terre » allemande n'offre que trois ou quatre possibilités. La première, qu'il balaie d'un revers de la main, est la « restriction, c'est-à-dire la sous-alimentation » – on sait, rappelle-t-il en faisant allusion à la famine urbaine de 1916-1917, le traumatisme qu'a représenté le tribut alimentaire payé par l'Allemagne pendant la Première Guerre mondiale. La deuxième est de « limiter le nombre d'enfants », c'est-à-dire de « s'adapter à l'espace » : une possibilité qu'il considère comme « la plus pernicieuse qu'un peuple puisse choisir », notamment parce qu'elle a pour conséquence la « perte de la possibilité de sélection ». Ne restent dès lors que deux voies, qu'il résume de la manière suivante : « assurer, par une augmentation des exportations, l'importation nécessaire de denrées alimentaires et de matières premières ». Ou bien : « adapter l'espace vital au nombre de personnes, au lieu d'adapter le nombre de personnes à l'espace vital ». C'est cette dernière voie, ajoute-t-il, qu'ont « suivie jusqu'à présent tous les grands peuples du monde ». Celle-ci justifie le « gigantesque réarmement allemand »[21] qui permettra à l'Allemagne de conquérir l'espace vital dont elle a besoin et ainsi d'offrir à la race germanique-nordique le biotope qui garantira sa survie – et assurera sa vitalité. Comme le résumera le premier manuel de planification territoriale publié par le Front allemand du travail en 1940, le « soulagement de

19. *Ibid.*, p. 293-294.

20. Hans Grimm, *Volk ohne Raum*, Albert Langen, 1926.

21. Discours de Hitler au Kroll-Oper, 10 février 1939, reproduit dans Jost Düfler, Jochen Thies, Josef Henke, *Hitler's Städte*, *op. cit.*, p. 294-295.

la faim de terre à l'Est » permettra de « sauvegarder et de perpétuer la famille allemande »[22].

Mais le problème spatial allemand n'est pas seulement un problème quantitatif : il met aussi en jeu la manière dont l'« espace vital » (*Lebensraum*) présent (et à venir) est (et sera) organisé. La sauvegarde de la race germanique-nordique dépendra aussi d'« une planification et d'un aménagement *complets* du paysage dans lequel nous vivons[23] ». Une planification et un aménagement complets, cela veut dire une planification et un aménagement des espaces de la colonisation à venir, mais aussi de ceux de l'*Altreich* (soit l'Allemagne avant 1938) – avec ses villes et ses campagnes. Idéalement, il faudrait non seulement stopper l'afflux mortel dans les grandes villes, mais aussi transplanter la population excédentaire : « La dispersion des grandes villes, le retour de la population à ses racines dans le sol et sa réinstallation à long terme sur la terre, rappelle Gottfried Feder, est l'une des tâches les plus importantes du Troisième Reich[24]. » Mais comme Feder lui-même en convient vers la fin des années 1930, la « transplantation de la population excédentaire des grandes villes ne progresse pas vraiment pour l'instant ». Et « comme il n'est guère envisageable pour l'Allemagne de limiter l'industrie au profit de l'agriculture, une nouvelle synthèse entre la culture urbaine et la culture rurale est nécessaire[25] ».

Le pouvoir nazi n'oppose donc pas grande ville et campagne, mais en propose une vision articulée à grande échelle. Bien loin d'engager la désurbanisation de l'Allemagne, le pouvoir nazi entend « mener une politique systématique d'urbanisme dans certaines des plus grandes villes du Reich[26] » – à commencer par Berlin. Contre toute attente, il ne craint pas tant le « parasitisme » supposé de la capitale – vieille rengaine de la droite *völkisch* et de la nébuleuse *Blut und Boden* – que

---

22. *Siedlungsgestaltung aus Volk, Raum und Landschaft : 1. Planungsheft des Reichsheimstattenamtes der DAF*, Deutsche Arbeitsfront, Hauptabteilung « Städtebau und Wohnungsplanung », Berlin, 1940, reproduit dans Tilman HARLANDER, Gerhard FEHL (dir.), *Hitlers sozialer Wohnungsbau, 1940-1945*, Christians, Hambourg, 1986, p. 114-117.

23. *Ibid.* (c'est nous qui soulignons).

24. Gottfried FEDER, « Das Deutsche Siedlungswerk », *Bauwelt*, n° 19, 1934, reproduit dans Anna TEUT, *Architektur im Dritten Reich, 1933-1945*, Ullstein, Berlin, 1967, p. 311-314.

25. Gottfried FEDER, *Die neue Stadt. op. cit.*, p. 27

26. Albert SPEER, « Neuplanung der Reichshauptstadt », *Der Deutsche Baumeister*, n° 1, 1939, p. 3-4, reproduit dans Iain Boyd WHYTE, David FRISBY (dir.), *Metropolis Berlin 1880-1940, op. cit.*, p. 607.

l'impossibilité d'offrir à cette même ville les ressources indispensables à une croissance qu'il appelle de ses vœux. Hitler l'exprime très clairement – et à de nombreuses reprises : de même que l'« Empire romain ne s'est pas effondré à cause de Rome en tant que ville, car sans Rome il n'y aurait jamais eu d'Empire romain », de même Berlin doit devenir une « immense capitale » afin de s'imposer comme le centre prépondérant « en matière de politique de puissance ». « C'est donc ma volonté et ma décision immuables, déclare Hitler dans un discours prononcé le 27 novembre 1937 à l'occasion de la pose de la première pierre de la Faculté des sciences et techniques de la défense (*Wehrtechnische Fakultät*), de doter la communauté du peuple d'un "centre incontestable", c'est-à-dire de doter Berlin de rues, d'édifices et de places publiques qui la rendront à tout jamais digne d'être la capitale de l'Empire allemand[27]. »

Une telle ambition suppose néanmoins de ne pas retomber dans les erreurs du passé. À défaut de pouvoir transplanter la population excédentaire des plus grandes villes, il faut travailler à les décongestionner. « Les lotissements à la périphérie de la ville, souvent situés à une distance excessive du centre-ville et des lieux de travail, ne peuvent être approuvés que dans la mesure où ils permettent de démolir les quartiers anciens et insalubres de la ville, afin que nos grandes villes gagnent en lumière et en air – des poumons frais, en quelque sorte[28]. » Il faut permettre la régénération biologique du citadin en lui offrant la possibilité d'une communion retrouvée avec la nature. Il faut mettre fin à ce qui, dans le développement « chaotique » des plus grandes villes, a contrarié le destin et le dessein de la race : le brassage racial et les ferments de l'asocialité – la criminalité, la prostitution, la mendicité, l'homosexualité. Il faut enfin « garantir le ravitaillement en pain des populations citadines[29] ». Constatant que l'« espace alimentaire de Berlin est de la taille d'un cercle d'environ cent kilomètres de rayon », Feder avertit que « plus de nouveaux emplois sont créés dans l'espace alimentaire de la grande ville, plus l'espace alimentaire de la grande ville est repoussé. L'espace alimentaire occupé par exemple par un nouveau lotissement à Oranienburg doit être remplacé ailleurs pour Berlin [...][30] » (Fig. 42).

27. Discours de Hitler lors de la pose de la première pierre de la *Wehrtechnische Fakultät Berlin*, 27 novembre 1937, reproduit dans Jost DÜFLER, Jochen THIES, Josef HENKE, *Hitler's Städte. op. cit.*, p. 29-30.

28. Gottfried FEDER, « Das Deutsche Siedlungswerk », *loc. cit.*, p. 311-314.

29. Richard Walther DARRÉ, *La Race*, *op. cit.*, p. 127-128.

30. Gottfried FEDER, *Die neue Stadt*, *op. cit.*, p. 31.

Fig. 42. L'espace nourricier de Berlin.

Source : Gottfried Feder, *Die neue Stadt. Versuch der Begründung einer neuen Stadtplanungskunst aus der sozialen Struktur der Bevölkerung*, Springer-Verlag, Berlin Heidelberg, 1939, p. 31.

Les dirigeants nazis élaborent ainsi un projet à la fois biopolitique et géopolitique qui porte la promesse d'un dépassement de l'antagonisme ville/campagne au profit d'une vision intégrée de l'espace et des ressources. Pour les dirigeants nazis, il s'agit tout à la fois de réenraciner la race par la colonisation rurale et urbaine à l'est et de la régénérer par la reconstruction des villes à l'ouest, ces deux espaces devant être mis en relation par un système de communication qui devra raccourcir les distances – rôle dévolu au réseau autoroutier. La reconstruction de Berlin doit être le point d'orgue de ce « programme » : la plus grande ville de l'*Altreich* sera en effet placée à la tête de ce *Lebensraum* élargi aux dimensions d'un continent. C'est la raison pour laquelle, aux yeux d'Albert Speer, chargé par Hitler de la mettre en œuvre, cette reconstruction doit représenter « l'apogée de l'urbanisme de notre époque[31] ».

31. Albert SPEER, « Neuplanung der Reichshauptstadt », *loc. cit.*, p. 607.

Germania, une uchronie nazie

Érigeant la future capitale du « Reich de mille ans » (*Tausendjähriges Reich*) en symbole de la « folie des grandeurs » nazie, l'historiographie est longtemps demeurée piégée par le « testament » d'Albert Speer. Dans ses *Mémoires*, ce dernier oppose en effet deux projets, qui sont aussi deux visions : le « projet primitif de Hitler » d'une part, « centré sur la création d'une avenue d'apparat » que l'architecte n'hésite pas à qualifier d'« absurde sur le plan de l'urbanisme » ; le « plan d'ensemble » d'autre part, faisant du premier le « noyau d'une restructuration urbaine » dont l'architecte s'attribue tous les mérites, prétendant « embrasser tous les problèmes » d'une métropole moderne, des « structures du trafic » aux « zones d'urbanisation » en passant par les « espaces verts »[32]. Soit une approche ornementale par elle-même dépourvue de « sens » d'un côté, et une approche technicienne corrigeant la première en lui conférant *volens nolens* une « fonction » de l'autre. Cette réécriture de l'histoire ne doit évidemment pas faire illusion : Germania n'est pas l'assemblage ou le collage de deux visions, mais bien un projet cohérent répondant à un dessein lui-même cohérent. L'ordre de mission d'Albert Speer est d'ailleurs sans ambiguïté : « L'inspecteur général établira un plan directeur pour la capitale Berlin. Il doit ainsi veiller à ce que tous les espaces libres, les rues et les bâtiments qui influencent le paysage urbain soient dignement exécutés selon des principes unifiés[33]. »

Fait rarement relevé par l'historiographie, Germania est d'abord une ville dessinée *pour l'automobile*. Le nouveau plan de voirie conçu par les équipes du GBI (*General Bau Inspektor*, Inspecteur général de la construction) indique très clairement la volonté nazie de passer d'une ville structurée par le rail à une ville organisée pour la voiture (Fig. 43).

Comme le rappelle Hans Stephan, l'« épine dorsale de la configuration bâtie de Berlin » sera formée par deux axes routiers : l'« axe nord-sud et l'axe est-ouest[34] ». Dans les quadrants formés par ces deux axes, une série complémentaire de voies de desserte rayonneront du centre-ville vers la périphérie. Ces radiales – vingt-cinq au total – sont

32. Albert Speer, *Au cœur du Troisième Reich*, Hachette, Paris, 2010, p. 111-114.

33. Hans Stephan, *Die Baukunst im Dritten Reich, insbesondere die Umgestaltung der Reichshauptstadt*, Junker und Dünnhaupt, Berlin, 1939, p. 11-20, reproduit dans Iain Boyd Whyte, David Frisby (dir.), *Metropolis Berlin. op. cit.*, p. 606.

34. *Ibid.*

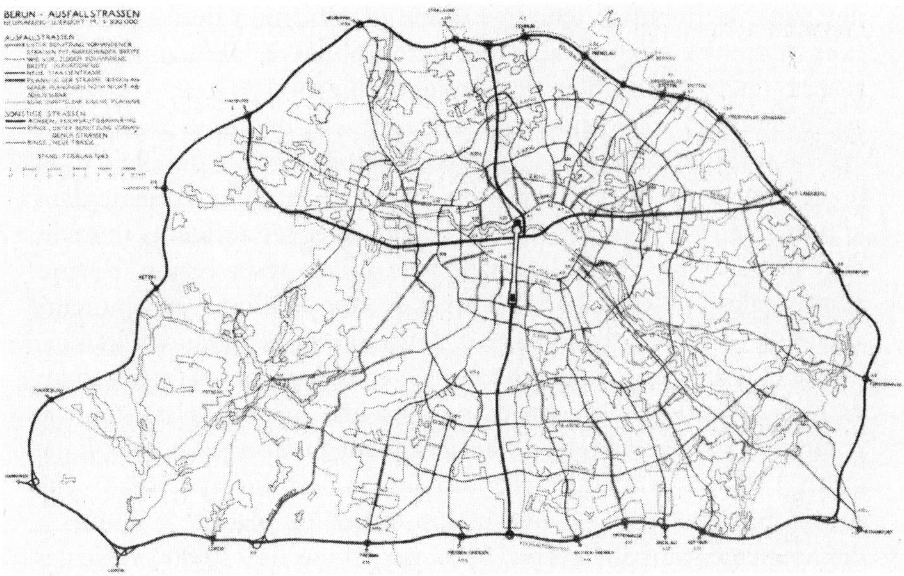

Fig. 43. Le plan routier et autoroutier de Germania.

Source : Lars Olof Larsson, *Albert Speer. Le plan de Berlin 1937-1943*, Archives d'Architecture Moderne Éditions, Bruxelles, 1978, p. 46.

pensées comme des « voies de sortie » : certaines utiliseront les routes existantes lorsque celles-ci sont d'une largeur suffisante, d'autres les utiliseront mais en les élargissant, d'autres encore seront entièrement nouvelles, s'apparentant alors à des percées. Entrecoupées par quatre anneaux routiers, elles mèneront à un gigantesque « anneau autoroutier (*Reichsautobahnring*)[35] ». Ce dernier placera Berlin au cœur du réseau de routes allemand : il reliera la capitale aux différentes parties du Grand Reich et constituera un nœud permettant de connecter l'*Altreich* aux zones d'expansion coloniale à l'Est *via* un futur nœud autoroutier à Varsovie[36].

De prime abord, ce tournant vers l'« automobilité » peut surprendre. Certes, la volonté d'adapter l'aménagement de la très grande ville à la circulation automobile et à son développement futur est une préoccupation ancienne de l'urbanisme berlinois : on

35. *Ibid.*

36. Voir, sur ce point, Christian Ingrao, *La Promesse de l'Est. Espérance nazie et génocide*, Seuil, Paris, 2016, en particulier le chapitre 5 : « À l'école des Beaux-Arts », p. 195-226.

doit ainsi la première tentative d'une planification de l'agglomération berlinoise adaptée aux flux automobiles à Hermann Jansen, lauréat du concours pour le Grand Berlin en 1909, avec un plan prévoyant cinq voies principales de sortie[37]. À Berlin, la première de ces « autoroutes urbaines » – route sans croisement, à double sens et dotée d'un terre-plein central – est inaugurée en 1921 : célèbre dans le monde entier pour ses records de vitesse et ses accidents mortels, l'AVUS demeure cependant une voie privée réservée aux courses automobiles et – en dehors des jours de compétition – aux coureurs amateurs fortunés qui souhaitent s'entraîner à la « grande vitesse ». Dotée en 1937 d'un virage surélevé en épingle à cheveux permettant de rouler plus vite à son extrémité nord-est, au pied de la « tour de la radio » (*Funkturm*), elle ne devient pleinement une voie publique qu'en 1940. À cette date, elle permet aux Berlinois possédant une automobile d'accéder à l'anneau autoroutier qui marque la limite du développement urbain à venir. Mais avec moins de 220 000 véhicules motorisés circulant vers la fin des années 1930[38], Berlin continue d'accuser un important retard, à l'image de l'Allemagne tout entière, par rapport à d'autres très grandes villes du monde occidental[39] : la voiture y demeure un produit de luxe et n'est toujours pas en mesure de remplacer le train dans le système de mobilité de la plus grande ville allemande.

La démarche nazie est en réalité *prospective*, comme s'en explique Hitler lui-même : « Je vois devant moi l'évolution du trafic et je sais que dans dix ans, le volume du trafic automobile sera immense. [...] Et si nous ne construisons pas les rues maintenant pour ce trafic, nous ne pourrons certainement pas les construire une fois que le trafic sera là, parce qu'il sera trop tard[40]. » Le réaménagement de Berlin anticipe donc le temps où la voiture « sera devenue le moyen de transport du

37. Hermann Jansen, *Wettbewerbsplan*, novembre 1909, reproduit dans : *Unvollendete Metropole. 100 Jahre Städtebau für Gross-Berlin*, Band 1 : *Austellung*, DOM Publishers, 2020, p. 137.

38. *Statistisches Jahrbuch der Stadt Berlin*, 12. Jahrgang, 1936, p. 102 et 110 ; 14. Jahrgang, 1938, p. 119, 126 et 127 ; *Statistisches Jahrbuch der Reichshauptstadt Berlin*, 15. Jahrgang, 1939, p. 124, 131 et 132.

39. Avec un véhicule pour 75 habitants en 1935 contre 1 pour 5 aux États-Unis, 1 pour 22 en France et 1 pour 27 en Grande Bretagne, l'Allemagne demeure à la traîne en matière d'équipement automobile.

40. Discours de Hitler lors de la cérémonie d'inauguration de la nouvelle chancellerie du Reich, prononcé au Deutschlandhalle le 2 août 1938, reproduit dans Iain Boyd Whyte, David Frisby (dir.), *Metropolis Berlin*, *op. cit.*, p. 603.

peuple », la période où, « [...] au lieu de deux millions de voitures en Allemagne, il y en aura peut-être sept, huit ou neuf millions [...] »[41]. « C'est pour cette époque que je construis, ajoute Hitler, pas pour 1938 ou 1939, pas même pour 1940 ou 1950, mais pour l'an 2000, 2200 et 2400 ! Il y a trois cents ans, dans une ville de trente-sept mille habitants, les Berlinois ont eu le courage de construire Unter den Linden ; et nous aurons aussi le courage de tracer maintenant les rues qui conviendront à l'avenir[42]. » La construction d'un gigantesque anneau autoroutier autour de la capitale du Reich – sans doute l'un des principaux héritages matériels de la période nazie à Berlin – répond à cette logique : elle *précède* la mise en œuvre de Germania et en commande certaines lignes directrices. Achevé aux trois quarts avant la guerre, l'anneau autoroutier s'inscrit dans le programme plus général des autoroutes du Führer dont le lancement a été annoncé dès le mois de mai 1933 et le chantier symboliquement ouvert par le coup de pelle inaugural donné en grande pompe par Hitler le 23 septembre de la même année. Relevant davantage d'une politique de l'offre que de la demande, la construction de ce réseau doit en effet permettre la résorption du chômage, préparer la guerre et stimuler la production automobile[43].

C'est cet anneau autoroutier qui doit désormais marquer la limite du Berlin reconstruit par les nazis, circonscrivant un territoire élargi aux dimensions d'une région urbaine correspondant peu ou prou à l'élargissement de l'aire d'attraction *effective* de la capitale allemande.

À l'intérieur de ce nouveau périmètre, les édiles nazis envisagent de construire de nouvelles cités d'habitation : « Avant d'entreprendre l'assainissement du parc immobilier ancien, expose Albert Speer, il faut construire de grands ensembles de logements neufs reliés les uns aux autres. » Ces grands ensembles de logements neufs seront principalement situés au sud et au nord-est de l'agglomération, là où le « développement des grands axes [...] permettra d'ouvrir de vastes terrains à bâtir à proximité du centre-ville [...] ». Sur

41. *Ibid.*

42. *Ibid.*

43. Comme l'ont démontré les historiens Erhard Schütz et Eckhard Gruber, le chantier autoroutier nazi illustre à nouveaux frais l'*inefficacité* des politiques nazies : contrairement aux attentes, il n'est ni une réponse efficace à la crise économique du début des années 1930, ni une infrastructure stratégique à même de faciliter le transport des troupes dans la guerre. Voir Erhard SCHÜTZ, Eckhard, GRUBER, *Mythos Reichsautobahn. Bau und Inszenierung der « Strassen des Führers », 1933-1941*, Links Verlag, Berlin, 1996.

ces terrains à bâtir, « plusieurs centaines de milliers de nouveaux appartements »[44] seront construits – 650 000 d'après les dernières versions du plan Speer. Au sud-est de l'agglomération, Max Säume et Günther Hafemann sont ainsi chargés de l'aménagement des secteurs de Dahlewitz et Glasow – deux villages situés à proximité de futurs secteurs d'industries légères. Un peu plus à l'est, Hermann Jansen planifie la construction de 90 000 nouveaux logements dans les secteurs de Selchow et de Rotberg. Dans le quadrant nord-est de l'agglomération berlinoise, Otto Bünz élabore pour sa part les plans de Berlin-Hönow, et Fritz Braüning – l'architecte de la cité d'habitation Neu-Tempelhof dans les années 1920 – ceux du quartier de Berlin-Lindenberg. Parmi ces grands ensembles résidentiels, le projet le plus développé est la Südstadt : prévue de part et d'autre de l'axe sud, elle doit s'étendre sur près de seize kilomètres entre le centre de Berlin et le *Reichsautobahnring* et accueillir près de 210 000 habitants (Fig. 44).

Ces plans successifs[45] font apparaître quelques grands principes d'organisation : un plan orthonormé rationnel d'abord, qui tient davantage de la tradition des villes de fondation coloniale que de la *tabula rasa* moderniste dans la mesure où il privilégie la symétrie et la monumentalité – intégrant au passage des esplanades publiques dédiées aux défilés et autres rassemblements de masse ; des îlots de très grandes dimensions et majoritairement fermés – une rupture par rapport au rejet unanime des immeubles à cours dans les années 1920 ; une densité très importante – inférieure à la ville des *Mietskasernen*, mais très supérieure à celle des « faubourgs-jardin » de la république de Weimar ; des normes d'habitabilité, enfin, légèrement revues à la baisse par rapport aux cités d'habitation des années 1920. Selon les mots d'Herbert Hoffmann, « [l]'objectif ici, à la périphérie de la ville, est de créer de nouveaux logements répondant aux normes modernes de santé publique et en nombre suffisant pour accueillir un très grand nombre de familles berlinoises – en d'autres termes, de commencer à réduire la pénurie de logements et la misère qui

44. Albert Speer, « Neuplanung der Reichshauptstadt » *loc. cit.*, p. 608.

45. En novembre 1937, le Service d'urbanisme de la Ville de Berlin élabore un plan préparatoire qui ne dépasse guère le stade de l'esquisse. En 1938, le General Bau Inspektor (GBI) élabore un second plan, qui existe en deux versions différentes : une version initiale et une version corrigée. En 1941, enfin, Le GBI produit un dernier plan – dont on ne saurait dire s'il est définitif.

Fig. 44. La Südstadt et sa connexion au *Ring* autoroutier.

Source : Schusev Museum of Architecture, Moscou, reproduit dans *Unvollendete Metropole. 100 Jahre Städtebau für Gross-Berlin*, Band 1 : *Austellung*, DOM Publishers, 2020, p. 295.

en découle et dans laquelle doivent vivre tant de personnes dans notre capitale ». Les nouveaux logements, ajoute-t-il, « doivent être clairs et aérés, faciles à gérer et bien desservis par les transports en commun, de sorte qu'ils soient bien situés pour les trajets quotidiens entre le domicile et le lieu de travail [46] ». Les plans-types utilisés par l'Inspecteur général pour la construction (GBI) confirment partiellement ces intentions : ils ne diffèrent en effet guère, dans leurs principes, de ceux mis au point par les coopératives de construction des années 1920, même si les normes surfaciques d'habitabilité y semblent un peu revues à la baisse. Tous les logements sont équipés d'une cuisine séparée, d'une salle de bains attenante et de pièces aux fonctions clairement déterminées (*Wohnzimmer* pour les repas et la vie de famille, chambre parentale, chambres pour les enfants) – confirmant la volonté d'en finir avec la polyvalence des pièces symbolisée par la *Wohnküche*.

46. Herbert Hoffmann, « Die Wohnsiedlung an der Großen Leegestrasse in Berlin-Weißensee », *Moderne Bauformen*, vol. 35, 1936, p. 257-259.

Disposées le long des axes routiers et autoroutiers, ces mégacités montrent la volonté de poursuivre la « dispersion contrôlée » de la très grande ville amorcée sous la république de Weimar. Le plan Speer prétend toutefois renverser la logique qui avait présidé à l'élaboration du *Bebauungsplan* de 1925 : « Les zones de construction seront [...] orientées non pas en anneaux autour du centre, mais le long des axes. » Cela signifie que « contrairement aux pratiques antérieures, la hauteur des bâtiments ne diminuera pas en bandes concentriques en s'éloignant du centre de la ville. Au contraire, l'ensemble de la forme cruciforme [où se croisent] les axes sera le centre, les bâtiments de chaque côté diminuant de taille au profit de structures plus basses et plus ouvertes, avant de céder la place à de vastes espaces ouverts pour les loisirs[47] ». Ces espaces « ouverts » – c'est-à-dire « verts » – seront « reliés entre eux » et « poussés aussi profondément que possible dans le centre de la ville »[48]. La restructuration de Berlin voulue par les nazis entraînera également une relocalisation de ses industries et de son réseau ferroviaire. Les têtes de ligne devront notamment être remplacées par deux nouvelles grandes gares de transit. La première, située au sud non loin de la station de S-Bahn de la Papestrasse, sera conçue comme une grande gare centrale pour le trafic voyageurs. Comptant parmi les bâtiments prioritaires, elle doit être achevée avant 1945. La seconde, située au nord non loin de la station de S-Bahn de Wedding, doit être achevée en 1948.

Entre ces deux grandes gares, une gigantesque parure monumentale de style néoclassique sera construite sous la forme de deux grands « axes ». « Alors que l'axe est-ouest est déjà en partie en place et ne nécessite qu'un élargissement significatif et une extension jusqu'à l'*Autobahn* (autoroute) à l'est et à l'ouest, explique Speer en 1939, l'axe nord-sud, véritable noyau représentatif de la nouvelle capitale du Reich, marque une restructuration complète au cœur de la ville[49]. » Cette « nouvelle artère gigantesque », qui mesure 38,5 km d'une autoroute à l'autre, aura « pour centre de gravité une section médiane d'environ 7 km, sur laquelle les bâtiments les plus grands et les plus représentatifs du Reich allemand seront relocalisés[50] » (Fig. 45). Non seulement les « grands bâtiments publics borderont les grandes artères », mais des

47. Albert Speer, « Neuplanung der Reichshauptstadt », *loc. cit.*, p. 608.
48. *Ibid.*
49. *Ibid.*, p. 607.
50. *Ibid.*

Fig. 45. La parure monumentale de Germania.

Source : Lars Olof Larsson, *Albert Speer. Le plan de Berlin 1937-1943*, Archives d'Architecture Moderne Éditions, Bruxelles, 1978, p. 73.

« emplacements seront également attribués à des promoteurs privés, dont les nouvelles structures de grande envergure renforceront encore l'impression dominante de la nouvelle conception urbaine du centre de Berlin. Ainsi, les architectures monumentales privées et publiques ne seront plus situées au hasard, comme c'était le cas auparavant, quelque part dans la zone municipale »[51].

Point d'orgue de ce réaménagement : l'édification, non loin du point d'intersection des deux axes, d'une « Grande Halle du peuple allemand[52] » conçue comme une véritable « couronne urbaine ». Les nazis empruntent ce « concept » – le paradoxe n'a été que trop rarement souligné – à l'architecte berlinois Bruno Taut, membre du Groupe de novembre (*Novembergruppe*) et cofondateur avec Walter Gropius, Paul Mebes, Erich Mendelsohn ou encore Hans Poelzig, du Conseil des travailleurs pour l'art (*Arbeitsrat für Kunst*) en 1918. Figure majeure du *Neues Bauen* sous la république de Weimar, Taut est l'auteur en 1919 d'un petit manifeste intitulé *Die Stadtkrone.* Dans ce texte d'une quarantaine de pages, l'architecte rappelle qu'« à chaque grande époque de l'histoire culturelle, c'est l'édifice qui s'arrache aux pesanteurs terrestres qui attire les regards de tous, et vers lequel tend la volonté bâtir propre à cette époque-là ». Fustigeant le chaos de la grande ville moderne « sortie des limites du plan ancien », véritable « tronc sans tête », Taut invite à doter la ville d'un « couronnement » à l'image des « couronnements de ville anciens » dont il reproduit une quarantaine d'exemples historiques tels que la mosquée de Selim à Andrinople dans l'Empire ottoman, le temple de Minaskshi Sundareshvara à Madurai en Inde, la cathédrale de Cologne en Allemagne, la basilique Saint-Basile à Moscou ou encore la place du Dôme à Pise. Cette « couronne urbaine », édifiée au centre de la ville, « desservie par les principales artères de circulation », doit prendre la forme d'un « édifice suprême qui, architecture pure déliée de toute fonctionnalité, trône sur la ville » et invite l'âme « à s'élever au-dessus du quotidien ». Un bâtiment de très grande dimension, surplombant la ville et reflétant les « aspirations des foules », visible de très loin et inspirant la « volonté de se former au contact de ses semblables et de se sentir en communion avec son entourage [...][53] ».

La Grande Halle de Germania est l'interprétation nazie de cette utopie esquissée dans l'effervescence révolutionnaire de 1918-1919. Elle « servira de symbole et de couronne à la ville et au Reich, tout comme autrefois l'Acropole et la cathédrale médiévale, fondées sur

51. *Ibid*, p. 608.

52. *Ibid.*

53. Bruno Taut, *Die Stadtkrone*, Diederichs, Iena, 1919. Les citations sont tirées de la traduction française : Bruno Taut, *Une couronne pour la ville*, Éditions du Linteau, Paris, 2004, p. 39, 41, 43, 52, 56, 67, 68, 69, 74, 78, 83, 87 et 91.

des convictions spirituelles, étaient les symboles couronnant leurs époques respectives[54] ». Elle prendra la forme d'un édifice en béton et en pierre surmonté d'un dôme. Inspiré d'un croquis réalisé par Hitler au milieu des années 1920[55], son modèle architectural est romain : la Grande Halle s'inspire autant du Panthéon édifié sous le Bas-Empire que de la basilique Saint-Pierre bâtie à la Renaissance. « Plus grand bâtiment de Berlin[56] », elle aura des dimensions « adaptées à l'échelle et à l'importance de [la] capitale du Reich[57] » : tandis que son volume, seize fois supérieur à celui de la basilique Saint-Pierre, permettra de rassembler jusqu'à 180 000 personnes, sa coupole, culminant à plus de 300 mètres de hauteur, recouverte de cuivre et scintillant sous le soleil, sera visible de très loin. Elle sera surmontée d'une lanterne vitrée de 40 mètres de haut rehaussée d'une croix gammée puis – selon un vœu formulé par Hitler après la victoire militaire contre la France en juin 1940 – par un globe terrestre, indice parmi d'autres de la volonté nazie d'élever Germania au rang de capitale mondiale[58].

« Rien ne sera trop beau pour l'embellissement de Berlin, déclare Hitler en octobre 1941 dans l'un de ses nombreux propos de table. [...] On y arrivera par de larges avenues où se trouvent l'Arc de triomphe, le Panthéon de l'armée, la place du Peuple, des choses à couper le souffle ! Ce n'est qu'ainsi que nous parviendrons à éclipser notre seule grande rivale au monde, Rome. Construisons-la à une échelle telle que Saint-Pierre et sa place ne seront plus que des jouets en comparaison[59] ! » Délire de grandeur ? Pure mégalomanie ?

54. Hans Stephan, *Die Baukunst im Dritten Reich*, *op. cit.*, p. 606.

55. Adolf Hitler, *Zeichnung der Großen Halle*, ca 1925/26, reproduit dans Jost Düfler, Jochen, Thies, Josef Henke, *Hitler's Städte*, *op. cit.*, p. 146.

56. Albert Speer, « Neuplanung der Reichshauptstadt », *loc. cit.*, p. 608.

57. « Das neue Berliner Stadtbild », *Frankfurter Zeitung*, Reichsausgabe, 12 avril 1938, reproduit dans Iain Boyd Whyte, David Frisby (dir.), *Metropolis Berlin*, *op. cit.*, p. 601.

58. Martin Kitchen, *Speer. L'architecte d'Hitler*, Perrin, Paris, 2017, p. 115.

59. Adolf Hitler, Propos de table, 21 au 22 octobre 1941, reproduit dans Iain Boyd Whyte, David Frisby (dir.), *Metropolis Berlin*, *op. cit.*, p. 609.

La signification biopolitique du gigantisme

Hitler – le premier – s'en défend : « Mes actes sont toujours fondés sur un mode de pensée politique[60]. » Aussi bien, « ce n'est pas par mégalomanie » qu'il faut construire de « grands édifices » déclare-t-il dans son discours à l'Opéra Kroll le 10 février 1939, mais « par la réflexion la plus froide, à savoir que ce n'est que par des œuvres aussi gigantesques que l'on peut donner à un peuple la conscience de lui-même ». Et « c'est pourquoi, ajoute-t-il, je fais de Berlin une immense capitale. [...] parce que je suis convaincu qu'il est nécessaire de donner au peuple allemand la conscience de soi, qui a été brisée [...] »[61].

Donner au peuple la conscience de soi par de grandes œuvres, c'est assigner une fonction éminemment politique au *gigantisme*. Hitler l'exprime très clairement, et à de nombreuses reprises. Dans un discours prononcé devant le congrès du parti (*Reichsparteitag*) en 1937, il rappelle l'importance d'« exprimer les intérêts transcendants de la communauté par l'empreinte visible de grandes œuvres architecturales[62] » : grandes par « leur conception », c'est-à-dire par la « clarté de leurs plans et l'harmonie de leurs proportions », mais aussi grandes par leur dimension. Les jugements esthétiques de Hitler sont souvent formulés dans des catégories « plus quantitatives que qualitatives[63] » : le « gigantisme » et la « monumentalité » renvoient à la « puissance », voire à la « violence ».

Le gigantisme, en effet, est d'abord une manifestation d'autorité. Une « autorité qui a sauvé le peuple allemand au XXe siècle de l'effondrement et du chaos du bolchevisme ». Une autorité qui n'est pas celle d'« un groupe d'intérêt économique, mais celle du mouvement national-socialiste, du parti national-socialiste et de l'État national-socialiste ! ». Une autorité que tous doivent ressentir : « L'opposition le sentira, mais surtout les partisans doivent le savoir : nos bâtiments sont créés pour renforcer cette autorité ! Les constructions [...] qui sont prévues pour Berlin et Munich, pour Hambourg et d'autres villes, et

60. *Ibid.*

61. Discours de Hitler au Kroll-Oper, 10 février 1939, reproduit dans Jost DÜFLER, Jochen THIES, Josef HENKE, *Hitler's*, *op. cit.*, p. 297.

62. Adolf HITLER, « Die Bauten des dritten Reiches », *Baugilde der Fachgruppe Architekten in der Reichskammer der bildenden Künste 19*, n° 26, 15 septembre 1937, reproduit dans Anna TEUT, *Architektur im Dritten Reich*, *op. cit.*, p. 188-190.

63. Johann CHAPOUTOT, *Le National-Socialisme et l'Antiquité*, PUF, Paris, 2008, p. 305.

qui sont en partie prêtes à être construites, ou qui sont déjà achevées devant vous, sont destinées au bénéfice de cette autorité ! Tel est le but de ces travaux de construction ! »[64]. Il s'agit de faire « impression[65] », c'est-à-dire de faire comprendre à l'individu son insignifiance, d'exprimer moins l'autorité de l'État que celle de la « communauté du peuple » tout entière. Joseph Vogt, professeur d'histoire romaine à l'université de Leipzig, se félicite ainsi que l'« architecture comprise comme autoreprésentation monumentale de la communauté[66] » ait été ressuscitée.

Manifestation d'autorité, le gigantisme est également symbole d'ambition, et bientôt de domination impériale. Véritable « objectivation, au sens hégélien[67] », de l'idée impériale, il sert l'expression d'une grandeur nationale reconquise et d'une *Weltanschauung* inscrite dans les « lois du paysage ». Germania imitera en cela les autoroutes du Führer qui, par le surdimensionnement de leurs ouvrages d'art et l'ampleur inégalée de leur réseau, participent du même élan. Magnifiée comme une « œuvre d'art totale issue du peuple », l'autoroute n'emprunte en effet pas « le chemin le plus court mais le plus noble » : au tracé rectiligne et au déblaiement massif, elle privilégie la « voie ondulante » et les pentes fortes – pourtant trop contraignantes pour le transport lourd, qu'il soit militaire ou civil. Elle épouse ainsi le relief, ménage des effets de surprise, ouvre l'automobiliste à une expérience active du territoire du Grand Reich.

De même que l'autoroute, élevée à la dignité de monument culturel, doit assurer à la fois un rôle logistique (favoriser le commerce, le tourisme et le mouvement des troupes) et symbolique (exprimer l'unité politique de l'empire), la mégalopole nouvelle rêvée par le pouvoir nazi doit en concentrer les forces institutionnelles et industrielles tout en mobilisant sa « communauté du peuple ».

« Ce sont précisément ces bâtiments, explique Hitler, qui contribueront, sur le plan politique, à unir et à renforcer notre nation. » Sur le « plan communautaire », poursuit-il, ils permettront de « créer un sentiment de fière unité » ; sur le « plan social », de « mettre en évidence l'absurdité de nos différences mondaines face à ces stupé-

---

64. Adolf Hitler, « Die Bauten des dritten Reiches », *loc. cit.*, p. 188-190.
65. Martin Kitchen, *Speer*, *op. cit.*, p. 98.
66. Cité par Johann Chapoutot, *Le National-Socialisme et l'Antiquité*, *op. cit*, p. 300.
67. *Ibid.*, p. 293.

fiants et gigantesques témoins de notre communauté » ; enfin, sur le « plan psychologique », de « remplir nos citoyens d'une inépuisable confiance en soi : la confiance en soi qui naît de l'appartenance à l'Allemagne ! »[68]. La mise en œuvre de cette conception de l'espace public permet de comprendre l'importance des grands lieux de rassemblement – esplanades et autres halles du peuple. Le projet de Grande Halle l'illustre bien : le « puissant bâtiment de la salle du peuple (*Volkshalle*), indique Speer, s'élèvera à l'arrière de l'énorme place d'armes qui occupera l'emplacement de l'actuelle Königsplatz ». D'une superficie de « plus de 220 000 mètres carrés », celle-ci permettra l'organisation de « rassemblements d'environ un million de participants »[69].

Le gigantisme doit également arracher Germania aux contingences du temps. « La grandeur de ces installations et de ces travaux, explique Hitler, ne doit pas être mesurée en fonction des besoins des années 1937, 38, 39 ou 40, mais elle doit être donnée par la reconnaissance du fait qu'il est de notre devoir de construire une ville millénaire à l'égal d'un peuple millénaire au passé historique et culturel millénaire pour l'avenir imprévisible qui l'attend[70]. » C'est pourquoi, ajoute-t-il, « nous soustrayons délibérément le travail qui sera réalisé à Berlin dans ce but au cours des vingt prochaines années à la critique du présent et le soumettons au jugement des générations qui viendront après nous[71] ». Il s'agit de faire de Berlin la « capitale éternelle[72] » du Troisième Empire allemand. Comme l'analyse Victor Klemperer, le « mot "éternel" joue un rôle tout à fait spécial » dans le nazisme et sa langue : « Il fait partie de ces mots du lexique de la *LTI* dont la résonance nazie ne repose que sur la fréquence sans scrupule de son emploi : beaucoup trop de choses dans la *LTI* sont "historiques", "uniques", "éternelles"[73]. » Si l'euphémisation permet de minimiser les difficultés, voire de masquer les crimes, l'emphase, l'hyperbole, quant à elles, permettent de mettre en avant les réalisations du régime, de valoriser ses promesses. « Ultime barreau sur la longue échelle des

---

68. Adolf Hitler, « Die Bauten des dritten Reiches », *loc. cit.*, p. 188-90.

69. « Das neue Berliner Stadtbild », *loc. cit.*, p. 601.

70. Discours de Hitler lors de la pose de la première pierre de la Wehrtechnische Fakultät Berlin, 27 novembre 1937, reproduit dans Jost Dülfer, Jochen Thies, Josef Henke, *Hitler's Städte*, *op. cit.*, p. 29-30.

71. *Ibid.*

72. *Ibid.*

73. Victor Klemperer, *LTI. La langue du IIIe Reich*, *op. cit.*, p. 207.

superlatifs numériques nazis[74] », l'épithète « éternelle » apparaît ainsi d'abord comme une figure de style du discours nazi.

Mais elle n'est pas que cela. Elle est aussi un marqueur temporel qu'il faut essayer de prendre à la lettre – et donc au sérieux. L'avènement du Troisième Reich doit marquer la fin de l'histoire, quelque chose de l'ordre de la parousie chrétienne : après lui, rien d'autre ne viendra – ce que, très précisément, la pétrification monumentale de Berlin doit exprimer, manifester, exalter. Les nazis veulent construire en une vingtaine d'années une parure monumentale qui durera des siècles. Le modèle – une fois encore – leur est donné par les civilisations passées, par Athènes et par Rome, dont les monuments, comme tous les « grands documents culturels de l'humanité », ont été taillés dans le granit et le marbre » et « ont [...] traversé les millénaires »[75]. C'est la raison pour laquelle Germania doit elle-même être taillée dans la pierre : « Le granit assurera la pérennité de nos monuments. Dans dix mille ans, ils seront encore debout, tels qu'ils sont, à moins qu'entre-temps la mer n'ait à nouveau recouvert nos plaines[76]. » Il s'agit en effet de conserver l'expression de la grandeur à travers les millénaires. Alors que nous « sommes tous des êtres éphémères », en tant que capitale du Reich allemand, la « ville doit vivre et durer pour l'avenir »[77]. La référence à la Rome antique est moins une affaire de dilection personnelle qu'une manière de remonter le temps et de renouer – sinon avec l'origine, l'archaïque – du moins avec le présumé premier âge d'or de la race germanique-nordique.

À Berlin, l'urbanisme nazi n'est donc pas seulement producteur de symboles, il est aussi – et par anticipation – producteur de *ruines*. Aux yeux de Hitler, les bâtiments en ruine sont en effet des ferments de renaissance : « De tout temps, dans les périodes de déclin, l'humanité s'est tournée vers eux pour retrouver le pouvoir éternel et magique, et elle y a toujours trouvé la force de maîtriser la confusion et de créer un nouvel ordre à partir du chaos[78]. » Aussi bien, « édifier » prend deux sens : construire (*erbauen*) pour la postérité, mais aussi étonner

74. *Ibid.*

75. Adolf Hitler, « Die Bauten des dritten Reiches », *loc. cit.*, p. 188-190.

76. Adolf Hitler, Propos de table, 21 au 22 octobre 1941, reproduit dans Iain Boyd Whyte, David Frisby (dir.), *Metropolis Berlin*, *op. cit.*, p. 609.

77. Discours de Hitler lors de la cérémonie d'inauguration de la nouvelle chancellerie du Reich, prononcé au Deutschlandhalle le 2 août 1938, reproduit dans Iain Boyd Whyte, David Frisby (dir.), *Metropolis Berlin*, *op. cit.*, p. 603-604.

78. Adolf Hitler, « Die Bauten des dritten Reiches », *loc. cit.*, p. 188-190.

et instruire (*erstaunen*). « C'est pourquoi ces édifices ne doivent pas être conçus pour l'année 1940 ni pour l'année 2000, mais comme les cathédrales de notre passé, ils doivent projeter leur existence dans les millénaires à venir[79]. » Germania doit ainsi dépasser toutes les limites, qu'elles soient spatiales ou temporelles : « Par son ampleur et la planification de ses grands bâtiments, le projet dépasse largement les limites de la ville. Il s'étend aussi très consciemment au-delà du présent, avec l'intention de déterminer le caractère général de la capitale et de témoigner pour un avenir lointain de la puissante volonté de notre époque[80]. »

Les apories d'un chantier nazi

Lors de la pose de la première pierre de la Wehrtechnische Fakultät le 27 novembre 1937, Hitler déclare que « s'ouvre à Berlin une période de réaménagement architectural qui [...] modifiera profondément l'image et le caractère de cette ville[81] ». Huit mois plus tard, le 2 août 1938, lors de la cérémonie d'inauguration de la nouvelle chancellerie du Reich prononcé au Deutschlandhalle, Hitler semble satisfait de l'état d'avancement du chantier : « Si vous voyagez aujourd'hui à Berlin, vous verrez que partout les rues sont excavées et creusées [...][82]. » À cette date pourtant, les indices s'accumulent qui montrent que le réaménagement de Berlin ne sera guère réalisable en l'état des ressources disponibles en Allemagne. En effet, que Germania ait été conçue pour servir un dessein biopolitique et géopolitique global ne signifie pas que les édiles nazis en aient anticipé toutes les difficultés, ni maîtrisé toutes les implications. À cet égard, le chantier de la mégalopole illustre de manière exemplaire à quel point le nazisme est souvent inefficace – poussant dès lors ses dirigeants à une surenchère permanente.

79. *Ibid.*

80. Hans Stephan, *Die Baukunst im Dritten Reich*, *op. cit.*, p. 11-20, reproduit dans Iain Boyd Whyte, David Frisby (dir.), *Metropolis Berlin*, *op. cit.*, p. 606.

81. Discours de Hitler lors de la pose de la première pierre de la Wehrtechnische Fakultät Berlin, 27 novembre 1937, reproduit dans Jost Düfler, Jochen Thies, Josef Henke, *Hitler's Städte*, *op. cit.*, p. 29-30.

82. Discours de Hitler lors de la cérémonie d'inauguration de la nouvelle chancellerie du Reich, prononcé au Deutschlandhalle le 2 août 1938, reproduit dans Iain Boyd Whyte, David Frisby (dir.), *Metropolis Berlin*, *op. cit.*, p. 603.

Pour mener à bien le chantier de Germania, Albert Speer est pourtant doté de pouvoirs quasi discrétionnaires. Nommé par Hitler Inspecteur général pour la construction de la capitale du Reich (*Generalbauinspektor für die Reichshauptstadt*, GBI) le 30 janvier 1937, date anniversaire de la « prise du pouvoir », il ne dépend ni des instances gouvernementales ni des instances municipales. Autorisé à s'écarter de la réglementation en vigueur en matière de construction, le GBI détient le pouvoir de décision sur tout futur projet berlinois en dehors de la zone de reconstruction envisagée dès lors qu'il dépassera 50 000 mètres cubes, et tout projet situé dans le périmètre de reconstruction et supérieur à 5 000 Reichsmarks doit être soumis à son approbation. Mais l'ampleur du projet de réaménagement de Berlin excède de beaucoup – le mot est faible – les pouvoirs réglementaires de Speer, tant son coût – financier, matériel, écologique – paraît exorbitant. En effet, tandis que 650 000 logements neufs doivent être construits dans les cités d'habitation nouvelles, la mise en œuvre de son plan suppose à l'inverse la démolition de 300 000, peut-être 350 000 logements – un chiffre qui équivaut à la production totale de logements à Berlin dans les trente années qui précèdent la nomination de Speer au poste de GBI.

L'on ne dispose guère d'évaluation rigoureuse des besoins en matériaux de construction, en main-d'œuvre et en devises qu'un tel projet aurait impliqués s'il avait été mené à son terme. Au début de l'année 1938, quand le chantier est « ouvert », la planification globale de la reconstruction de Berlin n'en est qu'à son stade initial, et le GBI ne dispose pas encore de « bureau d'exécution » à même de créer les conditions opérationnelles d'un tel réaménagement. Ce dernier n'est institué que le 16 juin 1938. Selon les premiers calculs produits par les équipes de Speer vers la fin de l'année 1938, les allocations de matériaux de construction – alors contingentés en Allemagne – devraient être multipliées par deux pour le bois, par cinq pour le fer et par dix pour le ciment. À cette date, le démarrage du chantier de Germania dépend par ailleurs essentiellement d'ouvriers venus de l'extérieur, que les maîtres d'ouvrage – qu'il s'agisse de la Reichsbahn ou du GBI lui-même – logent (ou prévoient de loger) dans des baraques ou des camps d'hébergement. La construction de la Grande Halle aurait nécessité à elle seule le doublement de la capacité du marché de la construction berlinois [83].

83. Voir le chapitre consacré à Germania dans Martin Kitchen, *Speer*, *op. cit.*, p. 95-159.

Pour réaliser Germania, le GBI manque donc à peu près de tout, et d'abord d'appartements dans lesquels reloger les locataires qui doivent être expulsés des zones de démolition. En 1938, le marché berlinois du logement est en effet « asséché » : le nombre d'appartements à louer ne dépasse pas 3 000, c'est-à-dire moins de 0,2 % du parc existant – un taux dérisoire, très en deçà du seuil requis pour absorber la demande. Le déficit de logement – structurel à Berlin – s'est en effet aggravé depuis que les nazis sont au pouvoir. Comme le confirment les statistiques municipales, les rythmes de la construction neuve ont brutalement chuté à partir de la fin de l'année 1931, et les rythmes atteints au tournant des années 1920-1930 n'ont jamais été retrouvés sous le nazisme. Après avoir culminé au-dessus de 33 000 logements neufs par an en 1929, 1930 et 1931, la construction a brutalement chuté, tombant à moins de 9 000 unités par an de 1932 à 1935. Avec plus de 15 000 et 18 000 logements neufs en 1936 et 1937, le marché a certes connu une certaine reprise, mais celle-ci est restée largement insuffisante pour éviter que le déficit ne se creuse, *a fortiori* pour les plus grands logements, la politique nazie ayant systématiquement favorisé la construction de petits lotissements – prolongeant d'une certaine manière la politique du chancelier Brüning. Évalué à 100 000 en 1929, le déficit de logements atteint 190 000 en 1938.

Quand débutent les travaux préparatoires de Germania, la communication institutionnelle est volontairement floue : si les grandes lignes du projet sont relayées par la presse, aucun détail n'est donné sur les zones de démolition prévues. Seules les autorités et les entreprises concernées en sont informées, mais de manière confidentielle et dans des délais ridiculement courts.

Les premiers travaux de démolition débutent en 1938 dans le Spreebogen, au nord-ouest du Reichstag (où doit être édifiée la Grande Halle), entre la Kemperplatz et le Landwehrkanal (où doit être aménagée la Runder Platz), ainsi que dans le vieux centre-ville et à Tempelhof, à proximité de la future gare du Sud. Les blocs d'immeubles à démolir sont divisés en lots et font l'objet d'appels d'offres restreints : les méthodes de démolition utilisées par les entreprises sélectionnées prévoient une utilisation maximale des matériaux de récupération, ce qui donne en moyenne « une soixantaine de jours » par immeuble démoli – un rythme qu'Albert Speer ne tarde pas à juger trop lent, et qui le conduira à exiger, à partir du mois de mai 1940, l'utilisation « de nouvelles méthodes de démolition par dynamitage ou autre[84] ». La démolition de blocs d'immeubles entiers à l'aide d'explosifs apparaît en effet comme la solution la plus prometteuse pour accélérer le rythme des travaux : outre la rapidité d'exécution, elle ne nécessite que peu de personnel qualifié, le gros du travail – déblaiement et élimination des gravats – pouvant être effectué par des ouvriers non qualifiés, y compris des prisonniers de guerre astreints au travail forcé. L'on sait du reste à quel point Hitler et Speer se réjouiront, pendant la guerre, que les bombes britanniques leur facilitent la tâche, accomplissant un « travail préparatoire *précieux* pour les besoins du réaménagement[85] ».

Davantage que des méthodes employées par les entreprises, le rythme des démolitions dépend en fait surtout du rythme des expulsions, lesquelles sont tributaires de la construction de logements neufs. Alors que 18 750 logements neufs seulement ont été construits à Berlin en 1937, la mise en route du plan Speer suppose la construction d'environ 35 000 logements dès 1938 au titre des démolitions prévues : les différents « ordres de secteur » (*Bereichsanordnungen*) délivrés par le GBI en 1938 prévoient en effet la démolition d'environ 17 000 logements[86], doublant *ipso facto* le nombre de logements neufs à construire. Cependant, pour pouvoir être réalisées, ces démolitions nécessitent au préalable de reloger les habitants expulsés des îlots concernés, qu'ils soient propriétaires ou locataires. La tâche en revient à l'administration municipale, et notamment à Werner Müller, directeur de l'Office municipal d'aménagement. En application des premiers ordres de secteurs, les premières expulsions ont lieu à partir du mois de février 1938 dans l'arrondissement de Tiergarten. Elles se heurtent néanmoins d'emblée à la saturation du marché berlinois du logement. Le maire de l'arrondissement l'exprime sans ambages : « Si ces difficultés sont déjà apparues dans le premier bloc, elles seront encore plus là dans l'extension du site de démolition[87]. » Restant sourds à ces avertissements, les différents acteurs de la planification continuent d'afficher leur optimisme jusqu'au mois de mai 1938 : le directeur de l'Urbanisme Gerhard Petrick estime que la livraison

---

84. Cité par Hans REICHHARDT, Wolfgang SCHÄCHE, *Von Berlin nach Germania*, *op. cit.*, p. 154.

85. *Ibid.*, p. 158 (c'est nous qui soulignons).

86. Susanne WILLEMS, *Der entsiedelte Jude. Albert Speers Wohnungsmarktpolitik für den Berliner Hauptstadtbau*, Das Neue Berlin, Berlin, 2018, p. 45.

87. Cité par Susanne WILLEMS, *ibid.*, p. 47.

des 23 000 logements déjà mis en chantier à cette date est assurée, et que l'achèvement de plus de 32 500 logements au total reste possible, à condition que l'« approvisionnement en matériaux se fasse sans problème et que les conditions météorologiques soient favorables [88] ». Dans un rapport daté du 21 mai 1938, les services du GBI eux-mêmes estiment qu'« environ 30 000 logements pourront être construits [89] » en 1938.

Mais dès le 8 juin 1938, relayant les chiffres de la Société d'habitat et de construction de logements d'utilité publique de Berlin (Gemeinnützige Siedlungs und Wohnungsbaugesellschaft Berlin, GSW), qui font état de l'avancement des chantiers et des prévisions actualisées pour l'année en cours, le Bureau de la planification urbaine (*Stadtplannungsamt*) fait savoir au GBI que sur les 7 300 logements de remplacement prévus, seuls 1 170 pourront être livrés avant la fin de l'année. De fait, les objectifs du plan Speer ne seront atteints ni en 1938 ni en 1939. 5 915 logements neufs seulement seront livrés en 1938 par la GSW, 4 500 en 1939. Cette nouvelle baisse des rythmes de construction à Berlin s'explique par les priorités données alors à l'accélération du réarmement : le GBI ne dispose par conséquent ni de financements, ni de matériaux de construction, ni d'ouvriers en quantité suffisante. Au sortir de l'été 1938, les acteurs de cette gigantesque entreprise de planification ne peuvent que constater le blocage. Les délais fixés par Speer se révèlent intenables, contraignant à reporter la plupart des expulsions prévues pour le dernier trimestre 1938 et le second trimestre 1939 (31 sur 35 [90]), avant de suspendre purement et simplement les expulsions prévues pour l'année 1938 lors d'une réunion tenue le 7 septembre.

Contraint de réviser sa planification, Speer ne revient pourtant pas à davantage de réalisme : il fait au contraire l'hypothèse que les retards de 1938 seront rattrapés en 1939. Les nouveaux objectifs fixés au mois de septembre ne coïncident toujours pas avec les capacités réelles de construction de logement à Berlin. À l'instar d'autres grands chantiers nazis, celui de Germania illustre ainsi bien la manière dont un projet « grandiose » mais irréaliste produit une fuite en avant.

En effet, la mise en œuvre du réaménagement de Berlin joue tout d'abord un rôle central dans la radicalisation du système concentra-

88. *Ibid.*, p. 49-50.
89. *Ibid.*, p. 50.
90. *Ibid.*, p. 60.

tionnaire nazi. Pour répondre aux besoins en briques et en pierres, la SS crée en avril 1938 les « Entreprises des terres et pierres allemandes » (Deutsche Erd- und Steine Werke, ou DESt) – une société spécialisée dans l'exploitation des carrières, l'extraction des pierres et la production de briques et de clinkers [91]. Deux accords successifs sont signés entre le GBI et la DESt : un premier en date du 1er juillet 1938, un second en date du 20 août 1940, par lesquels le GBI s'engage à acheter 20 millions de briques et 100 millions de parpaings pour les murs de soutènement de Germania, puis la totalité de la production annuelle de la briqueterie d'Oranienbourg. Pour honorer ces commandes, la SS supervise en effet la construction de cette briqueterie – une entreprise qui tournera au fiasco économico-technique [92]. Elle édifie également deux nouveaux camps de concentration à proximité de carrières de granit. Le premier, situé non loin du village de Flossenbürg, en Bavière orientale, accueille des détenus dès le mois de mai 1938 et en compte 1 475 dès la fin de l'année. Le second, situé à proximité du village autrichien de Mauthausen, ouvre début août et rassemble 994 détenus fin 1938 [93]. Réservés aux « asociaux », en particulier ceux que le régime qualifie de « criminels professionnels », ces camps se distinguent aussitôt par la dureté du travail de force auquel ceux-ci sont astreints, et donc par une dramatique surmortalité : 55 détenus décèdent à Flossenbürg avant la guerre, tandis qu'entre le mois d'août 1938 et le mois de juillet 1939, Mauthausen compte 131 morts.

La mise en œuvre du chantier de Germania entraîne parallèlement une radicalisation de la politique à l'égard des juifs de Berlin [94]. Fermement décidé à poursuivre – ou à relancer – les expulsions sans attendre qu'une offre de logements appropriée soit disponible sur le marché libre, Speer décide en effet de « prélever » les logements de remplacement dans le stock déjà disponible en créant un « second marché du logement » selon une ligne de démarcation antisémite permettant d'expulser les locataires juifs de leurs appartements. À partir du mois de septembre 1938, Speer multiplie les réunions avec les différents acteurs de la planification berlinoise ainsi qu'avec les ministères

91. Les clinkers sont des briques vernissées très dures, obtenues par cuisson de l'argile à très haute température. Michel Fabréguet, « Une entreprise concentrationnaire SS. La société des terres et pierres allemandes (1938-1945) », *Vingtième siècle*, n° 54, avril-juin 1997, p. 51-60.

92. Voir sur ce point Nikolaus Wachsmann, *KL*, *op. cit.*

93. *Ibid.*, p. 222-223.

94. Susanne Willems, *Der entsiedelte Jude*, *op. cit.*

du Travail et de la Justice. Des solutions différentes sont successivement ou simultanément évoquées lors de ces « consultations[95] » pour reloger les locataires juifs que l'on prévoit d'expulser : « cité juive » en périphérie de l'agglomération, ghetto, camp de baraques, cohabitation dans des logements appartenant déjà à des juifs, abandon pur et simple. La première option, soutenue par Speer dès le mois de septembre, se heurte à deux obstacles : les bailleurs ne peuvent pas être contraints à résilier les baux de leurs locataires, et il n'existe aucune enquête sur le logement des juifs à Berlin. Le segment du parc immobilier visé par Speer n'est donc pas identifiable par des adresses. Dès le mois de septembre 1938, Speer fait donc pression pour que soient recensés tous les grands appartements occupés par des juifs. Le 16 septembre 1938, la direction du Gau de Berlin reçoit ainsi, par l'intermédiaire du ministère du Travail, cette demande de recensement. Mené à partir de la fin du mois de septembre par le Front allemand du travail (Deutsche Arbeitsfront, DAF), le recensement cible les arrondissements occidentaux de Tiergarten, Charlottenbourg, Wilmersdorf, Schöneberg, Steglitz et Zehlendorf – ceux-là mêmes où le GBI soupçonne la présence de grands appartements « convoités » par les juifs.

Le pogrom des 9 et 10 novembre 1938 a des effets paradoxaux sur le projet de Speer : ouvrant la voie à la spoliation massive des biens juifs par *tous* les acteurs du Troisième Reich, il menace un temps le projet de « saisie » des 1 500 à 3 000 grands appartements recensés par le DAF, et dont Speer souhaiterait conserver l'exclusive. Mais, dans un second temps, Speer finit par obtenir d'Hermann Goering – responsable du Plan de quatre ans[96], et à ce titre grand ordonnateur de l'aryanisation des biens juifs – un droit de préemption sur le marché immobilier berlinois de l'aryanisation[97]. Le décret de Göring du 26 novembre 1938 couronne ainsi deux mois de « campagne de Speer », permettant à ce dernier de contrôler ce « second marché » du logement, et ce avant même que les juifs berlinois, poussés à l'émigration par la radicalisation de l'antisémitisme d'État, n'abandonnent massivement leurs appartements.

95. *Ibid.*, p. 72.

96. Le Plan de quatre ans est le nom donné au programme nazi de préparation à la guerre lancé en octobre 1936 à l'initiative d'Hermann Goering : il consiste en une stricte planification de l'allocation des ressources à la fois humaines et matérielles entre les différents secteurs de l'économie allemande.

97. *Ibid.*, p. 86.

En même temps qu'il s'efforce de conserver le monopole sur le « marché » de la spoliation des biens immobiliers juifs, Speer déploie une énergie considérable pour s'assurer une position clé dans le secteur de la construction à Berlin : en octobre 1938, il spécule sur le fait que l'annexion des Sudètes permettra de résoudre le problème de la pénurie de main-d'œuvre en élargissant le potentiel de recrutement des ouvriers ; au printemps 1939, il envoie son chef de département à Prague pour y recruter des ingénieurs, des techniciens et des ouvriers ; le 17 juillet 1939, enfin, il obtient une « décision du Führer » qui lui permet à la fois de limiter les projets de construction publics comme privés à Berlin, d'interdire tout début de construction dans la région de la capitale et de lancer l'extension des entreprises de roches dures – Speer garantissant aux entreprises concernées l'achat de toute leur production de pierre de taille pendant dix ans, les livraisons à d'autres clients étant désormais soumises à autorisation [98]. Grâce à ces mesures, Speer parvient à faire coopérer les agences pour l'emploi, la police du bâtiment, la ville ou encore la GSW à un système d'attribution centralisée des commandes et de la main-d'œuvre.

À cette date cependant, tout indique que les plans de Speer ne seront pas réalisables en l'état des ressources disponibles dans les frontières de l'*Altreich*. Depuis la fin de l'année 1937, en effet, l'accélération du réarmement entraîne une explosion des dépenses militaires. Évaluées à plus de 20 % du revenu national allemand [99], celles-ci entraînent – mois après mois – une réallocation massive de toutes les ressources de l'économie allemande en vue de la guerre, avec pour corollaire l'augmentation sélective des impôts, l'assèchement des finances locales, le sous-investissement dans le réseau ferroviaire, la fin du financement public de la construction de logements, et le freinage de tous les grands chantiers publics ouverts par le régime depuis le milieu des années 1930 – à commencer par celui de Germania. Les dirigeants du Troisième Reich n'ignorent pas que la poursuite de ces chantiers – et, à travers eux, la réalisation de l'utopie nazie – nécessite l'accès à de nouvelles ressources. Prenant conscience, à l'été 1939, qu'ils n'ont « plus rien à gagner à attendre [100] », ils précipitent Berlin, l'Allemagne, le monde entier, dans la guerre la plus dévastatrice de l'histoire.

98. *Ibid.*, p. 54.

99. Adam Tooze, *Le Salaire de la destruction. Formation et ruine de l'économie nazie*, Les Belles Lettres, Paris, 2012.

100. *Ibid.*, p. 289.

9

L'épreuve berlinoise de la dévastation

Le 1er septembre 1939, à la nuit tombante, Berlin plonge dans les ténèbres. Partout dans la ville, les becs de gaz, les lampes à incandescence, les lampes à arc et autres néons restent éteints. Les rames des tramways sont recouvertes de gaze noire et les phares des automobiles munis de caches. Les Berlinois, quant à eux, ont tamisé leurs lumières en fixant « un papier d'emballage d'un brun sombre [1] » sur leurs fenêtres. Par ces mesures d'obscurcissement draconiennes, il s'agit alors moins, pour le pouvoir nazi, de parer les risques d'un bombardement aérien – la menace paraît encore lointaine à cette date – que de réaliser des économies d'énergie, voire de favoriser la prise de conscience, chez les habitants de la très grande ville, que la guerre a bel et bien commencé.

Après plusieurs décennies d'élargissement de l'espace-temps urbain permis par les progrès de l'éclairage public au gaz et à l'électricité, ce retour de la nuit urbaine fait une très grande impression sur les Berlinois. Le premier jour de la guerre, nombreux sont ceux qui se tiennent dans l'embrasure de leur porte ou à leur fenêtre pour observer ce *black-out*[2]. « Nous voyons briller les étoiles au-dessus de Berlin, écrit le soir-même Ruth Andreas-Friedrich dans son *Journal*. D'un éclat vif, d'une clarté inhabituelle, la lune répand une lumière

1. Ruth Andreas-Friedrich, *À Berlin sous les nazis*, Flammarion, Paris, 1964, entrée du 1er septembre 1939, p. 58.
2. Molly Loberg, *The Struggle for the Streets of Berlin*, *op. cit.*, p. 291.

pâle et laiteuse sur les toits plats ou pointus. Pas le moindre filet de lumière artificielle dans les rues. La grand'ville retourne à la nature[3]. » À l'extérieur, note le correspondant du *New York Times* à Berlin, la « civilisation a reculé d'un siècle ou plus, et la lampe électrique d'Edison pourrait tout aussi bien être la chimère qu'elle [semblait être] il y a cinquante ans[4] ».

Renouant avec les « perturbations » des temps de crise, la guerre impose une nouvelle fois aux Berlinois de rompre avec le cours normal de la vie urbaine. Les mesures d'obscurcissement, les alertes aériennes, l'introduction – dès la fin du mois de septembre 1939 – des cartes de rationnement, le retour des pénuries – de viande, de lait, de charbon – et l'abaissement brutal des normes de consommation et de confort, le départ au front des hommes adultes – et son corollaire : la crainte d'une recrudescence de la délinquance juvénile –, ou encore le durcissement extrême du régime nazi à l'encontre de tous ceux qui demeurent étrangers à la *Volksgemeinschaft* ou se montrent réfractaires à la guerre – handicapés, délinquants, juifs, mais aussi objecteurs de conscience, témoins de Jéhovah et autres « névrosés de guerre » : tous ces aspects de la descente nazie dans la guerre contraignent les habitants de la plus grande ville allemande à s'adapter à nouveau.

Ce retour aux logiques adaptatives des temps de crise est toutefois sans commune mesure avec l'épreuve à laquelle les Berlinois se trouveront soumis, essentiellement à partir de l'automne 1943, quand les Alliés décideront d'intensifier le bombardement aérien de la capitale du Reich. Alors que les raids sur Berlin n'ont été que sporadiques ou épisodiques depuis le début de la guerre, à partir des mois d'août et surtout novembre 1943, Berlin est la cible de l'une des plus vastes campagnes de bombardements jamais entreprises sur une ville. Aux bombardements dits « de précision », qui ciblent les installations industrielles et les infrastructures au moyen de bombes explosives classiques, les Alliés ajoutent les bombardements dits « de zone », qui ciblent le centre des villes et leurs populations civiles au moyen de bombes chargées d'agents chimiques conçus pour propager des incendies. Ceux-ci ont notamment été expérimentés dans le désert de l'Utah, où Erich Mendelsohn – grande figure de la scène architecturale berlinoise dans les années 1920, alors exilé aux

3. Ruth Andreas-Friedrich, *À Berlin sous les nazis*, *op. cit.*, entrée du 1er septembre 1939, p. 58-59.
4. Cité dans Molly Loberg, *The Struggle for the Streets of Berlin*, *op. cit.*, p. 292.

États-Unis – est invité à reproduire les *Mietskasernen* berlinoises à l'échelle 1/1 afin de tester l'efficacité des bombes incendiaires à la thermite et au naplam[5].

Dévastatrice, cette campagne soumet les Berlinois à une épreuve qui n'a, par son intensité et sa durée, que peu d'équivalent dans l'histoire des villes en guerre. Elle se solde pourtant par un échec. Non seulement les Alliés ne parviennent jamais à déclencher une « tempête de feu » dans la capitale du Reich – Berlin n'est ni Hambourg, ni Dresde, ni Lübeck : les constructions y sont plus récentes et les rues plus larges, ce qui freine la propagation des incendies. Mais ils n'arrivent ni à obérer les rythmes de production des industries de guerre berlinoises ni à précipiter un effondrement de la société urbaine, et avec elle du régime nazi – si ce n'est à la toute fin de la guerre, au moment où les armées soviétiques, prenant le relais des bombes britanniques et américaines, pénètrent dans la ville.

Comment comprendre cet échec ? Que nous apprend cette *expérience de la dévastation* sur la capacité d'adaptation, voire la résilience de la société berlinoise en guerre ?

Une société de l'adaptation

Comme l'observe Victor Klemperer, les besoins nouveaux nés de la guerre conduisent le Troisième Reich à « élargir l'emploi du préfixe de distanciation *ent* […] ». Alors que la nuit, face au risque de bombardement aérien, les Berlinois sont invités à « obscurcir » (*verdunkeln*) leurs fenêtres, le jour, il leur faut effectuer la tâche inverse, c'est-à-dire s'employer à les « dés-obscurcir » (*entdunkeln*). De même, afin de ne pas gêner l'accès « des personnes chargées de l'extinction » des incendies, les greniers doivent être « dés-encombrés[6] » (*entrümpelt*). La multiplication des néologismes en témoigne : la guerre marque bien le retour aux « temps de crise[7] », faisant d'abord de Berlin une *société de l'adaptation* aux besoins de la guerre.

5. Mike Davis, « Le cadavre berlinois dans le placard de l'Utah », *Dead Cities*, Les Prairies ordinaires, Paris, 2009, p. 5-37.

6. Victor Klemperer, *LTI. La langue du IIIe Reich*, *op. cit.*, p. 23.

7. « Missie » Vassiltchikov, *Journal d'une jeune fille russe à Berlin 1940-1945*, Phébus, Paris, 2007, entrée du 20 octobre 1940, p. 73.

Chaque soir, la très grande ville, « avec ses milliers de fenêtres aveugles[8] », plonge dans une « obscurité totale[9] ». Par temps clair, quand la lune est couchée, les Berlinois renouent avec l'expérience poétique de la nuit. Mais les rues sont « noires et menaçantes[10] » : dehors, il fait alors « si sombre qu'on ne voit pas sa main devant soi ». Dans ces rues devenues de « longs boyaux noirs »[11], on n'aperçoit plus que de minuscules points lumineux : la lampe de poche d'un retardataire, l'étincelle qui jaillit au passage d'un tramway, ou encore le « bout incandescent d'une cigarette qui jette son éclair, l'espace d'une seconde[12] ». Dans une telle « pénombre[13] », les piétons se font plus rares et parlent instinctivement à voix basse. La vie nocturne, autrefois si intense sur les grandes places et le long des grandes artères du centre de l'agglomération, se replie dans les intérieurs, les salles de spectacle n'étant en général pas fermées[14]. Plongée dans le noir, admet le Gauleiter de Berlin Joseph Goebbels, la ville millionnaire fait une impression vraiment « fantomatique[15] ».

Pour faciliter l'adaptation des Berlinois à ce retour de la nuit urbaine, les horaires de début et de fin de l'obscurité peuvent désormais être consultés chaque jour dans le journal. Afin d'éviter une augmentation brutale des accidents de la rue, les conducteurs sont encouragés à klaxonner à chaque carrefour, et les piétons à faire usage de lampes torches à ampoule bleue. Afin de faciliter leur repérage, les employés municipaux appliquent également une peinture blanche phosphorescente sur les panneaux de signalisation et les bordures de trottoir (Fig. 46), tandis que les *Schupos* arborent des uniformes luminescents. Les horaires de nuit des transports publics sont également réduits : les tramways doivent assurer le transport nocturne des marchandises et servent aux « voyages de pommes de terre[16] ». Ramenant virtuellement l'insécurité dans les rues, l'obscurcissement de la très grande ville s'accompagne également d'une pénalisation

8. Ruth ANDREAS-FRIEDRICH, *À Berlin sous les nazis*, *op. cit.*, p. 168.

9. William SCHIRER, *À Berlin, 1934-1941*, Hachette, Paris, 1946, cité par Cyril BUFFET, *Berlin*, *op. cit.*, 1993, p. 338.

10. *Ibid.*, p. 228.

11. *Ibid.*, p. 222.

12. *Ibid.*, p. 212.

13. *Une femme à Berlin. Journal 20 avril-22 juin 1945*, Gallimard, Paris, 2006, entrée du 22 avril 1945, p. 42.

14. Cyril BUFFET, *Berlin*, *op. cit.*, p. 339.

15. Elke FRÖHLICH (dir.), *Die tagebücher von Joseph Goebbels : Sämtliche Fragmente*, I, 3, *Aufzeichnungen 1924-1941*, Saur, Munich, 1986, p. 612.

16. Wolfgang RIBBE (dir.), *Geschichte Berlins*, *op. cit.*, 2002, p. 997.

Fig. 46. S'adapter au *blackout* : les marquages phosphorescents.

Source : Photographie anonyme, ca. 1939, AKG-images/Ullstein Bild, reproduite dans Roger Moorhouse, *Berlin at War*, Basic Books, New York, 2010, cahier central.

de tous les comportements délictueux la nuit : le chapardage et le pillage deviennent des crimes « antisociaux » passibles de peine de mort par décapitation. Après qu'un petit délinquant de Munich a « écopé de dix ans de prison pour avoir volé le porte-monnaie d'une femme un soir, à la faveur du *black-out* », Hitler exige que le voleur soit « exécuté pour l'exemple[17] ». Quelques semaines plus tard, c'est pour un larcin comparable que la cour spéciale de Berlin condamne à mort un homme – exemple parmi d'autres de la violence d'État qui frappe alors à nouveau la petite délinquance.

L'obscurcissement de Berlin n'est qu'un aspect parmi d'autres de la « défense passive » que le pouvoir nazi prépare depuis sa montée au pouvoir et la création de la Ligue de protection aérienne du Reich (*Reichsluftschutzbund*) le 29 avril 1933.

17. Nicholas Stargardt, *La Guerre allemande. Portrait d'un peuple en guerre 1939-1945*, Vuibert, Paris, 2017, p. 113.

Dans l'agglomération berlinoise, chaque immeuble ou chaque rue bordée de maisons individuelles forme une « communauté [non juive] de l'abri antiaérien » chargée de déployer l'ensemble des mesures d'autoprotection prévues par la « loi sur la défense aérienne ». Chaque communauté doit disposer d'un abri pouvant non seulement amortir l'effondrement d'un immeuble, mais aussi ne laisser pénétrer aucun éclat ni aucun gaz par les soupiraux et – si possible – disposer d'un second accès. À la veille de l'entrée en guerre, plusieurs caves de bâtiments publics ont en outre d'ores et déjà été transformées en abris. En septembre 1940, Albert Speer est chargé par Hitler d'orienter ses activités vers la protection antiaérienne : d'après les données qu'il fournit en décembre 1941, 237 bunkers de près de 10 000 places sont achevés à cette date, 53 bunkers d'une capacité totale de 21 000 places sont en chantier et 100 bunkers offrant 94 000 places supplémentaires sont d'ores et déjà prévus. Rapportés à la population berlinoise, ces chiffres sont toutefois dérisoires : au total, les abris publics construits ou aménagés par le pouvoir nazi ne couvrent que 4 ou 5 % des besoins réels. Les Berlinois doivent avant tout compter sur leurs caves.

Des fiches de protection antiaérienne ont également été distribuées les années précédentes, qui détaillent les mesures, que ce soit « pour la famille » (fiche n° 2) ou « pour les pompiers domestiques » (fiche n° 4). Chaque communauté doit ainsi répartir les tâches entre ses membres : informer le plus rapidement possible les autorités, éteindre les incendies provoqués par les bombes ou encore prodiguer les premiers secours. « Signaleurs », « pompiers domestiques » et autres « secouristes » constituent ainsi autant de figures nouvelles au sein d'une société urbaine qui se transforme progressivement en société de l'autoprotection. Celle-ci est toutefois « encadrée » par les sections locales du parti nazi – dont une circulaire du Gau stipule en 1940 qu'elles doivent « intervenir pour aider » et « exercer une influence rassurante par [leur] présence immédiate » – et par la grande organisation d'aide sociale du NSDAP : le Secours populaire national-socialiste (Nationalsozialistische Volkwohlfahrt, NSV), qui compte 683 481 membres à Berlin en 1939 et se voit confier la tâche d'assister les victimes des bombardements en leur fournissant des rations d'urgences préparées dans la grande cuisine du Secours d'hiver[18] de Hohenschönhausen.

18. Le Secours d'hiver du peuple allemand (Winterhilfswerk des Deutschen Volkes, WHW) désigne la campagne annuelle de récolte de dons : organisée par le NSDAP, elle sert notamment à financer les activités d'aide et de bienfaisance sociale du régime nazi.

Du 1er septembre 1939, date de la première alerte aérienne, au 21 avril 1945, date de la dernière alerte « documentée », Berlin vit au rythme des sirènes. Celles-ci sont déclenchées par les centres d'alerte, eux-mêmes avertis par les stations radar. Le protocole est très strict : la première sirène – « hurlement terrifiant », « crescendos et decrescendos, qui n'en finissent plus [19] » – avertit d'un raid possible : elle enjoint à la population de se tenir sur ses gardes ; la deuxième sirène avertit d'un bombardement imminent – les Berlinois ont alors dix minutes pour se mettre à l'abri, c'est-à-dire, pour la plupart, « descendre à la cave » muni de leur « masque à gaz sur la figure » et de leur « sacoche d'alerte réglementairement fixée sur les épaules » [20] ; la troisième sirène avertit que le raid est sur le point de s'achever ; la quatrième, enfin, indiquant que le danger est passé, donne le signal que l'on peut sortir de l'abri.

Les récits – nombreux – signalent combien ces alertes, au départ anxiogènes, finissent par être banalisées par les Berlinois. « Hier soir, témoigne Ruth Andreas-Friedrich le 25 octobre 1940, nous avons eu notre trente-huitième alerte aérienne, depuis la fin du mois d'août. Le plus désagréable, dans ces perturbations du soir, est la perte de temps de plusieurs heures, que comporte chacune de ces attaques. Durant trois ou quatre heures, on ne nous laisse pas sortir de la cave. Sans compter que la plupart du temps, il n'y a ni coup de feu ni bombe. Si les dégâts, dans l'avenir, se limitent à cela, nous n'aurons pas à nous effrayer outre mesure du spectre terrifiant de la guerre [21]. » La sirène, écrit-elle encore le 24 août 1943, est « pour nous, à présent, un bruit si familier, que nous avons le plus grand mal à la prendre au sérieux [22] ».

Dans les premières années de la guerre, c'est davantage le froid intense de l'hiver qui préoccupe les Berlinois. En 1939, les premières chutes de neige ont lieu la veille de Noël dans la capitale du Reich, augurant d'une vague de froid extrême partout en Europe. À Berlin, les températures descendent jusqu'à – 23 °C. Les conditions météorologiques devant par ailleurs donner le signal de l'offensive à l'Ouest [23], Joseph Goebbels s'en fait l'écho à de nombreuses reprises dans son *Journal*.

---

19. Ruth Andreas-Friedrich, *À Berlin sous les nazis. op. cit.*, p. 58.
20. *Ibid.*
21. *Ibid.*, entrée du 25 octobre 1940, p. 69.
22. *Ibid.*, entrée du 24 août 1943, p. 107.
23. Initialement prévue début novembre, celle-ci est finalement reportée au mois de mai 1940.

23 décembre 1939 : « Hier : Temps de Noël ! Neige ![24] » 20 janvier : « Hier : de nouveau un froid sibérien. C'est dégueulasse[25]. » 22 janvier : « Le froid est à peine supportable[26]. » 31 janvier : « Hier : toujours du gel et un froid mordant[27]. » 15 février : « Chutes de neige démentes. On circule encore plus mal à présent. Une misère[28] ! » 10 mars : « Hier : brouillard, neige, hiver sans fin[29] ! » 19 mars : « Encore une tempête de neige formidable. C'est une année complètement folle[30]. » 9 avril, enfin : « Hier : une magnifique journée de printemps. Ça y est[31]. » Cette vague de froid est d'autant plus alarmante que, pendant tout l'hiver, la très grande ville est en proie à une véritable pénurie de charbon. Fragilisée par le sous-investissement de la fin des années 1930 et débordée par la campagne de Pologne, la Reichsbahn connaît en effet un « effondrement » : elle manque de matériel roulant pour « sécuriser » l'acheminement du charbon à Berlin depuis les mines de la Ruhr. Les goulets d'étranglement, les accidents et les retards se multiplient[32]. Quand les canaux gèlent début janvier 1940, les péniches elles-mêmes ne peuvent plus assurer leurs livraisons, installant la pénurie de charbon dans la capitale du Reich. « Les gens apportent chez eux un sac de charbon dans une poussette de bébé ou sur leurs épaules[33] », témoigne William Shirer. Le froid contraint les Berlinois à « porter à l'intérieur leurs vêtements d'extérieur ». Ne pouvant plus être chauffées, les écoles ferment le 31 janvier 1940. Cette première crise hivernale du charbon – qui en précède d'autres, les « vacances charbonnières » se multipliant pour les écoliers berlinois – réveille les (mauvais) souvenirs de la Première Guerre mondiale : « Tout le monde murmure. Rien de tel que de souffrir continuellement du froid pour saper le moral[34]. » Mais ni à Berlin ni ailleurs dans l'Altreich, ce mécontentement ne s'exprime dans la rue.

24. Joseph Goebbels, *Journal 1939-1942*, Tallandier, Paris, 2009, entrée du 23 décembre 1939, p. 25.
25. *Ibid.*, entrée du 20 janvier 1940, p. 86.
26. *Ibid.*, entrée du 22 janvier 1940, p. 87.
27. *Ibid.*, entrée du 31 janvier 1940, p. 89.
28. *Ibid.*, entrée du 15 février 1940, p. 94.
29. *Ibid.*, entrée du 10 mars 1940, p. 98.
30. *Ibid.*, entrée du 19 mars 1940, p. 107.
31. *Ibid.*, entrée du 9 avril 1940, p. 114.
32. Adam Tooze, *Le Salaire de la destruction*, *op. cit.*, p. 343.
33. Cité par Nicholas Stargardt, *La Guerre allemande*, *op. cit.*, p. 113.
34. *Ibid.*

Aux pénuries hivernales de charbon s'ajoutent pourtant très vite les pénuries de viande et de lait, ajoutant aux rigueurs du froid le spectre de la sous-alimentation. Jusqu'au mois de janvier 1943, date à laquelle débutent les premières évacuations massives d'enfants, ramenant la population berlinoise à un niveau beaucoup plus bas jusqu'à la fin de la guerre, entre 4 300 000 et 4 500 000 personnes doivent en effet être ravitaillées quotidiennement à Berlin. Pour le pouvoir nazi, l'enjeu est crucial. Comme le confirment les rapports du Service de sécurité (Sicherheitsdienst, SD) de la SS, l'« humeur » de la population berlinoise dépendra avant tout de l'approvisionnement alimentaire. Il s'agit par conséquent d'éviter à tout prix le désastre de la Grande Guerre, quand l'État wilhelminien, soumis aux pressions du blocus maritime, s'était montré incapable d'assurer une distribution équitable – ouvrant la voie à la famine puis à la révolution de novembre 1918.

Introduit dès les premières semaines de la guerre, le système nazi de rationnement, à l'image de la société nazie dans son ensemble, repose sur une hiérarchie complexe de droits, fondée sur des critères aussi bien sociaux que nationaux et raciaux. Alors que les premiers bons de retrait pour les biens de consommation, introduits dès le 27 août 1939, permettaient à chaque habitant de recevoir 700 grammes de viande, 280 grammes de sucre, 100 de confiture et 60 de café par semaine[35], le système de rationnement, introduit le 27 septembre 1939 et révisé à plusieurs reprises par la suite, repose sur une évaluation différentielle du besoin social et du mérite au travail. Au début de la guerre, trois catégories de « camarades du peuple » (*Volksgenossen*) – terme qui n'inclut bien évidemment ni les juifs, ni les travailleurs étrangers, ni les prisonniers de guerre – sont distinguées[36] : les « consommateurs normaux », les « travailleurs de force » et les « gros travailleurs de force ». Avec une ration quotidienne de 4 200 calories, les ouvriers de l'industrie bénéficient de l'allocation la plus généreuse, un peu moins du double que celle d'un « consommateur normal » dont la ration est fixée à 2 400 calories – des « suppléments » étant toutefois prévus pour les petits enfants, les mères allaitantes, les femmes enceintes et les malades.

Le rationnement n'empêche cependant pas le retour des pénuries, la guerre abaissant encore le niveau de vie moyen des Allemands : pénurie

35. Cyril BUFFET, *Berlin*, *op. cit.*, p. 338.

36. En 1945, le système de rationnement distingue jusqu'à seize catégories distinctes de *Volksgenossen*. Voir Nicholas STARGARDT, *La Guerre allemande*, *op. cit.*, p. 87-88.

de viande d'abord, l'Allemagne dépendant toujours de l'Amérique du Nord pour l'importation de fourrage ; pénurie de lait ensuite, que l'on met sur le compte de l'absence de réfrigération. Ce retour des pénuries marque la réapparition des ripostes informelles des « temps de crise » : les Berlinois recommencent à « cultiver des légumes et à élever des poules et des lapins[37] », et le dimanche, les trains régionaux sont de nouveau bondés, « tout le monde quittant la ville pour aller chercher des produits alimentaires à la campagne[38] ». Les « queues interminables[39] » elles-mêmes finissent par réapparaître : « Devant les pompes à eau, de longues queues – devant les boulangeries, de longues queues – devant les boucheries, de longues queues[40]. » « On fait la queue devant la crémerie, la queue devant la boucherie, la queue devant l'abri. La queue, la queue, la queue, du lever au coucher[41]. »

Une société de la ségrégation

Le système nazi de rationnement est également fondé, on l'a dit, sur des critères nationaux et raciaux, et constitue un aspect parmi d'autres d'une société urbaine qui se mue progressivement en une *société de la ségrégation*.

Alors que les politiques urbaines nazies avaient eu pour effet d'uniformiser la société berlinoise par l'élimination des opposants, l'invisibilisation des marginaux et la discrimination des juifs, la guerre marque une paradoxale et brutale involution dans le projet nazi d'homogénéisation sociobiologique. Dès le début de la guerre – et de manière massive à partir de 1943 –, la population berlinoise se recompose à nouveau en profondeur.

Les enfants berlinois – les premiers – font l'objet de mesures d'évacuation dans le cadre du *Kinderlandverschickung* mis en place par la circulaire du Reichsleiter du NSDAP Martin Bormann en date du 27 septembre 1940. Ce premier dispositif, fondé sur le volontariat, est cependant impopulaire : les parents rechignent la plupart

37. *Ibid.*, p. 85.
38. *Ibid.*, p. 86.
39. *Une femme à Berlin*, *op. cit.*, entrée du 22 avril 1945, p. 41.
40. Ruth ANDREAS-FRIEDRICH, *À Berlin sous les nazis*, *op. cit.*, entrée du 21 avril 1945, p. 233.
41. *Ibid.*, entrée du 21 mars 1945, p. 190.

du temps à se séparer de leurs enfants et craignent – pour les plus sceptiques – que le dispositif ne serve avant tout la politique d'enrégimentement de l'État nazi. Il faut attendre les mois de janvier 1943 (date à laquelle débutent, on l'a vu, les premières évacuations massives à Berlin), avril 1943 (date à laquelle le ministère de l'Intérieur élabore son premier plan méthodique, faisant notamment de la Marche du Brandebourg, du Warthegau et de la Prusse orientale les principales zones d'accueil des relogés berlinois) et surtout août 1943 (date à laquelle la dévastation de Hambourg par le feu suscite un mouvement de panique), pour que le rythme des évacuations s'accélère – les mères pouvant désormais accompagner leurs enfants. À Berlin, les recensements successifs confirment ce tournant : alors que la population, estimée à un peu plus de 4 330 000 habitants en janvier 1939, atteint 4 466 000 en décembre 1942, son maximum historique, elle ne compte plus que 2 770 000 habitants en août 1944. Entre le mois de décembre 1942 et le mois d'octobre 1944, les dénombrements enregistrent donc une diminution de près 1 700 000 habitants – dont environ 550 000 enfants.

Ces chiffres masquent cependant une partie des mouvements de population. Depuis le début de la guerre, la métropole accueille en effet un nombre croissant de réfugiés, de prisonniers de guerre et de travailleurs étrangers – volontaires pour une minorité d'entre eux, involontaires (ou forcés) pour une majorité. Au sortir de l'été 1944, la population ravitaillée à Berlin inclut donc un nombre très important d'étrangers, ramenant le nombre de ceux qui ont *effectivement* quitté la plus grande ville allemande à un peu plus de 2 100 000 – l'équivalent, au début des années 1940, de la moitié de la population berlinoise. En janvier 1945, ce « Berlin en dehors de Berlin », dont l'histoire n'a pas encore vraiment été écrite, rassemble pas moins d'un civil évacué sur six en Allemagne. Sur les quelque 2 770 000 personnes vivant à Berlin en octobre 1944, 600 000 au moins – plus d'un habitant sur cinq – ne sont donc pas des Berlinois. Sur ce total, 380 000 sont des travailleurs civils majoritairement originaires de Pologne, d'Union soviétique et de France, 70 000 des prisonniers de guerre majoritairement issus des rangs des armées française (à partir de l'été 1940), russe (à partir de l'été 1941) et italienne (à partir de l'automne 1943), 10 000 des détenus du camp de concentration de Sachsenhausen situé à une trentaine de kilomètres au nord de la capitale allemande – composant une société urbaine à nouveau frappée du sceau de la diversité et du multilinguisme.

Cette hétérogénéité indésirable, mais indispensable à l'économie de guerre nazie, transforme peu à peu Berlin en une ville de camps. La ségrégation, en effet, n'est nulle part plus manifeste que dans le logement. Tandis que les prisonniers de guerre sont internés dans le Stalag III D, les travailleurs étrangers sont logés dans des écoles, des hôtels, des hangars, des greniers, des caves, ainsi que dans des complexes de baraques en bois recouvertes de carton goudronné. Les travaux les plus récents recensent près de 3 000 sites d'encampement ou d'internement à Berlin. La planification de ces camps permet à bon nombre d'architectes employés par le General Bau Inspektor – privés de travail par l'interruption des travaux de Germania – d'échapper à la conscription. Occupant les interstices de l'agglomération, ces « camps » ne sont la plupart du temps que sommairement aménagés pour offrir une protection contre les bombes : « Lorsque les sirènes ont retenti, raconte Kazimiera Kosonowska, détenue dans un camp à Neukölln, l'électricité a été coupée et les gardes nous ont fait descendre dans l'abri. Il s'agissait de tranchées creusées derrière les baraques, avec des murs fortifiés, recouvertes de planches par le haut et comblées de terre, semblables à des tombes. Dans ces conditions terribles, nous devions attendre l'attaque aérienne, les bombes explosant à proximité[42]. » Les travailleurs étrangers, qui n'ont pas accès aux bunkers et autres abris publics construits par le régime, sont donc plus vulnérables encore que les Allemands face aux bombardements.

Les pratiques ségrégatives que le pouvoir nazi met en place ne concernent pas que le logement, mais touchent la plupart des aspects de la vie urbaine, comme le travail à l'usine, où l'on divise les ateliers au moyen de cloisons mobiles, ou le rationnement, les travailleurs étrangers se voyant attribuer des rations très inférieures à celles des « camarades nationaux aryens ». À Berlin, comme ailleurs dans les frontières de l'*Altreich*, les étrangers sont également astreints à porter une marque – un signe distinctif – permettant de les identifier au premier coup d'œil dans l'espace public, ce qui permet au régime de différencier les pratiques ségrégatives en fonction de l'origine nationale – c'est-à-dire « raciale ». Alors qu'il est interdit aux travailleurs de l'Est (*Ostarbeiter*) d'emprunter librement les transports en commun ou de se déplacer à vélo, des trains spéciaux étant affrétés sur les lignes de la S-Bahn pour le transport quotidien des travailleurs civils

42. Cité par Marc Buggeln, Cord Pagenstecher, « Zwangsarbeit », *in* Michael Wildt, Christoph Kreutzmüller (dir.), *Berlin, 1933-1945*, *op. cit.*

russes, les travailleurs de l'Ouest ont le droit d'aller et de venir en dehors de leur « camp », d'emprunter les transports en commun, ou encore de fréquenter les cinémas. Pour ces catégories d'étrangers, la très grande ville, par son anonymat et ses ressources informelles, offre donc quantité d'« échappatoires » ou de « marges » où peuvent s'exprimer certaines initiatives[43].

Les travaux récents ont tendance à montrer que la majorité des Berlinois, par-delà de nombreux exemples isolés de solidarité, acceptent, voire encouragent la discrimination et l'exploitation de ces travailleurs étrangers. Les entreprises berlinoises en emploient un nombre toujours croissant : en août 1944, ils représentent 20 % de la main-d'œuvre industrielle berlinoise – un taux certes inférieur à la moyenne du Reich, mais particulièrement élevé si l'on considère que les deux principaux secteurs qui exploitent les travailleurs étrangers pendant la guerre en Allemagne – l'agriculture et les mines – sont totalement absents de l'économie berlinoise. Les services municipaux et les « agences » nazies ne sont pas en reste : le GBI emploie ainsi jusqu'à 30 000 étrangers sur ses chantiers. De nombreux *Volksgenossen* font également appel à des « employés de maison » bon marché, à l'exemple de Sinaida Baschlar, ingénieure de profession, déportée originaire de Kharkov et employée comme « aide ménagère » chez une dame de Steglitz : « Elle était la maîtresse, raconte-t-elle après la guerre, et moi sa bonne. Je travaillais toute la journée et elle pouvait s'asseoir au piano. [...] Elle jouait pour moi la "Sonate au clair de lune" et je nettoyais les fenêtres[44]. » Rares sont ainsi les Berlinois qui ne côtoient pas un travailleur forcé, même si les contacts interpersonnels entre Allemands et non-Allemands – en particulier les relations sexuelles – sont sévèrement punis.

Les « échappatoires » dont disposent les travailleurs et les travailleuses de l'Ouest sont en revanche quasi inexistantes pour les juifs de Berlin. Victimes de violences répétées dans l'espace public depuis 1923, soumis à une législation ségrégationniste de plus en plus stricte depuis 1933, spoliés de leurs biens et expulsés de leurs logements

43. Sur les Françaises venues travailler volontairement à Berlin, voir Camille FAUROUX, *Produire la guerre, produire le genre. Des Françaises au travail dans l'Allemagne nationale-socialiste (1940-1945)*, Éditions de l'EHESS, Paris, 2020, en particulier le chapitre 4, p. 115-162.

44. Cité par Marc BUGGELN, Cord PAGENSTECHER, « Zwangsarbeit », *in* Michael WILDT, Christoph KREUTZMÜLLER (dir.), *Berlin, 1933-1945*, *op. cit.*

depuis 1938, ils forment, au début de la guerre, une communauté à la fois vieillissante, misérable et vulnérable.

Détenu par la Gestapo à Berlin au printemps 1942, Louis Sadosky, brigadier-chef au sein des Renseignements généraux français, en témoigne dans le compte rendu très détaillé des cinq semaines qu'il a passées dans la capitale allemande : « À Berlin, écrit-il dans son rapport, tous les Juifs ne doivent pas rester oisifs et doivent avoir une occupation. Tout commerce leur est interdit, et ils sont en principe occupés à de durs travaux. » Ils n'ont accès à « aucune salle de spectacle », à « aucun établissement public » et à « aucune grande ou principale artère ». On ne les rencontre donc que dans « les petites rues », où ils n'ont droit que d'« emprunter la chaussée » et où ils marchent « rapidement, tête baissée, comme des personnes craintives et honteuses ». Les transports publics leur sont interdits, « à moins que la distance entre leur lieu de travail et leur domicile soit supérieure à sept kilomètres ». Leur carte d'alimentation et leurs tickets de rationnement « comportent la lettre J, et ils ne peuvent faire leurs achats qu'entre 15 et 17 heures[45], et dans les magasins qui leur sont désignés ». Au printemps 1942, « il reste encore à Berlin, nous ont confié les inspecteurs [de la Gestapo], 63 000 Juifs allemands, mais [...] chaque jour des convois de Juifs sont formés à destination de l'Est, et nous pensons [...] qu'en 1943, il ne restera plus un seul Juif à Berlin ». En effet, l'« intention du chancelier Hitler », ajoutent les inspecteurs, est celle de la « destruction complète et à jamais de la race [juive][46] ».

Après que Hitler a ordonné la déportation des juifs allemands en septembre 1941, le premier convoi de juifs quitte en effet Berlin en direction de Lodz le 18 octobre. À cette date, 73 000 juifs vivent encore à Berlin – soit près de 40 % des 185 000 juifs enregistrés en Allemagne au tout début de la guerre. « Ça y est, écrit Ruth Andreas-Friedrich dans son *Journal*. Les juifs sont mis hors la loi. Marqués par l'étoile jaune de David que chacun d'eux doit porter sur la poitrine, du côté gauche. [...] Peu de gens se réjouissent de cette dernière mesure. Presque tous ceux que nous rencontrons éprouvent la même honte que nous. [...] L'étoile jaune facilite le triage. Elle éclaire le chemin qui mène aux ténèbres. Des ténèbres qui se nomment le ghetto. Depuis quelques jours, le troisième et dernier départ des Juifs a commencé.

45. En réalité entre 16 et 17 h.

46. Louis Sadosky, *Berlin, 1942. Chronique d'une détention par la Gestapo*, CNRS Éditions, Paris, 2014, p. 137-138.

On vient les prendre chez eux. On les déporte vers une destination inconnue. [...] Chaque nuit, les voitures qui viennent les emmener sillonnent la ville. Entre le coucher et le lever du soleil. Chaque nuit, de nouveaux fugitifs campent sur le divan de leurs amis aryens. [...] Plus d'un sont arrêtés dans la rue ou sur leur lieu de travail. Personne ne connaît les règles qui président à l'arrestation. “Nous y passerons tous”, disent ceux qui restent, d'une voix résignée [47]. »

Jusqu'à l'automne 1942, le rythme de leur déportation est assez lent : à la fin de l'année 1942, 54 000 juifs sont encore présents dans la capitale [48]. Il s'accélère ensuite dans des proportions dramatiques. « Les juifs entrent par légions dans la clandestinité. Des bruits épouvantables circulent, sur le sort réservé aux déportés. Fusillades massives, extermination par la faim, la torture, les chambres à gaz [49]. » Depuis le mois de novembre 1942, Aloïs Brunner met en effet en œuvre à Berlin le système de « ramassage direct » expérimenté à Vienne : la méthode consiste, en lieu et place du système des listes, à stationner un camion devant une « maison de juifs » de manière à rafler l'ensemble de ses habitants. Fin février 1943, la *Fabrikaktion* – nom donné à la dernière grande rafle de juifs à Berlin – parachève ce cycle de terreur : « Depuis ce matin, à six heures, relate Ruth Andreas-Friedrich, des camions sillonnent la ville, en tout sens. Escortés par des SS en armes. Ils s'arrêtent devant les portes d'usines, ils s'arrêtent devant les habitations particulières. » Ils les emmènent « en tablier de travail, en pyjama, sans manteau [50] » raconte également Inge Deutschkron. Ils « chargent une cargaison humaine. Des hommes, des enfants, des femmes. Sous les bâches grises, des visages bouleversés se pressent. Silhouettes tragiques parquées comme du bétail, jetées pêle-mêle. De nouveaux venus s'entassent sans cesse, poussés à coups de crosse, dans les camions déjà surchargés. Dans six semaines, l'Allemagne doit être “débarrassée de tous les Juifs” [51]. » Le 21 mars 1943, Goebbels note dans ses *Carnets* : « Berlin et le Reich sont désormais en grande

---

47. Ruth Andreas-Friedrich, *À Berlin sous les nazis*, *op. cit.*, entrée du 19 septembre 1941, p. 78-79.

48. Raoul Hilberg, *La Destruction des Juifs d'Europe*, t. II, Gallimard, Paris, 2006, p. 796-797.

49. Ruth Andreas-Friedrich, *À Berlin sous les nazis*, *op. cit.*, p. 92.

50. Cité par Hélène Camarade, *Résistantes allemandes. Des femmes face à Hitler*, Nouveau Monde éditions, Paris, 2025, p. 286.

51. Ruth Andreas-Friedrich, *À Berlin sous les nazis*, *op. cit.*, entrée du 28 février 1943, p. 98.

partie débarrassés des juifs. Cela a exigé quelques efforts, mais nous y sommes parvenus. Seuls les conjoints juifs des couples mixtes vivent encore à Berlin ; ils sont en tout 17 000[52]. »

Ces juifs « dits "privilégiés" », après avoir été eux aussi raflés, sont « revenus » : on les a séparés des autres, puis « conduits dans un camp de regroupement. Pour examen et jugement définitif ». Or, le jour même, les « épouses de ces hommes ont décidé de se mettre à la recherche de leurs maris. Six mille femmes non juives se sont rassemblées, dans la Rosenstrasse, devant la porte du bâtiment où étaient emprisonnés les "juifs apparentés à des Aryens". Six mille femmes ont appelé leurs maris. Ont crié, ont hurlé vers leurs maris. Sont restées là, heure après heure, jour et nuit[53] ». À tel point que le pouvoir nazi recule – rare exemple, avec la protestation contre le programme d'euthanasie des malades mentaux menée à l'été 1941 par les évêques de Münster et de Berlin, de mouvement public de défiance ou d'opposition à une politique nazie. Après mars 1943, 2 000, peut-être 3 000 juifs non mariés à des Allemands aryens échappent par ailleurs aux déportations et continuent de vivre – ou plutôt de survivre – dans la capitale du Reich. Contraints de se cacher, ces survivants doivent désormais compter sur l'aide de leurs compatriotes pour être logés et nourris. L'anonymat de la très grande ville favorise sans doute cette entreprise de survie qui apparaît comme une forme minimale de ce que l'historiographie allemande nomme *Resistenz*, pour mieux en marquer la différence avec la *Widerstand*.

Une société de la résilience

Contrairement aux espoirs du *Bomber Command*, la « guerre des bombes » ne conduit pas à un effondrement de la société urbaine berlinoise – et avec elle du régime nazi tout entier. Évoquant les dégâts terribles causés par les bombes, Goebbels s'en félicite : « Nous ressentons, écrit-il le 16 avril 1944, un profond respect pour ce rythme de vie indestructible et cette volonté de vivre, que rien ne peut briser, de la population de nos grandes villes[54]. »

52. Joseph Goebbels, *Journal 1943-1945*, Tallandier, Paris, 2005, entrée du 21 mars 1943, p. 106.
53. Ruth Andreas-Friedrich, *À Berlin sous les nazis*, *op. cit.*, entrée du 7 mars 1943, p. 99.
54. Cité dans Victor Klemperer, *LTI. La langue du IIIe Reich*, *op. cit.*, p. 432.

Cette résilience est à la mesure de l'épreuve que subit la population résidant dans la capitale depuis que les Alliés ont décidé de « coventriser » (*coventrieren*) Berlin. Le néologisme, qui renvoie au mécanisme linguistique par lequel « un fait historique a fait une impression si forte et si durable que, par généralisation, on reporte son nom sur des événements semblables[55] », est d'origine nazie : il exprime la volonté – maintes fois réitérée par Hitler – de « rayer de la carte » les villes anglaises. « "Je ferai disparaître leurs villes de la carte", a menacé Hitler. Et il a commencé, il y a un mois, avec Coventry. "Coventriser", c'est le nom qu'on a donné, depuis ce jour, à la destruction totale et systématique d'une ville. On est fier de ce néologisme, sans penser qu'un jour, il pourrait se retourner, de façon cruelle, contre nous[56]. »

Si elle n'existe pas dans les premières années de la guerre, la volonté alliée d'anéantir Berlin par les bombes ne fait plus guère de doute à partir de 1942, au plus tard 1943, date à laquelle la capitale du Reich, dont l'importance stratégique tient autant à son rôle central dans l'industrie d'armement allemande qu'à son statut de capitale, devient un objectif prioritaire. Au fil d'une « guerre des bombes » dont les ressorts et les scansions sont aujourd'hui mieux connus grâce aux travaux de plusieurs générations d'historiens[57], les bombardements alliés sur Berlin connaissent cinq principales inflexions. Avant la campagne de France, Berlin ne connaît aucun bombardement : dans le cadre de la *Sitzkrieg* (dite en France : la « drôle de guerre »), les attaques aériennes se limitent à des objectifs militaires, conformément à la demande – expressément formulée par le président des États-Unis Franklin D. Roosevelt en septembre 1939. Berlin n'est alors « bombardée » que de tracts largués à l'occasion de vols de nuit de la RAF qui permettent à ses pilotes d'acquérir une première expérience de la navigation nocturne et de mieux connaître les positions de la DCA allemande. Par rapport à cette configuration initiale, l'offensive allemande à l'Ouest, déclenchée le 10 mai 1940, marque une première inflexion. Celle-ci coïncide avec l'entrée

55. *Ibid.*, p. 234.

56. Ruth ANDREAS-FRIEDRICH, *À Berlin sous les nazis*, *op. cit.*, entrée du 16 décembre 1940, p. 70.

57. En Français, voir par exemple : Pierre-Étienne BOURNEUF, *Bombarder l'Allemagne. L'offensive alliée sur les villes pendant la Deuxième Guerre mondiale*, PUF, Paris, 2014 ; Sven LINDQVIST, *Une histoire du bombardement*, La Découverte, Paris, 2012 ; Jörg FRIEDRICH, *L'Incendie. L'Allemagne sous les bombes 1940-1945*, Éditions de Fallois, Paris, 2004.

en fonction de Winston Churchill – favorable de longue date au concept de la « guerre aérienne stratégique – et au « chassé-croisé » des bombardements de Mönchengladbach le 12 mai et de Rotterdam le 13 mai. La RAF reçoit alors l'autorisation d'attaquer les villes allemandes.

Pendant l'été 1940, Berlin connaît ainsi ses premières attaques de nuit, en particulier à la fin du mois d'août, précipitant en retour la fureur de Hitler et le *Blitz* contre Londres. Les débuts de la guerre aérienne sont toutefois lents : la RAF manque de moyens et se heurte aux réserves morales de l'opinion britannique. Dès la fin du mois de septembre 1941, néanmoins, Churchill dispose d'un plan prévoyant la destruction totale de quarante-trois villes allemandes, dont Berlin. L'adoption de la directive de l'*aera bombing* le 14 février 1942, complétée par une décision du cabinet de guerre britanniques fondée sur le rapport *dehousing* élaboré par Lord Chewell, de même que la mise en service des nouveaux bombardiers Lancaster en mars 1942, l'introduction d'aides radar pour la navigation et le largage des bombes, la mise au point d'un dictionnaire secret des villes allemandes (*The Bomber's Baedecker*) et les progrès de la science incendiaire grâce aux tests réalisés dans le désert de l'Utah, marquent alors une irrésistible montée en puissance de la guerre des bombes. Ces décisions et ces innovations entraînent le passage progressif des bombardements dits « de précision » aux bombardements dits « de zone » : ces derniers visent explicitement les populations civiles, lesquelles doivent désormais être « délogées » et « démoralisées » afin de précipiter l'effondrement du régime nazi.

L'année 1943 marque, dans cette montée en puissance, une troisième inflexion, en même temps qu'une césure profonde pour Berlin. La directive de Casablanca adoptée le 21 janvier fait de la capitale du Reich, avec la Ruhr – forge des armées allemandes – et les autres grandes villes du pays, une cible prioritaire. La première grande campagne aérienne contre Berlin est ainsi lancée au mois de novembre 1943, quand la RAF – qui doit parcourir de plus longues distances pour atteindre la capitale allemande – peut bénéficier des nuits d'hiver. Lancée le soir du 18 novembre 1943, cette première « bataille de Berlin » dure jusqu'au 24 mars 1944, dix-sept raids massifs dévastant près de 8 kilomètres carrés de surfaces bâties et laissant des centaines de milliers de Berlinois sans abri.

Le tournant du mois de mars 1944 est paradoxal : si la fréquence et l'intensité des raids diminuent – le *Bomber Command* et la 8e Flotte, placés sous le commandement de Dwight Eisenhower, concentrent désormais leurs raids sur la Belgique et la France afin de préparer le débarquement allié –, les attaques de jour de l'USAF débutent, bouleversant à nouveau le quotidien des Berlinois. Ces raids de nuit comme de jour connaissent une dernière et terrible intensification dans les onze derniers mois de la guerre, marquant le début d'une guerre aérienne indifférenciée, élargie aux villes moyennes et petites du Reich jusqu'alors épargnées, ainsi qu'aux villes du centre de l'Allemagne – les futures villes de la RDA – à une date où il s'agit d'apporter à l'Armée rouge autant un soutien qu'une preuve des capacités stratégiques occidentales. À partir du 18 février 1945, et jusqu'au 21 avril, Berlin est bombardée jour et nuit.

Face à cette campagne de bombardements sans précédent, Berlin est mal protégée[58]. Accompagnant l'augmentation de la puissance de feu des Alliés, l'intensification de la « guerre des bombes » réduit ainsi peu à peu la capitale à l'état de ruines. Tandis que les bombes explosives pulvérisent les toitures, éventrent les murs et s'enfoncent avec force dans le sol, fragilisant les fondations, déstabilisant les immeubles et précipitant leur effondrement, les bombes incendiaires au phosphore et au napalm enflamment tout ce qui est combustible. Berlin ne connaît pourtant pas, on l'a dit, le sort de Hambourg, de Lübeck ou de Dresde. L'échelle hors norme de la ville, la prédominance de la construction en pierre ou encore la largeur des rues dans les quartiers d'extension du plan Hobrecht expliquent que les Alliés ne parviennent jamais à y déclencher de « tempête de feu ». Celle-ci n'atteint Berlin que sous la forme de récits terrifiants, quand les Berlinois entendent parler du sort « effroyable » de Hambourg,

58. Les dirigeants nazis sous-estiment en effet la puissance de feu des Alliés, et les moyens mis en œuvre pour défendre Berlin contre les attaques venues du ciel sont insuffisants. Au début de la guerre, la FLAK ne dispose que de 60 batteries lourdes et 36 batteries légères. Après les premiers raids subis par la capitale les 24 et 25 août 1940, cette défense antiaérienne est renforcée grâce à l'augmentation du nombre de batteries et la construction – ordonnée par Hitler le 9 septembre 1940 – de trois grandes tours de défense. Disposées « en triangle » autour du centre administratif de la capitale, ces installations combinent une tour de contrôle abritant un centre de commandement muni d'un central téléphonique et de radiomètres, et une tour de combat dotée de batteries antiaériennes et permettant d'abriter en toute sécurité des milliers de personnes. La plus importante est la tour de la gare du zoo, qui peut accueillir 8 000 personnes. La capitale est également protégée par des barres de projecteurs situées principalement à l'ouest et plusieurs escadrons de chasse de nuit.

de Lübeck ou de Dresde, où des « milliers d'hommes [meurent], [courent] à travers les rues, véritables torches vivantes, [restent] collés à l'asphalte embrasé, se [jettent] dans les flots de l'Elbe[59] ».

Cette absence de « tempête de feu » ne doit pourtant pas conduire à euphémiser l'expérience berlinoise des bombardements. Les récits au « ras du sol » existent, qui permettent d'en approcher au plus près l'expérience, voire d'en ressentir le traumatisme. Réfugiée dans la cave de son immeuble, Ruth Andreas-Friedrich raconte ainsi la violente attaque de nuit du 24 août 1943 : « Tout le tonnerre des Enfers éclate. D'abord, c'est la DCA qui tire. Un grondement qui sort de centaines de bouches de canons. Puis le silence. Pendant quelques minutes, nos sens aiguisés ne perçoivent plus que le halètement de notre respiration. Puis un mugissement. Comme si une sirène hurlait juste derrière le mur. » Des « tourbillons de poussière, poursuit Andreas-Friedrich un peu plus loin, tournoient dans l'air » : l'air de la cave est en effet envahi par la « fumée », par les « flammes », par les « vapeurs d'un jaune de soufre ». « On étouffe, on tousse, écrit-elle. Tout brûle à droite, tout brûle à gauche. De tous côtés, le feu est maître. Le temps s'est arrêté. L'éternité a commencé. » Quand survient une nouvelle explosion, des « tourbillons d'étincelles » jaillissent à nouveau à travers les « fenêtres disloquées. » La jeune femme « tâte [alors] son pouls. Il bat la chamade, ralentit, s'emballe et s'arrête. [...] Dès qu'il fera jour, finit-elle, « nous ferons nos paquets – l'indispensable – et nous partirons. N'importe où... pourvu que ce soit loin de cette peur ! De cette mer de feu d'un jaune de soufre[60]. »

Dans un recueil de rédactions d'une école secondaire du quartier de Prenzlauerberg, une jeune fille raconte le bombardement du 18 avril 1945 : « La pièce est remplie de bavardages et de rires. Mais une tension angoissante plane au-dessus de tout. Là, un impact proche ! La DCA commence à tirer. Les secousses deviennent de plus en plus fortes. Les bavardages diminuent et les rires cessent. Soudain, une déflagration assourdissante ! La lumière vacille, la pièce se balance. Nous tressaillons de peur. La vieille femme en face de moi se met à prier doucement. Un enfant se réfugie... en sanglotant dans les bras de sa mère. Ses pleurs résonnent dans l'air comme une incarnation de notre peur. Coup sur coup ! » Chacun, témoigne la jeune fille,

---

59. Ruth Andreas-Friedrich, *À Berlin sous les nazis*, *op. cit.*, entrée du 19 février 1945, p. 183.

60. *Ibid.*, entrée du 24 août 1943, p. 108-109.

« sent la mort approcher. Peut-être encore trois minutes, encore deux, peut-être même une seule ! La jeune femme à côté de moi fixe le vide d'un regard terne. Elle a renoncé à la vie comme nous tous. Là, de la petite fente dans le mur, de la fumée s'échappe ! C'est un souffle à peine perceptible, et pourtant, en quelques minutes, l'air étouffant de la cave est envahi par la fumée. Une femme pousse un cri. "Nous sommes perdus !" hurle-t-elle. Elle attrape ses affaires et se précipite vers la porte qui mène aux pièces du fond. Beaucoup la suivent. » La terre, note-t-elle un peu plus loin, « résonne encore des impacts des bombes. C'est comme si toutes les forces étaient déchaînées. Puis arrive la nouvelle que la sortie est ensevelie. Mais juste après, un homme crie : "Il y a un incendie au-dessus de nous, nous devons sortir !" Les enfants crient, les femmes pleurent ; une angoisse et une perplexité s'emparent de tous. Que va-t-il advenir de nous ? La fumée pénètre également dans cette pièce. L'air est lourd, la fumée brûlante pique les yeux ; nous sommes serrés les uns contre les autres ! La main de la mort est sur nous[61]. »

La journaliste Marta Hillers, dans son *Journal*, raconte pour sa part en ces termes le dernier bombardement de Berlin, le 21 avril 1945 : « Des bombes, les murs ont vacillé. Mes doigts qui tiennent le stylo en tremblent encore. [...] Depuis le jour où j'ai été bombardée, et où, dans la même nuit, j'ai dû aider à dégager des corps ensevelis, je lutte contre l'angoisse de la mort. Ce sont toujours les mêmes symptômes. D'abord, la sueur qui perle au front, à la racine des cheveux, les lancements dans la moelle épinière qui est comme taraudée, les tiraillements dans la nuque, puis le palais qui se dessèche, et les battements syncopés du cœur[62]. »

Le bombardement, lorsqu'il est saisi ainsi à hauteur d'homme, de femme, d'enfant, apparaît comme une expérience hyperesthésique. Une expérience au cours de laquelle tous les sens sont sollicités, aiguisés, saturés. Une expérience à la fois *acoustique* (les « grondements » sourds de la DCA, les « mugissements » aigus des bombes, le « vacarme » des explosions, la terre qui « résonne », le silence et les cris), *visuelle* (la lumière qui « vacille », la pièce « plongée dans le noir », les « tourbillons d'étincelles »), *olfactive* (la cave « envahie par la fumée », les « vapeurs du soufre », la « fumée âcre » qui « mord les yeux »), *gustative* (le « palais

61. Landesarchiv Berlin, Rep. 134, Nr. 230, reproduit dans Reinhard Rürup (dir.), *Berlin 1945. Eine Dokumentation*, Arenhövel, Berlin, 1995, p. 20.

62. *Une femme à Berlin*, *op. cit.*, entrée du 21 avril 1945, p. 31.

qui se dessèche »), *tactile* (les doigts ou les genoux « qui tremblent », la « sueur qui perle au front », la « fumée brûlante [qui] pique les yeux »), *vestibulaire* (les « secousses », le sol qui « semble faire des bonds de plusieurs mètres », la pièce qui « se balance », où « tout gronde et éclate, tout chancelle et tout tremble ») et – pour finir – *proprioceptive* (le « halètement » de la respiration, l'accélération du pouls qui « bat la chamade, ralentit, s'emballe et s'arrête », les « battements syncopés du cœur », les « lancements dans la moelle épinière qui est comme taraudée », les « tiraillements dans la nuque »).

Terrés dans leurs caves à l'instar de tous les habitants des villes allemandes bombardées, les Berlinois découvrent aussi peu à peu les risques auxquels ils s'exposent en acceptant de se réfugier dans ces abris qui, contrairement aux bunkers sécurisés construits par le régime, ne le sont pas par *destination*, mais par *accommodation*. Le risque est ainsi grand d'être enseveli sous (ou enfermé par) les décombres issus de l'effondrement d'un immeuble, ou bien d'être asphyxié, étouffé ou empoisonné : la combustion, en effet, produit de la chaleur et du gaz, et les bombes incendiaires rendent l'atmosphère toxique. Le risque est également grand d'être brûlé, voire consumé et calciné : pendant que l'immeuble flambe, la cave conserve en effet une fraîcheur qui peut se révéler trompeuse. S'imprégnant lentement de la chaleur, les pierres finissent par être portées à incandescence, transformant alors la cave en four. Le risque existe, enfin, d'être noyé quand une canalisation d'eau éclate et submerge la cave, voire bouilli si l'eau est portée à ébullition par la chaleur rayonnante des incendies. Présente à Berlin pendant toute la durée de la guerre, Marie Vissiltchikov rapporte dans son *Journal* que les « gens commencent à se méfier des caves. Il y a quelques nuits, une bombe est tombée sur une maison du quartier, la touchant sur le côté. Bien que l'immeuble soit resté debout, les tuyaux ont éclaté dans la cave et tous les occupants ont péri noyés[63]. »

Terrifiants, ces dangers entraînent la mise au point, par les habitants de la très grande ville, de toute une gamme de « savoir-faire » développés en situation et destinés à atténuer les risques de mort ou de blessure auxquels les bombardements exposent. Chaque cave, raconte Ruth Andreas-Friedrich, a « ses tabous et ses tics ». Ici, c'est la « manie de l'eau, préparée à toute éventualité d'incendie ». Ici encore, c'est la « manie du poumon » : dès qu'une bombe tombe, les habitants de la

63. « Missie » Vassiltchikov, *Journal d'une jeune fille russe à Berlin 1940-1945*, *op. cit.*, p. 70.

cave « se penchent tous en avant et respirent faiblement en pressant les mains contre le corps. Quelqu'un a dit que cela protégeait des lésions pulmonaires ». Ailleurs, c'est la « manie du mur » : ils « s'asseyent tous le dos au mur ». Et si une bombe explose, c'est la « manie du linge qui vient s'ajouter à l'autre : ils saisissent tous leur bout de tissu qu'ils se collent sur la bouche et le nez, et qu'ils nouent dans la nuque »[64]. Mettre un mouchoir sur sa bouche ou presser sur ses lèvres une « serviette mouillée » protège de l'asphyxie. Les Berlinois prennent également soin de remplir d'eau leurs brocs, leurs éviers et leurs baignoires afin de pouvoir « jouer les pompiers » après un bombardement, c'est-à-dire « éteindre les brandons » et « mettre en sûreté les meubles et les ustensiles de ménage »[65]. L'eau, en effet, est « toujours coupée avant les alertes ». C'est une « bénédiction », alors, que les « baignoires, au moins, soient pleines » : elles permettent en effet de faire « la chaîne avec les seaux, de main en main ». En règle générale, les « récipients sont vidés jusqu'à la dernière goutte ». Il faut alors poursuivre avec du sable : du sable que l'on jette sur le phosphore qui « coule, verdâtre[66] ».

Comme la rame de métro ou la file d'attente devant les guichets des infrastructures de loisirs dans les années de paix, l'abri ou la cave est une communauté passagère (Fig. 47). « Officiellement baptisée du nom de *Schutzraum*, abri [...], nous préférons l'appeler caverne, monde souterrain, catacombe de la peur, fosse commune[67] ».

Jusqu'en mars 1944, cette communauté souterraine est une communauté de la nuit. La vie dans les abris et les caves est ainsi scandée par les repas du soir et du matin, où chacun, composant autant de « petits tableaux domestiques paisibles[68] », recrée « tant bien que mal, une sorte de vie de famille[69] ». Elle est surtout occupée à trouver le sommeil, mais en règle générale, les « attaques de nuit sont exténuantes, car on ne dort pas plus de trois ou quatre heures[70] ». Communauté nocturne, la cave est aussi une communauté de l'oisiveté où il est de plus en plus difficile de « supporter le contraste entre

64. *Une femme à Berlin*, *op. cit.*, p. 26.
65. Ruth Andreas-Friedrich, *À Berlin sous les nazis*, *op. cit.*, entrée du 24 août 1943, p. 108-109.
66. *Ibid.*, entrée du 21 juin 1944, p. 138.
67. *Une femme à Berlin*, *op. cit.*, entrée du 20 avril 1945, p. 25.
68. *Ibid.*, entrée du 26 avril 1945, p. 77.
69. *Ibid.*, p. 66.
70. « Missie » Vassiltchikov, *Journal d'une jeune fille russe à Berlin*, *op. cit.*, p. 65.

Fig. 47. S'adapter aux bombardements : la vie dans les caves.

Source : Photographie anonyme, 13 juillet 1943, reproduite dans Reinhard Rürup (dir.), *Berlin 1945. Eine Dokumentation*, Verlag Willmuth Arenhövel, Berlin, 1995, p. 18.

l'enfer qui gronde à l'extérieur » et l'« inactivité forcée »[71], ainsi qu'une communauté de l'exiguïté et de la promiscuité. Souvent limitée à « un mètre carré par ménage[72] », la place disponible astreint à une cohabitation usante : « Les gens de la cave se tapent mutuellement sur les nerfs[73]. » Cette promiscuité est à l'origine d'un mal qui offrira – après guerre – un terrain d'étude privilégié aux sociologues : la « rage du bunker », mélange d'abrutissement, de grossièreté et d'indifférence. La communauté de l'abri, enfin, est à l'image de la société berlinoise tout entière : une communauté de la ségrégation raciale, nationale et sociale, où la pénurie de place et son corollaire – la course aux places, la

71. Ruth Andreas-Friedrich, *À Berlin sous les nazis*, *op. cit.*, entrée du 24 avril 1945, p. 243-244.

72. *Une femme à Berlin*, *op. cit.*, entrée du 20 avril 1945, p. 77.

73. *Ibid.*, p. 67.

cohue et la panique – produisent de profondes inégalités. Celles-ci ne sont nulle part plus manifestes que dans les abris publics dont l'accès est interdit aux juifs, aux prisonniers de guerre, aux travailleurs forcés, ainsi qu'aux travailleurs étrangers volontaires. Placées dans l'incapacité, parfois, de trouver refuge, ces catégories de la société berlinoise en guerre se trouvent particulièrement exposées aux bombardements.

Au fur et à mesure que ceux-ci s'intensifient, le nombre de délogés ou de sans-abri ne cesse d'augmenter : 1 687 811 au total en octobre 1944 – 39 % de la population berlinoise ! –, ils constituent un défi insurmontable pour les autorités, qui doivent non seulement les nourrir, mais aussi les reloger. Pour la majorité des sans-abri, les solutions de rechange – hôtels, pensions, écoles, foyers, abris antiaériens, mais aussi appartements confisqués aux juifs dans le cadre du projet Germania – sont la plupart du temps improvisées. Les programmes de logements d'urgence développés en commun par le Reichskommissar für den sozialen Wohnungsbau (Commissaire du Reich au logement social) Robert Ley et le GBI Albert Speer ne dépassent en effet pas quelques dizaines de milliers de « cabanes ». Ces maisons de fortune, sans eau courante ni chauffage, construites à l'aide de procédés de préfabrication en bois, sont généralement implantées à la périphérie de la très grande ville, là où les « délogés » peuvent à la fois se mettre à l'abri des bombardements et cultiver un petit bout de terre afin de subvenir à leurs besoins alimentaires élémentaires.

Une société de l'effondrement

Dans les derniers jours de la guerre, l'Armée rouge prend d'assaut la capitale – inaugurant une ultime séquence d'une violence inouïe. Les indices s'accumulent alors d'un effondrement de la société urbaine berlinoise. « Nous faisons marche arrière et réintégrons les siècles passés, note dans son *Journal* Marta Hillers le 20 avril 1945. Nous redevenons des hommes des cavernes[74]. »

Les raisons de cet effondrement tiennent autant à la violence de l'assaut final lancé sur la capitale du Troisième Reich qu'au jusqu'au-boutisme – mais aussi à la déliquescence – du pouvoir nazi à Berlin dans les dernières semaines de la guerre.

74. *Une femme à Berlin*, *op. cit.*, entrée du 20 avril 1945, p. 23.

Ce déferlement de violences à la fois exogène et endogène provoque une désorganisation de la plupart des services urbains qui, *volens nolens*, avaient continué de bien fonctionner à Berlin, en dépit de l'intensification des bombardements depuis 1943. Les transports publics de Berlin font progressivement l'objet de réquisitions et de restrictions. Le 25 janvier, Ruth Andreas-Friedrich note dans son *Journal* que les « derniers omnibus ont été réquisitionnés » et que les tramways ne fonctionneront à l'avenir que jusqu'à dix heures du soir et à un rythme incroyablement lent ». Le 7 avril, elle apprend que « tous les moyens de transport seront supprimés, à partir de lundi. Seuls les travailleurs, munis d'une autorisation officielle, auront le droit de les utiliser, pour se rendre à leur lieu de travail et pour en revenir. Berlin sans tramways ! Berlin sans métro ! »[75]. Le 20 avril, elle note qu'« à partir de demain les titres de transport de rang I et II [...] ne seront plus valables, et que seuls les détenteurs de la carte rouge de rang III seront encore autorisés à utiliser les transports en commun. C'est-à-dire peut-être un sur quatre cents[76] ». L'assaut russe sur Berlin aggrave encore la situation : la circulation du métro est définitivement interrompue le 23 avril, et celle de la S-Bahn le 25. La bicyclette est à nouveau reine.

À l'interruption des systèmes de transport public s'ajoute la disparition progressive des systèmes d'information et de communication qui permettaient la coordination d'une ville rassemblant plusieurs millions d'habitants. À partir du mois d'avril, les Berlinois ne sont plus informés « par les rotatives » ou « par les haut-parleurs », mais par des avis placardés sur les murs ou les troncs d'arbre. Le 22 avril 1945, ils peuvent ainsi lire sur des « morceaux de carton » des « messages soigneusement écrits à la main en bleu et en rouge » – la couleur des avis officiels – « avec à l'arrière-plan les noms de "Hitler" et de "Goebbels". Le premier écriteau met en garde contre toute capitulation éventuelle, sous peine de pendaison ou d'exécution. L'autre, intitulé "Avis aux Berlinois", enjoint de se méfier des étrangers récalcitrants et invite tout homme à se battre »[77]. Privés de courrier et de téléphone, les Berlinois prennent également l'habitude d'inscrire des messages à leur famille et leurs amis sur tous les supports disponibles.

---

75. Ruth Andreas-Friedrich, *À Berlin sous les nazis*, *op. cit.*, entrée du 7 avril 1945, p. 206.
76. *Une femme à Berlin*, *op. cit.*, entrée du 20 avril 1945, p. 24.
77. *Ibid.*, entrée du 22 avril 1945, p. 43-44.

« Chère Frau Steger, où êtes-vous ? peut-on ainsi lire, au mois de février 1945, sur le soubassement d'un immeuble effondré non loin de la Potsdamer Platz. Venez chez Elle Schütz, Steglitz, Kurfürsten Str. 6 72 0257[78]. » Ce type d'avis de recherche couvre désormais les immeubles encore debout, sous forme d'affichettes ou de graffitis – « inscriptions à la craie, à moitié effacées ». Sans surprise, la communication orale retrouve elle-même un rôle central dans la communication urbaine : « On dispose maintenant d'une sorte de poste orale. Tout se divulgue de bouche à oreille[79]. »

Au fur et à mesure que les liens collectifs se défont, la société berlinoise s'atomise : « Tous les liens sont rompus entre amis et collègues qui sont séparés par la distance, une distance qui souvent ne dépasse pas trois maisons. Des hommes des cavernes, une famille, comme au temps de la préhistoire. L'horizon n'est plus qu'à une centaine de pas[80]. » Ce rétrécissement des horizons accompagne un effondrement des normes sociales. Le langage se dégrade : « "Mais dites-moi… comment l'homme a-t-il crevé ?" note Marta Hillers en date du 25 avril 1945. C'est ainsi que l'on parle désormais, telle est notre déchéance oratoire. Le mot "merde" nous glisse tout seul de la bouche. On le prononce avec satisfaction, comme s'il nous aidait à évacuer la crasse intérieure. Dans le langage aussi, on s'achemine vers une dégradation partout menaçante[81]. » Le respect de la propriété s'estompe : « Aujourd'hui, tout est à tout le monde. On n'a plus qu'un lien très lâche avec les objets et on ne fait plus guère de distinction entre ce qui est à soi ou aux autres[82]. » La « fièvre du pillage[83] » s'empare de la ville. Une expression fait alors florès, que les Berlinois empruntent aux Russes : « Faire Zapp-zarapp ». Cela veut dire : « prendre ce dont on a besoin, peu importe d'où cela vient ». Le sens de la solidarité s'érode : « c'est chacun pour soi […], hors de question de donner[84]. » Le temps est à la loi du plus fort, inaugurant ce que Harald Jähner, dans une enquête historique récente, a proposé de

78. Photographie de Dahlke reproduite dans Reinhard Rürup (dir.), *Berlin 1945*, *op. cit.*, p. 45.
79. *Une femme à Berlin*, *op. cit.*, entrée du 22 avril 1945, p. 40.
80. *Ibid.*, entrée du 23 avril 1945, p. 47.
81. *Ibid.*, entrée du 25 avril 1945, p. 63-64.
82. *Ibid.*, entrée du 20 avril 1945, p. 20.
83. *Ibid.*, entrée du 26 avril 1945, p. 75.
84. *Ibid.*, entrée du 24 avril 1945, p. 55.

qualifier le « temps des loups[85] » pour rendre compte de l'atmosphère régnant en Allemagne entre 1945 et 1955.

Cette société de l'atomisation est une société de la peur, ou plutôt des peurs – de la famine, du viol, de la défaite –, dans un *maelström* d'affects que l'historien peine souvent à hiérarchiser.

La peur de la famine – et le « délire de la faim » – saisit à nouveau les Berlinois et les Berlinoises – en particulier les mères qui veillent sur des enfants en bas âge. Le 17 avril 1945, un rapport du Sicherheitsdienst note que « plus le front se rapproche, plus on se demande s'il sera possible d'empêcher la population berlinoise de mourir de faim. En conséquence, la plupart des gens essaient de se procurer de la nourriture[86] ». Les rations alimentaires établies pour la 74e période d'allocation – du 9 au 29 avril 1945 – le confirment. Pour les personnes bénéficiant d'une allocation normale, les rations sont fixées à 243 grammes de pain par jour, 36 grammes de viande, 18 grammes de graisse, 11 grammes de nutriments, 8 grammes de sucre, 3 grammes de fromage, 6 grammes de fromage blanc et 5 grammes d'ersatz de café. Le pain a donc désormais « une valeur absolue[87] ». Tout comme le lait pour les nourrissons, dont la pénurie menace. 20 avril : « [...] bientôt il n'y [aura] plus de lait à Berlin. Ce qui signifie la mort des petits enfants[88] ». 23 avril : « [La] mère d'un bébé de huit semaines n'a plus de lait depuis hier. Tout d'un coup, elle a cessé de pouvoir allaiter, et le petit hurle. Comme il n'y a plus de lait de vache à trouver nulle part, tout le monde se préoccupe maintenant de savoir comment faire pour que l'enfant tienne le coup[89]. » 24 avril : « Hier dans la queue, on s'est mis à parler de la mort des nourrissons et une vieille femme a conseillé de remplacer le lait manquant par du pain mâché, bien imprégné de salive[90]. »

La peur du viol est la deuxième grande angoisse qui tenaille cette société berlinoise de l'effondrement, une société où les civils sont majoritairement des femmes. Dès la fin du mois de janvier, « tout

---

85. Harald Jähner, *Le Temps des loups. L'Allemagne et les Allemands (1945-1955)*, Actes Sud, Arles, 2024.

86. Bundesarchiv, R 58/3575, reproduit dans Reinhard Rürup (dir.), *Berlin 1945*, *op. cit.*, p. 49.

87. *Une femme à Berlin*, *op. cit.*, entrée du 20 avril 1945, p. 23.

88. *Ibid.*, p. 21.

89. *Ibid.*, entrée du 23 avril 1945, p. 49.

90. *Ibid.*, entrée du 24 avril 1945, p. 55.

Berlin est sens dessus dessous ». Les Russes, en effet, « auraient atteint Strausberg ». À cette date, la « ville grouille [déjà] de réfugiés »[91], et « chaque jour, note Ruth Andreas-Friedrich, le nombre des "sous-marins" s'accroît. On pourrait croire que Berlin n'est fait que de fugitifs, de prisonniers, de condamnés ou d'individus, qui, pour d'autres motifs encore, ont été rejetés de toute existence légale[92] ». Or, depuis que les flots de réfugiés arrivent en masse dans la capitale, la rumeur des viols commis par l'Armée rouge se répand. À tel point que Marta Hillers date du vendredi 27 avril le « jour de la catastrophe », du « raz-de-marée » : dans les rues, explique-t-elle en effet, les « Russes sont encore entre eux. Mais dans les sous-sols, ça chuchote et ça tremble »[93]. « Viol : qu'est-ce que cela veut dire ?[94] » s'interroge-t-elle le 1er mai. D'après les témoignages de médecins[95], le nombre total de femmes violées à Berlin à partir de la fin du mois d'avril avoisinerait 100 000 – ce qui en fait une expérience générationnelle majeure. Conjuguée à la lassitude, à l'érosion, voire à la fin de la croyance dans les « armes miracles » et la « victoire finale » en dépit de la terreur que le régime exerce encore sur tous ceux qui manifestent un esprit de défaite ou de résignation, cette « décristallisation » de la fin de la guerre s'accompagne d'une vague de suicides sans précédent – avec 7 057 cas recensés à Berlin en 1945 contre 1 678 en 1929, 2 262 en 1932 ou encore 2 108 en 1938, la ville connaît en effet un pic de surmortalité qui coïncide avec l'entrée des troupes soviétiques : 3 881 suicides sont recensés en avril, 977 en mai et respectivement 367 et 340 encore en juin et en juillet – des chiffres largement supérieurs aux moyennes mensuelles des années d'avant-guerre (140 en 1929, 187 en 1932 et 176 en 1938)[96]. Ces suicides s'expliquent sans nul doute en grande partie par la peur du viol, mais des travaux récents suggèrent que d'autres ressorts ont pu jouer, tel que le nihilisme messianique propre au nazisme, lequel rend impossible d'imaginer un avenir sans lui[97].

---

91. Ruth Andreas-Friedrich, *À Berlin sous les nazis*, *op. cit.*, entrée du 31 janvier 1945, p. 178.
92. *Ibid.*, entrée du 31 mars 1945, p. 200.
93. *Une femme à Berlin*, *op. cit.*, p. 82.
94. *Ibid.*, p. 106.
95. Cornelius Ryan, *La Dernière Bataille. Berlin, 2 mai 1945*, Tallandier, Paris, 2021.
96. *Berlin in Zahlen*, Berlin, 1949, p. 158.
97. Cornelius Goeschel, *Suicide in Nazi Germany*, Oxford University Press, Oxford, 2009. Voir aussi, en français, Emmanuel Droit, *Les Suicidés de Demmin. 1945, un cas de violence de guerre*, Gallimard, Paris, 2021.

Le 2 mai 1945, jour de la capitulation des troupes allemandes à Berlin, la très grande ville offre un paysage de désolation. Établies par l'office statistique du Reich entre le 1er octobre 1940 et le 31 janvier 1945 sur la base des déclarations quotidiennes des chefs de la police de l'ordre, les « statistiques du Reich sur les dommages et les pertes causés par la guerre aérienne » demeurent une base très incertaine, de l'aveu même des statisticiens nazis qui estiment qu'un bilan plus précis et définitif des dommages devra être fait à la fin de la guerre. En effet, non seulement le personnel manque pour visiter les lieux après chaque bombardement, mais il n'existe pas de directives unifiées avant le 15 juillet 1944 – date à laquelle l'état-major de reconstruction des villes détruites, organisé par Albert Speer à la fin de l'année 1943, répond à la demande exprimée de toutes parts de directives uniformes du Reich pour le recensement des dommages. Ces directives prévoient l'établissement de « plans des dommages » à l'échelle 1/5000 devant être mis à jour tous les trimestres, et distinguent deux catégories et trois degrés de dommages pour tous les bâtiments : les « dommages totaux inconditionnels » – avec un degré de destruction compris entre 85 et 100 %, ils nécessitent une reconstruction complète ; les « dommages totaux conditionnels » – avec un degré de destruction compris entre 70 et 85 %, ils laissent augurer d'une possible reconstruction à partir de tout ou partie de l'ancienne structure ; les « dégâts graves » enfin – avec un degré de destruction compris entre 50 et 70 %, leur structure de base est suffisamment conservée pour que l'on puisse espérer rendre le bâtiment à nouveau entièrement ou partiellement utilisable par des travaux de remise en état.

Avec un volume total de ruines estimé à 75 200 000 de mètres cubes[98], 497 383 logements détruits et 2 043 897 pièces d'habitation de moins au 13 avril 1946 qu'au 1er janvier 1943[99] – soit un taux de destruction du parc de logements compris entre 31,8 et 39,4 % selon le critère retenu[100] –, Berlin est la ville la plus détruite d'Allemagne, et sa physionomie en subit les conséquences jusqu'à ce

98. *Dokumente deutscher Kriegsschäden*, Bundesministerium für Vertriebene, Flüchtige und Kriegsgeschädidgte, 2. Auflage, Bonn, 1962 ; Reinhard Rürup (dir.), *Berlin 1945*, *op. cit.*, p. 60.

99. *Berliner Statistik*, Statistischen Amt von Gross-Berlin, Heft 1, Januar 1947, p. 31 ; Reinhard Rürup (dir.), *Berlin 1945*, *op. cit.*, p. 69.

100. Arthur « Bomber » Harris l'estime pour sa part à 33 % : Arthur Harris, *Despatch on War Operations*, PRO, AIR 14/1962, p. 35.

Fig. 48. La dévastation de Berlin par les bombes alliées.

Source : Stéphane Füzesséry, d'après *Atlas : le développement urbanistique de Berlin*, Senator für Stadtentwicklung und Umweltschutz Berlin, Berlin, Kiepert KG, 1987.

jour : à la densité et la cohérence d'un bâti hérité de plusieurs siècles de croissance, la ville sur la Spree oppose désormais les distances et les vides. La carte établie par le Sénat de Berlin en 1987 montre que les destructions sont concentrées dans les arrondissements centraux de l'agglomération (Fig. 48) : Mitte (12,7 millions de mètres cubes de ruines), Friedrichshain (6 millions), Tiergarten (5,9 millions), Steglitz (5,8 millions) et Kreuzberg (5 millions) cumulent près de 50 % du volume total de destructions, devant Tempelhof (4,1 millions), Wedding (3,9 millions) ou encore Lichtenberg (3,8 millions).

Le bilan humain des bombardements est lui-même incertain : les estimations dont nous disposons doivent non seulement être manipulées avec prudence, mais peuvent être considérées « comme des valeurs minimales[101] ». Évalué à environ 50 000, le nombre total de morts liés aux bombardements paraît « faible » quand on le rapporte au nombre de raids dévastateurs – plus de 360 entre 1940 et 1945 – et au volume total de bombes larguées sur la plus grande ville du Reich : 68 285 tonnes, contre 48 014 pour Cologne, 38 319 pour Hambourg ou encore 36 852 pour Essen[102] – ce qui donne un *ratio* tonne de bombe/personnes tuées à Berlin non seulement absurde d'un point de vue économique et stratégique, mais très en deçà des pertes réelles qu'avaient anticipées les Alliés.

La faiblesse de ce *ratio* ne doit toutefois pas masquer l'ampleur de la « dévastation » qui caractérise l'expérience berlinoise du nazisme et de la guerre. *Dévastation* (*Verwüstung*) et non simplement *destruction* (*Zerstörung*), comme le suggère le philosophe Martin Heidegger dans un ensemble de trois dialogues composés au printemps 1945, moment où il se recueille, médite et essaie de découvrir le sens caché de la guerre : la « dévastation invisible de l'essence de l'Être, qui a déjà surpassé toute destruction de l'étant », écrit-il alors, sera « dans cette Deuxième Guerre mondiale plus grande [...] que les destructions visibles »[103].

101. Michael WILDT, Christoph KREUZMÜLLER (dir.), *Berlin, 1933-1945*, *op. cit.*

102. Richard OVERY, *The Bombing War, 1939-1945*, Allen Lane, Londres, 2013, p. 472 ; Olaf GROEHLER, *Bombenkrieg gegen Deutschland*, Akademie-Verlag, Berlin, 1990, p. 432.

103. Martin HEIDEGGER, *La Dévastation et l'Attente. Entretien sur le chemin de campagne*, Gallimard, Paris, 2006. Je remercie Johann Chapoutot d'avoir porté à ma connaissance cet ensemble de dialogues que je n'avais jamais lus lors de nos échanges amicaux du mois d'octobre 2023.

Conclusion

Victor Klemperer observe que les Berlinois, saisissant le « cocasse » contenu dans la manie nazie des acronymes, inventent quantité d'abréviations aux effets plus ou moins comiques : *Knif* pour « pas question » (*Kommt Nicht In Frage*), *Kakfif* pour « absolument pas question » (*Kommt Nicht Auf Keinen Fall In Frage*), ou encore *Popo* pour « roupille sans interruption là-haut » (*Penne ohne Pause oben !*) – formule qui sert à souhaiter « bonne nuit », et que le philologue analyse comme un « antidote aux nuits de bombardements passées dans les caves[1] ». Quantité de blagues circulent par ailleurs dans la capitale allemande pendant la guerre : « Être lâche, c'est quoi ? [...] C'est quand un type qui est à Berlin s'engage sur le front. » Ou encore : « Plutôt que d'me faire pendre, j'préfère croire à la victoire[2]. » Pour Klemperer, ce « sens de ce qui est douteux » et cet « humour critique »[3] seraient deux « qualités foncièrement berlinoises » – il aurait pu écrire : deux traits typiquement métropolitains. Ces qualités n'auraient-elles pas dû « immuniser » les Berlinois contre le nazisme ? Le philologue l'admet bien volontiers : il n'a jamais compris comment ce dernier « avait pu prendre à Berlin[4] ».

---

1. Victor KLEMPERER, *LTI. La langue du IIIe Reich. Carnets d'un philologue*, Albin Michel, Paris, 2023, p. 172.
2. *Ibid.*, p. 231.
3. *Ibid.*, p. 110.
4. *Ibid.*, p. 171-172.

Comprendre comment le nazisme a pu « prendre » à Berlin suppose de comprendre quel a été l'impact de la métropolisation sur l'acclimatation du nazisme en Allemagne – question posée en exergue de ce livre. L'explication, plus complexe qu'il n'y paraît de prime abord, relève non seulement de causalités plus indirectes que directes, mais renvoie également moins à la substance du nazisme qu'aux conditions qui en ont accrédité le message et favorisé la réception.

Il ne fait pour commencer aucun doute que la métropolisation berlinoise – par son explosivité et son expansivité – a participé à déstabiliser la société allemande, alimentant au passage la radicalité de propositions alternatives à la modernité, comme le nazisme, et favorisant par contrecoup leur réception dans le débat public. Environnement écologique et socio-anthropologique radicalement nouveau, la très grande ville paraît en effet absurde à de nombreux observateurs tant elle déséquilibre le peuplement de provinces entières et est à l'origine de graves problèmes. Au début du XXe siècle, il est ainsi difficile pour un Allemand de ne pas condamner l'indignité des casernes locatives berlinoises, de nier la pression phénoménale qu'exerce la ville géante sur sa campagne environnante, de contester les dangers nouveaux auxquels elle expose ses habitants ou encore de ne pas s'alarmer de l'effondrement des taux de natalité métropolitains. Dans un pays pourtant fort d'une longue tradition urbaine, l'on peine à croire que l'air de la très grande ville rende libre. Et comme le confirment quantité d'expertises plus ou moins savantes, il n'est pas illogique de douter de la « viabilité » à long terme d'une forme urbaine qui semble frappée du sceau de la démesure. Non seulement les nazis partagent pleinement ces doutes, mais ils savent – mieux que tout autre mouvement politique – en exploiter le caractère anxiogène pour tenter de séduire des fractions toujours plus larges des populations rurales et urbaines.

Le succès nazi ne tient cependant pas à cela, en tout cas pas avant la Grande Dépression : en 1928, le NSDAP demeure un parti marginal en Allemagne, et si ses slogans antimétropolitains commencent à attirer une paysannerie allemande séduite par la perspective d'un retour à un « État agraire », ils se révèlent bien incapables de convaincre un électorat populaire allemand qui, dans les plus grandes villes, demeure fermement arrimé aux partis de gauche.

À cette date, tout indique au contraire que la société urbaine allemande s'est bel et bien engagée sur la voie d'une double adaptation : adaptation de la très grande ville aux citadins, adaptation des citadins à la très grande ville. Certes, les ambitieuses politiques de l'habitat menées sous la république de Weimar sont loin d'avoir résorbé les problèmes posés par la surdensité résidentielle au cœur de l'agglomération : à la veille de la Grande Dépression, ces expériences dégradantes que sont le surpeuplement et la promiscuité dans les casernes locatives n'ont toujours pas été éradiquées, et pour bon nombre d'ouvriers, la précarité demeure une sensation quasi ontologique. Mais ces politiques ont malgré tout permis d'amorcer une baisse significative du taux moyen de densité résidentielle et, par là même, d'améliorer durablement les conditions de vie de centaines de milliers d'ouvriers et d'employés. En trahissant le modèle fritschien ou howardien de la cité-jardin, les cités d'habitation berlinoises ont montré la voie : avec leur densité maîtrisée, leurs nombreux espaces verts aux usages alimentaires et leur excellente connexion au réseau de transports en commun, leur héritage semble – aujourd'hui encore – beaucoup moins problématique que celui des grands ensembles métropolitains des années 1950-1960. Certes, les accidents de la rue demeurent trop fréquents au cœur de la City, mais, comme en attestent les statistiques de la police berlinoise, la part des piétons impliqués dans ces accidents ne cesse de baisser, et il n'est désormais plus si compliqué pour un passant de traverser la rue ou de monter et descendre de la plateforme d'un omnibus ou d'un tramway – indice parmi d'autres que le rapport des Berlinois au flux mécanisé du trafic urbain commence à se banaliser. Certes, les jours travaillés et les exigences de ponctualité laissent parfois entrevoir l'image de citadins dépossédés de la maîtrise de leur rythme quotidien et passablement « aliénés », mais de nouveaux usages collectifs et individuels du temps libre se développent en parallèle, qui offrent autant de mécanismes compensatoires à ces mêmes citadins. Certes, le côtoiement anonyme dans les transports en commun et le corps-à-corps dans la foule des grands jours confrontent les Berlinois à des expériences de promiscuité parfois extrêmes, mais ces derniers apprennent peu à peu à composer avec ces situations potentiellement embarrassantes, donnant naissance à de nouvelles formes de civilité dans l'espace public. Certes, les rues et les places les plus animées de la très grande ville constituent des environnements éblouissants et assourdissants, mais les ambiances visuelles et sonores de la métropole paraissent moins éprouvantes pour les nerfs qu'au tout début du siècle : l'espèce du migrant rural, arrivé de fraîche date, hébété et pris de vertige devant le spectacle furieux de la Potsdamer Platz, se raréfie, et les néo-citadins de la fin du XIXe siècle cèdent de plus en plus la place aux citadins tout court. En bref, vers la fin des années 1920, tout indique que le choc de la métropolisation est en passe d'être amorti par ceux qui en vivent quotidiennement les effets les plus triviaux, mettant ainsi en porte-à-faux bon nombre de discours savants ou idéologiques.

Cette normalisation de la vie métropolitaine reste toutefois inachevée. Survenues après le ralentissement de la croissance urbaine allemande, les crises à répétition qui frappent l'Allemagne – la guerre, la défaite, la révolution et l'inflation, d'abord, la Grande Dépression, ensuite – ont pour effet d'en perturber, voire d'en enrayer le cours. En freinant les rythmes de construction des logements neufs, elles placent en effet des centaines de milliers de Berlinois devant l'impossibilité de trouver un toit, relançant, voire aggravant une crise du logement qui commençait à peine à s'atténuer. En perturbant les circuits de distribution et en favorisant les pénuries, elles sont à l'origine d'une recrudescence périodique des « queues du désespoir » sur les marchés ou devant les magasins d'alimentation, réactivant la peur d'une crise d'approvisionnement majeure, et avec elle le souvenir traumatique de la famine de 1916-1917. En précipitant l'effondrement de la fréquentation des grands réseaux de transport public berlinois, elles détériorent régulièrement les conditions de déplacement dans l'agglomération, brisant les routines qui assuraient la diffusion de formes nouvelles de civilité ordinaire. Enfin, en faisant brutalement chuter les fournitures de gaz et d'électricité, elles entraînent une baisse parfois spectaculaire de l'intensité lumineuse au centre de la capitale, replongeant périodiquement les citadins dans une pénombre de crise.

À Berlin, une part du succès électoral nazi tient sans nul doute à l'impact de ces crises sur la vie métropolitaine. En provoquant l'effondrement périodique de la civilisation urbaine, celles-ci finissent par inciter une partie des classes moyennes urbaines – effarées par la paupérisation de franges entières de la population citadine et effrayées par la menace, pourtant en grande partie illusoire, d'une révolution communiste – à reporter leurs voix sur le parti nazi. Mais cette seconde explication demeure elle-même partielle et ne suffit en aucun cas à expliquer l'accession des nazis au gouvernement du Reich : le vote berlinois pour le NSDAP ne dépasse jamais 28,6 % des voix – le « mouvement » échouant à conquérir l'électorat ouvrier et à prendre le pouvoir à Berlin, que ce soit par les armes ou par les urnes. Et si les scores électoraux du parti nazi ne confirment pas tout à fait l'hypothèse d'une « immunité » des plus grandes villes, tout suggère malgré tout que, passée la phase de violente poussée urbaine, la normalisation progressive de la vie métropolitaine aurait plutôt été de nature à favoriser l'enracinement de la démocratie en Allemagne. En permettant le brassage social, les rassemblements spontanés et les interactions libres dans l'espace public, la sociabilité nouvelle engendrée par la rue, le tramway ou le parc d'attraction, contribue en effet à l'un des principaux facteurs anthropologiques de la démocratisation : l'« informalisation » des rapports sociaux[5].

Après l'arrivée des nazis au pouvoir, en revanche, et passée la vague de terreur initiale, la société urbaine berlinoise a plutôt tendance à s'accommoder, voire à adhérer au nouveau régime. Même s'il reste bien difficile de démêler, dans la participation berlinoise à la dictature nazie, ce qui relève du consentement ou de la contrainte, une chose apparaît clairement : après vingt années de perturbations provoquées par les crises, les nazis parviennent à exploiter au maximum les apparences d'un retour à la normale pour rallier une société urbaine « épuisée » par deux décennies de convulsions et « soulagée » par la résorption du chômage, la fin des pénuries, le redémarrage de la fréquentation du tramway, le retour de la lumière artificielle et – surtout – l'estompement des brutalités ordinaires dans l'espace public – à l'exclusion, bien sûr, des catégories ciblées par la violence d'état. Cette « aura de normalité », qui ramène les Berlinois « aux temps d'avant la Première Guerre mondiale »[6], permet aux nazis de promouvoir un ordre urbain entièrement nouveau. Un ordre fondé sur l'homogénéisation de la société urbaine, la « festivalisation » de l'espace public et la réduction de la part la plus informelle et transgressive de la vie métropolitaine.

Mais si les nazis au pouvoir rejettent certains aspects de la vie métropolitaine, c'est pour mieux en exacerber d'autres : la centralisation des territoires et la surconcentration des individus, l'éloignement de la nature et l'artificialisation des environnements, l'autorégulation des comportements et la réification des hommes – soit autant de phénomènes inhérents à la révolution urbaine allemande – sont en effet au cœur de la vision du monde nazie. Les « langues » du Troisième Reich

---

5. Norbert ELIAS, *Les Allemands. Luttes de pouvoir et développement de l'habitus aux XIXe et XXe siècles*, Éditions du Seuil, Paris, 2017. Voir en particulier le chapitre I : « Civilisation et informalisation », p. 35-161.

6. Robert GELLATELY, *Avec Hitler. Les Allemands et leur Führer*, Flammarion, Paris, 2003, p. 14.

en témoignent : sa « langue écrite » d'abord, qui est riche d'une « foule de mots mécanisants[7] » tels que « relancer » (*ankurbeln*), « ancrer » (*verankern*), « synchroniser » (*gleichschalten*), « recharger » (*neu aufladen*), « démarrer » (*anlaufen*), « réviser » (*überholen*) ou encore « monter » (*aufziehen*)[8] ; sa « langue construite » ensuite – laquelle renvoie, avec ses gigantesques monuments de béton et de pierre, ses espaces publics aseptisés, ses mobilités hyper-routières et ses centaines de milliers d'hectares à artificialiser, une image étrangement familière à l'urbaniste du XXIe siècle entré dans l'âge de l'Anthropocène.

Véritable « parole faite pierre » (*Wort aus Stein*), la pétrification monumentale de Berlin ne conduit cependant pas à la pétrification du temps et de l'histoire rêvée par les nazis. Participant à la fuite en avant du régime hitlérien vers la guerre, le chantier de la mégalopole impériale précipite au contraire sa ruine. Sporadiques dans les premières années de la guerre, massifs à partir du mois de novembre 1943, les bombardements alliés soumettent Berlin à une épreuve terrible. Jusqu'à une date tardive, ils échouent pourtant à précipiter l'effondrement de la société berlinoise, sans que l'on sache dire quel facteur l'emporte en définitive : est-ce l'adhésion très forte à un régime qui met par ailleurs tout en œuvre pour prémunir ses populations urbaines de la famine ? Est-ce la victimisation croissante d'une société allemande qui veut voir dans les bombardements une « guerre juive » ? Est-ce l'annihilation des capacités de révolte de civils saisis par l'« effroi abyssal » et la « dépression nauséeuse et insurmontable »[9] de la destruction par les bombes ? À ces hypothèses explicatives, que l'historiographie peine aujourd'hui encore à hiérarchiser, ce livre voudrait en ajouter une autre : la force de résilience d'une société urbaine dont la capacité d'adaptation a déjà été éprouvée à maintes reprises depuis 1914.

Entre 1860 et 1945, Berlin n'a donc pas seulement été une ville en expansion : elle s'est imposée comme un haut-lieu de la crise de la modernité – tout à la fois mise à l'épreuve de régimes d'habitation inédits, révélateur d'angoisses collectives latentes et terrain d'essai d'utopies contrariées. Si les tensions structurelles d'une ville grandie trop vite n'ont évidemment pas produit « mécaniquement »

---

7. Victor KLEMPERER, *LTI. La langue du IIIe Reich, op. cit.*, p. 280.
8. *Ibid.*, p. 273-289.
9. Winfried G. SEBALD, *De la destruction comme élément de l'histoire naturelle*, Actes sud, Paris, 2004, p. 20.

le nazisme, elles ont bien généré des points de fragilité, ouvert des brèches, créé des déséquilibres que les nazis ont su capter, exploiter, canaliser. Dans ce domaine comme dans tant d'autres, la république de Weimar a manqué de temps. Favorisant à long terme, mais fragilisant à court terme, la transition démocratique de l'Allemagne, la croissance explosive de Berlin et les crises de la normalisation de la vie métropolitaine ont bien rendu une partie de la société allemande plus vulnérable à un discours d'ordre, de simplification et de purification – au prix de son effondrement.

Remerciements

Je voudrais ici exprimer ma gratitude à mon éditeur Rémy Toulouse, ainsi qu'aux équipes de La Découverte, en particulier Stéphanie Chevrier, Pascale Iltis, Rose Nouchi et Rémi Blanc, d'avoir accueilli cet ouvrage dans leurs collections et si bien accompagné sa fabrication.

Les cinq premiers chapitres de ce livre sont issus d'une thèse de doctorat en histoire soutenue en Sorbonne en juin 2023. Celle-ci doit beaucoup à Christian Delage et à sa bienveillance comme à sa patience pour l'éternel doctorant que je fus. Je lui redis ma profonde reconnaissance. Merci également à Johann Chapoutot d'en avoir si généreusement lu le manuscrit et accueilli la soutenance, ainsi qu'à Charlotte Vorms, rapportrice profonde et avisée, sans oublier Nathalie Simonnot et Xavier Desjardins.

L'on écrit rarement un livre tout à fait seul. Que soient ici remerciés tous ceux qui, par-delà nos discussions informelles, et souvent sans le savoir, l'ont nourri, parfois même infléchi : mon vieux compagnon de route Philippe Simay, sans lequel certaines intuitions développées dans ce livre n'auraient jamais vues le jour – forgée en commun, l'hypothèse d'une fonction pharmacologique des loisirs métropolitains, évoquée à la fin du chapitre 5, avait notamment fait l'objet d'une série de conférences à deux voix à la Cité de l'Architecture en 2014 ; mes collègues sociologues, anthropologues et géographes de la revue *Métropolitiques* et d'ailleurs, qui nourrissent mon indispensable curiosité pour les sciences sociales ; mes collègues et amis de la Khâgne de Blanche de Castille, en particulier Sébastien Boulay (à quand ton roman sur Édimbourg ?), Lorraine Duménil (à quand notre livre sur Rome ?) et Laurence Mangin (à quand notre voyage d'étudiants à Weimar ?) ; mes collègues des Écoles d'Architecture de Versailles et de Marne-la-vallée, en particulier Éric Alonzo ; mes confrères architectes, aînés et associés, en particulier Nathalie Roseau, Michel Seban et Paul Landauer, ainsi que nos jeunes et brillants collaborateurs – avec une mention spéciale pour Axel Galzin et Émilien Josseau, qui m'ont aidé à réaliser plusieurs cartes figurant dans cet ouvrage.

Je remercie également ceux qui ont su poser quelques jalons « académiques » sur mes chemins de traverse professionnels, en particulier Étienne François, Antoine Picon et Florence Bourillon. Je pense aussi à mes professeurs, ces « maîtres » qui nous façonnent et nous marquent à vie, en particulier Michel-Pierre Chelini, sans oublier ces autres « maîtres » que sont nos grands maîtres d'ouvrage, en particulier Lionel Daniélou, lesquels – de Brest à Sarcelles – ne nous font pas seulement travailler, mais nous aident à cultiver l'amour des villes et de leurs habitants.

J'avais dédié mon volume de thèse à mes parents, Sándor Füzesséry † et Eva von Zahoranszky, passagers du siècle d'avant ma vie d'adulte. Je pense aujourd'hui à mes enfants, Adrien, Paul et Rose : que les forces de destruction épargnent vos vies.

Je dédicace ce livre à ma femme, Emmanuelle Jéhanno. « Vous êtes là, il y a clair de femme, et le malheur cesse d'être une qualité de la vie. »

Bionnassay, le 2 mai 2025

Table

Partie II

Acclimatation

Partie III
Destruction

#lisez! engagé
www.lisez.com

Cet ouvrage est imprimé
sur du papier issu de forêts
gérées durablement.

Composition Facompo, Lisieux
Achevé d'imprimer sur les presses de
Normandie Roto Impression s.a.s. à Lonrai.
Dépôt légal : août 2025
N° d'imprimeur : 2503438
Imprimé en France